为圆华夏宪治梦

Persuing the Dream of Constitutionalism in China

李步云教授学术思想研讨会
暨八十华诞志庆

主编　肖海军　刘士平

社会科学文献出版社
SOCIAL SCIENCES ACADEMIC PRESS (CHINA)

思逐风云

——中国法学会党组成员、专职副会长周成奎先生题词——

催生法治功报国
布道人权德惠民

步云八十寿诞诸庆

郭道晖敬贺 癸巳年 北京

——— 著名法学家郭道晖教授赠李步云先生寿联 ———

开拓创新 为国为民

癸巳年 王秀燕

—— 李步云先生夫人王秀燕女士赠李步云先生寿联 ——

谋华夏法治堪称泰斗
担道义铁肩尊为楷模

贺李步云老师八十荣寿

癸巳年夏日族人李智元和书於北京富乐堂

——— 族人李智元先生贺李步云教授八十寿联 ———

中华人民共和国最高人民检察院

贺 信

尊敬的李步云教授：

　　值此您八十华诞及法学思想研讨会召开之际，我谨代表最高人民检察院并以个人名义，表示热烈的祝贺和崇高的敬意！

　　您是我国著名法学家，在法学界享有崇高声誉。从上个世纪六十年代投身法理学、宪法学和人权理论研究以来，您几十年如一日，呕心沥血、皓首穷经，以巨大的理论勇气、严谨的科学精神，形成了一大批具有创造性的学术研究成果，并为我国法学教育、法学理论研究和司法实践领域培养了大批优秀人才。

　　多年来，您十分关心、支持检察工作，特别是作为最高人民检察院专家咨询委员会委员，在推进检察改革、解决检察工作重大理论和实践问题等方面建言献策，为发展完善中国特色社会主义检察制度、推动检察工作科学发展发挥了积极作用。

　　耄耋之年，壮心不已。衷心希望您继续站在法学的最前沿，为繁荣中国特色社会主义法学研究、建设中国特色社会主义法治国家作出更大贡献！祝您健康长寿、阖家幸福！

2012年9月19日

—— 最高人民检察院检察长曹建明先生致贺信 ——

原中共湖南省委书记、湖南省人大常委会主任周强先生致贺信

尊敬的步云先生：

在您80寿辰之际，谨向您致以诚挚的问候和崇高的敬意！

先生是我国著名的法理学家、宪法学家和人权研究的开拓者，学法研法已逾50年。长期以来，先生潜心法学研究，躬身立法司法实践，取得了丰硕学术成果，在法学领域屡开先河，为拓展我国法学研究事业、推动建设社会主义法治国家作出了重要贡献。先生治学严谨，著作等身，呕心沥血培养人才，不遗余力提携晚学，桃李满天下，令我们钦佩景仰。

上世纪80年代初，我在西南政法学院学习期间，有机会聆听先生的讲学，至今记忆犹新。先生情系桑梓，关心关注家乡发展，对湖南的法学教育给予了大力支持，对推进法治湖南建设提出了很多重要意见建议。谨此深表感谢。

衷心祝愿先生生日快乐、健康长寿！

中共湖南省委书记
湖南省人大常委会主任　周强
2012年9月20日

西南政法大学

贺 电

尊敬的李步云老师：

　　文移北斗成天象，月捧南山作寿杯。欣逢湖南大学为先生隆重祝贺八十寿诞之际，我作为法学界的后辈晚生，谨向您表示由衷的敬仰和衷心的祝贺！

　　先生书剑人生，淡泊名利，持心若水，积学如山，是中国法学界的一代泰斗，是当代中国法学勃兴见证人和法治建设的重要学术推动者之一。先生纵横法域，独领风骚，文章千秋，著述等身，在法理学、宪法学、立法学以及比较法学等方面建树独到；先生深怀社会主义法治理想与人权情结，秉持学术自觉，躬行实践，经世致用，为我国法学教育、法学理论研究、法治建设和人权事业做出了卓越贡献！先生德高望隆，悉心提掖后学，众多真知灼见泽被后辈学术与实践之路。如今，硕果满枝，桃李天下。大凡学法之人议及先生，无不高山仰止，感先生穷学术浩瀚之大师造诣，叹先生心怀天下高风亮节之大家风范。

　　学高为师，身正为范，经师易得，人师难求。今先生耄耋之寿，敬奉对联以贺之，遥祝先生寿诞快乐，寿比松鹤！

中流砥柱　名高北斗寿比南山　法治理想真谛永驻
书剑人生　德为世重寿以人尊　人权情结后世传扬

学生　付子堂

二〇一二年九月二十日

—— 西南政法大学校长付子堂教授致贺电 ——

贺孚步云教授八十华诞

编织理论经纬 教书育人 夯实强国基础

奔走大江南北 开山劈路 构筑法治津梁

沈国明癸巳年夏月于沪上

—— 上海市社科联党组书记兼常务副主席沈国明教授贺联 ——

—— 李步云教授学术思想研讨会暨八十华诞庆典会场 ——

—— 李步云教授学术思想研讨会暨八十华诞庆典主席台 ——

———— 湖南大学党委书记刘克利教授致辞 ————

———— 湖南省人大常委会副主任谢勇先生致辞 ————

—— 湖南省人民检察院检察长龚佳禾先生致辞 ——

—— 娄底市人大常委会主任易春阳先生致辞 ——

—— 第十一届全国人大代表、益阳市市委常委组织部部长彭爱华女士代表亲友致辞 ——

—— 湖南大学法学院前院长刘定华教授致辞 ——

—— 湖南大学法学院院长杜钢建教授致辞 ——

—— 湖南大学法学院党委书记屈茂辉教授主持庆典开幕式 ——

—— 湖南大学党委书记刘克利教授代表湖南大学向李步云教授敬献湘绣"松鹤长青"绢 ——

—— 李步云教授、李步云教授夫人王秀燕女士、湖南省人民检察院检察长龚佳禾先生（左二）、原省委委员兼香港大公报副社长梁新春先生（左一）在李步云先生的寿宴上 ——

—— 著名法学家郭道晖教授赠李步云先生寿联 ——

—— 李步云教授与夫人王秀燕女士和出席研讨会暨庆典的各位领导、来宾合影 ——

—— 李步云教授与夫人王秀燕女士和出席研讨会暨庆典的弟子、同事合影 ——

编者前言

湖南是一个人杰地灵、英才辈出的地方。以岳麓书院为代表的湖湘文化，形成了"经世致用、敢为人先、心忧天下、匡时济民"的优良传统和独特学风，从而培养和汇聚了一大批优秀人才和时代弄潮儿。特别是近代以来，形成了具有极大影响力和相当数量的湖湘人物群体，每每在中国危机、转折之关头发挥了振聋发聩、扭转乾坤的作用。新中国成立以来，尤其是改革开放以来，以文学湘军、科技湘军、电视湘军、学术湘军等为表征的大师级、创新型人才，在我国改革开放和社会主义建设过程中发挥了生力军作用。其中，湘籍法学家对社会主义法制建设、人权理论研究和依法治国方略的形成所做的整体推动和特殊贡献，已得到法学界的普遍认同和政界的充分肯定。李步云先生、郭道晖先生等著名法学家就是湘籍法学家集体中的杰出代表。

李步云先生，中国当代著名的法理学家、宪法学家、法学教育家和社会活动家。1933年8月23日出生于湖南省娄底市娄星区艾家冲村。1948年春夏，他协助中共地下党员刘珮琪组织"济世学会"，秘密印刷《新民主主义论》。1949年11月进入中国人民解放军四野特种兵干部学校学习。1950年7月至1952年6月，赴朝鲜参加抗美援朝战争，两次立功，后负伤回国，至今身体里还残留着敌人的弹片。1957年9月至1962年7月在北京大学法律系读本科，其间于1961年12月加入中国共产党。1962年9月至1965年7月在北京大学法律系攻读研究生，师从著名宪法学家张友渔先生研究法理与宪政。1967年2月至今，在中国社会科学院法学所工作（其间因工作需要于1980年7月至1981年7月调中共中央书记处研究室工作），先后任法理学研究室副主任、主任，《法学研究》主编，被评为副研究员、研究员、研究生院教授兼博士生导师。

在中国法学界，李步云先生被公认为敢为中国法治开第一腔的人；在国外专家的评论中，李步云先生被视为中国人权领域的两大旗手之一。李步云先生于 1978 年 12 月 6 日在《人民日报》上发表的《坚持公民在法律上一律平等》，被公认为法学界突破思想理论禁区的第一篇文章；1979 年 10 月 30 日，李步云先生和他的合作者共同在《人民日报》上发表的《论我国罪犯的法律地位》一文，如石破天惊，在当时的理论界和相关实践部门引发了激烈的争论，被法学界公认为敢闯人权禁区的开山之作。

李步云先生是法学理论界的领军人物，其学术思想博大精深，涉及法理学、宪法学、法哲学和人权法学等多个法学分支学科，对法治、民主、人权、宪政等重大问题的研究具有原创性的贡献，他的多篇论著以及在理论上的建树被法学界的同仁们认为具有里程碑式的意义。

李步云先生又是敢于并善于把法学理论融于中国政治体制改革与现实法治实践的进言者和推动者。他全程参与和见证了八二宪法的修改，直接推动着"法治入宪""人权入宪"，对中国内地政治体制改革的实质推动与社会主义法治、人权事业的发展，可谓居功甚伟！

1980 年 7 月至 1981 年 7 月，李步云先生被调至中共中央书记处研究室工作，时逢八二宪法的起草。李步云先生负责起草叶剑英委员长《在宪法修改委员会第一次会议上的讲话》和其他有关宪法修改的文件，全过程地见证和参与了八二宪法的起草和讨论。1981 年 8 月，在完成中共中央书记处研究室的特定宪法性文件起草任务之后，李步云先生回中国社会科学院法学所任副研究员，重点研究依法治国和宪法修改，于 1981 年 11 月 2 日至 12 月 8 日，连续为《人民日报》撰写《宪法的结构》《宪法的规范性》《宪法的制定和修改必须贯彻民主原则》等 10 篇系列文章和社论，对修宪的诸多问题进行了系统的论证和阐述。

李步云先生是国内最早提出"以法治国"和"法治"理论主张的学者之一。早在 1979 年 9 月，李步云先生就和他的同事王德祥、陈春龙先生以《论以法治国》一文，旗帜鲜明地提出"以法治国"的主张。其后，李步云先生以多篇文章深入、全面地阐述了只可行"法治"而不可行"人治"的观点。1996 年前后，李步云先生在《人大工作通讯》等刊物上发表《依法治国的理论根据和重要意义》《依法治国战略论纲》等一系列论文，对我国依法治国的本质、意义、地位进行了全方位的学理概括，其中有关依法治国重要意义和内在本质的论断直接被中央所采纳。1997 年 10 月召开的中共十五大，其政治报告对于依法治国的意义做出了与李步云先生的学理认识几乎完全一致的结论性表述。1998 年前后，李步云先生就"法治"问题在全国各地做了数十场专题报告，发表了10多篇有关法治方面的论文，系统地阐述了法治的本质、内容、目标、原则、标准和实现途径。1998年8月29日，在全国人民代表大会常务委员会做"依法治国，建设社会主义法治国家"的法制专题讲座。1999年1月，李步云先生在人民大会堂参加由李鹏委员长主持的宪法修改座谈会，会上李步云先生力主"依法治国，建设社会主义法治国家"入宪，此建议后来为1999年宪法修正案所采纳。

李步云先生是我国人权法研究领域的开拓者与社会主义人权法理论体系整体构建的奠基人。他不仅敢闯人权领域的禁区，为人权理论与实践而持续地作文和著述，而且在全国率先开展人权培训与人权教育，第一次把人权法引入高校课堂，三十余年来，一直在为中国的人权事业而不断奔走和呐喊。更为重要的是，2003年6月，作为宪法专家小组五成员之一，李步云先生在人民大会堂参加了由吴邦国委员长主持的宪法修改座谈会。在座谈会上提出人权入宪、迁徙自由、司法独立与建立违宪审查制度等建议，其中人权入宪的主张再一次被吸纳到2004年3月的宪法修正案中。

李步云先生先后兼任中国法学会法理学会副会长、中国行为法学会会长、最高人民检察院专家咨询委员会委员、中共中央宣传部和国家司法部"国家中高级干部学法讲师团"成员、司法部科研项目成果奖励评审组专家和多所大学的兼职教授。1992年起享受国务院"有突出贡献专家"政府特殊津贴；2001年获中宣部、司法部"全国三五普法先进个人"称号；2002年获教育部、国务院学位委员会"全国优秀博士论文指导教师"称号；2004年获湖南大学首届十大"师德标兵"称号；2006年8月获中国社会科学院"荣誉学部委员"称号；2008年5月在南方都市报等单位主办的评选活动中，入选"改革开放30年风云人物200名"；2008年11月在中国经济体制改革研究等单位主办的评选活动中，入选"改革开放30年120名社会人物"；2008年12月获中政委、中宣部等四单位颁发的"双百活动最佳宣讲奖"；2009年7月获中国国际经济技术合作促进会等单位授予的"建国60周年共和国建设100名功勋人物"称号；2012年9月26日荣获中国法学会授予的"全国杰出资深法学家"称号。

2000年6月，李步云先生受聘担任湖南大学复建后的法学院之名誉院长、教授、博士研究生导师，是年组建湖南大学法治与人权研究中心，任中心主任。在2000年10月至2003年3月不到三年的时间里，李步云先生在湖南大学法学院主持召开了全国"公民权利与政治权利国际公约"研讨会、"全国信息公开研讨会"、"中国司法独立问题研讨会"、"中国法学会比较法学研究会第七届年会"和全国"地方人大建设研讨会"等全国性学术会议10余次，先后与英国、挪威、丹麦、瑞典、瑞士等国家的人权机构和人权教学中心合作，主办"全国人权理论与实践"研修班5期、"全国高校人权法教学"暑期研讨班2期，主持"警察执法与人权保护"培训班2期，主编教育部高等学校第一部《人权法学》统编教材和《警察执法与人权保护》专用人权教学教材，创办了《岳麓法学评论》等知名法学刊物，第一次在全国率先给法学本科专业开设人权法学课程，使湖南大学法学院和湖南大学法治与人权研究中心成为全国法治与人权研究的一个重要基地。十二年以来，李步云先生作为新时期湖南大学法学院最积极的一成员，想湖大之所想，忧法学院之所忧，为湖南大学的振兴，为法学院的发展，全身心地投入，尽脑力地思索，无怨言地奔走，没保留地奉献。湖南省法学学科有如此并莲绽放的骄人成绩，湖南大学法学院有今日蓬勃兴盛的发展势头，在一定程度上讲，乃先生李步云教授所赐。李步云先生对湖南法学、湖大法学院之所思、所为、所教、所言，功莫大焉！按湖南风俗，2012年8月23日是李先生步云教授进八十大寿，为庆贺先生八十华诞，湖南大学法学院于2012年9月21日上午，在湖南省长沙市湘麓山庄举行了"李步云教授学术思想研讨会暨八十华诞志庆"，就李先生步云教授的法治、人权、宪政、法哲学思想等重要问题展开深入研讨，借以隆重庆贺李步云教授八十寿辰。在研讨会上，多位学者对李先生步云教授的法治、民主、人权、宪政、法哲学思想进行了全面、系统、深入的评价。

2002年李步云先生作为发起人，和中国证监会的首任主席刘鸿儒先生一起创立了上海金融与法律研究院，在2007年以后，更是作为院长，直接参与研究院的各项活动。2004年9月，李步云先生受聘担任广州大学法学院名誉院长，组建广州大学人权研究与教育中心，并任主任；2010年，他建议建立若干个"国家人权教育与培训基地"，被中央领导采纳，随后中国政法大学、南开大学和广州大学三个大学的人权研究与教育中心被纳入第一批"国家人权教育与培训基地"。2013年8月23日，是李步云先生满八十大寿，为庆祝李步云先生为中国法学事业所做的巨大贡献，由淳大投资有限公司、上海金融与法律研究院捐资设立"李步云法学基金"与"李步云法学奖"，并定于2013年8月23日下午2时在北京千禧大酒店举行

"'李步云法学奖'首届颁奖典礼暨李步云法治与人权思想研讨会",会议由广州大学、上海金融与法律研究院共同举办。

  在这两次会议期间,会议组织者和举办方收到了许多反映李步云先生学术思想、为人为学的文稿和珍贵资料,我们特此编辑成册,权且作为庆贺、祝福李先生步云教授的小小礼物!

编者谨识

2013 年 7 月

目　录

【嘉宾贺信】

最高人民法院副院长江必新教授致贺 …………………………………… 3
最高人民检察院副检察长孙谦先生致贺 ………………………………… 4
最高人民检察院副检察长朱孝清致贺 …………………………………… 5
社会科学文献出版社社长谢寿光先生致贺 ……………………………… 6
上海市社科联党组书记兼常务副主席沈国明教授致贺 ………………… 7
湖南省司法厅党组书记、厅长夏国佳先生致贺 ………………………… 8
广州大学校长庾建设教授致贺 …………………………………………… 9
中国致公党湖南省委主委、湖南省社会主义学院院长
　　胡旭晟教授致贺 …………………………………………………… 10
华南理工大学法学院院长葛洪义教授致贺 ……………………………… 12

【赞诗贺联】

第十二届全国人民代表大会法律委员会主任委员乔晓阳先生贺联 …… 15
原中共中央政法委副秘书长王景荣先生贺李步云教授八十大寿词 …… 16
湖南省人民检察院检察长龚佳禾先生贺律诗 …………………………… 17
李步云先生北大同学王金鼎先生贺诗 …………………………………… 18
北京航空航天大学赵明教授贺李步云教授八十寿联 …………………… 19

为民网罗明标、求是杂志社廖莉敏贺李步云老师八十大寿 …… 20
湖南大学法学院赵迅教授贺词 …… 21
广州大学人权研究与教育中心刘志强教授贺李步云先生八十寿联 …… 22
德国慕尼黑大学法学院2010级法哲学专业博士生李剑贺联、诗、词 …… 23
广州大学人权研究与教育中心舒靓女士贺李步云教授八十华诞赞诗 …… 25

【庆典致辞】

湖南大学党委书记刘克利教授致辞 …… 29
湖南省人大常委会副主任谢勇教授致辞 …… 31
湖南省人民检察院检察长龚佳禾先生致辞 …… 33
娄底市人大常委会主任易春阳先生致辞 …… 34
湖南大学法学院前院长刘定华教授致辞 …… 35
淳大投资有限公司、上海金融与法律研究院董事长柳志伟先生致辞 …… 37
第十一届全国人大代表、益阳市委常委兼组织部部长、
　李步云先生外甥女彭爱华女士致辞 …… 38
湖南大学法学院院长杜钢建教授致辞 …… 40
湖南大学法学院党委书记屈茂辉教授在庆典会上的主持辞 …… 41
其他与会来宾的致辞 …… 44
李步云先生夫人王秀燕女士在庆典与研讨会上的答谢辞 …… 47
李步云先生在庆典与研讨会上的答谢辞 …… 49
湖南大学法学院肖海军教授在李步云先生寿宴会上的致酒辞 …… 51

【为人为学】

宪政！一位耄耋教授的不渝追求
　——贺步云先生八秩荣寿 …… 俞荣根 55
我所认识的李步云教授 …… 陈弘毅 62
壮心不已可凌云 …… 卓泽渊 63
祝福与汇报 …… 丁邦开 64
写在李老师八十寿庆的时候 …… 童之伟 66

步出荆湘，云书法治
　　——恭贺李步云先生八十寿诞 ················· 冀祥德　68
忠诚于法学教育事业的楷模
　　——写在李步云教授八十华诞之际 ············· 刘定华　71
谈湖湘文化霸蛮精神的杰出代表李步云教授 ········ 杜钢建　胡庆乐　73
李步云教授与新时期湖南大学法学的发展 ··············· 屈茂辉　76
庆贺步云八十寿辰 ······································ 刘春茂　80
我眼中的李老师 ·· 陈贵民　82
宪政中国的追梦人 ······································ 李道军　85
我所知的步云先生点滴 ·································· 陈宇翔　93
与李步云先生交往记忆 ·································· 杨开湘　98
为恩师李步云先生八十华诞祝寿 ·························· 陈秋云　103
与君同行，今生无憾 ···································· 肖世杰　105
润物细无声
　　——一个"人权"晚辈对李步云先生的印象 ········ 陈　雄　111
激情与理智 ·· 彭灵勇　117
偶尔相逢结师缘 ·· 肖海军　124
李老师二三事 ·· 刘士平　127
志于道，据于德，依于仁，游于艺
　　——李步云先生八十华诞庆贺 ················· 杨松才　130
恩师李步云先生 ·· 聂资鲁　135
检察官的良师益友 ······································ 刘　拥　138
治学为人的楷模，德艺双馨的典范
　　——我的导师李步云先生 ····················· 陈佑武　142
法学大师　慈祥老人 ···································· 韩德强　147
祝李老师健康快乐 ······································ 曲相霏　150
春风化雨八十载，漫步法治启航路
　　——贺李步云老师八十华诞 ··················· 陈　果　153
大德无垠　大爱无疆
　　——致李步云先生八十华诞 ··················· 王　欢　155
书剑人生路　星斗焕文章 ································ 宋尧玺　159
感恩的心
　　——写在李步云老师八十华诞之际 ············· 郭　哲　161

书剑人生　道义文章
　　——记我的恩师李步云先生 ············· 罗　静　163
老骥伏枥，志在千里
　　——我印象中的李步云先生 ············· 肖洪泳　165
品味大师为人为学
　　——走近著名法学家李步云先生 ············· 李　剑　171
师门感记 ············· 阎云峰　175
李步云教授与湖大"岳麓法律人" ············· 彭　澎　179
师道垂范，大爱无言
　　——记李步云先生二三事 ············· 李　锦　185
赞师恩 ············· 李　扬　188
李老师八十寿的感言 ············· 古锦昌　毛超林　189

【主题研讨】

执着于法治与人权探索的人生轨迹
　　——中国法学名家李步云教授访谈 ············· 肖海军　195
书剑人生担道义　为谋华夏法治篇
　　——当代著名法学家李步云先生传略与学术思想评介 ············· 肖海军　218
论李步云的法治思想 ············· 赵　迅　262
论李步云先生的人权思想 ············· 陈佑武　293
李步云先生宪政思想述评 ············· 聂资鲁　刘　拥　312
论李步云先生法哲学体系的理论起点及逻辑建构 ············· 蒋海松　332

【会议综述】

大师耄耋　犹胜青春
　　——"中国法治第一人"李步云教授学术思想研讨会暨
　　80 华诞志庆侧记 ············· 记者　尹　虹　345
湖大教授李步云八十华诞　他最早提出依法治国 ············· 347

湘籍法学家李步云80华诞　他最早提出依法治国
……………………………………………… 记者　赵　晶　实习生　邓旺强　349
李步云教授学术思想研讨会暨80华诞志庆圆满举行……………… 350
湖南为最早提出依法治国的湖大教授李步云举办学术思想
　研讨会暨八十华诞志庆会 …………………………………… 352

【媒体评价】

李步云：曾向中央建议宪法加入"保障人权"字句 ………… 包丽敏　355
李步云：见证82宪法实施30周年 ………………………… 记者　李丽　359
李步云：二十年改一字　从刀"制"到水"治" ………………………… 362
李步云：宪政是自由的保障 ……………………………… 记者　杜珂　374
李步云：权利优于权力　国家权力应为公民权利服务 …… 胡永平　376
李步云——为中国法学打造明珠皇冠的法学家 ……… 潇风　周杏　378
最早提出依法治国　李步云敢开第一腔 ………………… 记者　高园　384

【专题研究】

为了"人的自由与解放"
　——李步云人权思想研究 …………………………………… 傅子沛　389
导　论 …………………………………………………………………… 390
第一章　李步云人权思想的法哲学基础 …………………………… 398
第二章　李步云人权基本理论 ……………………………………… 406
第三章　李步云的具体人权观 ……………………………………… 434
第四章　李步云的人权实现思想 …………………………………… 444
结论 ……………………………………………………………………… 451
参考文献 ………………………………………………………………… 452
李步云著作年谱 ………………………………………………………… 455

嘉宾贺信

最高人民法院副院长江必新教授致贺

最高人民检察院副检察长孙谦先生致贺

最高人民检察院副检察长朱孝清致贺

社会科学文献出版社社长谢寿光先生致贺

上海市社科联党组书记兼常务副主席沈国明教授致贺

湖南省司法厅党组书记、厅长夏国佳先生致贺

广州大学校长庾建设教授致贺

中国致公党湖南省委主委、湖南省社会主义学院院长
　　胡旭晟教授致贺

华南理工大学法学院院长葛洪义教授致贺

最高人民法院副院长
江必新教授致贺

尊敬的李步云教授：

在您八十华诞之际，谨向您致以崇高的敬意和衷心的祝贺，向您和您的家人表示最诚挚的祝福！

李教授是在海内外享有盛誉的法学家和法学教育家，为我国法理学、宪法学、立法学、行为法学、比较法学的创立和发展做出了开创性的贡献。始终活跃在法学研究的前沿，并对法治和人权积极地鼓与呼，在我国法治建设和政治发展中发挥了非常重要的作用。所撰写的法学界突破思想理论禁区的第一篇文章、首次系统地提出了以法治国的理论框架与制度构想的文章、率先呼唤保障人权的文章，充分显示了李教授学以致用、勇于创新的精神和精深的学术造诣。辛勤育英才、桃李满天下，为我国培养出一批杰出的法学家和法律实务工作者。虽已八十高龄，还一如既往地从事着学术研究，关心法治和人权事业的发展，体现了老一辈法学家的爱国情怀和担当精神。

大师耄耋，犹胜青春。衷心祝愿先生鹤龄松寿，福如东海；祝愿先生学说薪火相传，发扬光大。

江必新

2012 年 9 月 21 日

最高人民检察院副检察长
孙谦先生致贺

　　李步云教授是我国法学界非常著名的学者，是一位高尚的、有良心的法学家。对"李步云教授法学思想研讨会"的召开我表示热烈祝贺，并向李步云教授取得的学术成就表示崇高敬意！对李步云教授多年来给予检察工作的关心关注表示衷心的感谢！

　　我9月13日至23日在台湾、澳门两地出差，今天刚看到通知，对没能与会和及时表达我的敬意表示十分的抱歉！

　　祝李步云教授生命之树长青，学术之树长青！

孙谦

2012年9月24日

最高人民检察院副检察长朱孝清致贺

贺　信

广州大学举办李步云先生学术思想研讨会暨八十华诞庆典，我向先生致以热烈的祝贺！

先生自韶华之年便投身法学，迄今已有五十余载，是我国老一辈法学家的杰出代表。长期以来，先生始终耕耘在法学教育与研究一线，为我国法治建设孜孜不倦、呕心沥血。先生治学严谨，学术造诣深厚，尤其在法理学、宪法学、人权法学研究上，造诣极深，是我国公认的大师和泰斗。"文化大革命"结束后，先生发表的《坚持公民在法律上一律平等》《论以法治国》等一系列代表现代法治先声的文章，对于推动我国法学、法律界思想解放和拨乱反正，促进依法治国方略的确立，起了重要作用；先生参与起草的《中共中央关于坚决保证刑法、刑事诉讼法切实实施的指示》，在中国法治进程中具有划时代意义！

长期以来，先生十分关心、支持检察工作和检察理论研究，认真履行最高人民检察院专家咨询委员的职责，为检察工作的科学发展和检察理论的繁荣做出了积极贡献。尤为难得的是，先生虽已耄耋之年，仍一如既往地活跃在国家法治建设和法学教育研究一线，思维活跃、笔耕不辍、佳作不断、启人心智。先生为人仁爱宽厚，待人真诚坦荡，对后生晚辈关爱有加，其人格风范令人敬仰！

衷心祝愿先生福如东海、寿比南山，不断续写绚丽华章！

朱孝清
2013 年 8 月 19 日

社会科学文献出版社社长
谢寿光先生致贺

尊敬的李步云先生:

欣闻先生八十华诞,又值"'李步云法学奖'首届颁奖典礼暨李步云法治与人权思想研讨会"隆重召开,我谨代表社会科学文献出版社,并以我个人名义,向您表示热烈的祝贺和崇高的敬意!

先生参加工作近七十年,从事法律的教学与研究近六十年,先生把自己一生贡献给了祖国的法治事业。在法治、人权、宪政领域成就卓著,先生提出的原创性的法学观点,对中国法学研究和实践产生了深远影响,在依法治国方略的确定上,先生做出了自己的独特贡献。先生认认真真做事,堂堂正正做人,胸怀坦荡、谦虚诚信,独特的人格魅力堪称学界的大家典范。

为集中呈现先生的学术思想,社科文献出版社设立了"李步云学术精华"丛书,从2008年开始,陆续出版先生关于法治、人权、宪法、法理学等方面的专门著述,迄今已经出版了《论法治》《论人权》《论宪法》《论法理》《论依宪治国》《我的治学为人》六本书,这些书一经出版,即受到学界与实务界的高度关注,并产生了重要影响。今后,我们要继续配合先生做好"学术精华"丛书后续书目的出版,为传播先生的学术思想,繁荣中国法学研究,推进中国法治建设做出我们应有的贡献。

作为学术出版人,我深怀对先生的敬仰之心。衷心祝愿先生健康长寿,学术生命长青!

社会科学文献出版社社长
中国社会学会秘书长
2013年6月28日

上海市社科联党组书记兼常务副主席沈国明教授致贺

尊敬的李步云教授：

值此您80大寿之际，向您表示衷心的祝贺，祝您健康长寿，永葆青春。长期以来您为我国民主法治进步殚精竭虑，法治的征程中留下了您的深深足迹。您年届耄耋，仍以高昂的热情关注社会发展，埋首著书，呼唤法治，仍以青年人的频率四处奔走，讲学兴学，推动学科发展，您是我永远的学习榜样。

为了您的长寿，请您在今后的岁月里，适当放慢节奏，少做就是多做。我们企盼在更长久的日子里，见到并接受您的思想。

沈国明

2012年9月

湖南省司法厅党组书记、厅长夏国佳先生致贺

尊敬的李步云老先生：

作为我国著名法学家，您一直致力于人权、宪政、法哲学方面的研究，曾经三次为中央政治局讲授法制课的课题组成员，曾到50多个省部级单位给领导人讲法制课，在我国最早提出了法治和人权的思想，并推动二者写入宪法，被人誉为"敢开第一腔"的法学家。您的人格魅力和学术成果让人敬仰、佩服。"桃李盛时甘寂寞，雪霜多后竞青葱。师表才情堪敬仰，古稀不愧焕神容。"虽然今天您80大寿的寿宴，我因公事不能来为您老生日贺寿，但请接受我最深深的感激和最诚挚的祝福，祝福您老：

寿且康宁，松柏长青，寿同南极老人星
德高望重，乐享天伦，福如东海长流水

省司法厅党组书记、厅长：夏国佳恭贺
2012年9月20日

广州大学校长庾建设教授致贺

李步云教授：

　　值此先生八十华诞之际，我谨代表广州大学并以我个人的名义，向您致以衷心的祝贺和诚挚的敬意！先生治学为人，德艺双馨，为我国法治建设培养出了一大批优秀的人才，在多个领域都做出了开创性工作，取得了瞩目成绩，这是我校的骄傲和光荣。衷心地感谢您为我校法学学科特别是人权法学及人权教育事业做出的卓越贡献！谨祝先生身体健康，阖家幸福！

广州大学校长：庾建设

2012 年 9 月 21 日

中国致公党湖南省委主委、湖南省社会主义学院院长胡旭晟教授致贺

尊敬的步云教授：

  在长沙秋风清凉、分外宜人的时节里，我们欣喜地迎来了先生的八十岁华诞，我仅以个人的名义向先生致以最诚挚的祝福和深深的敬意！

  先生的八十岁华诞，铭刻着您对中国法学教育、法治社会构建、人权保护等众多领域的卓越贡献；您充满传奇的人生是如此浓墨重彩，镌刻着一个法律人的无比辉煌。

  您是我国法学教育的元老、泰斗，您为新中国法学教育的恢复和发展做出了重大贡献；作为老师的您，不但培育了一大批优秀的法学家和法律实务工作者，还将法治的现代理念成功地输送到国家领导层，在一定意义上堪称一代"帝师"。

  您一纸石破天惊的《论以法治国》，是依法治国理论框架与制度构想在我国的第一次系统提出；正是您敏锐的思考、对时代潮流的准确把握和对真理绝不放弃的胆魄，助推着中国从数千年的人治加快迈向法治。

  您是我国人权问题研究的首倡者，《坚持公民在法律上一律平等》被公认为我国法学界思想解放开始的标志，《论我国罪犯的法律地位》一文率先呼唤人权保障，在学界、政界和实务界引发强烈反响；您敢于向中国几千年尊卑有别的人伦观念开战，激励着我们去发现和肯定个人的价值。

  从您投身法学研究的五十余个春夏中，我们看到了中国法学事业的蓬勃发展与中国社会的巨大变迁。我由衷地钦佩先生用人生的八十个春夏为中国法学和社会发展做出的卓越贡献，您无所畏惧的创新精神、严谨勤勉的治学风范、高尚感人的师德情操，为法学界的所有后来人躬身垂范。

  最后，我还要深深地感激先生近十几年来对我这位晚辈后学持续的关

怀和勉励，您求贤若渴、礼贤下士、仁爱宽厚、恭谨谦和的长者风范，一直在激励着我前行。

宽宏之士，其寿必长；益人之人，其福必厚。我衷心地祝愿先生幸福吉祥、福寿绵长！

中国致公党湖南省委主委

湖南省社会主义学院院长：胡旭晟

2012年9月20日于山东差旅途中

华南理工大学法学院院长葛洪义教授致贺

贺恩师李步云教授八十华诞

> 谆谆教诲，常闻耳旁。
> 殷切关怀，终生不忘。
> 九如之颂，松柏长青。

华南理工大学法学院院长葛洪义及法学院全体教师
2012年9月19日

赞诗贺联

第十二届全国人民代表大会法律委员会主任委员乔晓阳先生贺联

原中共中央政法委副秘书长王景荣先生贺李步云教授八十大寿词

湖南省人民检察院检察长龚佳禾先生贺律诗

李步云先生北大同学王金鼎先生贺诗

北京航空航天大学赵明教授贺李步云教授八十寿联

为民网罗明标、求是杂志社廖莉敏贺李步云老师八十大寿

湖南大学法学院赵迅教授贺词

广州大学人权研究与教育中心刘志强教授贺李步云先生八十寿联

德国慕尼黑大学法学院2010级法哲学专业博士生李剑贺联、诗、词

广州大学人权研究与教育中心舒氀女士贺李步云教授八十华诞赞诗

第十二届全国人民代表大会法律委员会主任委员乔晓阳先生贺联

贺李步云教授八十华诞

化剑为犁,躬耕法理方知治国有道;
披肝沥胆,身作人梯欣见后继无忧。

乔晓阳
2013 年 5 月 20 日

原中共中央政法委副秘书长王景荣先生贺李步云教授八十大寿词

王景荣*

齐天乐

——贺李步云教授八十大寿

少怀报效家国志，从戎毅然投笔。疆场归来，上庠进驻，法理精研真谛。究微索秘。奈动乱十年，隐踪埋迹。国运初兴，骥骐腾奋跃千里。

冲击陈规禁锢，坦言卫道义，声震天地。学养文章，人格操守，弟子争相趋拟。高山仰止。问八秩何妨？体康神奕。法治追求，尚期宏略计。

---

* 王景荣，男，汉族，现年70岁，中共党员，黑龙江省巴彦县人。原毕业于中国人民大学法律系；1978年考入中国社会科学院研究生院法学系，师从吴大英、刘翰、李步云、周新铭等先生，攻读法理学专业。1981年暑期毕业，获法学硕士学位。此后，历任司法部研究室政策理论处副处长；公安部研究室副主任、主任，办公厅主任，部长助理，部党组成员；中共沈阳市委副书记；最高人民法院副院长、党组成员、审判委员会委员；中共四川省委常委、政法委书记；中共中央政法委副秘书长。现已退休。第九届全国人大代表，第十届全国政协委员。中国法学会、中华全国法制新闻工作者协会、中国警察学会会员。曾任中国法学会理事、副会长，中华全国法制新闻工作者协会副理事长，中国警察学会常务理事等。曾兼任全国社会科学规划领导小组法学学科规划组成员，中国人民大学法学院客座教授、中国政法大学研究生院兼职导师等。主编和著有《犯罪社会学》、《集会游行示威法讲话》、《公安法制通论》、《为了这片净土》（禁毒教育丛书）、《邓小平社会主义民主法制建设理论与实践研究》、《偷闲吟》（自选旧体诗词笺注）等书。另在全国及省级报刊发表学术论文和译著数十篇。

湖南省人民检察院检察长龚佳禾先生贺律诗

筵开九秩召群贤，
彝伦攸叙一脉传；
倡言法治忧国是，
力主人权入宪篇。
德怀高者称天爵，
名从盛处悟机缘；
侍坐何幸忝末座，
奉觞先生福寿全！①

---

① 根据作者的解读，此律诗所包含的意思为："筵开九秩召群贤"，就是我们今天到这里都是群贤毕至；"彝伦攸叙一脉传"，（我的观点）中国作为一个有五千年文明史的国家，我们自己有丰富的法治经验，我认为李先生的学术思想是继承了中国深刻的法学思想的；"倡言法治忧国是"，李先生这几年倡言法治表现了很大的政治勇气和理论勇气；"力主人权入宪篇"，宪法的第33条第3款写进去，李先生是做出了巨大贡献的；"德怀高者称天爵"，一个人的称呼只有道德高的人才能享受天爵；"名从盛处悟机缘，侍坐何幸忝末座"，就是我没有进入到李先生的学生名列，但是我心底还是把我作为您的学生，而且是忝居末座——"忝末座"；"奉觞先生福寿全"！

李步云先生北大同学王金鼎先生贺诗

王金鼎*

贺李步云同学八十大寿

上甘岭上杀骄寇，骨中尚存敌弹丸。
拂却征尘研理论，热血浇铸法制篇；
披荆斩棘开新宇，首倡法治与人权。
慧智修宪沥肝胆，滋育栋梁续新编；
桃李不言树风范，下自成蹊芳路宽。
巨擘再谱复兴曲，笙歌唱彻百花园。

2013 年 5 月 9 日

---

* 王金鼎先生，系李步云教授在北京大学法律系 1957 级三班的同学，在校期间，李步云教授是王金鼎先生的入团介绍人之一。

北京航空航天大学赵明教授贺李步云教授八十寿联

赵 明[*]

恭贺"李步云法学奖"首届颁奖典礼暨李步云法治与人权思想研讨会

保家卫国而累身,法治天下而劳心,
书剑人生,入此岁来,先生年八十矣;

正谊明道以友贤,论说古今以育才,
法苑春秋,亲受业者,弟子盖三千焉。

---

[*] 赵明,中国社会科学院研究生院法学博士(李步云教授指导),现为北京航空航天大学教授,博士生导师。

为民网罗明标、求是杂志社廖莉敏贺李步云老师八十大寿

罗明标　廖莉敏[*]

华诞八十添寿春，
云山惊雨风香清。
满山金桂与人语，
遍地跳珠歌舞萦。

国有题难翁献策，
中南海里笑相迎。
一生志业法天下，
国富人权家富情。

---

[*] 罗明标，为民网执行总编；廖莉敏，求是杂志社湖南工作站站长。

湖南大学法学院赵迅教授贺词

步云先生颂

  步云先生八十岁，改革开放卅余年。就这三十余年，先生对中国民主、法治、人权与宪政的理论探索和贡献，举世闻名，整整影响了一代人。"人权三形态"、"法治十原则"、"法的两重性"、"法制"到"法治"，在在表现了先生的求真精神与学术才华。其中，尤以70年代末"论罪犯权利"，80年代初"倡依法治国"，90年代前期"举人权大旗"，为人所不敢为，言人所不敢言，而被誉为"敢开第一腔的法学家"。这正是先生的杰出之处，也正是先生的成功之处。

  先生的德功，不止于此。烈士暮年，壮心不已。服务桑梓，奖掖后学。湖大法学院每上一大平台，常有先生身影；十年非常发展，多蒙先生赞襄。先生的体魄和精神，犹似壮年。人权研究国家基地之设想，亦必能在先生手中完成。

学生赵迅敬颂
2012年4月18日

广州大学人权研究与教育中心刘志强教授贺李步云先生八十寿联

李步云教授八秩华诞志贺

学海法治梦；
翰墨人权韵。

刘志强
2013 年 6 月 26 日

德国慕尼黑大学法学院 2010 级法哲学专业博士生李剑贺联、诗、词

李 剑*

贺李步云教授八十寿

联

山水相逢，仁者焉，智者焉？乐山乐水，皆是麓山春色。
法言犹在，寿者相，众生相，无我无私，还看湘水余波。

七 律

兴邦一言求法治，木铎金声倡人权。
书剑关河天下事，杏坛耕育栋梁贤。
槐市潇湘弦歌在，崇桃积李自年年。
中流砥砺松杉骨，化作麓峰不老泉。

词

华发苍髯，双杏堂深，犹听松风自在。觥筹共举、朝枚八十载。和气薰蒸开泰，洪荒外、瑞呈星台。醉相问，人间天上，何处是蓬莱？

儿孙，多劝寿，桃添阆苑，兰绕篱陔。看飞琼贺岁，艮岳归来。长虹梦入仙怀，何所幸，紫府筵开。从今后，豪情未老，点化尽多才。

---

* 李剑，湖南大学法学院 2007 级法理学专业硕士生，德国慕尼黑大学法学院 2010 级法哲学专业博士生。

小跋：喜闻李步云教授朝枚之寿，湖大法学院召群贤撰文以贺之。小子不揣冒昧，业师赵迅教授既为先生高足，固与先生有再传之恩。且有感先生治学、为人之风范，特作诗一首、词一阕、联一副，以贺先生八十寿辰。

李剑敬贺

2012 年 3 月 28 日于德国慕尼黑大学

广州大学人权研究与教育中心舒羽女士贺李步云教授八十华诞赞诗

舒 羽[*]

贺李步云教授八十华诞感怀

双星辉映照故里，
桃李芬芳遍寰宇。
漫步学海思无涯，
祥云浮现耀中华。

---

[*] 舒羽，广州大学法学院讲师，广州大学人权研究与教育中心国际人权保障机制研究室研究人员。

庆典致辞

湖南大学党委书记刘克利教授致辞

湖南省人大常委会副主任谢勇教授致辞

湖南省人民检察院检察长龚佳禾先生致辞

娄底市人大常委会主任易春阳先生致辞

湖南大学法学院前院长刘定华教授致辞

淳大投资有限公司、上海金融与法律研究院董事长柳志伟先生致辞

第十一届全国人大代表、益阳市委常委兼组织部部长、李步云先生外甥女彭爱华女士致辞

湖南大学法学院院长杜钢建教授致辞

湖南大学法学院党委书记屈茂辉教授在庆典会上的主持辞

其他与会来宾的致辞

李步云先生夫人王秀燕女士在庆典与研讨会上的答谢辞

李步云先生在庆典与研讨会上的答谢辞

湖南大学法学院肖海军教授在李步云先生寿宴会上的致酒辞

湖南大学党委书记刘克利教授致辞

尊敬的李步云教授及其夫人，尊敬的谢勇副主任、龚佳禾检察长，尊敬的各位领导、各位专家、各位嘉宾，女士们、先生们：

在硕果累累的金秋时节，我们欢聚在风景秀丽的湘麓山庄，以专题研讨会的形式，研讨李步云教授博大精深的法学思想，并以此隆重庆祝李步云教授八十华诞。在此我谨代表湖南大学党委、行政向李步云教授及其夫人表示崇高的敬意和由衷的祝福，向出席会议的嘉宾表示热烈的欢迎。李步云教授是中国当代著名的法理学家、宪法学家、法学教育家和社会活动家，更是湘籍法学家的杰出代表。李教授1933年8月23日出生于湖南娄底，少年时代就参加了中共地下组织京师学会、济事学会，青年时期赴朝参加抗美援朝战争并两次立功。在北大求学期间，师从著名宪法学家张友渔先生致力于法理与宪政。先后在北京大学、中共中央书记处研究室、中国社会科学院法学所工作。1978年12月6日在《人民日报》上发表《坚持公民在法律上一律平等》，吹响了法学界拨乱反正的号角。随后发表的《论以法治国》《论我国罪犯的法律地位》等著作，在学界、政界和司法界引起强烈反响，被公认为"敢为中国法治开第一腔"的人，也是最早、最为系统地对社会主义法治进行探索的法学家，并全面构建了社会主义人权基本理论体系。新时期以来，李教授作为法治入宪、人权入宪的主要推动者，为我国社会主义法治和人权事业的发展做出了巨大贡献。近年来，作为国家中高级干部法学讲师团和中央六部委百年法学家百场报告会成员，李教授常年奔走于全国各地，致力于中国民主、法治、人权、宪政事业的全国推广，以书生报国的情怀，演绎起平凡又华彩的书剑人生。他博大精深的法学思想、卓越非凡的杰出贡献，以及对现实法治实践与国家政治制度建设的推动，堪称当代法学界的楷模。2000年10月，李步云教授为报效桑植，受聘当任湖南大学教授、博士研究生导师和法学院名誉院长，创建湖南大学法治与人权研究中心，在全国率先开展人权教育及人权培训工作，为新世纪湖南法学和湖南大学法学学科发展做出了奠基性的贡献。李教授教书育人、爱岗敬业，他严谨的治学态度、突出的学术贡献是我们学习的楷模。让我们以热烈的掌声对李教授的辛勤付出和卓越贡献表示由衷的感谢，并衷心祝福李教授福如东海、寿比南山。

尊敬的李步云教授、各位嘉宾，今天的会议既是李教授学术思想的研讨会，又是李教授亲友的一次聚会，我们真诚地希望各位专家学者、新老朋友共叙友谊，畅谈学术，并对我校法学学科的建设发展提出宝贵的意见和建议，最后预祝会议取得圆满成功，祝大家身体健康、万事如意，谢谢大家！为祝贺李教授八十华诞，学校准备了一幅湘绣。

谢谢！

湖南省人大常委会副主任谢勇教授致辞

尊敬的李步云先生，尊敬的李夫人，各位同志大家好。

我很荣幸也很高兴来参加今天的盛会，就像刚才刘书记介绍的，李先生无论是在湖南法制史上还是在中国改革开放以来的法制史上，在某种程度上说是标志性的人物。今天大家聚集在此，一方面庆贺先生八十寿辰，同时也借这个机会，来进一步深入学习与探讨先生几十年来对中国法治所做出的思想与实践方面的贡献。对这样一份精神财富来做一个梳理，我认为这是一次非常好的精神大餐。我没有入先生的门下，直接向先生请教，只有通过先生的书籍（向先生学习）。近年来，由于先生在湖南待的时间比较多，（我）有更多机会就法治、人权、宪政这一系列主题，与先生一起讨论，向先生请教。在交流中我有很深刻的体会，那就是先生湖南人的精神面貌非常鲜明：忧国忧民，敢为人先。除此之外，还有一种更为难得的务实精神，踏实肯干，务实求新。李先生作为一个学者不仅在观念的世界里翱翔、探索，同时也秉承了经世济用的湖湘精神。先生乐意做小事，能够积小步而至千里，积小胜而成大业。先生的这样一种虚实结合的治学理念，做事的作风，恰恰是当下，无论是（对）湖南的法学建设也好，还是（对）我们国家依法治国（的）进一步推进也好，是弥足珍贵的一种财富。我今天想借助这样一个时机，向先生请教。我们国家现在在依法治国进程中来到一个新的关口，要进入一个新的阶段，现在各方都谈到顶层设计的问题，下一步的依法治国的推进需要有顶层设计，宪政也好，依法治国进程推进也好都需要顶层设计。那么，怎么做好这个顶层设计，我感觉有四个问题需要认真思考和回答。第一个问题，我们的执政党、执政精英有没有充分的思想准备，不过问司法权威可能带来对政治秩序的冲击。因为这个问题需要认真严肃讨论的,所谓依法治国要真正从规范层面做到行动层面,司法权威的树立是关键问题。这种司法权威对于政治秩序来说,是一种建设性的力量,还是一种会带来挑战的力量,要有深入思考,要直面这一问题。第二个问题,我们全体社会成员有没有心理准备愿意为法治付出必要的成本。法治是需要成本的,我们在法治建设过程中决不能搞法治浪漫主义,认为法治建设起来了一切问题就迎刃而解了,只有贡献没有成本。在规则治理下,个体肯定就会有个体上的公平问题,直白地说就是辛普森案如果在中国发生,能不能得到社会的支持,这就需要我们全体社会成员有充分心理准备。第三个问题,所有从事法律职业的法律人有没有心理准备,为法治秩序、法律职业的纯洁来自我克制,成为殉道者。因为这样一个群体的成熟,是法治社会形成的必不可少的基础力量。第四个问题,中国是个大国,无论是法治建设还是经济建设,我们肯定不能关起门进行的,必然要跳出国门,从更开阔的视野来考虑这一问题。这些问题在做顶层设计的时候是不能不考虑的。所以在这我想提出这么四个问题向李老师请教。李老师今天八十大寿,腿脚敏捷,尤其是思维特别敏捷,以他的知识积累、经验积累,尤其是他对国家、对人民、对法治事业的这种执着的信念,我想,在我们下一步的法治进程的推进过程中,我们还有赖于李老师。在这里衷心地祝愿李老师健康长寿。谢谢大家。

湖南省人民检察院检察长
龚佳禾先生致辞

尊敬的李教授及夫人：

今天是步云先生八十华诞，我们以"李步云教授学术思想研讨会"的形式在这里进行庆贺，我代表湖南省人民检察院和我个人向步云先生及夫人表示崇高的敬意和深深的祝贺。

正像刘书记所说，步云先生是我国著名的法理学家、宪法学家，在他所研究的领域，可称得上一代宗师。他在这些领域所取得的学术建树，在法学理论教育和宣传方面所做出的成就，对我们国家的法治建设，对我们社会主义法治理论的建设，都具有重大的影响力。我作为法律人，这些年有很多机会听取李先生的言论，李先生也多次到我们机关做讲座，他还是最高人民检察院的咨询委员会委员。对李先生所取得的成就，我们作为晚辈、作为老乡，都感到高兴。同时对李先生在这些领域研究的新的发展，我们充满新的期待。

这次接到邀请以后，我就在想我去参加步云先生的庆诞送什么礼物？对一代宗师来讲你去想这个问题，显得很俗气。但是作为一个李先生家乡的晚辈，我又理所当然要表达我的心情。于是我就写了一首律诗，把李先生给我的教育、给我的感受表达一下，算是我对李先生今天寿诞的一份贺礼。"筵开九秩召群贤"，就是我们今天到这里都是群贤毕至。"彝伦攸叙一脉传"是我的观点，中国作为一个有五千年的文明史的国家，我们自己有丰富的法治经验，我认为李先生的学术思想是继承了中国深刻的法学思想的。"倡言法治忧国是"，李先生这几年倡言法治表现了很大的政治勇气和理论勇气。"力主人权入宪篇"，宪法的第33条第3款写进去，李先生是做出了巨大贡献的。"德怀高者称天爵"，一个人的称呼，只有道德高的人才能享受天爵。"名从盛处悟机缘，侍坐何幸忝末座"，就是我没有进入到李先生的学生名列，但是我心底还是把自己作为李先生的学生，而且是忝居末座——"忝末座"。"奉觞先生福寿全"！

娄底市人大常委会主任 易春阳先生致辞

尊敬的各位领导,各位来宾,女士们先生们,大家上午好!

中秋八月,微风和畅,今天我们欢聚一堂,共贺法学泰斗李步云先生八十华诞!在此,我谨代表中共娄底市委、娄底市人大常委会、娄底市人民政府、娄底市政协,代表四百三十万娄底人民,向先生表示诚挚的问候和良好的祝愿!祝贺先生日月长明、松鹤长青,著千秋文章、育满园桃李!回首先生走过的历程,是刚而不阿、公而无私的八十年。为了人民的福祉,先生少小离家,投笔从戎;和平年代,先生学法律,研法理,育后人,为弘扬法治精神、推进依法治国而不懈奋斗。正是佛家的豁达、儒家的宽容、法家的严谨,闪现着先生忧国不谋身的正直与事成,虽历经数十年,离乡万里,先生身上始终流淌着娄底人坚韧、勤奋、尚德、自强的精神血液。无论身处江河之远,或位居庙堂之高,不戚戚于贫贱,不汲汲于富贵,始终为发展社会主义民主、法治事业而殚精竭虑,家乡人民以先生为荣!人民生活水平不断提高,美丽、富裕、文明的家乡期待先生常回家看看!地球三千岁,尚岁八十春!值此研讨会议之际,明俯伏之词,贺先生八十寿辰,留鹤长居,以作丘白!祝先生福寿安康,愿在座各位吉祥如意!谢谢大家!

湖南大学法学院前院长
刘定华教授致辞

尊敬的李老师、李师母，尊敬的各位来宾，各位朋友，大家上午好。

请允许我代表在座的教师和未到会的湖大法学院的老师，以及曾在湖大法学院工作、现已调离湖大的教师，向李老师八十华诞表示热烈的祝贺。祝愿李老师、李师母精神愉快，健康长寿。我也要借此机会向李老师在湖大法学院发展的关键时期为法学院的发展发挥最关键性的作用表示崇高的敬意。李老师是在湖南大学、湖南财院合并组建现在湖南大学、恢复成立法学院的关键时刻来到湖大的。法学院的恢复成立，标志着百年法学的湖大法学，进入了新的发展时期。在建立高水平师资队伍方面，他建议法学院采取引进和内部培养并举的方针。我们按照这种方针引进了郭道辉、王全兴、蔡守秋等教授。令人感动的是，李老师几度奔波于长沙和武汉之间，做全兴老师的工作。在内部培养方面，李老师身体力行、兢兢业业、认认真真地培养法学院的老师成为博士、博士后，使法学院的教师结构在较短的时期内得到改观。在改善办公和教学条件方面，是他引见和动员了柳志伟先生任职的淳大公司，与湖大合作合资修建了法学楼，并动员淳大资助了一笔资金，作引进和培养人才专用。法学院有专门的法学楼，当时在全国是独有的。在扩大交流平台、提高科研水平和为社会服务方面，一是李老师亲自组建成立了"湖南大学法治与人权研究中心"，组织完成了多项国际合作项目，率先在高校设置人权课程，主编了全国人权法教材，并举办了多期人权培训班，使湖大的人权研究和人权教育在全国居于前列；二是为了发挥湘籍法学家对湖南法治和湖南法学教育的作用，李老师积极支持、参与了湘籍法学家联谊会的发起与组织工作；三是为了发挥综合性大学服务社会的功能和有效地提高教学质量，李老师与法学院的同志一道，多次去司法部汇报情况，为湖南大学司法鉴定中心的批建，立下了汗马功劳；四是为了调动广大教师科研的积极性，李老师积极倡导并亲自组织实施，创办了《岳麓法学评论》、"岳麓法学文库"等科研园地；五是为了加强与全国学术团体的联系，密切与国内外学者的交流，李老师积极地支持法学院创造条件，组织全国性的学术会议。在我任法学院院长三年多的时间里，李老师亲自组织和参与组织的大型的全国性的学术会议就有中国法学会比较法学研究会第七届年会、全国司法鉴定制度研讨会、WTO与中国经济法学教学高校论坛、中国经济法研究会成立大会暨理论研讨会等等。李老师在法学院恢复成立的关键时期来到湖大法学院，是发挥了关键性作用的学术带头人和杰出的学科发展的引领者。李老师始终与湖大法学院的命运联系在一起，在事业的追求上，从未止步。就在他临近八十的时候，还继续在著书立说，还继续在为湖大人权教育基地的建立忘我地辛勤工作。李老师的这种精神，必将激励着湖大法学院的各位，在教学科研的路上，奋勇前行。最后，再次祝愿李老师健康长寿，学术长青。

【庆典致辞】

淳大投资有限公司、上海金融与法律研究院董事长柳志伟先生致辞*

尊敬的李步云教授和师母，各位领导，各位来宾，早上好。

首先做一下说明，我是上海金融与法律研究院的执行院长傅蔚冈，因为研究院的董事长柳志伟博士无法赶到长沙，特委托我向李老师和师母以及各位领导，表示歉意，同时向李老师表示祝贺，祝李老师生日快乐，永远年轻。柳志伟博士是李老师在湖南大学法学院招的第一批博士，李步云老师不仅在学业上悉心指导，同时还在事业上大力相助。2002年李老师作为发起人，和中国证监会的首任主席刘鸿儒先生一起创立了上海金融与法律研究院，在2007年以后，更是作为院长，直接参与研究院的各项活动，在此表示感谢。为了庆祝李老师对中国法治和人权事业，以及中国的法治研究做出的杰出贡献，同时也为了表达我们对李老师对上海金融与法律研究院所做的贡献的感谢，我们上海金融与法律研究院经研究决定，出资发起设立一项旨在奖励法学研究，或者是法治事业的奖项。该奖项总金额为120多万元，争取每年颁发一次，奖励1~3人，奖金为10万元。我们暂定命名为"李步云法学奖"，或者是"李步云法治人物奖"。最后，我再借此机会，表达我个人对李老师的敬意与祝贺。李老师是我工作上的领导，同时在学术辈分上，他也是我的长辈，因为我的导师孙笑侠教授是李步云的博士，从这个意义上来讲，我是李老师正宗的徒孙。趁这个机会，对李老师说声：李老师，您的很多徒孙也想对您表示祝贺，祝您福如东海，寿比南山。谢谢。

---

* 由于淳大投资有限公司、上海金融与法律研究院董事长柳志伟博士因事无法赶到长沙与会，由上海金融与法律研究院傅蔚冈博士代为致辞。

第十一届全国人大代表、益阳市委常委兼组织部部长、李步云先生外甥女彭爱华女士致辞

尊敬的各位前辈、各位领导、各位专家学者、各位来宾：

晚霞灿烂落红美，人到耄耋正金秋。今天是我舅爷爷李步云教授学术思想研讨暨八十华诞志庆的大喜日子，值此高朋满座共同欢聚庆贺之际，作为亲属代表的我首先要向舅爷爷舅奶奶送上最诚挚、最温馨的祝福：祝贺舅爷爷学术思想研讨会隆重举行！祝舅爷爷舅奶奶福如东海，寿比南山，身体健康，笑口常开！同时，向前来参加庆典的各位嘉宾表示热烈的欢迎和诚挚的感谢！

时光荏苒，岁月如歌。很小的时候，外婆和妈妈就对我们说："你们有一位了不起的舅爷爷，他才华横溢，文武双全。早在小学和初中阶段，他的作文就经常被当作范文在师生中传阅。他16岁从军，17岁就投身抗美援朝战争，在战场上冲锋陷阵，身负重伤并荣立战功。从前线回来后，他刻苦学习考入北大法律系，并从名师攻读研究生直至成为社科院院士，硕果累累桃李天下。"舅爷爷在学术上追求真理，在现实中追求真实，在生活中追求真诚！1988年舅爷爷全家从北京回到娄底，我们有幸第一次相见，舅爷爷给我留下了深刻印象：舅爷爷和蔼可亲，平易近人，同老乡交谈都用的是娄底方言。对于长辈他都一一登门拜访，并送上精心准备的礼品；对于同辈他总是嘘寒问暖、关怀备至；对于晚辈他每每循循善诱，悉心指点！在舅爷爷的影响和鞭策下，我的妹妹和我的女儿都走上了学习法律从事法律工作的道路。舅爷爷淡泊名利，乐于奉献，名副其实。我在双峰任县委书记期间，作为大师级的舅爷爷不计分文，从百忙中抽出时间给全县的县乡干部作依法治国的专题讲座，基层的同志备受鼓舞。前些日

子，舅爷爷听说我兼任中共益阳市委党校的第一校长，他又主动提出无偿到益阳市委党校现身说法……

八十年的风雨，八十年的执着；八十年的峥嵘岁月，八十年的绚丽人生；一身正气，两袖清风；光明磊落，敢于担当；胸怀坦荡，不卑不亢；坚韧不拔，百折不挠；善良仁厚，乐善好施；桃李天下，硕果累累——这就是我心目中的舅爷爷。

借此机会，我要衷心感谢舅爷爷长期以来给予我们的大力支持和无微不至的关怀！感谢长期以来关心支持舅爷爷的各位嘉宾，各位亲朋好友。七十古稀今常见，八十还是青壮年。九十仍怀千里志，百岁再摆寿星宴。

我衷心地祝福舅爷爷舅奶奶健康长寿，幸福安康。衷心祝福各位嘉宾身体健康、工作顺利、阖家欢乐、万事如意！

谢谢！

湖南大学法学院院长
杜钢建教授致辞

亲爱的李老师及师母，尊敬的各位领导、专家、同仁：

中国改革开放的三十多年，我们可以划分为三大阶段：80年代，从人治向法治过渡转变，这在理论上需要巨大的勇气，需要深厚的知识积累，李老师在这当中的贡献，举国上下，党内外，甚至国内外，大家都是极为认可和关注的；第二个阶段，90年代，从特权向人权转变过渡的历史时期，又是李老师在这个领域当中，为中国的理论发展和实践的推动做出了巨大贡献；第三个阶段，是2000年以后，从专政向宪政转变的历史阶段，而这个转变的历史阶段，我相信十八大以后，在思想领域重要的实践的突破，但是在理论上包括在实践的制度建设中，李老师做出的贡献也是举世公认。我想这三大贡献需要我们认真地加以思考和研讨，所以下一阶段的研讨的话题，我个人认为可从这三大领域来看。李老师的贡献不仅是历史性的，而且在未来，乃至未来的十年、二十年的发展过程当中，无论是理论思想，还是制度建设都是党和国家和人民所期待的。

最后，衷心地祝愿李老师和师母健康长寿，谢谢。

湖南大学法学院党委书记屈茂辉教授在庆典会上的主持辞

女士们、先生们：

寒来暑往，春华秋实。今天是我们湖南大学法学院的喜庆之日。中国社会科学院荣誉学部委员、湖南大学法学院名誉院长、中国资深法学家李步云教授法学思想研讨会暨八十华诞志庆，在我院隆重举行。我首先以个人名义，并代表湖南大学法学院恭祝李老华诞快乐、健康长寿！李步云教授是我国公认的杰出法理学家、宪法学家，为我国社会主义法制建设做出了卓越的贡献，在我国政法界享有崇高声誉。李老年少时投笔从戎，凯旋后铸剑为犁，至此寄情投身法学，立足其宪政潜心为学，在社会主义法治史上长在时代之先，屡开风纪之先。2000年10月恰逢世纪之交，李教授受聘为湖南大学法学院名誉院长。十二年来，李老入者宵衣旰食、殚精竭虑，出者奔走呼号、举杰提贤，为复兴湖大法学立下汗马功劳。时至今日，李老治学已有半百，可谓著述等身、桃李满园，八十高龄依然手不释卷、笔耕不辍，是中国法学界，也是我们湖南大学法学院的一面旗帜，更是后辈学人心中的一座丰碑。

今天的岳麓山可谓少长咸集、群贤毕至，我们既领略了李老的学术大成，又目染了李老的华诞喜庆，共同描绘湖南大学法学院院史上浓墨重彩的一笔。在这里，我荣幸地介绍莅临盛会的各位嘉宾：湖南省人大常委会副主任谢勇先生，湖南省人民检察院检察长龚佳禾先生，湖南省人民政府法制办主任许显辉先生，湖南省人民检察院副检察长卢乐云先生、湖南省高级人民法院副院长杨翔先生，湖南省公安厅副厅长杨红光先生，湖南大学党委书记刘克利先生，香港大公报原副社长、省委委员梁新春先生，娄底市人大常委会主任易春阳先生，湖南警察学院院长林少菊先生，益阳市市委常委组织部部长彭爱华女士。出席本次盛会的嘉宾还有湖南省党政机关和社会团体的领导、娄底市党政机关领导、湖南大学校领导、海南大学法学院领导、湖南科大法学院领导、湖南大学马克思主义学院领导、湖南大学出版社领导以及湖南大学法学院的领导和同事，李老的长沙亲友代表、娄底亲友代表、李老湖南大学学生代表、省外学生代表以及新闻媒体的朋友们。在这里我谨代表湖南大学法学院对各位嘉宾的光临表示衷心的感谢和热烈的欢迎。现在我以莫大的荣幸和最高的敬意宣布李步云教授法学思想研讨会暨八十华诞志庆正式开始。

首先，让我们以热烈的掌声欢迎湖南大学党委书记刘克利先生致辞。

感谢刘书记，也感谢刘书记的礼物和祝福。刘书记的致辞我们深有同感，李老十余年来，辛勤耕耘、无私奉献，为振兴法学院做出了不可磨灭的贡献，是湖南大学众望所归的法学元老和精神领袖。湖南省党政机关也派代表参加了这次盛会，首先有请湖南省人大常委会副主任谢勇致辞。

谢谢谢勇教授！下面有请湖南省人民检察院检察长龚佳禾致辞。

谢谢龚佳禾检察长情真意切、热情的致辞和美好的祝愿！今天喜逢李老的八十大寿，但是部分领导因公务在身，无法亲临现场，但纷纷发来热情洋溢的贺电贺信，对李老的寿辰表示热烈的祝贺。发来贺电贺信的有：最高人民检察院检察长曹建明先生，中共湖南省委书记、湖南省人大常委会主任周强先生，最高人民法院副院长江必新先生，湖南省司法厅厅长夏国佳先生，西南政法大学校长付子堂先生，中共中央党校研究生院院长卓泽渊先生，上海市社科联党组书记兼常务副主席沈国明先生，湖南社会主义学院院长胡旭晟先生，广州大学校长庾建设先生，华南理工大学法学院院长葛洪义先生，海南大学法学院院长王崇敏先生，还有李老师的女儿李丹、李莹。下面我们有请李先生的高徒刘士平教授宣读各方的贺电贺信。

各位领导对李老情真意切的祝愿，是对李老学术贡献和人格力量的高度认可。山高水长，鸟语花香。原全国政协副主席、著名行政法学家罗豪才先生给李老送来了花篮；湖南省委书记、省人大常委会主任周强先生也送来了精美的花篮；湖南省司法厅厅长夏国佳先生、司法厅副厅长傅丽娟女士，湖南省高级人民法院院长康为民先生以及湖南大学、湖南大学法学院、广州大学、湖南人和律师事务所等，以及李老的学生都给先生献上花篮。鲜花象征着李老德学双馨的成就，让我们以热烈的掌声见证这温馨美好的一刻！

作为中国法学界的元老，李老无疑是湖南人民的骄傲，更是娄底家乡人民的骄傲。下面有请李老家乡的领导代表、娄底市人大常委会主任易春阳先生致词！

  李老献身湖南大学法学院十多年间，深受师生爱戴，我们法学院的老师，对李老有很多话要讲，下面有请教师代表、法学院前院长刘定华教授致辞。

  多年来，李老培养出一大批政治精英、法学精英和社会管理精英。下面有请李老的学生代表、上海金融与法律研究院董事长柳志伟先生致辞。

  李老属于我们大家，但也属于他的家人，下面有请李老的家属代表第十一届全国人大代表、益阳市委常委、组织部部长彭爱华女士致辞。

  接下来，有请湖南大学法学院院长杜钢建教授致辞。

  感谢各级领导、各界嘉宾、各位亲友热情洋溢的致辞和温馨的祝福，用时下的话来讲，李老从今天起，就迈入了"80后"的行列，往后，就是"90后"、"00后"了，因此我们有理由相信李老越活越年轻，越活越开心！在这个喜庆而隆重的日子里，让我们以热烈的掌声，再次衷心祝福李老永葆学术青春，再续人生辉煌，同时也让我们诚挚祝福李老及其夫人身体健康，生活愉快，阖家幸福！

其他与会来宾的致辞

广州大学人权研究与教育中心杨松才教授：大家好，我是来自广州大学的杨松才，是李老师2002级的学生。刚才，领导、同仁系统地介绍了李老师的学术思想。但是我觉得，从一些简单的数据、事例同样可见李老师的伟大和卓越。比如说，李老师先后出版著作32本，发表论文200多篇，其中在国内外权威刊物上发表的有90多篇，按照有些大学规定有一篇在权威刊物发表的文章就可以评一个教授的话，李老师就可以评90多次教授。还有，李老师的思想不仅仅限于国内，他在国际上也有重大的影响。比如说，日本京都大学的教授就把李老师的《法治的概念的科学性》作为他们的学生的必读参考书。同时，美国加州大学洛杉矶分校的教授在其著名的著作《中国法治的长征》一书中，有15次提到了李老师的名字。还有，李老师的思想和国外的一些著名学者有惊人的相同。李老师在1978年提出了公民在法律面前平等，同一年，美国著名学者德沃金先生在其《认真对待权利》一书中也提到了每一位公民都应有享受平等、关爱和尊重的权利。后来，两位先生在一次国际法哲学大会相遇的时候，谈到这个事情都会心一笑。我在2002年成为李老师的学生。当李老师的学生确实有很大的压力，因为李老师的学生大多成绩斐然，与他们相比，我自己就太过于平凡。但是，想到孔子当年弟子三千，贤人才七十二，自己也就平衡了。跟李老师在一起已经十二年时间了，李老师对我的关心、帮助、提携与鼓励，我无法用言语来表达。但我还是想跟李老师说，李老师悠着点，十年前您说您的计划是保七进八，那现在应该是保八进九。我更希望在李老师百年诞辰的时候也坐在这里，跟我们谈论您的法治思想、人权思想，我想这是非常美好的事。金庸先生曾说过："长寿是最大的武功。"所以我在此，衷心祝愿李老师健康长寿。

原省委委员兼香港大公报副社长梁新春先生：李教授，是我的老兄，也是我的老师，是我最敬重钦佩的老师。在这二三十年，我们一时在北方相聚，一时在南方交谈，了解到李教授的诸多故事，在此我就不多说了。我只想到了一个问题，为什么说李教授"敢开第一腔"？我给他概括成几句话：李教授有头有脑，有肝有胆，有筋有骨，是一个有骨气的人。我觉得，如果要研究的话，还应研究下，为什么李教授有那么多成果，为什么能够经常开"第一腔"。现在法学界有这样一个说法：李教授是中国人品最好的一位。我要说，步云确实是这样的人。他经过了炮火的锤炼，走过了艰苦奋斗的路程，锻炼出了艰苦奋斗、追求真理、敢于创新的品格。我觉得这一点很值得研究。我经常跟我们报社的同事讲，大家都有这个体会，但是做不到。人品、文品，首先要有人品，人品要好。光有人品还不行，还要有智慧，李教授就是一个人品加智慧的人。智慧很高的人，人品很好的人，才能有这么多研究成果，为国家做出重大的贡献。讲到敢开第一腔，我想到一个事。在依法治国和以德治国并列的年代，李教授从来不赞同以德治国。他经常跟我讲，以德治国是不科学的，不能这样提。有很多的人也赞同这个观点，但是却不敢讲，不敢在领导面前讲，不敢向中央讲。但是李教授在参加修改宪法的宣讲座谈会上，他敢讲以德治国不能入宪。我觉得这个气质非常可贵，我一辈子都学不完，所以以后我还是他的学生，继续学习。谢谢大家。祝李步云教授健康长寿，永葆青春，谢谢。（李步云先生回应：我插一句话，我们有亲戚关系，是兄弟关系。老梁兄，在香港大公报的时候，他每天晚上要写一篇社论，写了七八百篇社论，反映了整个香港回归的过程。他自己出了本书，我给他写了序，又举行了一个发布会，他是个大笔杆子。我根本当不了他的老师，他当我的老师还不错。）

海南大学法学院陈秋云教授：尊敬的李老师、师母，各位领导，我是海南大学法学院的陈秋云。刚才，我们的领导、同事们对李老师的法学思想做了非常详细的介绍。在此，我只说两句话。第一句，我以及我的家人，祝福恩师生日快乐，祝福恩师、师母身体健康、万事如意。今天，我还代表我们的王院长，对李老师八十华诞，表示诚挚的祝福，并正式邀请李老师和师母有时间到海南走走。

江西财经大学法学院蒋悟真教授：祝李老师身体健康。我是李老师在湖大带的博士生中第一个毕业的，今天我受我们院长邓辉教授的委托，也祝李老师健康长寿。刚刚有教授在贺电中，要李老师悠着点，放慢节奏，我很赞同这个观点，所以希望李老师能够真正地保重身体，我们几个讨论时也说，身体才是最重要的。祝李老师和师母平平安安。

湖南师范大学法学院黄捷教授：我是湖南师大的黄捷。我是李老师没过门的学生，挣扎了好几次都没进门，不过我心里也已经自认我是李老师的学生。所以，首先，我要在此祝老师、师母健康长寿，笑口常开。同时，李步云老师还是我所代表的程序法学研究会的顾问委员会主任，所以我也代表程序法学研究会祝李老师和师母健康快乐，永葆青春。程序法学是一个小苗苗，刚刚成长起来，它是超越了诉讼法范畴的广义的程序法。程序法学研究会在湖南第一个成为一个独立的研究会，跟李老师的指导和支持是分不开的。它从法理层次上研究程序法、程序法现象，所以这个小苗苗可能对我们现有的理论产生一些影响和冲击。我也期望它在李老师的继续指导下，成长壮大，它的出现也是李老师的学术成绩之一。

李步云先生夫人王秀燕女士在庆典与研讨会上的答谢辞

尊敬的各位来宾，各位朋友，女士们，先生们，大家好。

我首先代表我的全家，向前来参加步云先生八十华诞的各位领导，各位老师，我的亲戚朋友们，表示热烈的欢迎和衷心的感谢。同时，我也对组织这次活动的湖南大学法学院的各位领导和老师们所付出的努力，表示诚挚的谢意。步云先生，出于对他专业的热爱，已经在他自己的工作道路上走过了五十年。在这五十年当中，道路不是平坦的。这五十年，是他刻苦学习的五十年。他为了实现我们国家依法治国，建设社会主义法治国家做出了很多的努力，为完善我们国家的宪法也提出了自己的不少的观点，所以这五十年对他来说不太容易，确实不太容易。在一个家庭里，都这么大年纪了，现在还奔波在全国各地。他很少陪伴在我的身边，但是当他写出好的文章、培养出一大批好的学生的时候，我真的感到很欣慰，所以我仍然要坚决地支持他。只要他身体好，我愿意他为法律事业多做贡献。因为今天是他的八十华诞，我也说八句话作为对他生日的祝福。题目还是那八个字《步云先生，寿比南山》：

步法治之路摇旗呐喊，
云开雾散要捍卫人权，
先遍地播撒心灵之种，
生根开花建基地为家。
寿喜八旬宝刀人不老，
比翼双飞终将心愿了，

南来北往辛勤育桃李，
山茶花开处处传佳音。

（李步云先生回应：这个诗她一直对我保密。上一次我过七十岁生日的时候她用了十分钟给我写了一首藏头诗，也是《步云先生，寿比南山》，这次又是这八个字的藏头诗。）

这八个字是代表这近十年，以前是那三十六年。

李步云先生在庆典与研讨会上的答谢辞

首先，非常感谢到会的省市领导、兄弟院校的朋友同事，还有在湖南省，包括娄底市的亲朋好友能够参加这个会议，非常感动，感激大家。同时，我也感谢我的学生力主我的八十岁生日在湖南过，包括我的亲戚也这么说，你是湖南人要遵守湖南的风俗习惯，满七十九就八十，生日得这个时候过。第二，感谢湖大法学院筹备这个会议。我过去经常讲，我一生物质财富不多，但精神财富很富有，这个精神财富包括我自己的学术思想，但更主要的是我一生中得到了很多友情，包括同事情、师生情、朋友情、家人的亲情，这是一生里面最感到满意的。我正在准备写一本书，就是我的回忆录，题目叫作《我的法治梦》。第一部分写我的生平，第二部分写我的思想。第一部分里面专门有一章叫作"报效桑梓湘水情"。里面有我来湖大工作十二年里面的经历、感想，得到领导的帮助、支持，包括我的学生对我的关心，等等。我简单举几个例子，比如今天来的阳红光厅长，十年以来几乎每个大小的节日都要给我发短信，而且不是一句话两句话。他总要来个段子，这些段子是我从来没见过的挺感人的段子，我很感动。又如说我们龚检。我每一次来到湖南都很矛盾，我想看看他，又怕耽误他的时间，因为他知道我来了之后一定请我吃饭聊聊天，而他是个大忙人。省检的其他同志对我也很好。我和我的夫人和孩子他们没有去过张家界，想去看看。谭义斌同志开着专车一直陪着我们到张家界县一个多星期。研究室主任吴建雄同志为了去看我，因为急着赶飞机，把鞋子都穿错了。还有我们学校和院里对我也是给予了十分的支持、鼓励与帮助的。我被评为2004年湖南大学首届十大"师德标兵"，这也是我一生里面得到的非常重要的荣誉。这个称号激励我、鞭策我一定要把学生当作上帝，好好教书，好好育人。又比如在座的林少菊老院长，我们也是多年的老朋友了。从2002年开始，我们两个合作，突破禁区，率先在全国搞在职干部的人才教育，特别是那次全省的每个县的公安局长要来学习一个礼拜，这在当时是很敏感、很不容易的，但是我们把事情办成了。所有这些我都会写进我的书里面，包括今天大家讲的这些鼓励的话、鞭策的话、祝福的话，都会写进去。另外，作为湖南人，我为我们湖南十多年以来的进步感到骄傲。我全国各地到处跑，每当提起我是湖南大学的教授、是湖南人的时候，大家都说湖南这些年来进步很快，特别是周书记上任以来，经济全面发展、法治湖南建设的进步是国内公认的。我不仅为作为一个湖南人感到骄傲，也对我们现在的省市领导班子，包括我们的龚检等等领导，还有兄弟院校的同仁，他们对建设我们美丽的家乡所做出的贡献感到由衷的敬佩。当然，我还要感谢的是我的家庭。给大家说个笑话，我说如果说我这一生里面有点什么贡献的话，功劳的一半给你。她说那不行，一半不够，那得三分之二。这也有道理：家里装修房子，我一概不问，等着装修好以后，就背着手到处视察一下。我的那两个孩子全是她抚养大的，没有要我分心。应该说我的夫人做出了很多的贡献。现在我有一个外号叫"空中飞人"，起码有三分之二的时间不在家里，不能陪她，我一直感到很歉疚。刚才她念的诗也是一个见证，我是感到很幸福的。这个亲情，包括我的亲戚。感谢他们对我的关心。最后，我要把今天各位领导、各位朋友、各位亲人这些祝福的话，看作是对我的最大的鼓励和鞭策。刚才好几个人说你一定要悠着点，我现在感到我的心理年龄是四五十岁的样子，上个十楼心不跳，走起路来比原先走得快。现在我的想法就是加紧努力，为我们伟大的国家、伟大的人民做更多一点贡献。

谢谢大家。

湖南大学法学院肖海军教授在李步云先生寿宴会上的致酒辞

各位来宾、女士们、先生们：

　　李先生步云教授法学学术思想研讨会暨八十华诞庆典今天上午已成功举行。此次会议是由湖南大学法学院主办，具体承办是李老师的学生，也包括我在内。由于我们人力不够、经验不足，在筹办会议的过程中有很多的不足之处，敬请各位海涵。李老师以坚忍的意志、深邃的思想、过人的技巧，说服了中南海，推动了"法治入宪"与"人权入宪"；其博大精深的法律思想也感动了上苍，李老师人权、法治和宪政思想犹如春风细雨滋润着神州大地。我们知道，长沙昨夜星光灿烂，正是因为李老师的思想感动了苍天，上苍今天为我们下了一场法治之雨、人权之雨、宪政之雨。各位来宾在百忙之中挤出时间参加李老师的八十华诞庆典，祝福我们的先生，祝愿我们的先生，我谨代表组委会和李老师的全体弟子对各位来宾的莅临表示衷心的感谢！在此，我提议大家以你们的豪情，举起你们的酒樽，为李步云老师及师母的健康，为二老的长寿，为二老的幸福，也为在座各位的工作开心和心想事成，干杯！

宪政！一位耄耋教授的不渝追求
　　——贺步云先生八秩荣寿

我所认识的李步云教授

壮心不已可凌云

祝福与汇报

写在李老师八十寿庆的时候

步出荆湘，云书法治
　　——恭贺李步云先生八十寿诞

忠诚于法学教育事业的楷模
　　——写在李步云教授八十华诞之际

谈湖湘文化霸蛮精神的杰出代表李步云教授

李步云教授与新时期湖南大学法学的发展

庆贺步云八十寿辰

我眼中的李老师

宪政中国的追梦人

我所知的步云先生点滴

与李步云先生交往记忆

为恩师李步云先生八十华诞祝寿

与君同行，今生无憾

润物细无声
　　——一个"人权"晚辈对李步云先生的印象

激情与理智

偶尔相逢结师缘

李老师二三事

志于道，据于德，依于仁，游于艺
　　——李步云先生八十华诞庆贺

恩师李步云先生

检察官的良师益友

治学为人的楷模，德艺双馨的典范
　　——我的导师李步云先生

法学大师　慈祥老人

祝李老师健康快乐

春风化雨八十载，漫步法治启航路
　　——贺李步云老师八十华诞

大德无垠　大爱无疆
　　——致李步云先生八十华诞

书剑人生路　星斗焕文章

感恩的心
　　——写在李步云老师八十华诞之际

书剑人生　道义文章
　　——记我的恩师李步云先生

老骥伏枥，志在千里
　　——我印象中的李步云先生

品味大师为人为学
　　——走近著名法学家李步云先生

师门感记

李步云教授与湖大"岳麓法律人"

师道垂范，大爱无言
　　——记李步云先生二三事

赞师恩

李老师八十寿的感言

宪政！一位耄耋教授的不渝追求

——贺步云先生八秩荣寿

俞荣根[*]

真的日月如梭，时间过得实在是太快了。祝贺步云教授七十华诞的场景还历历在目，日前竟然收到了他弟子们发起庆祝他八十大寿的请柬。在我们的记忆中，步云教授永远是活力四射、东奔西忙的人，是脑不停地想、腿不停地跑、笔不停地写、嘴不停地讲的"四不停"教授，他永远年轻，永远定格在年轻时代。"我生理年龄四五十岁，心理上也就三十多岁。"这是他七十五岁时自己说的话。他年届七十时不像古稀之人，现在也不像一个八十耄耋之人。

那么，七十岁前后至今这十多年，步云教授在忙些什么呢？

2000年10月起，他任湖南大学法学院名誉院长，湖南大学法治与人权研究中心主任，开办法官、检察官、警官、行政执法人员的人权培训班，还坚持每学期给法律专业本科生讲授人权法学。

2004年，他又在广州开辟新的人权"根据地"，设立广州大学人权研究与教育中心，继续开办人权培训班，还破天荒地给中文、新闻、外语、数学等非法律专业的本科生讲授人权法学。

一句话，他忙的是人权问题。

步云教授说："我这辈子主要就做了两件事，第一是研究人权，第二是研究法治。"

法治是民主宪政的必然状态，我们称之为中国特色社会主义国家的治国方略。人权是民主宪政的精髓，法治的价值核心。宪政是现代政治文明

---

[*] 俞荣根，西南政法大学教授。

的载体。有学者形容说，法治是宪政的皇冠，人权是皇冠上的钻石。这就是说，步云教授一辈子都在忙宪政的事。相比于他退休之前，这十多年他主要在忙人权。但归根结蒂，他是在忙宪政问题。宪政，依然是这位年届耄耋的法学家不折不挠的追求。

为求索而忙碌

步云教授有时也会来一个"学者式的幽默"："我现在的外号是'空中飞人'。"他在中国社会科学院法学研究所里的一些同事把他归纳为"忙碌型"的离退休人员。

其实，他的"忙碌"是一贯的。1998年，步云教授编定《走向法治》大著时，感慨赋诗，"呕心沥血四十年，为谋华夏法治篇"。"呕心沥血"，不仅身忙，而且心忙，已到了忙碌的极致境界。所忙何事？为求索"华夏法治"，为求索华夏宪政。1982年修订宪法，1998年法治入宪，2004年人权入宪，是中国学者，特别是法学学者"学术济世""学术资政""学术修宪"的成功典范。谁说书生空议论，修宪史上丰碑在。诚然，这是学术群体、众多法学家的集体贡献，但李步云教授是其中第一梯队的主力队员，是主要的、积极的贡献者和推动者。

其实，2004年建言"人权入宪"时，他已经是"70后"老人了。此后，他从"为谋华夏法治篇"重点转向"为谋华夏人权篇"，南下湖、广创建人权研究中心，开拓人权研究、人权培训、人权教育一体化事业，致力于提升各级各类官员的人权观念，增强社会的人权意识，培养人权研究人才。这是一桩知行合一、由知而行的了不得的大工程，其中的酸甜苦辣唯践行者自知。据报载，步云教授开始在湖南大学办人权讲习班时，就曾被有关方面告诫"最好不办"。仅此一点，足见其艰难。中国古来有"知易行难"与"知难行易"之争。但就宪政、人权问题而言，在现实"体制场"和"环境场"的场效应下，可能"知易行难"更甚于"知难行易"。如我本人，虽然比步云教授年轻十岁，且不说论"知"缺乏他的深邃和敢说真话的勇气，更为见绌的是视"行"为畏途。步云教授就没有我们这些知识人身上存在的慵懒与俗儒习气。他因求索而忙碌，因忙碌而收获累累硕果。他不仅培养了一批宪法学、人权学后起之秀，更为重要的是，为国家创建了一个人权教育基地。2011年4月，在他的带领下，广州大学人权研究与教育中心获教育部批准，成为国家级人权教育与培训基地。步云教授的这一贡献对我国的人权事业无疑是有着长期效应的。在忙碌中，步云教授还收获了友谊！收获了情义！收获了思想！收获了人生正能量！他在忙碌中快乐着，在忙碌中幸福着。这就是步云教授的人生！这就是步云教授七十岁后的人生！相信也是他八十岁后的人生。

忧患出思想

常言道，愤怒出诗人，忧患出思想。

中华文化的第一号圣经《周易》因"忧患"而作，并教人"明于忧患"。"明于忧患"就是要正视忧患，善鉴往事，未雨绸缪，免蹈覆辙。中华民族在忧患中发展，思想在忧患中产生。

步云教授的同乡知交、著名法学思想家郭道晖教授在《步云七十礼赞》中云："为社稷代草诏，力促革新弊政；为百姓上奏本，敢步屈子后尘。忠而获咎兮，香毒莫辨；拯民水火兮，何惧浮沉？嗟乎！政场变化无常，历史自有公论。法坛是非有界，不容'左'右苟同。弘扬义理，岂可依随权势；廓清'左'毒，敢挑战以求真。"这段赞语，辞美情浓，慷慨激越，与李步云教授自己坦露的心路完全一致："以前我爱好理论思维学习，所以我比较自信我的观点是反复经过研究的，是不会错的，是站得住的，所以尽管压力比较大，我心里是从来没有动摇过，没怎么害怕过，也没怎么后悔过，这是我当时的一种心态。"郭道晖的赞语和步云教授的自白，从不同的角度真实表达了步云教授因忧患而出思想的历程。

2003年8月23日下午，我在"李步云教授学术思想研讨会暨七十华诞志庆"现场有个四分钟的即席发言。其中说道："作为一个学者，写几篇好文章并不难，难的是自始至终写出好文章，不写官样文章，不写应酬文章。李步云先生就是这样一位把文章写得越来越好，把文章写得越来越有思想，从而由学者而成为思想者、思想家的这样一位法学家。"

我们这个时代，法学家不少，思想家不多。在步云教授七十华诞之际，李门弟子从四个方面整理他的"学术思想"：法治思想、人权思想、民主宪政思想、宪法思想。归纳和评析都比较到位。可惜我在做即席发言时还未曾见到他们的这些成果，不然我会讲得更充实些。

思想家与学者的区别在哪里？愚见以为主要有三点。其一，思想家不光是有独到的见解和言之成理的观点，而且有一以贯之的学说体系；其二，这个学说体系有自己的核心价值和中心思想；其三，这一核心价值和中心思想既具有适时性、适地性，又具有人类性、前瞻性，因此，它不能不既是现实的，又是批判的。

步云教授生于忧患的时代。时代的忧患产生时代的改革。他全身心地投入改革洪流之中。改革的成败系于顶层设计的正确与否。宪法的修改与宪政的实施便是顶层的顶层。步云教授所从事的学科专业是法理学，他毫无保留地把自己的精力和智慧贡献于改革事业的顶层设计，正是在推进修宪和宪政中逐步完善自己以宪法和宪政学说为内容的法学思想体系，形成法治与人权两大核心价值和中心思想。媒体称他为"中国人权之父""中国法治第一人"，可谓实至名归。

在共和国的历史上，法治和人权曾经是理论禁区。闯入这样的禁区，不能不冒险。敢于冒风险是勇，既冒风险又能取胜从而化险为夷是智。可喜的是，步云教授的几度涉险基本上都是成功的。这是时代所使然，也是他的智勇所使然。他曾不无得意地说道："有人说我像6点钟报晓的金鸡，分寸和火候掌握得比较好。"这正是一个满怀忧患又肩负历史责任的成熟思想家的过人之处。思想家应当成为时代的脊梁、社会的良心、民众的旗帜，是宋儒张载所谓的"为天地立心，为生民立命"的人，也是孟子称道的"圣之时者"的人。"暴虎冯河"，只是匹夫之勇，为孔子所不齿。

几十年来，步云教授不时受到来自"左"的谩骂和右的嘲讽。"左"们污蔑他的法治和人权思想及宪政设计是对马列的"背叛"，要求对他进行"组织处理"。右们说他搞的是"御用法学""御用思想"。步云教授正是在"左"、右夹攻中保持自己思想的方向性、创造性和独立性，探求着既能下接中国地气又能上承人类政治文明发展趋势的宪法和宪政思想体系。

不渝的信念和追求

1978年，步云教授的《坚持公民在法律上一律平等》一文在《人民日报》发表。一位素昧平生的陕西农村人给他写信："我很钦佩你，但是很担心你被打成右派。"

确实，为了法治和人权，他一次次地"忠而获咎"。为了进一步阐述《坚持公民在法律上一律平等》中提出的观点，他又写了《论我国罪犯的法律地位》。就因为这篇文章，他受到了某中央领导的点名批评，全国检察长会议的文件说这篇文章是"资产阶级自由化"的代表作,此后又差一点被划入"精神污染"的典型,时不时受到"批评"。"文化大革命"后第一次加工资时,也竟没有他的份。

但他也没有被打成右派。步云教授感慨地说:"我很庆幸自己能够生活在这个伟大的国度和时代里,在改革开放和民族振兴的历史征途中也留下了自己的一行思想足印。"他在庆幸中建立起一种信念:相信自己伟大的国家!相信这个伟大的时代!相信我们伟大的民族!

是的,进入20世纪70年代末以后,解放思想、改革开放成为举国上下的共识。中华民族必须振兴!国家必须走向法治!必须尊重人权!此后的中国,不能再搞以阶级斗争为纲的政治运动和路线斗争,1957年永远地过去了,1966年也永远地过去了,决不能让"文化大革命"卷土重来,决不允许再走回头路。这是时代的愿望!民族的愿望!无论何种力量都不能改变时代的和民族的意愿!无论何种意志都必须服从时代的和民族的意志!步云教授的信念来自伟大的时代,来自伟大的民族。

不渝的信念,不渝的追求,成就了步云教授不渝的人生。"获咎"不算什么!"点名"不算什么!"批评"算不了什么!年长于他而又志同道合的江平教授这样评价李步云:"我最敬佩他两点:第一点,他的勇气,包括学术上的勇气;另外,我敬佩他的骨气。"这"勇气"和"骨气"就来自那不渝的信念。为此,他"敢开第一腔",也敢签第一名。

20世纪80年代初,要求政法部门实行"从重从快"的刑事政策。这个政策实施的负面效果在不久的以后已经显现。当时的法学界对此持有异议者不是没有。笔者曾参加1983年暑期在西安召开的"中国法律史学会年会"。会上,一位年高德劭的老专家在发言中只是轻言细语地提醒,要总结历史上"重典治国"的经验教训,历代统治者都搞过"从重从快"。第二天,会议组织了对他的猛烈批判。在这样的政治氛围下,人们对政治运动的余悸难消,采取明哲保身策略者居多。然而,却有三名"共产党员"站了出来,向中央上书,对"从重从快"提出不同意见。若干年以后,我们得知,他们是李老光灿先生及其夫人罗平女士,还有一位就是李步云。

笔者由于不在北京工作,更无才也无缘做步云教授的同事。但凭耳闻,步云教授的这类签名故事还有更精彩的。我们就耐心等待知情人和永远不老的时间老人去慢慢解密吧。不过,有一点可以相信,他的签名就像他的开腔一样,为了那不渝的信念,为了对法治和人权的不渝追求。

如今,党委审批案件早已取消,罪犯的人权应受尊重已得到认可,法治入宪了,人权入宪了。中国的法治建设和人权事业都取得了前所未有的进步。步云教授自有无限的欣慰。那么,这位进入耄耋之年的老人还有什么追求?

2004年修宪前,步云教授参加高层的专家咨询座谈会。他的建议中,除了人权入宪,还有两项。一是建立违宪审查制度,成立宪法监督委员会;二是修改《宪法》第126条,恢复1954年宪法"人民法院独立进行审判,只服从法律"的提法,或者将"不受行政机关"干涉改为"不受任何机关"干涉。众所周知,这些建议都未被采纳。采纳这些修宪意见还需要时间,还需要时机,还需要努力。

2012年,"八二宪法"颁布三十周年。步云教授应邀就"'八二宪法'的回顾与展望"做学术讲座。网上有他讲座的"精彩摘要"。其中,直接谈到宪法和宪政的有三条:

(1)现在不少法官判案,左顾右盼,看各方面关系怎么样,首先不是考虑合不合乎法律。

(2)我曾接触到人大的一些部级干部,他们评价说,人大制度本身并不坏,就是没有到位。

(3)中国有宪法,但宪法很不完善,它基本反映了我们的现状,还没有达到宪政所要求的理想状态。现代宪政要求不仅有一部好的宪法,而且要求它得到彻底的落实,具有很大的权威,它体现的基本原则得到落实。

这三条与他的两点修宪建议是一致的。

十八大提出,再经过七年的努力,到2020年,"基本建成法治政府",实现行政法治。据统计,我国80%的法律、100%的行政法规和90%的地方性法规都是由政府来执行的。足见行政法治是国家宪政和法治的大头和重头。十八大要求推进"法治国家、法治政府、法治社会一体建设"。因此,行政法治实现后,离建成宪政和法治国家的目标也就不远了。"人民代表大会制度是中国人民当家作主的重要途径和最高实现形式,是中国社会主义政治文明的重要制度载体。"可以预料,"法治国家、法治政府、法治社会一体建设"基本实现之时,人大制度将进一步完善和到位,执政党通过人大制度依法执政将成为常态,人大及其常委会将真正负起实施宪法和监督宪法实施的宪法责任。在这个过程中,实现司法独立和创建违宪审查制度将是必然的,宪法的进一步完善也势在必行。

不渝的信念支撑着步云教授不渝的追求。他十年前提出的修宪建议可能会在不太远的将来实现，但政治文明的标准在不断提高，法治和人权的内涵越来越丰富，中华民族和其他民族一样，追求民主、自由、法治、文明的脚步永远不会停止。愿步云教授继续保持四五十岁的生理年龄、三十多岁的心理年龄，由老师率领学生，大师带着新锐，一代接着一代，不断实现理论的超越、思想的创新，在法治、人权的宪政道路上继续不渝地追求。

我所认识的李步云教授

陈弘毅*

我在香港回归祖国之前就已经认识李步云教授了。虽然我在香港大学主要从事的是香港法的教学和研究，但我也十分关注中国内地的法制建设，有缘认识李步云教授并向他学习，是我的学术生涯中莫大的荣幸。李步云教授是我最敬重的一位中国法学界的前辈，他的为学与做人，为我树立了一个最佳榜样。

作为一位爱国爱民的法学家，李步云教授的学问和志业，完全回应了这个大时代所要求法学工作者承担的使命。中华文明在历史中有过辉煌的成就，但在现代，却遭遇严峻的挑战，一再陷入困境。从沉痛的历史经验教训中，我们逐步认识到，建设社会主义法治国家，保障人权，是中华民族伟大复兴所必需的。

李步云教授先知先觉，他是在我国改革开放的年代最早力主法治和人权的法学家，他创建的法理学，为20世纪末和21世纪初逐步修订完善的"八二宪法"中的"依法治国"、"建设社会主义法治国家"和"尊重和保障人权"等庄严条款，提供了稳固扎实的法理学基础。法理学是支持法治建设的精神力量和法治的灵魂，在这方面，李步云教授做出了不可磨灭的杰出贡献。

---

* 陈弘毅，现为全国人大香港基本法委员会委员，香港大学法律学院教授；曾任香港大学法律系主任（1993~1996年）及香港大学法学院院长（1996~2002年）。

壮心不已可凌云

卓泽渊[*]

在李步云教授八十华诞庆典举行之际，作为李老师的学生，为之心潮澎湃。回想与老师交往的经历，不能不感慨万千。老师的为人、为学都是学生学习的典范。他优秀的为人处世、深厚的学识修养、严谨的治学态度都给我极大的教益，并一直激励着我、引导着我。

老师的阅历是极为丰富的。他投笔从戎，戎马生涯，浴血奋战；他潜心求学，学富五车，才华横溢；他剑胆琴心，心系天下，秉笔直书；他广施教泽，泽被后学，诲人不倦。李老师在学术领域的研究范围广泛，异彩纷呈，从法理学向宪法学，再向人权法学扩展，都取得了丰硕的成果。他的许多精深的见解为中国的法学理论和法治事业做出了重要的贡献。为了感谢老师一直以来的教导，为了表达无限的敬意，最衷心地祝福老师身体健康，青春永驻，海屋添筹，壮志凌云，学生学作小诗一首以资庆贺：

> 投笔从戎更从文，苦寻法理为求真。
> 宪政崇高系心结，人权神圣引雷鸣。
> 辉煌论著展梦想，芬芳桃李谢师恩。
> 八十秉烛再添筹，壮心不已可凌云。

---

[*] 卓泽渊，1963年3月生，重庆长寿县云台镇人，中国社会科学院研究生院法学理论专业博士学位获得者（李步云教授指导）。原中共中央党校研究生院院长，现任中共中央党校学刊部副主任、法学理论博士研究生导师、西南政法大学法学理论博士研究生导师，兼任中国法学会常务理事、中国法理学研究会副会长、中国行为法学会副会长、北京市法学会副会长。2013年1月，挂职担任最高人民法院司改办副主任。

祝福与汇报

丁邦开*

在恩师李步云先生八十华诞之际，我为先生献上我的诚挚祝福：祝福先生身体健康、幸福快乐、万事如意！

1978年，我已经从吉林大学法律系毕业十年，这年秋天，我考入中国社会科学院研究生院，成为法学系的一名研究生，有幸师从李步云先生，成为先生的"开门弟子"。当年，我过而立之年，可以说，风华正茂，而先生也只是过了不惑之年，朝气蓬勃。如今，先生已经进入耄耋之年，我也将步入古稀之年。但是，先生的教诲，一直是我最值得的珍惜。三十五年来，我一直以是先生的弟子为荣。

我1981年从中国社会科学院研究生院法学系硕士研究生毕业后，先后任教于南京大学和上海财经大学。1988年起任南京大学法律系主任、南京大学－哥廷根大学中德经济法研究所中方所长六年。1997年调入上海财经大学后，次年出任该校法学院院长六年。

在工作中，一般说来我是不大愿意盲从。我力求处理好三个关系：第一是处理好个人利益和他人利益的关系，不斤斤计较个人得失，不为个人来跟别人争利；第二是处理好个人和组织的关系，既能够坚持个人意见，又必须服从组织的决定，经得起考验和检查；第三是处理好坚持原则和承担责任的关系，既能够敢于坚持原则，又要敢于承担责任。

我在教学中，始终以先生为榜样，身教和言教并重。我还要求教学要与科研相辅相成，相互促进。我的科研有两个特点，第一个是和教学密切

---

* 丁邦开，1981年从中国社会科学院研究生院法学系硕士研究生毕业，上海财经大学法学院首任院长、教授委员会主任、教授、博士生导师。

结合，第二个是跟随时代前进，时代要求就是我的科研选题。

我知道，我的事业并不辉煌，我的成绩并不优秀，虽然先生今天不能以我为荣，但是，我是刻苦努力的，因而我的心中也是踏实的，也是可以让先生放心的。

敬爱的恩师李步云先生，我衷心祝愿您健康长寿！

写在李老师八十寿庆的时候

童之伟*

  时间过得真快，2003年李步云教授七十大寿时众多师友聚会北京纵论民主法治的场景，今天回想起来就像在昨天。
  我没有师从老师读过学位，但我总是尊奉李老师为我最尊敬的少数老师之一。这不仅因为李老师为中国民主、法治事业不懈奋斗的精神让我敬佩，也因为李老师众多嫡传弟子是我很好的朋友，但或许更为重要的，是他在为学为文方面对我多有教诲。另外，李老师也是我博士研究生导师何华辉先生很好的朋友，他们都是湖南人。
  我年轻时就常读到李老师的文章，在观念上受到不少启发。我清楚地记得20世纪70年代末、80年代初，我就读过他在《人民日报》发表的一些普及宪法知识的文章，包括《坚持公民在法律上一律平等》《论我国罪犯的法律地位》《什么是公民》等文章。不过，那之后的十来年我只记得文章的大致标题和内容，并没注意作者的姓名，直到后来改学法学了，才知道那些文章的作者原来就是李老师。
  我第一次亲睹李老师风采，是在1991年武汉大学召开的一次人权理论研讨会上。如果我没有理解错的话，李老师当时似乎持人权与生俱来、实质上先于国家与法的观点。我记得自己那时刚从政治学改行做法学，受传统理论束缚较多，当时听了李老师还有郭道晖老师的发言，感到很受启发。那时李老师主编《法学研究》，郭老师主编《中国法学》，在推动中国法学研究进一步解放思想方面，他们起了很突出的引领作用。

---

  * 童之伟，男，1954年生，法学博士。现任华东政法大学教授，博士生导师，中国法学会宪法学研究会副会长。

后来我从武汉大学到中南财经政法大学做法理学，同时主编《法商研究》，有更多的机会向李老师请教。那个时期，李老师带领一些较年轻的宪法学者完成了大部头的《宪法比较研究》（法律出版社 1998 年版），我被安排写当时自己最有研究的"国家结构形式"。那个时期，我们在武汉挑起的最大学术争论是"中国法理学向何处去"，那是梁慧星教授和我一起策划的，当时找了法理学界左中右三派最著名的学者一起讨论了两天。那次李老师不知何故没有去席，很遗憾。好像那个阶段他身体状况欠佳。

2001 年，我受托到上海交大筹建法学院，后来又操持法学院头几年的工作，那个期间李老师与同是中国社科院法学所的王家福教授、梁慧星教授一起，给了上海交大法学院很多支持。记得其间交大法学院两次举办有全国性影响的研讨会，都是在李老师支持下顶住压力进行的。一次是 2003 年 6 月 30 日举行的"市场经济社会人身自由的宪法保障——'孙志刚案与违宪审查'学术研讨会"，另一次是同年稍后举行的宪法修改研讨会。记得李老师还从做企业的弟子那里为孙志刚案研讨会帮我们拉来了 5 万元赞助费。

2005 年我到华东政法大学工作，八年来李老师到上海只要有空，都会找我去谈谈法学研究动态和此后的努力方向，让我受益良多。好像最近几年李老师来上海的次数少些了，可能在广州操办人权研究与教育中心事务太忙。

在我的印象中，改革开放三十多年来，法学研究方面每遇大事，都是李老师这一代德高望重的老前辈牵头或压住阵脚。最近两年我常常想，他们百年之后，中国法学有哪些人可以依靠？我的结论是，在他们之后我们就找不到依靠了。所以，我认定李老师等几位 80 岁往上走的法学老前辈是我国法学界的国宝，特别希望他们能保重。他们健康，我们法学界后辈就有靠山和主心骨。

衷心祝愿敬爱的李老师健康、快乐、长寿！

2013 年 6 月 29 日于上海

步出荆湘，云书法治

——恭贺李步云先生八十寿诞

冀祥德*

中国社会科学院法学研究所素来大师云集、泰斗荟萃。张友渔、王叔文、吴建璠、刘瀚、谢怀栻、郑成思、王家福、刘海年、梁慧星、夏勇、信春鹰、李林、陈甦、陈泽宪、王晓晔、孙宪忠等，可谓群星璀璨，灿烂闪耀。他们身居景山东麓，故宫一隅，或十年磨剑，语不惊人不休；或文如泉涌，精品珠联等身。然不问其文成多寡，皆厚藏博览，贯通中西；文采纷呈，博约兼具；推陈出新，各领风骚。逝夫名垂流芳，竟终结一个时代；健者光芒照世，引无数英雄折腰。

久闻步云先生有传奇经历：少年投戎，驱美鞑虏，血染鸭绿江畔；青年从文，从名师友渔，成北大英杰。古语云：上马安邦，下马治国。《旧唐书》曰：才兼文武，出将入相。步云先生疆场驰骋与书斋伏案转换自如，文武兼备，实乃旷世奇才。遂捧《说文解字》，解读先生英名，曰："步，行也；云，山川气也。"世人或解为：步步青云直上。我却以为，步乃步出荆湘，行者无疆；云乃云书法治，胸怀社稷。

初见步云先生，为先生之风度倾倒。先生身材健如玉树，长寿眉长若柳，双目深邃炯炯，鹤发白面童颜，声音爽朗，犹似洪钟，精力充沛，堪比壮年。先生之容貌气质，正如《诗经·淇奥》有云："瞻彼淇奥，绿竹青青。有匪君子，充耳琇莹，会弁如星。瑟兮僩兮，赫兮咺兮，有匪君

---

* 冀祥德，中国社会科学院法学研究所所长助理、研究员，法学系常务副主任、教授、博士生导师，中国法学教育研究会副会长，中国律师执业行为研究会副会长。

子，终不可谖兮！"

再见步云先生，为先生之风骨慨叹。闻知先生在"文革"之后，于寒蝉噤声中，敢于在法学界率先发声，倡导"公民在法律上一律平等"，呼吁"人人平等之民主原则"，利在教化人心；勇于提出"依法治国的理论框架和制度构想"，开创中国特色依法治国之方略先河，功在社稷稳固；于保障人权入刑事诉讼法典三十三载之前，即关注"罪犯的法律地位"，呼吁保障人权，引领法治建设方向；与家福先生、海年先生共拟"中共中央64号文件"，奠基新中国司法制度……事事彰显先生剑胆琴心，时时凸现先生才华德行。及至今日，先生已过从心所欲不逾矩之年，依然老骥伏枥，活跃在学术最前沿，领衔于多个学术组织，奔走于四面八方，为法治建设摇旗呐喊。在国内外高端学术论坛上，常常目睹先生挺拔英姿，处处耳闻先生语惊四座。先生之才华韬略，犹如《诗经·淇奥》所云："瞻彼淇奥，绿竹猗猗。有匪君子，如切如磋，如琢如磨。瑟兮僴兮，赫兮咺兮，有匪君子，终不可谖兮！"

后有幸与先生为伍，得以常见，更为先生之治学态度膜拜。先生有"治学八字经"，曰：求实、创新、严谨、宽容。先生教导吾等后辈：求实乃治学根基，创新是治学追求，严谨系治学品格，宽容为治学美德。先生记忆力超群，常应邀出席我主持之"社科法硕"学术沙龙活动暨"社科法律人"高级学术论坛，但凡谈及知识与学术话题，如数家珍，张口即诵，诵及册页，无不折服。先生虚怀若谷，风趣幽默，每次见我都以"老冀"相称。先生仁爱宽厚，鼓励后学，常拍我肩，盛赞"把法学所法学教育这盘棋搞活了"。先生之胸怀气节，恰如《诗经·淇奥》曾云："瞻彼淇奥，绿竹如箦。有匪君子，如金如锡，如圭如璧。宽兮绰兮，猗重较兮，善戏谑兮，不为虐兮！"

《诗经·天保》云："……如月之恒，如日之升。如南山之寿，不骞不崩。如松柏之茂，无不尔或承。"先生八十寿诞在即，君子风采俨然，襟怀坦白如玉，公正刚直若竹。晚生后辈敬献七言古风拙诗一首，恭祝步云先生福寿无双：

> 步出荆湘灵杰地，
> 云书法治天下事。
> 先驱鞑虏三千里，
> 生涯跌宕写传奇。

福泽恩长报社稷，
寿比松龄育桃李。
无边往事谈笑去，
双栖文武谁与比？

2013 年 6 月 28 日于北京圆明园花园公寓

忠诚于法学教育事业的楷模

——写在李步云教授八十华诞之际

刘定华*

步云教授在湖南大学与湖南财经学院合并恢复成立湖南大学法学院之前就多次来湖南财经学院和其他高校做学术报告和讲学,对家乡湖南的法学教育表现出极大的关心和热情。新湖南大学法学院恢复成立后,步云教授抱着振兴湖南法学教育的赤诚之心,受聘湖南大学担任法学院名誉院长和湖南大学人权研究中心主任,开始全身心地投入湖南法学教育和法学学科发展的工作之中。

为了改善法学院的办学条件,他引进了合作办学的机制,动员娄底老乡柳志伟先生主导的淳大投资公司与湖南大学签订了共建湖南大学法学院的协议,由淳大投资修建了法学大楼,使湖南大学法学院成为全国少有的拥有独立的法学楼的学院之一。

为了使湖南大学法学院成为在全国有一定影响的法学院,他积极帮助学校引进高水平的法学教学和科研人才,郭道晖教授、温晓莉教授就是在他的积极推荐和细心工作下引进来的;为了引进王全兴教授,他不顾自己的身体状况,奔波于长沙和武汉之间,登门拜访做工作,终于使全兴教授落户湖南,成为湖南大学法学院的重要一员。

为了贯彻法学院"引进"与"内培"相结合的师资队伍建设方针,他充分利用可以利用的条件和机会,为本院培养了一批博士后和博士:聂资鲁、龚向和、陈秋云等骨干教师成为他培养的社科院法学所的博士后,肖海军、罗静、杨松才、刘士平、蒋安等则成为他培养的博士。

---

* 刘定华,湖南大学法学院前院长、教授、博士研究生导师。

为了增强湖大法学院的学术氛围，加强与国内外的学术交流，在他的倡导和组织下，成功地举办了一系列的学术会议，承担了一批有影响的科研项目，如国际人权研究项目。司法独立理论与实践研讨会、信息公开制度研究会、公民权利和政治权利国际公约研究会、全国比较法研究理论讨论会、警察执法与人权保护研讨会、全国高校人权法教学暑期研讨班、人权理论与实践研修班等，相继在湖南大学法学院举办。

为普及人权教育，促进人权理论研究的深入，他受命主持了全国高校的人权法教材的编写，并亲自给本科生授课。

为了给法学院的师生提供科研论文、著作发表的园地，他积极支持创办《岳麓法学评论》这一学术交流出版物，并组织推荐出版"岳麓法学文库"。

他积极地参加组织了湘籍法学家联谊会的活动。

他还积极地参加学生组织的一些社会公益活动，如3·15的法律咨询；他还在东方红广场毛主席的雕像下领读法学院学生毕业时的誓词。

总之，李步云老师在湖大，既认真履行名誉院长之职，积极参加学院重大事项的决策，又践行资深教授学者之责，潜心培育引导年轻教师成长；同时，他又是一名优秀的普通教师，不忘深入至本科生、研究生之中，热心地解答他们渴求知道的问题。

我本人也经常得到李步云老师的关心、支持和鼓励。我是李步云老师的学生，他在法学所给我们授课时，理论联系实际、重在研究现实问题的风格，我至今记忆犹新。在我担任法学院院长三年期间，李老师担任名誉院长，他与我的漫谈式交流总给我以引导和启发，使我受益匪浅；每次他离开湖南不久回长沙，总要问问我夫人的病况，甚至有几次还坚持登门看望，这使我非常感动。

今天，在步云老师八十华诞之际，我谨以此小文对李老师奉献于湖南大学法学教育十二年来所取得的成绩示以祝贺和感谢。并祝步云老师健康长寿，与松柏常青。

【为人为学】

谈湖湘文化霸蛮精神的杰出代表李步云教授

杜钢建　胡庆乐[*]

对于湖湘文化的霸蛮精神一直以来有不同的理解和认识,甚至有错误的解释和巨大的误解。有人说霸蛮就是不讲规则,任意专横;有人说霸蛮就是我行我素,执著勇敢;有人说霸蛮就是遇事认死理,甚至不讲理;等等。显然,这些关于湖湘文化霸蛮精神的解释都有不同程度上的误解或曲解。

湖南人自古以来是蛮人氏族的祖先和代表,甚至在上古时期是蛮中之蛮的蛮王。据笔者的考证,湖南人自古以来以霸蛮著称的原因源于轩辕黄帝的封赐。黄帝把儿子蛮龙苗封在湖南,蛮龙苗的后裔都姓蛮。蛮是黄帝赐封的姓氏。直到秦汉之际,湖南湘中和湘西的居民还被通称为"五溪蛮"等。蛮姓在古代是湖南的大姓,后来繁衍出许多姓氏。所谓霸蛮精神就是敢为人先,坚持原则,不畏艰险,千辛万苦,终将胜出。

李步云教授是湖湘文化霸蛮精神在当代理论界和法学界的杰出代表。

在遭遇了法治崩坏的十年"文革"之后,共和国人治之风盛而不衰,虽然1978年真理标准大讨论重新吹响了思想和理论解放的号角,但是,大家对于"被打成右派"依然心有余悸。在"文革"遗毒尚未肃清的情况下,李步云教授奋而立起,于《人民日报》上发表《坚持公民在法律上一律平等》一文,此论文被公认为法学界突破思想理论禁区的第一篇文章,文章言语由衷、言辞凿凿,读后使人一腔热血翻腾。这篇文章,不但重新

---

[*] 杜钢建,湖南大学法学院院长、教授、博士研究生导师;胡庆乐,湖南大学法学院2012级博士研究生。

树立起"公民"这个惨遭荼毒的概念,而且将"法律面前人人平等"的理念树立起来,这一创举,实是以法学理论促进思想解放,确立了法律在国家政治生活中的核心位置。嗣后,李步云教授乘胜追击,于1979年3月在《红旗》杂志上发表了《人民在自己的法律面前一律平等》,积极响应十一届三中全会的号召。同年,又在《人民日报》上发表了《论我国罪犯的法律地位》,不但进一步巩固了公民概念,而且将对罪犯的保护纳入到公民权利的范畴里面,实是给当时死寂而腐化的敌我对立思想充入一股生气。这实在是开时代之先河,既需要无与伦比的智慧,更需要敢为人先的勇气。而这,正是湖湘文化霸蛮精神的体现。同时期的几篇文章,《党委审批案件的制度需要改变》《再论我国罪犯的法律地位》《论以法治国》等,无一不是力开时代之先河的扛鼎之作。

先进的思想与深厚的理论基础,总是得来全靠苦工。湖湘文化霸蛮精神的另一个体现就是坚毅,肯吃苦。李步云教授的思想洞见和理论功底,自然是从小通过苦干积累起来的,也是其沉潜法学数十年的结果。早在共和国成立之前,李步云教授就拥有少年人的家国抱负,1949年,他在连璧中学帮助地下党秘密组织"经世学会",秘密印刷《新民主主义论》。后来,他考入了中国人民解放军四野特种兵干部学校,开启了戎马人生,而且,在随后的抗美援朝战争中,亲赴前线,并曾经成功突破包围。他两次立功,最后虽然因伤回国,但战火的洗礼无疑让他的精神更加坚忍。在北大学习法律的过程中,李步云教授天天沉醉在知识海洋中,成绩优秀。燕园沉潜近十年,练就了他"铁肩担道义"的精神,以及一支为法治人权鼓与呼的铮铮铁笔。湖湘文化的霸蛮精神,不也是既不输文采,也不缺武略吗?

从1978年开始,李步云教授乘着法学的春风,一路轻车周游,布道法治与人权。从1978年重提法律与公民的地位,到法治取代法制、"依法治国"入宪,再到2004年"国家尊重和保障人权"被写入宪法,从《坚持公民在法律上一律平等》《论以法治国》,到《依法治国,建设社会主义法治国家》,从《论我国罪犯的法律地位》到《论人权的三种存在形态》,李步云教授以卓越的见识和敏锐的洞见,一直都紧紧地把握住历史前进的节拍,与历史共舞,与法治、宪政和人权共舞。无论是时势造英雄,还是英雄造时势,李步云教授身上流的都是湖湘文化的霸蛮之血,英雄侠气。

所谓"吾道一以贯之",对于李步云教授来说,他所心仪的道即是法治人权之道。而对于具有霸蛮精神的湖湘文人来说,法治人权之道早已有之。早在两个世纪之前，湖南人郭嵩焘出使泰西，亲见西方政制之发达，便倡言在中国建立民主宪制。19世纪末，梁启超又开时务学堂于岳麓书院，主张"以宪法官制为归，远法安定经义治事之规，近采西人政治学院之意"。时务学堂在湖湘大地打开了学习法政理论的风气，一时间湖南法政学校林立。深谙民主宪政之道的谭嗣同，便以其激烈壮怀成为万古传诵的殉道者。湖湘霸蛮精神与西方宪政民主的观念结合的结果是，1920年在湖南兴起了省宪自治运动。湖南人审时度势，不畏强权，硬是为民主宪政杀出一条血路。宪政实施前后不过六年，但终归是一次伟大的实践。当然，后来的社会主义革命自然也少不了湖南人的功劳。李步云教授继承并实践着这种道统和法统。而且，李步云教授深谙湖湘近百年才人辈出的原因：一是岳麓书院的千年道统，弦歌不断；二是近百年自时务学堂开启的百年法统，余音不绝。于是在他的支持下，湖南大学法学院得以成立，湖湘地区的近百年法统重新归位。其后，李步云教授受聘为法学院名誉院长和法治与人权研究中心主任，为法学院的发展壮大和培育学子做出了巨大的贡献。按照书院的传统，李步云教授真可谓湖南大学法学院的山长！

便是如今已经八十高寿，李步云教授依然为法治、宪政、人权而呐喊，就在不久前，他在湖湘法学家联谊会上以犀利的言辞激烈批判反宪政的邪门歪道，同时又撰文《驳反宪政的错误观点——兼论宪政概念的科学内涵及意义》从学术理论上再加驳斥。高寿如此，依然中气十足，精神矍铄，真是岁月压不倒、强权压不倒！所谓"蛮"就是泰山压顶不弯腰。李步云教授不正是以自己的一生来诠释湖湘文化中的霸蛮精神吗？

李步云教授与新时期湖南大学法学的发展

屈茂辉*

我有幸认识李步云先生是在20世纪的90年代初期,先生自2000年6月同意加盟湖南大学法学院以来已经十二年多了。值此先生八十华诞之际,记下先生这十多年来的点滴,以为对先生华诞的祝贺。

一 赤子故乡情

2000年4月,在我国高等学校新一轮结构调整中,原湖南大学和原湖南财经学院组成新的湖南大学。在多方面的努力和学校的大力支持下,学校决定以湖南财经学院法律系和原湖南大学人文系法律教研室为基础恢复法学院。2000年6月18日,学校在北校区(原湖南财经学院校区)体育馆举行了隆重的法学院成立庆典。由于法学院是两校合并后成立的第一个学院,人们戏称法学院为新湖南大学的"第一院"。一批德高望重的法学家应邀出席了法学院的成立大会,李步云教授就是其中之一。与会学者对湖南大学发展法学学科给予了充分的肯定,同时,提出了许多很好的建议。6月18日晚餐后,作为院长助理的我陪同刘定华院长去金融培训中心(原湖南财经学院招待所)看望李步云教授并请李步云教授担任法学院名誉院长。由于难舍一份割不断的桑梓情与对湖湘法学发展的念念不忘,先生当即就答应了我们的邀请。更有戏剧性的是,先生送我和刘院长离开时说,还有客人来访。第二天上午,我们来见先生,具体商议聘请事宜时,

---

* 屈茂辉,法学博士、博士后,现任湖南大学法学院党委书记、教授、博士研究生导师。

先生说：昨晚你们刚走，湖南师范大学李双元、唐凯麟两位教授在蒋新苗教授的陪同下也请我去做名誉院长，我说，我已经答应湖大了，就做个兼职教授吧。什么是"抢抓机遇"，这就是！

从那天之后，先生就实际融入了湖南大学法学院。当天就与李双元教授、漆多俊教授等倡议举办湘籍法学家联谊会，得到了众多湘籍法学家的积极响应。2000年10月，就湖南大学组织召开首届湘籍法学家联谊会之际，学校正式聘任先生担任法学院的名誉院长、教授和湖南大学学术委员会副主任委员。先生正式成了湖南大学法学院的一员。

二 平地起高楼

与"名誉"这一头衔不符的是，先生在湖南大学法学院的一切作为都显示出他的"实干"个性，他给湖南大学法学院带来的远不仅仅是名义上的关怀与支持。

当时，法学院虽然是"湖大第一院"，但办公场地仅为原湖南财经学院办公楼的五楼加上四楼一个会议室作为模拟法庭。拥有一栋法学楼，便是先生加盟湖南大学后提出的一个"梦想"。经先生牵线搭桥，学校与热心学术的湘籍企业家柳志伟先生担任董事长的深圳淳大投资有限公司合作，引进资金3000万元，用于吸纳高层次人才，兴建法学院大楼，改善办公环境，振兴湖大法学。

其中让我印象最深刻的是先生对法学楼地址的确定。鉴于原来位于湖南大学北校区的法学院的"低调"（法学院位于北校区的里面，而进入北校区又得经由好几条社会道路），先生对于法学楼的选址一事特别关注。那是2001年4月初的一天，印象中天空中飘着蒙蒙的细雨，先生冒雨和我们在岳麓山前后考察了几处地址，最终在南校区选下了一块"宝地"——牌楼路与麓山路的交汇处。先生认为此地交通便利，地势醒目，足以彰显湖大法学院积极入世、影响社会的宏伟目标，且此地原建筑名为"东升楼"，寓意深远，能昭示法学院的事业如旭日东升，蒸蒸日上。现在法学楼所散发出来的威严肃穆和蓬勃向上的气息吸引了无数游人驻足观望，并成为湖南大学乃至长沙市的标志性建筑。

三　热忱谋发展

在推进湖南大学法学院法学学科建设和学术进步方面，先生所做的贡献也令我由衷赞叹。

自担任名誉院长以来，先生积极参与领导了促进法学院发展的一系列重大决策，使具有百年历史和深厚文化底蕴的湖南大学法学事业重放异彩！在先生提议和积极参与规划下，法学院确立了以理论法学为基础，以经济法学、民商法学为龙头，并带动其他学科发展的建设思路。

为了学院的学科建设，先生往往亲力亲为。2003年申报经济法学博士点和法律硕士点（JM）、2009年申报博士后流动站的工作，先生都曾亲自参加。尤其是2003年，当时正值非典猖獗之时，为了法律硕士点和经济法学博士点的申报成功，先生不辞辛劳，不避艰险，带领我们亲赴北京各著名高校遍访名家！经由先生的努力和带动，法学院的学科建设亦取得了突破性的进展，法学院现有法学一级学科硕士学位授予权、法学一级学科博士学位授予权、法学一级学科博士后科研流动站和法律硕士专业学位授予权，建立起了完整的法学人才培养体系。

至今让我最为感动的还要属先生为了壮大法学院的科研队伍和师资力量所历经的奔波和辛劳。当时为了齐聚名家，尽快打造出湖南法学品牌，几乎每次引进人才时，先生都会亲自出马，利用自己的学术影响，为"筑巢引凤"竭尽心力。十多年前，先生带着我们去了单小光教授的宿舍，后又陪着学校人事部门领导去武汉引进人才，深夜11点赶到武昌，又马不停蹄赶往王全兴教授的住处见面，一直谈到凌晨3点。正是在这种诚心的感召下，王全兴教授一度加入湖大法学院，成为经济法学科的重要带头人之一。而五年前，先生又盛情邀请汕头大学法学院院长杜钢建教授来湖南大学工作。一位年逾古稀的老人，为了法学院的发展，不顾舟车劳顿与劳碌奔波，不图丝毫的回报，真令我们这些年轻的单位负责人由衷敬佩！

先生作为一个长者和导师，也为青年教师们的成长竭尽了自己的心力，这点我尤其深有体会。常感觉先生关心青年教师的成长胜过关心自己的子女，无论是组织申报课题，还是从事某一问题的研究，不管是个人的发展和规划，还是教学环节的把握，先生都给予了青年教师悉心的指导和激励。他主持的国内外科研项目，基本上都由法学院的年轻老师担纲，尽量让大家都有机会参与其中，得到锻炼和提高。在法学院工作多年，先生已经培养了一大批中青年法学人才。刘士平、肖海军、聂资鲁、赵讯、罗静、龚向和、蒋悟真等一批深得先生真传的青年学者们如今都已纷纷在各自的研究领域大放光彩,不少都是目前各个学科的中坚力量。

四 一心为教育

作为湖南大学法治与人权研究中心的创始人,先生特别重视对人权重大理论和实践问题的研究,率先在法学本科开设了人权法课程,并主持了由教育部委托的全国第一部高等学校法学统编教材《人权法》的编写,同时,开拓并扩展了中国人权研究的域外交流与合作;组织出版了湖南大学《岳麓法律评论》和"岳麓法学文库",出版了一批学术精品;引进合作办学机制,为改善教学和科研的物质条件取得了可喜的成绩。

最难能可贵的是,先生极具大师胸襟与长者风范,从不摆名人大家的架子和派头。尽管自己有很多的研究任务和社会活动,但是先生总是以普通教师来要求自己,在承担繁重的科研任务和博士生、硕士生教学任务的同时,还亲自给本科生上课,每次返湘,都会开坛设讲。自加盟湖南大学法学院以来,先生主动要求给本科生开设人权概论课,创全国首例。当时的人权概论课安排在能够容纳 300 人的大型阶梯教室。然而,每次都是座无虚席。更有外系、外校的同学慕名而来聆听李老师的教诲。2004 年教师节之际,先生获评首届湖南大学"师德标兵"称号!

大学,大师之谓也!

庆贺步云八十寿辰

刘春茂[*]

我有机会参加李步云老同学八十寿辰的盛会，感到非常高兴！俗话说"人生七十古来稀"，依我说，这句话在现代已经过时了。现在人的生理年龄：八十岁不算老，九十岁才进入真正的老年期。人活一百岁也不算稀罕，人生一百二十岁以上才称得上稀少。按照人的生长期是成熟期的五倍至六倍计算，人到二十岁为成年，人的年龄可达一百岁至一百二十岁。如果二十五岁为成熟期，人的最高生命可达一百五十岁。如此说来，八十岁才刚进入人生智慧的顶峰，才是学业大有成就，果实累累的年龄段。我借今天的盛会，祝李步云老同学在人生的旅途中身体健康，万事如意！在学术研究的大道上继续奋勇向前，永攀科学高峰！

今天，我特意带来了近期出版的《刘春茂法学文集》。该文集中载有我和李步云老同学在南开大学法学研究所讲学时与我指导的研究生的照片，同时该文集中也记载了李步云老同学对我走向学术研究之路所做的启示和帮助。1981年至1985年我在中央法制委员会工作期间，办公地点在全国人大常委招待所陶希晋办公室。有一次李步云老同学来看我，我当时正在写一篇法律体系方面的文章，准备参加1983年在上海召开的全国法学理论讨论会。我大约用了一个多小时把文章初稿写了出来，当场征求李步云老同学的意见。他看了文章后说："我虽然不完全同意你的观点，但你的文章条理分明，逻辑性强，言之成理。我建议你还是搞学术研究好。"此话，对于我从立法工作转向学术研究工作，从公务员转为法学研究工作

---

[*] 刘春茂，系李步云在北大法律系"五七级"的同学，曾在中央法制委员会工作，现为北京航空航天大学法学院教授。

和法学教育工作者起了很大促进作用。这是我人生道路上的一大转变,没有这个转变,也许我可以晋升一个高级公务员,但绝不会有今天学术上的微小成就,也不会有我参加筹建的南开大学法学研究所和北京航空航天大学法学研究所和法律系,并为这两所大学培养出一批法律专业本科生和研究生做了力所能及的工作。在这里,我借此机会向李步云同学对我的帮助和支持表示感谢!

李步云是北大法律系"五七级"同学中的长者之一,颇具长者之风范。李步云老同学品德高尚,对人忠厚,乐于助人,对我们老同学感情深厚,多有帮助。

李步云老同学可称得上是"法治派人物",是"依法治国"的倡导者和鼓吹者之一。早在改革开放之初的1980年前后,他参与过中央64号文件的起草工作,写了几篇很有胆识和学术水平的主张"法治"、反对"人治"的文章,如《法律面前人人平等》,主张审判独立,写了《取消党委审批案件制度》等一系列的文章。这些文章,现在看来,似乎理所当然。但在当时,在那个"余悸未消"的年代,写出这样的文章是要有理论勇气的。这些文章对于我国"依法治国"方略的制定,并成为今日的治国良策,起了重要的推动作用。

李步云老同学治学严谨,勇于开拓,敢于创新,坚持真理,不说违心之言,不做违心之事,立论有据,说理性强,在"法治"与"人治"之争中,力主"法治",反对"人治",对于我国"依法治国"方略的确立起了重要作用。这从他的一系列"依法治国"的文章中能找到根据。

我祝贺李步云老同学寿比南山,福如东海,学术青春永驻!

刘春茂

2013年6月25日

写于北京航空航天大学法学院

我眼中的李老师

陈贵民[*]

我很幸运,也很自豪,因为我有两位治学为人都堪称楷模的博士生指导老师。一位是李步云先生,另一位是韩延龙先生。在李老师八十华诞之际,我想把我眼中的李老师呈现给大家。

1. 仁者爱人,对每个人都是那么地尊重、关心和爱护,皆因心中有大爱

我记得一本研究和总结鲁迅先生的书里曾这样讲过,鲁迅先生反对旧道德、提倡新道德,但就他个人来说,无论在遵守旧道德还是在遵守新道德方面,都堪称楷模。我是这样想的:道德本身都是要求约束自己而利他的,从这个角度讲遵守任何道德就都是美德;鲁迅先生反对旧道德,是因为旧道德与旧秩序、旧制度方面的那种内在联系,尤其是其对被统治者的道德要求具有不公正、非道德的特质。但就个人的道德实践而言,遵守道德、为他人着想,总是高尚的。人权,从它初始和根本的意义上讲,是指国家和政府对个人尊严和权利的尊重和保护,进而再要求社会组织和个人,乃至整个社会都尊重别人的权利。现在社会上还有一种"会做人",那就是讨好领导、拼命地为领导"利益"着想,以谋取自己的最大好处,这实际上不是纯粹的道德,只属于功利地"做人"。

读博期间,同学们都看到了,并且相互之间也有交流:李老师对谁都那么尊重、关心和热心帮助,对谁都那么好。没错,不论你是领导还是下属,是同事还是学生,是老朋友还是新结识的,也不论你是图书管理员还

---

[*] 陈贵民,法学博士(李步云教授、韩延龙教授指导),原北京市第二中级人民法院审判员、大成律师事务所合伙人,现《乡镇论坛》《社区》杂志终审、当代基层民主促进中心秘书长、中国社区发展协会筹备组骨干成员。

是传达室的，烧锅炉抑或打扫卫生的，李老师都肯定会对你很尊重、很真诚、很关心，愿意给你提供帮助。一个人权学者，对他人的尊重与爱护，对普通人命运的关心，对社会弱者境况的关注，达到了相当的高度和境界。这大概也是李老师那么对人权问题有兴趣、那么执着地追求人权事业的一个内在原因。他的内心里，对人有一种普遍的尊重和爱。这种尊重和爱几乎达到了一种无原则的地步，一如鲁迅先生对旧道德的遵守，而这恰恰就是他的原则性所在，而这些又都跟功利无关。因此，在为人方面，李老师堪称道德的楷模。

2. 宽容、开放，对学生的关心细致入微

比如，在论文的选题方面，他绝不主观或强制地限制你的选题，而是考虑你的优势，帮你开阔思路、完善结构，鼓励探索。我在上博士之前是从事行政法学的教学和研究的，在李老师的指导下就选了《现代行政法的基本理念》这一博士论文题目。这一选题既利用了我在该方面的知识优势，又进行了法理学方面的探索和总结。李老师对各种理论观点总是很开放的，愿意听取和探讨。对于不正确的观点，他总是有理有据地做细致的分析与批评。

读博期间，要求在相当的刊物上发表一定数量的文章方能答辩，大家一般都忙于毕业论文的写作，有时操心不够可能会疏忽。李老师很关心我，怕我的文章不够，所以我们合写了《法治与法制的区别》一文，发表在《人大工作通讯》上，实际上主要是李老师的思想。

读博期间，学生们的生活都比较清苦。李老师经常对我们说，你们买书、复印呀，我给你们报销。虽然我们并没有找李老师报销，但他的那种细微的关心还是非常令人感动的。

3. 一个有超凡理论勇气、严重关切现实、独立思考并勇于实践的学者

在改革开放大幕即将开启、乍暖还寒的季节里，敢于写出并发表振聋发聩的重量级文章，那是需要何等的理论勇气啊！1978年12月6日，他在《人民日报》上发表法学界第一篇拨乱反正的文章《坚持公民在法律上一律平等》；1979年9月，发表《论以法治国》，首次系统地提出了以法治国的理论框架与制度构想；1979年11月27日，在《人民日报》上发表《论我国罪犯的法律地位》，率先呼吁保障人权，在学界、政界和司法界引起强烈反响。

"不唯上，不唯书"，更不会食洋不化，敢于面对现实中重大理论问题的挑战。李老师经常对我们讲，理论如果不关切现实、不能对现实产生作用,就意义不大。因此,李老师的理论研究,总是结合中国法治建设的实践,为法治和人权事业而不懈地努力。

  李老师与王家福、刘海年一起负责起草《中共中央关于保证刑法、刑诉法切实实施的指示》(64号文件),为新时期中国司法制度的改革奠定了基础;他负责起草了叶剑英委员长《在宪法修改委员会第一次会议上的讲话》和其他一些有关宪法修改的文件,全过程地见证和参与了八二宪法的起草和讨论;他主持了"宪法比较研究"和"立法法研究"等重大课题,完成了《中华人民共和国立法法建议稿的说明》等重要文献;他同其他学者一道,对推动"依法治国,建设社会主义法治国家"写入中共十五大政治报告,起了重要作用;1998年8月29日,他在全国人民代表大会常务委员会做"依法治国,建设社会主义法治国家"的法制专题讲座。他还兼任最高人民检察院专家咨询委员会委员,成立多个人权或法治研究中心,担任多家大学教授和众多社会职务,笔耕不辍,常有新作相赠,特别是开展对监狱负责人及工作人员的人权培训,这些都是多么了不起的法学家的伟大法律实践活动啊!

宪政中国的追梦人

李道军[*]

引 言

在改革开放以来的当代中国，鉴于"文革"及较前时期的混沌人治所导致的政治动荡、经济凋敝、文化破坏、人心散乱局面，从政治领导集体到社会知识各界，强烈感受到必须改弦更张，防止人治的滋彰，形成制度之治。在这样一个波澜壮阔的社会转型时期，伴随着法学的成长、法学家地位的提升和政治文明的发展，有一位老人，用他那略带湘音的普通话，乐滔滔、兴冲冲地阐述与讲习着他对中国政治生活的认识心得和对华夏法治文明的美好期望，影响和滋养了众多拥有良知与学养的法学后辈，他就是我的恩师李步云先生。从"发扬社会主义民主、健全社会主义法制"，到"有法可依、有法必依、执法必严、违法必究"，到"依法治国，建设社会主义法治国家"，再到"国家尊重和保障人权"，无论哪一个阶段，先生都极尽可能，口述笔书，静思行考，谈民主、论法治、讲人权，论证宪政的可行性与合理性，致力于推进宪政在中国的实现。可以说，在当代中国通往宪政之路上，浓浓地浸染着李步云先生的心血与智慧，已经形成了一条永恒的隽美印迹。

一 畅谈民主，析解宪政的实质要素

一个社会，治理社会的权力体系是来自人民同意基础上的选举产生，

---

[*] 李道军，李步云先生指导的1996级博士生，现为山东大学法学院教授。

并受人民监督,还是在武力、阴谋或其他暴力强制基础上构筑起来,并宣称为民做主,是近代文明与前近代的主要区别。前近代时期,强调主权在君,君权神授,天下得贤明而治之;近代文明则强调主权在民,治权法授,天下缘法而治则昌;前近代宣称官僚清明为民做主,而近代文明更强调权力控制、自由民主。故而各个近代国家,莫不争先恐后于制宪,借以谋求民主与控权。

李步云先生认为,民主实乃宪政的第一个要素。作为宪政的要素,民主的精髓在于坚持人民主权原则,意味着"国家权力机构必须由真正的普选产生"。"由于各种复杂的原因,独裁者个人、某些军队或政党非法干预、操纵、控制选举使其不能充分反映选民的自由意志,这在当今世界上还比比皆是。这是同宪政不相容的。"① 而且,任何国家,只要厉行宪政,就必然认同,"(1)政府应由普选产生,这种选举应是自由的、公正的,要能真正反映出选民的意志。(2)被选出的国家权力机关,要能真正掌握和行使国家权力,不能大权旁落,而为其他非普选产生的某个人或某一组织所取代。(3)国家权力结构应建立和完善分权与制衡机制,以防止权力不受监督而腐败。(4)人民应当充分地享有知情权、参政权、议政权和监督权,借以保证在代议制条件下国家权力仍然真正掌握在人民手里",只有具备这样的理念和共识,实现宪政的思想基础才能够扎实和稳固,实现宪政才是可能与现实的。② 为了做到这一点,就需要执政党与参政党之间政治地位的平等,亦即"它们在政治活动中,平等地接受人民的选择,平等地接受人民的监督"。同时,执政党也必须在宪法和法律的范围内活动,自觉地将自己所拥有的执政权力关到制度的笼子里,亦即"不能凌驾于国家权力机关之上,不能把权力机关仅仅当作摆设"。③

但是,由于中国近代历史的特殊经历和当代中国建立的特殊背景,决定了在当代中国,中国共产党特殊的执政地位、执政机制与执政方略,宪政所需要的民主机制,需要执政党的不断探索与即时认知方能够全面达到,在此之前,宪政事业只能逐步地、渐进式地推进。在这个方面,"中国还有很长的路要走"。④ 前途光明且发展空间巨大。

---

① 李步云:《走向法治》,湖南人民出版社,1998,第5页。
② 李步云:《走向法治》,湖南人民出版社,1998,第4页。
③ 李步云:《走向法治》,湖南人民出版社,1998,第6页。
④ 李步云:《走向法治》,湖南人民出版社,1998,第10页。

二 纵论法治,建构宪政的制度平台

法治的字面含义为法律的规制、法律的统治。在最一般意义上讲,是指:治国者治于法,即所有国家机关及其公职人员依法办事;行为者皆从法,即所有社会团体(或组织)以及一般社会公众守法自律。法治作为一种源远流长的意识形态、治国方略和社会文化现象,其内涵涉及许多方面:意指治国方略或社会调控方式;依法办事的原则;良好的法律秩序;代表某种具有价值规定的社会生活方式。作为一种充满理性的生活方式和治国方略,法治是近代文明的产物,是近代以来社会分工日趋发达、科技繁荣昌盛、人均文化水准大幅提高、公众生活水平极大改善、社会政治更加文明的表现。法治的运行环境和目标是法治国家。法治国家是选择法治作为治国方略所形成的理想状态,它以各合法组成的国家机关依法定的职权和程序管理国家的各项事务作为治理国家的基本方式,或者说是国家法治化的状态,亦可以说是法治化的国家。就主体要件而言,法治有赖于人民的觉悟与自觉,亦有赖于政治家们的理性与智慧;就客体要件而言,制度的具备和完善是法治的前提;就主观要件而言,对良法善治的追求是法治的动力。

李步云先生认为,法治是宪政的第二个要素。近代意义的法治,"以民主为基础,以全体公民在法律上享有平等权利为重要特征"。[①] 法治是个巨大的系统工程,涉及的内容很多。至少有五大核心要素必不可缺:"(1)国家需要制定出以宪法为基础的完备的法律,而这些法律必须充分体现现代宪政的精神;(2)任何国家机关、政党和领袖人物都必须严格依法办事,没有凌驾于宪法和法律之上的特权;(3)宪法和法律应按照民主程序制定和实施,这种宪法和法律也能充分保障民主制度和人权;(4)法律面前人人平等,法律的保护与惩罚对任何人都是一样的;(5)实现司法独立,以保证法律的公正与权威。"[②] 社会主义法治国家应落实和践行反映法治基本特征的要素包括若干方面:[③] 一是人民主权,即牢固树立主权在民观念,坚持"以民为本",即在思想上,法治贯彻的是民本思想。在民本思想中,一切公共权力都必须从人民的利益出发,尊重民意,体恤

---

① 李步云:《走向法治》,湖南人民出版社,1998,第5页。
② 李步云:《走向法治》,湖南人民出版社,1998,第10~11页。
③ 参见李步云《论法治》,社会科学文献出版社,2008,第94~100页。

民情，急民所急，遂民所愿。二是法律至上，即在行为的准据上，当制定的良好的法律与政策、文件、领导人的意志发生抵触时，坚持以法律为准绳。三是法制完备，即已经建立起一个实质正义、内容完备、结构严谨、内在和谐、体例科学、协调发展的法律体系，或者至少是正在致力于谋求建立这样一个法律体系。四是国家行政机关及其公职人员依据宪法、法律所赋予的职权，在法定的职权范围内，并依照法定的程序而展开的对国家的经济、政治、文化、教育、体育、卫生、科技等各领域的社会事务进行管理的政府行为及其过程。依法行政要求所有的国家行政机关及其公职人员必须严格依法办事，亦即在法定职权范围内，充分行使宪法、组织法及其他相关法律赋予的管理国家和社会事务的行政职能，既不渎职，也不越权，更不滥用职权非法侵犯相对人的合法权益。五是司法公正，在法治的意义上讲，假若一个社会连司法公正都失去了，那这个社会也就没有什么公正可言了。可以说，司法公正既是司法活动自身的要求，也是厉行法治的目标所在。六是权力有限，即是说，在制度上，依法确立权力的范围，权力行使必须遵循法定程序。权力只有在法律明确赋予的权限范围内行使，并且只有依照法定程序行使才是有效的，而且在法治的语境中各种公共权力都被要求必须这样做。权力的边界止于正当权利、法律授权范围和权力运行程序，不得侵犯公民权利，不得突破法律授权范围，不得脱离法定程序。七是权利保护，即在观念上确立权力来源于权利并旨在为权利的实现服务，只有在为了谋求权利的实现和捍卫人权的过程中，权力才真正具有合法性；而且非经法律的明确规定，且为了相应权利的实现，任何公共权力机关都不得无端地对公民课加额外的义务。现代社会，不仅权力必须来源于权利，而且权力必须为权利而存在，应当保障权利的实现，必要时权利甚至可以限制和剥夺权力；权利有赖于权力，没有权力的保障，权利将失去维护的屏障；权力因为代表公益和保障权利而具有了理性的权威，富有了迫使个体服从的特质。八是社会自治，即在国家对待一般性社会事务管理与社会主体自己参与一般性社会活动方面的放任态度。社会自治的理念既是个人自由与伦理责任、良心自由与道德自律的内在统一与要求，也是根源于政府是由个人所组成并难于对其实施充分有效的监督，因而难以防止其侵害公民的权利之故所导致的对政府控制和多数统治的不信任。社会自治意味着要还自由于民众，就是将可以由社会管理的事务放任由社会组织或社会主体自主决策、自我管理、自负其责，以促动和激活社会的生机与活力，使社会主体更有自由、更有尊严，使社会更加开明、开放、和谐。社会自治既是主权在民和群众路线的生动体现和实现形式，也是防范和阻止公共权力侵害公民权利和社会利益的保护墙，并且由于社会自治分散了原由政府承担的社会管理权力，大大减小了社会对政府的期待和要求，因此社会自治组织及其活动实际上也就担负了一部分社会责任，官民之间、政府与社会之间的矛盾从而得以缓解，起到了社会压力与紧张的减压阀之功效。九是程序正当，即在过程上，任何权利和权力的行使，都必须遵循正当的程序，尤其对公共权力而言更是如此，否则就是不合理乃至无效的。法治必须有一种良好的机制将法律、执法和司法机构串联起来，使其有效运转。这种良好的机制就是正当程序。正当程序原则是指权力主体在行使权力行为的过程中应当遵循法定且合理的方式、方法及步骤。行为方式、步骤构成了权力运行行为的空间表现形式，行为的时限、顺序构成了权力运行行为的时间表现形式。正当程序原则也是近代以来人权保障的基本原则。在谋求法治化的现代社会，正当程序实际上业已成为法律运行的核心。十是党要管党，即在中国现代转型时期，中国共产党要继续谋求长期执政地位，就必须进行改革。核心是执政党自觉地加强自身的组织建设和制度建设，民主决策，科学执政，管好队伍。改革开放三十多年来，中国共产党一直在努力建设成为具有现代性的政党，并借以领导未来的法治国家建设。先生认为，在这十条之中，这一条最关键，理由有二：其一，新中国长期以来都是一党执政、多党合作，这不同于西方发达国家一直实行的多党制、两党制。在那些国家，若哪个政党违反宪法，不按法律办事，只要被发现并揪住不放，就无法赢得选民，休想多得选票，因为在那里什么事情都是公开的。其二，宪政文化基础差异较大。西方发达国家的宪政实践已经200余年，寻常公民及国家公职人员人人都知道执政党不能违宪，不能违法，在野党亦如是；然而在当今中国，由于中国共产党一直以来谋求一党长期执政与多党合作、政治协商，如此一来，完善一党执政和多党参政机制，就显得极为紧要与迫切，必须强调执政党要约束自身，严格自律，服从他律，保障执政者由具备成熟的政治素养和良好的个人修养者充任；任何违法犯罪者都应受到严厉惩处，以不至于败坏执政者的亲民、为民形象；任何不当行为都应承担应有的法律责任；最终确保执政活动是在宪法、法律的范围内进行。

为什么李步云先生大半生致力于呼吁法治呢？依先生的说法就是："只有在一个法治的国家里，政治才能得到长期的稳定，经济才能得到持续的发展，社会才能得到全面的进步，正义才能得到牢固的树立，人权才能得到可靠的保障。"① 弟子愚昧，但感觉先生斯言，诚为至理，值得吾辈一生追求与践行。

三 细讲人权，明确宪政的目的指向

人权是近代以来一个基本的价值追求，也是一项重要的法律价值。人权的基本内涵涉及三个层面：人作为人、人作为有尊严的人、使人成其为有尊严的人。"人作为人"是承认人的自然属性，"人作为有尊严的人"是强调人的社会属性，"使人成其为有尊严的人"是强调人的政治属性，指向的是国家和社会对人所肩负的责任。尊重和保障人权既是人类近代文明的标志，也是一切先进法治国家的重要特征。

李步云先生认为，人权得到保障乃是宪政的第三个要素。"相对于人权来说，民主与法治都是手段，是实现人权这一目的的手段。"② 但是，对于人权这一目的性范畴也应辩证地理解。首先，在先生看来，人权是人依其自然属性和社会本质所享有和应当享有的权利。据此，先生指出，人权有三种存在形态，即应有权利、法定权利、实有权利。从本质意义上讲，人权就是人的应有权利，即人按其本性所应当享有的权利。法定权利只是运用法律使人的应有权利得以法律化、制度化，并为借助国家强制力确保其实现提供规范基础。然而，在一些特殊情形下，即使通过法律加以制度化确认的人权，由于受到各种主客观因素的影响与制约，并不一定都得到真正的实现。因此，衡量一个国家的人权状况，既要看这个国家的法律对人应当享有的权利所做的规定，也要看这个国家是否依据本国的发展水平极尽可能地落实法定权利的实现，普遍地保障应有权利的实际享有。③ 其次，在先生看来，人权是普遍性与特殊性的统一，充满着理想与现实的纠结与矛盾。一方面，人类本身就是一个利益共同体和价值共同体，对一些美好事物的承认、褒赏与追求是一切有良知与理性的人们的共性，同时还需要共同直面与应对许多不时而至的灾难与风险，因此即使发展阶段不同、社会制度不同的国家也能够达成共识，一致通过法律或签署国际人权文书承诺保障一些基本人权；另一方面，人类大家庭中处于不同发展地区、发展阶段、发展水平的群体、阶层甚至民族，会由于价值判断的差

---

① 李步云：《走向法治》，湖南人民出版社，1998，第11页。
② 李步云：《走向法治》，湖南人民出版社，1998，第18页。
③ 参见李步云《论人权》，社会科学文献出版社，2010，第3~4页。

异、社会信仰的不同、利益诉求的区别而有各色各样的特殊呈现。但总体而言，伴随着人类社会文明程度的提高，价值共识的广泛，国际交往的扩大，人权的特殊性会越来越个别化，而人权的普遍性会越来越被认知，获得普遍的理解。从理想的层面上，从人的一般性角度出发，享有充分人权，是长期以来人类追求的崇高理想。人权应当是完全平等的，一致的，没有差异的。然而，如果考虑到主体的多样性与差异性，考虑到实现人权的具体的社会物质生活条件、历史文化条件的差异性，人们所处的具体的社会与历史地位的差异性，从实际出发，必须理解这种人权实现的具体条件的差异性，考虑到人权实现的具体的政治、经济、社会、文化、宗教等种种客观条件的限制所导致的差异性。① 人权的普遍性与特殊性的界限也不是绝对的，而是相对的；它们的内容和表现形式都将伴随着这个人类社会的经济、政治与文化的发展而不断演变。② 尽管这种人权实现的理想与现实的矛盾一定会并正在伴随着整个人类社会的日益进步而逐步得到解决。因此，"我们不能不顾各种主客观条件，抱着操之过急的态度。但是，人权的许多内容包括人身人格权以及政治权利与自由的实现，并不直接地或全面地受以上条件的限制。片面强调我国的国情特点，因而不去努力改善那些需要而又能够改善的某些人权领域的状况，也是错误的"。③ 再次，先生强调指出："在人类历史上，人权和人权制度以及与其相适应的人权理论是一个不断发展与进步的过程。一定社会历史阶段所达到的人权制度与理论的成就，既是当时社会制度的产物，也是全人类共同奋斗的结果。它们不是哪个人、哪个阶级或哪个民族的私有财产，而是全人类的共同财富。"④ 在不断完善我国人权保障制度的过程中，应当积极地参与人权的国际保护与合作，既要注意从我国具体的国情出发，虑及本国的历史文化传统以及经济社会等方面的实际条件与特点，实事求是，脚踏实地地发展切实可行的人权制度，同时也应当积极大胆地充分吸收与借鉴人类共同创造的一切文明成果与成功经验，开拓进取，集思广益，兼容并蓄地肯定与接受各种有益的人权理论与观念，发展与完善中国特色的人权制度。

---

① 参见李步云《论人权》，社会科学文献出版社，2010，第7页。
② 参见李步云《论人权》，社会科学文献出版社，2010，第14页。
③ 李步云：《论人权》，社会科学文献出版社，2010，第32页。
④ 李步云：《论人权》，社会科学文献出版社，2010，第33页。

结　语

中国共产党十八大后在新一届中央领导集体学习活动中，习近平总书记提及，每个人都有理想和追求，都有自己的梦想。现在，实现中华民族伟大复兴，就是中华民族近代以来最伟大的梦想。这个梦想，凝聚了几代中国人的夙愿，体现了中华民族和中国人民的整体利益，是每一个中华儿女的共同期盼。其核心被阐释为："生活在我们伟大祖国和伟大时代的中国人民，共同享有人生出彩的机会，共同享有梦想成真的机会，共同享有同祖国和时代一起成长与进步的机会。"执政党则要"倾听人民呼声、回应人民期待，保证人民平等参与、平等发展权利，维护社会公平正义，在学有所教、老有所得、病有所医、老有所养、住有所居上持续取得新进展，不断实现好、维护好、发展好最广大人民根本利益，使发展成果更多更公平惠及全体人民，在经济社会不断发展的基础上，朝着共同富裕方向稳步前进"。① 为此，执政党还"要更加自觉地恪守宪法原则、弘扬宪法精神、履行宪法使命"。② 应该说，这样一幅如画美景的勾勒与描绘，浸透着一代代仁人志士共同的心血，汇聚了当代有识之士的智慧与奉献。在梦想的景致逐渐清晰和显现的时刻，今天迎来八十寿诞的李步云先生自改革开放以来竭尽心力为现在被誉为"中国梦"的共和国图景的精神之源勇敢担道、奔走呼号、奋笔直抒着，俨然一位敢为人先的无畏书生与学界楷模。从有机会建言献策之时起，先生孜孜以求宪政中国梦，为此，先生呼吁人权保障，倡行依法治国，畅谈民主法治，探索治道法理，为法治和人权奔波了大半生，被誉为"敢开第一腔的法学家"。③ 作为先生的门内弟子，虽见识浅显，学问不彰，但在喜迎先生八十华诞之际，仍愿以此文献给我心目中"当代最伟大的法理学家——宪政中国的追梦人"李步云先生。

---

① 参见习近平在第十二届全国人民代表大会第一次会议闭幕会上的讲话。
② 参见习近平 2012 年 12 月 4 日在首都各界纪念现行宪法公布施行 30 周年大会上的讲话。
③ 参见裴智勇《李步云："敢开第一腔"的法学家》，《人民日报》2005 年 1 月 5 日，第 14 版。

我所知的步云先生点滴

陈宇翔*

谈到步云先生，有一幕永远定格在我的脑海里：在长沙黄花机场候机楼，时间大约是2003年9月的某一天，在候机的旅客中，我一眼看见风尘仆仆而又精神矍铄的步云先生。我赶紧走上前去问候，经与先生一番交谈，方知先生是为了湖南大学法学学科博士点的申报，准备去吉林大学找相关专家。让我惊讶和感佩的是，先生此番走访，竟然要在4天的时间里，奔走全国5个城市的知名高校，向那些高校的法学名家介绍湖南大学法学学科发展的情况，希望获得他们在学科建设方面的支持。

有幸得识步云先生以来，先生给我的印象就总是睿智宽厚、目光炯炯、风尘仆仆的样子。1996年秋，我正在湖南师范大学中国近现代史专业念博士。有一天，同门学兄杨光秋说："著名法学家李步云先生来湖南，给湖南省政法系统的干部讲课，他是娄底老乡，对家乡年轻人就学和成长很关心，准备去拜访。"光秋师兄问我愿不愿意一起去？虽然我不是娄底人，但有机会认识学术名家自然期待，因此我想都没有想，就说："好"！说起来真的惭愧，虽然念到了博士研究生阶段，但我对法学界的情况所知不多，步云先生的名字也是第一次从光秋学兄那里知道的。20世纪80~90年代曾流行类似这样的说法，"经济学的热闹，史学的冷落，哲学的寂寞，法学的幼稚"，等等。我虽然从高中时代就感到没有秩序和法治的中国是没有希望的，但高中毕业填报志愿时，还是选择了历史学专业。我在想，自己这一辈子是无缘法学了。一路想着这些，很快到了步云先生住的湖南

---

* 陈宇翔，原湖南大学法学院党委书记，现湖南大学马克思主义学院院长、教授、博士研究生导师。

宾馆。我和光秋兄敲门进房间，见了先生。先生身上透着儒雅、睿智之气，言语中略带湘中娄底口音。先生很关心我们，问了我们论文选题、职业规划等问题，言语中多鼓励之情，完全没有大法学家的架子。因为我是初次拜访，又看到先生手头正在看稿子，我和光秋兄向步云先生告辞回校。回学校宿舍路上，光秋兄说，步云先生的经历不简单：高中毕业参军，曾在朝鲜战场负伤，出生入死；退伍后在政府工作过，又考上了北京大学法律系读本科，毕业后又考上"文革"前为数很少的硕士研究生，是张友渔先生的高足；20世纪70年代末、80年代初在"中办"工作，后又要求回到以前任职的中国社科院法学所工作，曾担任过《法学研究》的主编，等等。听光秋兄这么一说，我很后悔没有多向步云先生请教一些问题。但这次拜访，先生给我留下了非常难忘的印象。

  2000年，湖南大学和原湖南财经学院奉教育部之命，即将合并组建新的湖南大学。一段时间，曾传言原湖南财经学院法律系的教师准备集体去湖南师范大学工作。后来这一传言没有坐实，而新的湖南大学法学院迅速恢复成立，是新湖南大学恢复成立的第一个人文社科学院。我从许多老师和朋友那里得知，这和湖南大学新时期法学学科创始人刘定华教授恭请步云先生来湖南大学担任法学院名誉院长有很大关系。其间有怎样的曲折我不知道，但步云先生的到来真是湖南大学法学学科发展的大福音。后来经常有机会在校园里见到步云先生，但先生总是脚步匆匆、忙碌不已，要么是在举办国内外学术会议，要么是在陪同来湖南大学讲学的国内外专家，要么是参与学校学术方面的一些重要会议或活动，等等。那段时间，我被学校安排在科技处负责文科科研服务工作，后来学校成立社科处，我继续服务。多次在学校或学校举办的国内外学术会议上，我见到的步云先生又总是那样谦和，对我们做的一些分内之事反复表达感谢之意，并对我们个人的事业和学术发展进行指点，殷殷期望。在那段时间里，我对法学院的科研等事业的发展有所了解，其间步云先生的贡献是巨大的。兹略举几件。

  2001年上半年，在一次由校长王科敏教授召集的处级干部会议上，我听校长说："学校合并成立后，有一项重要的决策就是要把湖南大学的人文社会科学尽快地恢复和发展起来。人文社会科学院系的院长和专家们要在充分调研的基础上，确定发展思路，尽快拿出各自的发展规划。在这个问题上，法学院在李步云教授的指导下，学院对全国法学学科发展的情况非常清楚，发展思路清晰，发展目标明确，措施得力，发展步伐走在各个文科学院的前面。各个学院要向法学院学习。"校长的讲话是对步云先生为湖南大学法学学科所做贡献发自内心的评价,对此我至今仍然记忆犹新。

新湖南大学成立后,学校决定大力支持人文社会科学的发展,但客观上来说,发展的基础并不厚实。主要体现在:在学术圈内有影响的学者少,高水平论文少,国家课题少,等等。关键是缺少高水平人才,法学院同样如此。那时候我还在社科处工作,正为学校国家社科基金数量太少而苦恼。步云先生以他在法学界的崇高威望,为了湖南大学的发展,为了引进高水平人才和青年才俊四处奔走,登门拜访,使许多学者深受感动而加盟湖南大学法学院。著名经济法和社会法专家王全兴教授2001年加盟湖南大学就是一个典型。2002年6月的时候,当年国家社科基金评审结果公布,王全兴教授顺利获得一项资助,我们都为法学院高兴,也感慨经济法学科作为学校重点关注和发展的学科,有了一位重量级的学者加盟,学科建设有了重要基础。后来我听王全兴教授说,当年他在犹豫去不去湖南大学工作的时候,李老师亲自登门。王全兴教授被李老师的一片诚心感动,也受李老师为了湖南大学法学学科发展的热忱所鼓舞,他打消顾虑,不顾亲友的劝阻,毅然来到了湖南大学。

法学楼处在湖南大学的黄金位置,造型独特,是法学院科研教学和学术交流的重要场所。法学楼的建设,得力于步云先生的小同乡,后来又成为先生博士生的柳志伟先生的鼎力支持。我在1994年刚入湖南师范大学念博士的时候,也是因为光秋学兄,较早得识柳志伟先生。新世纪之初,高校合并且大规模扩张,国家可投经费有限,学校建设经费非常紧张。柳先生愿意投资建设法学楼,主要是因为步云先生的人格魅力和感召力。步云先生能将柳先生动员来与湖南大学合作,对学校尤其是法学院的发展所起的作用,今天再来看,实在是功莫大焉。也是前述2003年9月的某一天,在长沙黄花机场遇到步云先生的时候,法学楼的设计已经接近尾声,准备施工。可能是又一次看过学校相关机构设计的法学楼图,步云先生在机场语带焦急之情地对我说:"法学楼的设计很特别,也许建筑师有建筑师的考虑,但楼内的可用场所实在是太少了。在楼的西头是图书馆,图书馆外面准备建一个宏伟的露天观景台,可以看山、看水、看风景,但学生看书的地方却没有,没有阅览室!我跟他们提了意见,希望他们能够考虑这是个教学、科研场所,要以方便师生学习为主要考量。我已多次表达了我的意见,不过不知道有无作用。"听了步云先生关心法学院师生和为法学院发展而操心的话语，我真是非常感动。后来，设计人员很不情愿地将那个露台改成了阅览室。不知道今天坐在宽敞舒适的阅览室读书看报的同学们，是否知道步云先生当年的直言和力争。

步云先生为湖南大学法学学科发展呕心沥血、倾情奉献的事例不胜枚举。以上所举也只是我所亲历的一部分。

2005年6月下旬，学校突然通知我，因为法学院出现一些特殊情况，要我赶紧放下所供职的马克思主义学院的工作，去法学院担任书记一职。我完全没有心理准备，但想到可以为步云先生服务，为步云先生倾力奉献的法学院服务，我还是很乐意地接受了新任务。

到法学院报到并初步了解情况后，我却发现，由于一些莫名其妙的原因，步云先生虽然依然在为法学院教学科研服务，但已将主要学术研究和教学精力转往广州大学。我知道先生的家乡情结很重，非常希望湖南大学的法学学科能尽快发展起来，能为家乡建设一个全国一流的法学院一直是先生的宏愿。虽然此前也听闻一些传言，但现实的情况却在我的预料之外。到法学院后，我第一时间给步云先生打电话。先生当时在广州，听得出来，先生非常关心法学院的发展，反复嘱托我要稳定学院师生的情绪，要关心那些兢兢业业为学院发展奉献了多年的学院老师，尤其是要支持学院学术和教学骨干教师的工作。我为先生如此了解学院情况、深切关心学院发展的拳拳之心感动。我请求先生常来湖南大学，并征询先生意见：是否可以继续全职回到湖南大学工作？先生答应会将很多精力放在湖南大学的学术工作上，并表示湖南大学法学院有任何需要，都会全力支持。我深知，先生虽然精力充沛，行事极有效率，但毕竟早过古稀之年，敬佩之余，也不好再提过分要求。其后让我无比感动的是，先生真是一诺千金！为了法学院的发展，有太多的感人之举。

2005年秋季，新生即将开学，步云应约提前回到湖南大学。在我们为本科生和研究生分别举行的开学典礼上，步云先生都以法学院教授、名誉院长的身份出席并讲话，使初入学术殿堂之门的莘莘学子极受鼓舞。尔后的五六年里，先生几乎每年都要参加新生开学典礼，并坚持每年为学子们做几场学术报告。步云先生作为新时期中国法治事业重要推动者和亲历者的特殊经历，使其学术报告不仅学术含量丰富，而且高屋建瓴、视野宏阔，是象牙塔中的法学门类学生非常难得的了解中国法治进程和思想学术的盛宴，深受学生欢迎。我了解到，从湖南大学法学院走出去的学子，都是以听过步云先生的讲座和课程而自豪的。

步云先生担任法学院教授和名誉院长，为学院的发展和科研、教学工作贡献巨大，学院按照规定给先生发放津贴。我去法学院工作前，就听步云先生的学生说，先生经常不领津贴，而是将这笔钱资助各种学术活动。先生去广州大学创办新的人权研究中心后，就坚持让学校不要再发津贴。我去法学院工作后，步云先生许多的精力用在法学院的发展上，一年有许多时候都在学校工作。步云先生坚持不要学院的津贴，甚至为这个事情罕见地向我发牢骚，说我不理解他的一片真心。后来先生可能是觉得这个事情学院确实不会听他的意见，就跟我说，将这个津贴拿来资助贫困而优秀的学生。我不同意，先生很生气，但我知道，先生生气时讲得最重的话也不过是："怎么能这样呢？"所以我也就继续坚持着。不曾想，有次先生叫学生将那年的津贴送到我办公室，先生自己打电话来说，津贴一定要给院里，作为当年优秀贫困学生的奖金发放，以后每年都如此。步云先生在电话里完全是不容商量的口气！而且要求院里保密，以免获奖的同学有压力！受惠于步云先生的法学院的同学们，许多是不知道这个事情的。我已经离开法学院的服务岗位，觉得说出这个事情，是不违背先生的嘱托的。

　　步云先生让我和法学院乃至湖南大学师生感佩的事情实在是太多了，我所记的仅是我自己受教的点滴。高山景行。让我们高兴的是，先生无时不在为湖南大学法学院和中国的法学界和学术界贡献着自己的智慧，创造着种种神奇！这是多么美好的事情啊！

与李步云先生交往记忆

杨开湘*

最近得到消息，湖南大学要为李步云先生庆祝八十华诞，以集成《李步云教授在湖大》一书为贺礼，我感到非常高兴和些许激动，因为借着这样的形式，我可以把自己与李老师过去十余年交往的点滴往事重新回忆，写成一篇私人记忆的小文章，致礼先生八秩荣庆，这真是一个最好的机会。李步云先生是我国著名的法学家，在国外享有"当代中国优秀的权利倡导者、重要的法学理论家"的盛誉。我虽未能在先生那里正式地及门受业，但自觉是他的私淑弟子，从2000年认识至今，受教受益于先生无数，成为我十分珍贵的人生记忆。

早在二十年前，我初入法科，在沪上攻读硕士学位，李步云先生《论以法治国》《论人权的三种存在形态》等许多论文便是那个时候法科学生们必读的重要文献，可以说，我们这一代的法科学子们许多是读着李老师的书进阶法学大门的。读书是一种相识，这么说我在1990年就认识了李步云先生。但是，距离我第一次亲眼见到李老师还有十年时间。那是2000年11月，我从奥地利维也纳大学访学归来，算上1998年9月开始的德语培训，我离开长沙一共两年多时间了。1994年我从上海毕业来到长沙，2000这一年，中南大学完成了三校合并，我工作所在的中南工业大学法律系已经变成中南大学文法学院，人文社科的多个学科合并在一起，独立组建法学院的计划已经开始，但尚未完成，回国之后朋友同事招呼饭局也多，总听得出组建法学院的过程有些混乱。几乎在同时，湖南大学和湖南财经学院合并组建新的湖南大学，原湖南财院法律系和湖大法律系恢复组建湖南

---

* 杨开湘，中南大学法学教授，北京大学法学博士，德国洪堡学者。

大学法学院，原财院法律系主任刘定华教授出任院长，聘请李步云先生担任名誉院长，气象一新。大略是12月的某一天，时任湖大法学院副院长的屈茂辉教授说为我回国接风，我很高兴应允赴宴，在财院和党校中间石佳冲那条小街的一处酒店。我完全没有想到，茂辉兄事先似乎也没说，就在这次饭局上第一次真正认识了尊敬的李步云先生，记得同席还有刘定华院长和当时法学院的韩虹书记等人。我当时并不准确知道李老师的年龄，在我的心目中，他是属于"老一辈法学家"队伍的前辈，我当时甚至并不能确定他还是我的湖南同乡。老先生精气神俱佳，他那发亮的印堂和粗重的眉宇给我留下了非常深刻的印象，至今保留在我的脑海和记忆中。坐在李老师的身边，我们拉着家常，偶尔谈谈专业问题，他十分清晰而富有逻辑的思维，娓娓道来的说话方式，间或发出爽朗的笑声，那么的平易近人，让我很快忘记了入席时的拘谨和初识李老师的胆怯。席间，李老师问我出国访学的经历、感受和收获，问我回国后专业教学研究的打算和目标，使我在这个冬日里尝到了一种如沐春风的滋味。

这次吃饭之后，茂辉兄打电话问我是否有意调到湖大法学院工作，他说那次吃饭之后李老师和刘院长都发出邀请，有意相邀我加盟湖大。我说本意很想，但是有一种自卑，以我一个硕士和讲师的身份，远远达不到湖大引进人才的起码形式标准和要求，有何德何能敢存如此非分之想呢？我说，我想趁着刚回国教学任务不重时先读一个博士学位，对付教育部新提出的高校"博士化工程"，然后多发一些专业论文尽快评上副教授，再计议工作调动之事或也不迟。茂辉兄可能把我的这个想法转告给了李老师，过不多久，李老师给我打来电话，表示对我的这种想法很理解很支持，同时建议我可以先考虑调过去，同样能够边工作边在职攻博，也是互不耽误顺理成章的事。这份理解和厚爱，一方面令我十分感动，另一方面也令我更加慎重地考量自己的选择。我回家跟夫人多次商量，她表示由我自己做主，她跟随我的选择并全力支持。我也在犹豫是否要和学院领导提出这个问题。

寒假之后，我教学任务不重，于是接受了长沙电视台政法频道的邀请，参加他们一档法制节目《方圆评说》的专业评说嘉宾，白天在学校上课，晚上到电视台录制节目，时间过得很快。4月的一天，茂辉兄来电话，说要和李老师、刘院长、韩书记来我家拜访，人已经到了校门口。这令我感到非常惶恐和不安，因为我当时住在学校分配的胜利村三十栋筒子楼里，两间房，条件很差，进门的书房三面放着书架，一张书桌，房子很拥挤，也没有收拾，真的难以接待来客。但是实在无法推脱，也就硬着头皮应允。那天天气好，夫人带着儿子在校园里玩，回家时看到满屋子的客人，不知所措，唯恐待客不周。李老师并不在乎这些，很是随意，谈话中再次明确地跟我说，这也算一次专程登门邀请，欢迎随时加盟湖大法学院。我说，非常非常感谢李老师能光临寒舍，愧不敢能得到如此礼遇，自然应该慎重决定，早日向学院提出正式的调动申请。实际上，这之后我就把个人工作调动的事向文法学院的领导提出来了，但是，机缘不巧，学校各方面都在忙着讨论和筹划组建法学院的事情，基本上冻结了人事调动的各项事务，于是一直拖延，没有结果。今天看来，虽然最终没能到湖大工作，但是我与李老师之间从此有了不间断的缘分和交往。

新学期开始，我被安排担任2001级新生的班主任，并有多门课程任务，开始忙碌起来。国庆之后，我向学院提出建议，邀请李步云老师来做学术报告，学院方面非常重视，要我协助安排落实，我不敢怠慢，积极地准备迎接李老师的到来。写这个文章时，我一直在寻找当年的记录，却没能找到，与我当年所带的2001级学生联系，他也只记得这个事情却不记得具体的时间。记忆中应该是10月中下旬的某一天，天气晴朗，我是中午到位于岳麓书院旁边李老师的家中去接的他，他赠与我新出版的《法理学》和《走向法治》两本新书。下午，在我们学校新前101报告厅，我主持，李老师做了"法治国家的十条标准"的学术报告。我现在依然清晰地记得，那次报告李老师几乎全部脱稿，一气呵成，表达清晰，逻辑严谨，录音整理出来就是一篇完整的学术论文。他那惊人的记忆力令我至今难以忘怀。只可惜当时没有录音备存，很是遗憾。

接下来的半年，我一直处在十分紧张忙乱的生活节奏之中，带班、上课、去电视台、准备考博等，与李老师没怎么联系。第二年3月参加北京大学博士生考试，并且自感各个科目考得不错，乐观地等待最后结果。到了4月初的一天，突然接到北大汪建成老师从澳门打来的电话，告诉我北大博士生考试结果已出，我被录取，导师是张玉镶教授。从攻读博士的角度说，这是完成了一个必须完成的任务，从考上北大来说，这是实现了一个十分完美的个人心愿，放下电话便是内心狂喜。然而，过了几天又接到李步云老师的电话，问我近况如何，是否可以考虑报考湖大的博士生，投他门下。我说已经参加北大考试且已经接到初步录取的非正式通知，把这个过程向他简单地做了汇报。他说，这是很大的好消息，但是同时建议我还可再报考一下湖大，增加一种选择和可能性。今天看来，对李老师的这份提携后辈之心，我唯有感激铭记。湖大博士生入学考试5月份举行，我开始认真准备，最后笔试成绩很好，进入复试。主持复试的是李步云老师、王全兴教授、刘定华教授，成绩也不错。考试结束之后，李老师再次给我电话，说法学院要决定录取人员名单了，我在预录考生范围之列，因为他知道我的情况，为了不浪费湖大博士生指标和不耽误其他考生前途，问我是否放弃北大转读湖大。我当时内心确有矛盾，但最终还是选择了北大。我一直没有也不敢就这次决定和李老师说出，不知道他当时的内心感受。在我，如此选择，除了北大授业老师之外，我又多了李老师这位学业和人生的导师，实乃幸事也。这就是我一直以来自称是李步云老师私淑弟子的理由。

2002年5月，中南大学法学院合并组建完成。9月我到北京读书，与李老师的联系暂时少起来了。我知道李老师非常忙，为了湖南大学法学院的发展倾尽心血，老骥伏枥，我不断间接地听到他的各种情况，都很好。2004年5月北大法学院百周年院庆时，我在百周年纪念讲堂的大厅里遇到李老师，他是专程来参加北大法学院院庆活动的，当时人很多，我只能向他表达问候。此后，2008年10月，我邀请浙大法学院张谷教授来湖南讲学，适逢李老师在湖南，湖大法学院陈宇翔教授邀请我们在湖大集贤宾馆一起吃晚饭，得以再次见面，欣喜地见到李老师依旧身康体健，精神矍铄，谈笑风生。同年11月，我校举办湘籍法学家联谊会，我与李老师联系，邀请他参加，他人在广州，由于其他事务没能与会。12月6日，李老师邀请我参加"中国刑事诉讼法再修改国际研讨会"，我去广州，专程给他带去了联谊会会议通讯录和纪念品，他询问会议召开情况，我详细报告，他听后很是高兴。湘籍法学家联谊会第一届会议是他与郭道晖先生倡议，湖南大学法学院重新组建时召开的，至此第三届，他依旧十分关注。

2009年3月29日，李老师受邀来我院做"法治建设六十年之反思"的学术讲座，我与同事余卫明教授去他的寓所接他来学校，我们共进晚餐。晚上，还是在新前101学术报告厅，在讲座之前，他又一次提到了我第一次邀请他来校讲学的情景，可见先生记忆力超人。这一次讲座中，李老师谈了我国法学研究与法治建设六十年来经历的曲折道路，分析原因，总结教训，提出了法学教条主义、法律经验主义、法律虚无主义、法律工具主义、法学实用主义的观点。我认真聆听，做好录音，后来又反复学习，发现李老师的学术与思想始终是那么的前沿，那么的与时俱进，真正是我们后辈学习的楷模。

以上就是我与李步云先生交往的大致经过。文字记录总是模糊和单调的，与李步云老师过去十余年交往和受教的真实经历才是生动和难忘的生活记忆，弥足珍贵，永存心间。想起李步云先生在其《七十述怀》里所说的那句话，先生"一直觉得自己并不老，生理上尤其是心理上还属青壮年"，那么，先生今年八十华诞，自然就属于中青年法学家了。我们期待并相信先生仍将会一直活跃在"杏坛"，教书育人启迪后生，一直活跃在"法苑"，推进中国法治和人权事业。谨祝先生生日快乐！

2012 年 4 月 22 日于长沙岳麓山下

为恩师李步云先生八十华诞祝寿

陈秋云[*]

恩师李步云先生八十华诞在即，作为先生的入室弟子，我以最诚挚的心祝贺先生寿比南山、福如东海！

先生是"敢开第一腔"的法学家，在法学领域有卓越的成就与崇高的声望，能入先生门下是一种幸运。2001年我博士毕业找工作时，听说先生已经回到家乡湖南大学法学院担任名誉院长，于是毫不犹豫地投奔到湖南大学法学院来，在上班一段时间后我终于有幸拜访了先生。那时先生还住在湖大北校区（原湖南财经学院）一所旧房内，初见时，先生用温暖平和的话语鼓励了战战兢兢入室的我，那次谈话进行了大约1个多小时，主要聊了学业与学科建设方面的问题，让我至今仍然难忘的是先生对学术的孜孜追求、对年轻人的鞭策勉励以及对湖南法学教育事业的满腔热血。

入先生门下做博后，是在2003年。彼时已就教先生多时矣。为选题事，我提出两个想法，一是继续做博士论文的深化，二是做一个时髦的选题，先生沉吟片刻为我定下做汉唐权力制衡方向的选题。先生认为权力制衡既是西方法治文明的精髓，也是我国古代政治文明中的应有之义，深挖我国汉唐时期权力制衡的思想与制度根源，无疑有益于厘清认识，借鉴继承。两年博后做下来，虽见识浅陋，却收获不少，先生学养之深厚，深为感佩！

---

[*] 陈秋云，法学博士，中国社会科学院法学所博士后（合作导师之一为李步云先生），现为海南大学法学院教授。

2006年后，我因工作原因离开湖南大学后，向先生求教机会渐少。有限几次见面之时，先生总是给我更多的鼓励与关心。侍先生之日浅，感先生之恩深。于先生八十华诞之际，叩祝先生福寿绵永！

海南大学陈秋云于2013年6月10日

与君同行，今生无憾

肖世杰[*]

一

记得2012年4月份在参加湖南长沙的一次警察人权培训的酒会上，酒过半巡之后，我豪情满怀（其实平时我很少喝酒，只是因为这次气氛特别），举起酒杯敬李老先生，并带调侃地说："请让我将这杯酒诚心实意敬给尊敬的李老先生，尽管我不敢代表在座的各位才俊，但完全可以代表我自己和我们这一代许多的法律人恭敬您，二十多年前，我们这代人可以说是看着你们这代法学家的书长大的，没有您，就没有我们的今天！"一杯畅饮，又接着说道："同样是在二十多年前，记得我们同学们都说：哎呀！我等法律人这辈子要能有机会得到李步云先生这位著名法学家的耳提面命，也就不枉为此生了！"一时间，可谓"语惊四座"，大家纷纷争着抢着向老先生敬酒，场面至为感人！

于是，就像今天的粉丝渴望见到自己的偶像那样，拜见李步云先生并接受先生的耳提面命便成了我们这代法律人心中的想望。大学毕业后，由于自己攻读硕士与博士学位在专业方面（不是先生所指导的法理人权等方向）和其他方面的原因，我的这个想望直到2007年11月才实现！而且那还是我进入中国社科院法学研究所做博士后研究之后的事了！

我于2004年6月于湘潭大学法学院研究生毕业后留校任教，硕士与博士期间的研究方向分别是刑法和诉讼法。2007年9月，正式请辞湘潭大学

---

[*] 肖世杰（1972~），男，湖南新化人，法学博士，教育部重点基地广州大学人权研究与教育中心教授，主任助理，中国社科院法学研究所博士后。

法学院教职，进入中国社科院法学研究所做博士后研究。经过多年的部门法训练，我发现自己不再仅仅满足于单学科的规范研究，逐渐对其他学科如社会学、经济学特别是政治哲学开始产生兴趣。因此，在博士后指导老师的选择上，与其他学科组一样，法学所理论法学组的研究实力很强（如李步云教授、信春鹰教授、李林教授、刘作翔教授、吴玉章教授等指导老师），我反复揣摩后选择了李林老师，因为李林老师在法政治学等方面颇有造诣而且专业领域和我当时的志趣较为接近（此外听说李步云先生对学生要求极为严格，我自然亦生敬畏之心而知难而退）。不过，法学所有一个很好的传统，即同一个学科组的老师也常常对其他合作导师的博士后进行指导（不像有的高校，合作导师一般仅指导自己的博士后）。因此，幸运的是，在法学所做博士后研究的几年，我不仅得到了自己业师的指导，而且有幸得到了李步云教授、陈春龙教授、熊秋红教授、陈泽宪教授、冯军教授、刘作翔教授、莫纪宏教授、吴玉章教授、陈云生教授等多位老师的指导。特别是李步云先生，当知道我们是娄底同乡时，更是对我指导有加。在2007年12月的一次晚宴酒会上，李老先生特别问及我的工作单位与家庭情况，当得知我当时抛妻别子基本全职在北京从事博士后研究时，便马上询问我是否有赴东南大学或广州大学工作的愿望，后来才知道李先生在这两所大学均成立了人权研究中心，并身体力行地在全国推广其孜孜以求的人权事业。

本来，当年义无反顾地辞掉湘潭大学法学院之教职，只身赴京从事博士后研究，亦是想在北京找得一片栖身之所（而不想去其他地方）。作为首善之区，北京集中了太多的资源，具有几乎其他任何城市无法比拟的吸引力。而且，当时我也在北京的几家单位之间进行就业选择。不过，对于老先生的一片盛情美意，毕竟难以谢绝，而且该中心由李先生掌舵（进去后便能有机会和李先生一起工作生活），况且还考虑到老先生说及广州市和广州大学对引进人才的重视（如配偶工作的解决、廉价房的优先购买权和较为优厚的引进经费等）以及人权研究中心的工作性质（如不要每天坐班、主要以科研为主等），又加之其时自己由于多年来的脱产学习，使得家庭经济一时也紧张到甚至难以支撑一家人生活的地步。于是，经过一番算计与比对，我终于于2008年6月毅然加盟李老先生领衔的广州大学人权研究与教育中心。

加盟广州大学之后，尽管其后事态之发展根本不像期待中的那样美好，之前承诺或准承诺解决的许多条件均未得到解决（也许，有的问题可能不仅仅是学校方面的原因，而和广州市的相关政策有关罢）。然而，不管如何，对老先生的这份关照之心，我绝对应当牢记在心、没齿难忘。至少，在广州工作的这几年，不但让我有幸成为李先生的私淑弟子，通过和李先生在一起生活、工作而有机会不断地向先生学习，而且也常常能够得到我国另一位德艺双馨、德高望重的老先生——郭道晖先生（郭老先生任我中心学术委员会主席）的指导与点拨。同时，在广州大学人权研究与教育中心工作的这几年，尽管经受了多年来的两地分居与奔波劳顿之苦，但我的心情是愉悦的，这里不愧是全国人权研究之重镇，在李先生领导下的每位同事均具有宽容、博爱与互谅之心（当然也许是受先生之耳濡目染）。

二

和李先生同行的日子里，学会的东西实在太多（当然学不会的东西更多）。而且，我深深感受到，与先生同路的日子，在某种意义上便是与中国法治与人权同步的日子；与先生同路，可以感受到中国的法治建设与人权实践的步伐与脉搏。因此，不管是作为一名法治与人权的研究者还是实践者，能与先生同路，便是人生当中一笔难得的财富。

在许多对李老先生了解不深的外人眼里，李先生只是一位新中国法治与人权的奠基者和传播者而已。其实，对先生了解较多和与先生有较多交往的人都知道，何止是在治学、教书与育人方面，无论在哪一方面，李老先生均达到了"从心所欲不逾矩"的超然境界。当然，能够达到此等境界，自然是和先生身上所具有的优秀品质分不开的。

首先是先生的勤勉敬业。

先生是个极其勤勉的人，几十年来，先生别无所求，始终不渝地围绕他一直呼吁和倡导的法治、宪政与人权事业，乐此不疲，孜孜不倦，四方奔走，精心耕耘。多年前，先生从中国社科院法学所荣休，本应好好颐养天年，安度晚年，陪家人共享天伦之乐。然而，为了心中的那个梦想，先生没有停下前进的脚步，相反，"老牛亦解韶光贵，不待扬鞭自奋蹄"，先生始终保持着多年来的使命感和责任感，废寝忘食、夜以继日、不辞劳苦地工作、研究、教书、育人、奔走、呼吁。实际上，先生荣休之后的工作更忙了，除了要花费大量的时间和精力参加国内外各种学术会议，还要接受许多刊物的约稿不停地撰写科研论文，更要带领研究团队冲击国家一流的人权教育与研究基地。近年来，先生利用节假日与其他休息时间，夜以继日，忘我工作，除撰写了几十余篇具有重要影响的法学论文，还完成了近十本个人专著，焕发了饱满的学术活力。除此之外，先生为了将其一生追求的志业即人权研究与教育事业推向全国，不顾身体之劳累，辗转于南北之间，先后组织梯队，在湖南大学、广州大学和东南大学成立了人权研究中心，搭建了人权研究与教育的实体平台，并亲任主任一职，身先士卒，真抓实干，勇于走在人权研究、教育与实践的第一线。

光阴荏苒，斗转星移，随着社会的进步，观念的变迁，"人权"话语在我国不但不再是敏感词汇，而且还先后被写入宪法和其他法律法规，国务院还于2009年颁布了我国第一个《国家人权行动计划》，开启了我国人权实践的又一崭新篇章。看到自己为之呼吁、为之呐喊、为之奋斗的事业修成了如此美好之硕果，先生又趁此强劲东风，马不停蹄，通过多种不同方式，多次向中央有关部门及领导同志汇报。终于，"帝感其诚"，先生的心血没有白费，在中央部门的批示下，历史上第一次由教育部在全国三所高校（中国政法大学、南开大学和广州大学）成立了首批国家级的人权研究与教育基地，从而使我国人权研究与教育有了更好的制度平台与实体依托。

其次是老先生的勤俭朴实。

尽管先生名扬天下，但在先生身上，根本看不出与他的学术地位相称的任何铺张奢靡现象。在日常生活中，先生的勤俭与朴实程度，甚至让人难以想象。在广州工作期间，先生和我同住学校周转房，由于做饭不便，先生和我一样，每顿饭基本均是在学校的学生食堂与学生一道用餐，从不嫌弃饭菜之好歹、食物之优劣。如果在外用餐，先生还常常有打包的习惯，一是先生舍不得浪费，二是可以节约下顿饭的在途时间。考虑到长期在食堂吃饭会产生营养不良问题，我偶尔提出请先生外出吃饭的请求，先生不是推脱就是坚持说去学生食堂（随便炒几道菜），以免浪费太多时间，并时常叮嘱我要把这些宝贵的时间放在学术研究上，减少一些社会活动和其他相关活动。通过和先生生活一段时间才知道，原来先生竟是把吃饭的时间都放在学术科研上了！

其实不光是在饮食方面，先生在生活其他方面也是极其随意的，不事张扬、不善摆谱是先生的又一显著特点。先生常常和我们这些学生调侃，他身上穿的衬衫甚至还有近十年前在市场上买的二十块钱一件的衣服！此外，为了给邀请单位节省开支，先生公干出差或参加会议从不坐头等舱或公务舱。其实，对于拥有能够半折优惠的军残证的先生来说（先生早年在朝鲜战场曾负过伤），即便买头等舱机票，也多花不了几百块钱。先生之节俭与朴实，由此可见一斑。

再次是老先生的达观宽容。

先生不是神，先生也有烦恼的时候。当然，我清楚地知道，先生的这种烦忧，不是源于自身的利益与名分，先生从不计较这些。因此，尽管先生的一些倡导与提议得不到相应的理解，先生的许多劳动得不到应有的补偿，但是，先生总能达观处之，从不计较个人得失，毫无任何怨言，相反，依旧能够一以贯之，为其终生奔波的事业不知疲惫地辛勤劳作。

先生所担忧者在忧国家法治进程之过缓，愁国家人权建设之不彰。先生近年来甚至以一个公共知识分子的面貌出现，南北奔波，或为官方组织，或为地方邀请，为各级政要讲课上百余次。每到一处，先生总要就其一生奔波的法治人权事业建设等情况进行调研。调研之后，惆怅与感伤总是难免。我曾经多次陪同先生在一些地方部门进行过讲课和调研，先生当然也遭遇过地方部门或地方政要与其观点相左者。对于他们的人格，先生总能予以尊重；对于他们的歧见，先生总是予以宽容。然后，在此基础上，先生总能动之以情、晓之以理，以一种润物无声的方式将其所倡导的法治与人权理念灌输和传播给这些持不同意见者，巧妙地影响他们的执政理念与治理方式。总之，先生无处不体现出一位伟大的人权理论家与践行者的风格与风骨！

三

对于一个极其优秀的人，人们常以"天纵之圣""集万千宠爱于一身"等词来形容，认为他们是上帝的天使、造物的恩宠。确实，先生身上具有许多常人难以具备甚至难以练就的优良品质，因而让人难以弄清先生的这些品质到底是先天所赐还是后天造化。因之，凭我个人平庸之笔力与有限之目力，肯定无法勾勒出一个完整的李老先生。这里所描述的，仅仅是本人所理解与阅读的一个李老师而已。其实，在生活中，李老先生是一个极其平凡的人，具有平凡超俗之常心，更有民胞物与之雅量，尽管卓尔不群，但始终愿意而且常常和平常人打成一片，视同胞如手足，待同事如兄弟，关怀有加，关心备至。我常常在内心"千万次地问"：先生身上所具有的这些优秀品质，是否得益于先生早年在朝鲜战场那段艰难岁月所练就的坚毅个性，得益于先生曾经所遭受的一些委屈与痛楚中的历练磨砺，得益于先生在那个"黄钟毁弃、瓦釜齐鸣"时代里的冷静思索,以及得益于先生在长期的研究与观察中所积淀的卓识真知?

如果是这样,先生的这种境界,我辈自是难以望其项背了。正是在此意义上说,先生不愧为中国法学界的稀世珍宝,是无法克隆的伟大导师,也正是在此意义上说,先生才具有了榜样的意义。对于吾辈而言,无论是为学、为人还是其他各个方面,自然难得先生之万一,但当然不足以成为阻碍我们学习的动力。"高山仰止,景行行之,虽不能至,心向往之。"也许,颜渊君的喟叹更适于吾辈之窘况及对先生的尊仰:"仰之弥高,钻之弥坚,瞻之在前,忽焉在后。夫子循循然善诱人,博我以文,约我以礼,欲罢不能,既竭吾才。如有所立卓尔。虽欲从之,未由也已。"

正因为如此,先生属于全国法学业界,也属于全国人民,当然不能奢望先生与我们朝夕相处。实际上,先生已经成为我们时代的精神力量与精神寄托。今天,不管是走进我们一同居住的小区,还是步入我们的办公大楼,我的第一感受便是先生这一鲜活榜样的存在,这个榜样永远能给我力量、坚我信念、勉我励志,催我前行,激我上进!!

"云山苍苍,江水泱泱。先生之风,山高水长。"很高兴看到我们尊敬的李老先生,在八十寿诞到来之际,仍是那么精神矍铄、精力饱满。感谢苍天之有眼!感恩上天之造化!先生的健康,是中国法治事业之大幸!先生的长寿,是中国人权事业之大幸!先生的幸福,是中国法律人之大幸!先生的平安,是全体崇尚法治与人权事业的中国人之大幸!!

虔诚地祈祝先生洪福齐天、健康长寿!!

肖世杰
2013 年 6 月 12 日

润物细无声

——一个"人权"晚辈对李步云先生的印象

陈 雄[*]

李步云先生籍贯湖南,先生对湖南有着深厚的感情,这可能是先生与湖南大学结缘的因缘之一。我也是湖南人,1999年入湖南师范大学法学院研习法学理论。也就在此前后,著名法学家李步云、郭道晖先生分别在湖南人民出版社编辑出版了《当代中国法学争鸣实录》《走向法治》《法的时代精神》等名著。我购买了二位先生的书籍,并且细细拜读,这是作为后辈学人对自由民主法治人权等观念的第一次系统接触,看完先生们的书后我深受启发,也对中国法理学面临的基本问题有了自己粗浅的想法,我非常认同二位先生关于自由民主法治和人权的基本观点。也正是这段学习经历促使我后来在《湖南近现代法制思想史论》中重点介绍了二位先生的部分学术观点,借以表达我对先生为中国法治建设鼓与呼的赞赏和钦佩之情。

2000年李先生受聘担任湖南大学法学院名誉院长,我也在岳麓山下攻读法理学,得知先生在湖南大学本科生中开设了"人权法"的课程,慕名去旁听。与李先生第一次近距离接触,是先生在湖南大学(当时的财经学院)阶梯教室上课,李先生当时讲人权的基本理论,依稀记得当时讲了人权的概念、人权的属性、人权的普遍性和特殊性等问题。由于之前我有当教师的经历,当时感觉李先生为了上课做了大量充分的准备工作,讲课内容充实,条理性和逻辑性极强,并且言简意赅,几乎没有多余的话。在系

---

[*] 陈雄(1974~),湖南工业大学法学院副教授、法学博士、哲学博士后,法学院副院长。是李先生的门外弟子。

统阐述人权基本理论的同时，先生也会联系实际，不忘自己作为人权专家的角色，为中国的人权事业鼓与呼，我感到这是一堂真正大师级别的课。课后与先生进行了简短的交流，表达了对先生的仰慕和感激之情。至今，我上课时都在宣扬先生关于人权的基本理念，这些观点在我看来没有过时。2003 年，我入中国人民大学法学院师从胡锦光教授攻读宪法学专业博士学位，当时胡师也反复向我们强调人权基础理论知识对于宪法学人的重要性，老师安排我给同门博士生主讲人权基础理论，当时自己备课所用知识主要来源于李先生的专著和论文，也对李先生在中国人权学界的地位做了简单介绍，突出了李先生在中国法治转型时期对中国法律人思想启蒙和传播的传道者地位，在座的博士生都深以为然。

第二次受惠先生，是我研究生毕业后。记得是 2002 年暑假，得知先生要在湖南大学举办人权培训课程，我直接去湖南大学法学院报名参加培训，记得当时参加的有邹平学、肖泽晟、邓世豹等国内诸多青年才俊，我有幸结识他们。在培训班上，李先生请来了中外人权法专家进行了系统的人权法知识讲座，印象特别深刻的是一位外国女士主讲的人权法教学方法的课程，她利用丰富的 PPT 素材，教我们如何使用之，并且教我们如何引入人权法的课程、如何组织课程讨论和作业布置等。这是李先生利用自己在国际上的学术影响，争取到经费的支持，对于中国法律学人而言，能够有机会免费受教于国际同行，机会确实难得。此后，听说先生还主持举办过多次人权法的培训，李先生在人权法思想和理念的传播方面贡献巨大，这是学界公认的。

之后，我与先生在诸多会议中皆有过短暂的接触。在蒋碧昆教授八十大寿、湘籍法学家联谊会、上海师范大学政法系和西南政法大学联合举办的研讨会等场合，我与先生多次接触，每次都交流不多，这可能与我对先生有些敬畏有关，先生可能对我没有啥印象，但是，我对先生却是满怀敬意，充满感激之情。是先生的书籍引领我进入人权法的广阔天地，至今，先生的著作、文章和精神风貌等对我的学术影响都是巨大的，我对人权理念和人权法的些微体悟，使我能够在法学研究中坚持自由民主人权法治理念导向，坚持正确的价值观，这些都与先生的潜移默化息息相关，因此，我认为先生对我的学术影响是润物细无声、悄然而深远的，是终生影响。

2010 年，湖南工业大学法学院组织一批研究力量编写湖南近现代法制思想史，并且最终在湖南人民出版社出版了《湖南近现代法制思想史论》，我在书中简短介绍了先生的部分学术思想和观点（后文附上），并且把先生的"论人权"附在书中,这虽然是对先生学术思想挂一漏万的介绍,但是,也表明了先生在湖南乃至中国法制思想史上的重要地位。

附录:李步云的自由民主法治思想[*]

一 李步云先生简介

李步云先生1933年8月23日出生于湖南省娄底市娄星区艾家冲村。1946年9月就读于湖南湘乡县娄底连壁初级中学,1946年春夏,协助中共地下党员刘珮琪组织"济世学会",秘密印刷《新民主主义论》。1965年,北京大学法律系研究生毕业后,历任中国社会科学院法学研究所研究员,《法学研究》杂志主编,博士生导师。现任中国社会科学院荣誉学部委员,湖南大学、广州大学法学院名誉院长、人权研究中心主任,上海金融与法律研究院院长。兼任中国法学会学术委员会委员,最高人民检察院专家咨询委员会委员。主要著作(包括独著与合著):《法制、民主、自由》、《新宪法简论》、《权利与义务》、《中国法学——过去、现在与未来》、《宪法比较研究》、《立法法研究》、《中国立法的基本理论与制度》、《中国特色社会主义法制通论》、《法理学》、《人权法学》等。先后有10多项科研成果获奖。代表作是《论法治》、《论人权》等。[①]

二 李步云的法哲学观

李步云认为在哲学社会科学体系的创新中,法哲学应是一个重要课题。法哲学是法律、法律制度和法律思想中的唯物论和辩证法,是法学和哲学的交叉学科,但侧重为法学的分支学科,可概括为"法学为体,哲学为用",即用哲学的方法去研究法律现象。法哲学的逻辑起点是法的两重性。法的原则、规则、概念等,都具有客观性和主观性这两种属性。这就产生了法律的基本矛盾。法律理论和观念来源于法律和法律制度的现实,

---

[*] 文章载张兆凯、陈雄等《湖南近现代法制思想史论——近现代湖南人的法制思想和法治理念》,湖南人民出版社,2010。

[①] 对于李步云先生的详细介绍可以参看"法学名家网",网址:http://www.faxuemingjia.com/ArticleShow_1.asp?ArticleID=85。

反过来，先进的法律思想和法律理论又影响到法律和法律制度的发展，这就形成了法律自身发展的两对基本矛盾：即法律与社会现实的矛盾，法律源于社会，又应能指导社会现实，解决好这一矛盾，是法律实务工作者的任务；法律思想和法律的矛盾，法律思想源自法律现实，应又能指导实践，这是法律理论工作者需要解决的矛盾。这是李步云法哲学认识论的逻辑起点，具有重要的理论意义。例如，他认为，讲"依法治国"，应该是物质文明、制度文明和精神文明这三大文明一起抓。民主制度和法律制度不是精神文明的一部分，应是"制度文明"。将民主法律制度列入"精神文明"范畴，就是将"制度"简单地等同于精神，否认了其"两重属性"。又如，过去法学界受危害最大的有"五个主义"：法学教条主义、法律经验主义、法律实用主义、人治主义、法律工具主义，其根源是思维方法离开了唯物辩证法基本原理。

李步云先生将法哲学理论体系分为上和下两编。上编是法的唯物论和认识论，它至少包括七章：第一章是法的两重性和基本矛盾，第二章是法与社会存在，第三章是法与法律意识，第四章是法律事实的两重性，第五章是法律规则的两重性，第六章是法律推理的两重性，第七章是法的时空观。下编是法的辩证法和方法论，它可以包括十二章：第一章是法的内容与形式，第二章是法的本质与现象，第三章是法的整体与部分，第四章是法的共性与个性，第五章是法的应然与实然，第六章是法的权利与义务，第七章是法的秩序与自由，第八章是法的确定性与不确定性，第九章是法的独立性与普遍联系，第十章是法的稳定性与变动性，第十一章是法的扬弃与继承，第十二章是法的协调发展。① 这一理论体系及一系列范畴，已完全同"法理学"区别开来，在国内与国际都是一大创新。

三　李步云的法治观

李步云是我国改革开放新时期最早倡导法治的学者之一。1978年12月6日，他在《人民日报》发表的《坚持公民在法律上一律平等》，被公认为是我国政法界突破思想理论禁区的第一篇文章。1979年9月发表的《论依法治国》是我国学者最早从历史背景、理论依据、观念变革与制度

---

① 参看李步云《关于法哲学的几个问题》，本文是李步云先生于2005年11月4日在中国社会科学院法学研究所公法研究中心主办的学术报告会上的演讲。

更新上系统论证这一治国方略的论文。在此后的三大派论争中，撰写一系列论文，捍卫了法治论，并多次建议将法治写进中央文件，被采纳。30年来，他先后撰写了50多篇论文，对法治的科学内涵、法治国家的基本标准、执政党依法执政等相关理论作了全面论证，形成了系统的理论体系，其中很多观点被学术界和政府采纳。例如，他认为依法治国主要是治官。这是李步云在《中国经济时报》发表的一篇答记者问中最先提出的，很多报纸曾予转载。因为长期以来我们把法律仅仅看作是治理老百姓的工具；而且，老百姓手中无权，直接治理国家的不是民而是官；要依照法律治国的也不是民而是官。又如有少数学者认为，法是统治阶级意志的体现。但李步云却认为，法律的本质应是利益问题、道德问题，即统治者用一定的伦理道德、价值准则来分配社会的各种利益。法律关系的核心是利益关系，权利的核心是利益问题。再如，他最早撰写论文，提出"党要在宪法和法律范围内活动"，后被写进党的"十二大"报告和党章。他在《人民日报》发表的《法治国家的十项标准》，在学术界广为人知。

四　李步云的人权观

李步云先生是我国新时期人权保障的最早倡导者。1979年10月，他在《人民日报》发表《论我国罪犯的法律地位》一文，曾在当时政法实务界和理论界引起强烈反响。2008年12月3日，《人民日报》在纪念与报道改革开放30年人权保障所取得的成就时，列举了30件大事，其中有7件直接同李先生有关。包括"4.1979年9月9日，中央发布《关于坚决保证刑法、刑事诉讼法切实实施的指示》，提出取消党委审批案件制度"等。李是文件起草人，该建议也是他所提。"5.1980年8月26日，五届全国人大常委会通过《律师暂行条例》。"此前，李受彭真同志委托，于1979年6月19日在人民日报发表《建立和健全我国的律师制度》，为该条例的制定造势、定调。"8.1982年12月4日，五届全国人大通过中国第四部宪法即现行宪法，公民基本权利的规定相比前几部宪法更多。"李是宪法修改委员会主任叶剑英讲话稿起草人，什么是公民、司法独立等建议被采纳。"22.1999年3月，九届全国人大将'实行依法治国，建设社会主义法治国家'写入宪法。"李是法治倡导者，并在李鹏委员长座谈会上，力主法治入宪。"24.2003年8月，《城市流浪乞讨人员收容遣送办法》被废止。"李在吴邦国委员长主持的修宪座谈会上曾建议废止该办法。"25.2004年3

月14日,十届全国人大将'国家尊重和保障人权'写进宪法。"李是中央修宪座谈会上力主人权入宪者。"26. 2005年,教育部第一部统编教材《人权法学》出版发行。"李是该书主编。李步云发表人权论文近40篇,内容涉及人权的主体、内容、存在形态、本源、属性、分类、实现途径及若干具体人权,已形成相当系统的人权理论体系。例如,他认为,人权存在三种形态,即应有权利、法定权利、实有权利。这一理论不仅反映了人权三种存在形态的客观现实,同时揭示了三种形态运动的内在规律。他对"国赋人权"、"主权高于人权"等观点都在理论上进行了系统的批驳。对个人人权与集体人权的含义、国际集体人权的理论根据、个人人权与集体人权间的关系进行了探讨和论述,对东西方之间、南北方之间在个人人权与集体人权对立与冲突的背景和原因进行了分析,强调个人人权与集体人权的统一性和一致性。人权源自人的本性,并非来自任何外界的恩赐。现将《论人权的三种存在形态》一文附录如下,该文在国外学者中亦被认为具有创新性。

激情与理智

彭灵勇[*]

20世纪80年代，在因战争中断近八十年之后，我国法学界再次经历启蒙。一些启蒙的主题延续至今。在特殊的历史背景之下，启蒙者引领时代风骚，充满书生意气，挥斥方遒，有指点江山，激扬文字，粪土当年万户侯之激情。启蒙者开启民智。作为后来者，我们从中受益匪浅。还有一部分人成为制度变革的践行者，他们理智地在荆棘中推进法治改革，以实现制度变迁的目的。前者是民智的引领者，处于时代思潮之浪尖。为了维持思想弄潮儿的角色，有些启蒙者容易偏激，为理论而理论，为思潮而思潮。后者与当权者一起，共同推动改革，但其中有些人因利益使然，由理智的改革者转变为保守的当权者。对于前者，我们尊敬其思想之独立，但希望其有破有立，不要让自己在思潮的浪尖上下不来；对于后者，我们感激其为推动改革所做的努力，但愤其在利益面前退却得如此彻底。因此，在当今中国，既能保持启蒙者的激情，又能理智地参与中国法治建设者，才是真正的难能可贵！

李步云老师就是一个这样的长者和智者。与其相处，我们能体会到其思想之活跃，激情四射，同时，他在理智地推进中国的法治建设。本文以最近法学理论界的一个焦点话题"宪政"为线索，介绍李老师在宪政启蒙和宪政建设方面所做的贡献。

童之伟教授根据在宪政问题上观点的不同，将宪政学者分为三派，即泛宪派、反宪派和社宪派。[①] 泛宪派言宪政必定是西方式的宪政，被认为

---

[*] 彭灵勇，中国社会科学院1997级博士研究生（李步云老师指导）。

[①] 童之伟：《话说宪政之七：社宪派、反宪派与泛宪派的2008年——一个法学教授基于自身经历的回忆》，共识网。

是一种自由化思潮；① 反宪派的主要观点是，"作为西方现代政治基本的制度架构，宪政的关键性制度元素和理念只属于资本主义和资产阶级专政，而不属于社会主义人民民主制度"，② 认为宪政与社会主义冲突；社宪派认为宪政即民主的政治，强调在我国现行宪法的制度框架下推进宪政建设。③

反宪派将一些西方国家实施宪政的具体做法归纳为宪政的关键性制度元素与理念，否认宪政制度与理念所包含的普适价值，从而将宪政上升为"姓资"或"姓社"的意识形态之争。这一观点误导当权者，对现实政治影响很大，但在学术界没有市场。

泛宪派宣扬宪政制度与理念所包含的普适价值，对社会启蒙的意义重大。但是，他们也推崇西方国家实施宪政的具体路径与制度，希望我国能够照搬西方国家宪政的具体制度，甚至提出抛开现行宪法实施宪政的想法。④ 也正是基于其对西方国家实施宪政的具体路径的推崇，使泛宪派经常掉入反宪派精心构筑的政治陷阱，使正常的学术之争变成了"姓资"与"姓社"的政治路线之争。

泛宪派罔顾我国现实国情，可能使我国的宪政陷入可以偷偷实践，却不能大胆讨论、争辩的尴尬境地。基于其对宪政的启蒙意义，泛宪派占据了理论的道德高地，因而从学理上对其进行批判需要一定的道德勇气和现实理智。这项工作就是由社宪派学者来承担的。他们一方面继续充满激情地进行宪政启蒙，在民间与官方呼吁民主、法治、人权等宪政的核心元素，批评反宪派对宪政所进行的偷梁换柱式的篡改，另一方面批判泛宪派在宪政理论上的幼稚，在宪政实践上的不切实际，主张在现行宪法的框架内，实现官方与民间的互动，一步一个脚印地推进我国的宪政事业。⑤

李步云老师就是一位身体力行的社宪派学者。三十多年来，他一直充满激情地致力于民间宪政启蒙，并理智地使宪政的基本元素为官方所接受，成为我国宪政实践的一部分。李老师本是从事法理学研究的。八二宪法起草之前，被借调到中央书记处研究室工作，参与八二宪法的起草。他到中央书记处研究室的第一个任务就是起草叶剑英委员长在八二宪法修改

---

① 许崇德：《宪政是法治国家应有之义》，《法学》2008 年第 2 期。
② 杨晓青：《宪政与人民民主制度之比较研究》，《红旗文稿》2013 年第 10 期。
③ 许崇德：《宪政是法治国家应有之义》，《法学》2008 年第 2 期。
④ 童之伟：《话说宪政》（之四－八），共识网。
⑤ 童之伟：《话说宪政之三：对社会主义宪政概念的补充阐释》，共识网。

委员会第一次会议上的讲话稿，那是代表党中央给八二宪法定调的。用李老师的话说，这是他与宪法宪政结缘的开始。①

在接下来的三十多年学术生涯中，李老师不但是一个宪政启蒙者，更是一个宪政践行者。在经历三十多年的思考和实践之后，李老师将宪政定义为"一种理想的政治制度，是全人类共同创造的一大文明成果……是各国人民通往幸福的必由之路"，②并将宪政归纳为四个基本要素，即民主、法治、人权和宪法至上。前三者是宪政的实体内容，它们彼此区别又相互依存，是一个有机联系的统一整体。民主是法治和人权的基础，法治是民主与人权的保障，人权是民主与法治的根本目的。宪法至上是宪政必不可少的形式要件。③也就是说，为了让人之所以为人，实现人的基本价值，人所生活于其中的政治制度和环境必须满足民主、法治、人权和宪法至上的宪政基本要求。除了在法理学和法哲学等一些法学基本范畴与方法上的研究之外，李老师的学术研究方向与宪政的四要素相契合，即民主、法治、人权和宪法。④

民主的原则是主权在民，即国家的一切权力属于人民，人民参与宪法与法律的制定，政府由人民选举产生，为人民的利益而依宪法与法律运行，接受人民的监督。代议制与多数票决是主权在民的基本要求。为保障人民的权利，特别是为了防止民选政府反过来侵犯人民权利，则政府依分权与制衡原则而组织。⑤

法治的目的在于保障民主和人权。李老师在法治的启蒙上不遗余力，写下众多论述法治的著作，并结集出版为《论法治》。更难能可贵的是，李老师积极参与法治的实践，作为全国人大法制讲座的主讲人之一和两届国家中高级干部学法讲师团成员，先后为全国地、市级以上领导干部开展讲座百余次。通过民间与政府的互动，不但使普通民众和政府官员明白了"法治"与"法制"的区别，普及了依法治国，建设社会法治国家的理念，

---

① 参见李步云《"八二宪法"的回顾与展望》，《炎黄春秋》2012年第9期。当然，在此之前，李老师已经开始发表相关人权保障方面的文章，如在十一届三中全会召开之前的十几天，1978年12月6日的《人民日报》发表了李老师撰写的《公民在法律上一律平等》，1979年11月27日的《人民日报》发表了《论我国罪犯的法律地位》等，前文是一般性地论述人权平等原则，后者是专门论述少数人的权利。
② 李步云：《什么是宪政》，《法学》2008年第3期。
③ 参见李步云《宪政概念的科学内涵与重大意义》，《瞭望中国》总第197期。
④ 参见李步云《论法治》之总序，社会科学文献出版社，2008。
⑤ 参见李步云《走向法治》，湖南人民出版社，1998，第4~10页。

而且使1999年的第九届全国人民代表大会第二次会议把"依法治国，建设社会主义法治国家"载入宪法，使之成为一项不可动摇的宪法原则和制度。这是李老师对我国宪政实践的一大贡献。

人权是民主与法治的目的，也是宪政的目的。李老师在推进我国人权研究与建设方面也做出了巨大的贡献。他在1981年12月18日的《人民日报》上发表了一篇《什么是公民》的文章。现在看来，这篇文章的论点是法律常识。但是，在刚刚从"文革"岁月走出来的中国，"公民"与其说是一个法律概念，毋宁说是一个政治概念。在那样的背景下，不少人认为地、富、反、坏、右"五类"分子和被判刑人员，特别是被剥夺政治权利的人不是公民。李老师通过这篇文章，告诉民众和官员，即使是被判刑的人员，也是中华人民共和国公民，应当享有公民权利。后来，李老师建议在八二宪法中写入"凡具有中华人民共和国国籍的人就是中华人民共和国公民"。在李老师和众多法学前辈的努力下，这条建议被写进八二宪法。从此，我国有上千万人在法律上取得了应有的法律人格，不再是权利得不到法律明确保障的"二等公民"。另外八二宪法还增加了一个新东西：公民人格尊严不受侵犯。进入20世纪90年代之后，李老师开始系统研究人权理论，发表了许多人权研究的论文，并与人合著了《中国人权建设》（四川人民出版社，1994）、《当代人权理论与实践》（吉林大学出版社，1996），并主编《中国人权百科全书》（大百科全书出版社，1998）等书，继续充满激情地为中国的人权事业启蒙。在从事人权启蒙的同时，李老师仍理智地推进人权制度建设，呼吁通过修改宪法方式保障人权。2004年3月14日十届全国人大第二次会议通过宪法修改案，确立了"国家尊重和保障人权"的宪法原则。李老师还通过"孙志刚"事件，呼吁通过宪法审查的方式，废止臭名昭著的《收容遣返条例》。最终国务院宣布废除了该条例。进入21世纪之后，李老师不顾年逾古稀，毅然决然地南下广州，在广州大学创办人权研究与教育中心，在他的努力之下，2011年该中心被教育部评为国家级人权教育与培训基地。

宪法至上。李老师在1991年发表的《宪政与中国》一文中，将宪政的基本要素归纳为民主、法治和人权，并没有宪法至上。[①] 但是，考虑到中国宪法经常得不到遵守和执行的现实情况，结合其他学者的观点，提出

---

① 参见宪法比较研究课题组编《宪法比较研究文集》第2卷，中国民主法制出版社，1993，第2~3页。

宪政的第四个基本要素，即宪法至上。① 在学术问题上，李老师一点不含糊，愿意承认自己以前观点的不足之处。这就是老一辈学人在治学态度上给后学者所做的楷模。

其实，宪法至上一直就是宪政应有之义，是其基本要素之一。因为无论中外宪法学界对宪政的定义在行文上差别多大，都可以归结为通过成文或不成文的宪法的治理，以限制政府权力，达到保障公民权利之目的。② 宪法至上，是指宪法享有至高无上的权威，其他一切法律法规与之冲突，则无效。为了维护宪法的权威，则需要建立宪法监督制度。基于国情之不同，各国宪法监督制度也不同，有的叫违宪审查，有的称宪法诉讼。宪法监督机构或是宪法法院，或是普通法院，抑或是议会上院等。

宪法至上不仅仅是宪政的形式要件，而且只有确立宪法至上的原则，才能实实在在地践行宪政。前面我们提到，民主和法治是宪政的两个基本要素。但民主和法治可能损害宪政的第三个要素——人权，特别是少数人或弱势群体的权利。因为在宪政制度之下，宪法是各利益团体妥协的结果。宪法是各个利益团体的最大公约数，通常只能抽象地确立权利平等保护的基本原则。具体公民权利需要以专门立法形式予以确立。在具体立法时，代议民主制实行多数决的原则。当一般民众对少数人或弱势群体权利的尊重与保护的认知不够时，就存在少数人权利受到多数人通过的法案侵害的可能性。因此，只有确立宪法至上的原则，建立宪法监督制度，通过宪法诉讼或违宪审查或其他方式的宪法监督，贯彻权利平等保护的宪法原则，修改或废止多数人侵犯少数权利的法律，才能真正落实人权保障，实现宪政。

以泛宪派所推崇的美国宪政为例。美国的宪政也是一个渐进的过程。尽管《权利法案》宣告人生而平等，但早期美国的法律确立了人与人之间不平等的事实，如黑人与白人之间的不平等。随着时代的进步、观念的更新和弱势群体的抗争，在19世纪后半叶，通过违宪审查的方式，美国废止了一些违反平等保护条款的法律，确立了黑人与白人之间的平等权利。③

---

① 参见李步云、张秋航《反驳宪政的错误观点——兼论宪政的科学内涵与意义》，《环球法律评论》2013年第1期。
② 童之伟：《话说宪政之一：宪政在其故乡之本义》和《话说宪政之七：社宪派、反宪派与泛宪派的2008年——一个法学教授基于自身经历的回忆》，共识网。
③ 参见王希《原则与妥协：美国宪法的精神与实践》，北京大学出版社，2000，第四章和第五章。

在20世纪60年代，美国联邦最高法院借民权运动之机，又通过"布朗案"等案件，推翻了种族隔离政策。之后的沃伦法院积极回应民权运动所带来的政治风气，在言论自由、隐私权和刑事拘留程序方面采取积极行为，继续扩大对非主流宗教群体、持不同政见者、堕胎妇女、犯罪嫌疑人等弱势群体的保护。[①]

我国《宪法》规定了宪法至上，并授权全国人民代表大会及其常务委员会监督宪法实施。尽管如此，我国还是没有落实具体的宪法监督制度，一些损害侵害公民权利的法律和法规不能被废止，行政部门越权行为得不到纠正，导致宪法权威受到损害。这是我国宪政实践的一个重大不足。为此，李老师撰文，改宪政三要素为四要素，并积极呼吁确立违宪审查的宪法监督制度。如在一次与前任吴邦国委员长的座谈会上，李老师向其建议，应建立违宪审查制度，并以"孙志刚案"为契机，对国务院的《收容遣返条例》搞50年来第一次违宪审查。最后，《收容遣返条例》被废止了，但违宪审查建议没有被接受。[②] 应该说，尽管没有正式确立违宪审查制度，但在学者上书和建议下，能够废止国务院的条例，也是我国宪政史上的一个小进步。当然，我想，李老师和其他法学同仁仍会继续努力，推动我国最终确立违宪审查制度，以维护宪法至上的权威。

总的来说，在当今中国，宪政既是启蒙，又是实践。

泛宪派启蒙了宪政，却因没有立足中国国情，主张照搬西方的宪政实践的具体路径和制度，故其宪政主张无机会在我国落地。回看100多年前我国的启蒙运动，一些启蒙者因其激起受到打压，变得更加激进，最终成为革命者，在革了清政府和北洋政府命的同时，也革了自己的命。书生空谈误国，这不能不说是国家的悲哀！

反宪派以西方具体的宪政实践来替代宪政的基本要素，否认民主、法治、人权等的普适性，因此，其观点只能日趋保守，最终为人所弃。其作为学派为人所弃不足为惜，但政府可能因其变得保守而丧失了改革的时机，社会因此成为紧绷之琴弦，不得动弹！

社宪派既要启蒙宪政，更要践行宪政。因反宪派设置的意识形态之陷阱，社宪派的宪政启蒙需要有理论激情和政治勇气，在启蒙公众的同时，要敢于面对当权者的阻挠，坚持宪政的普适性价值；因泛宪派偏执，社宪

---

① 参见王希《原则与妥协：美国宪法的精神与实践》，北京大学出版社，2000，第八章和第九章。

② 参见李步云《"八二宪法"的回顾与展望》，《炎黄春秋》2012年第9期。

派的宪政实践需要有现实理智和道德勇气，在与改革派当权者共同推进宪政实践的同时，要敢于承受来自公众的指责——即认为其在现有宪法框架下对宪政的参与无疑是对当权者的献媚。反过来，社宪派在宪政启蒙时，需要现实的理智，因为当下网络社会的舆情环境，可能会让启蒙者被被启蒙者的情绪所左右，使其丧失理性，由一个启蒙者变成一个煽风点火者；社宪派在宪政实践时，需要理论的激情，因为当下社会巨大的利益诱惑，可能使一个理智的改革者变成一个保守的既得利益维护者。这些都是对社宪派学者的考验，也是对中国宪政的考验。

李步云老师八十高龄，仍旧满怀激情地高擎宪政启蒙大旗，理智地活跃在宪政实践的第一线。无疑，这是对社宪派学者的激励和鞭策。

偶尔相逢结师缘

肖海军*

2000年6月18日，原湖南大学法律专业与原湖南财经学院法律系合并，恢复成立新湖南大学法学院，李步云先生被聘为湖南大学法学院名誉院长，我对此懵然不知。第二天，也就是6月19日下午，我就揣着刚刚从武汉大学法学院拿到的民商法专业硕士学位证书，很冒昧地来到尚在北校区的法学院（红楼一楼）求职。进门时就遇到王远明教授（时任法学院副院长，对此我也浑然不知），他问我来找谁，我说想调到财院来（其实这时财院早就和湖大合并了）。他看了看我的材料，说我在下面的学校工作能有这么多的成果，很不错，就主动把我引荐到刘定华院长的办公室。刘定华院长用很快的速度看完我的介绍材料，很明快地做出了"成果很多，层次还不高，先试教再说"的决定。接下来的6月21日，在有韩红书记、邓成明副院长和陈锦红、刘琦、杨松才、陈丽华、张秋航、周四新等老师参加的试教中，我这带有浓重双峰口音的塑料普通话试教居然高票被通过，为此，我就很幸运，也很顺利地成为新湖南大学法学院引进的第一人（但非人才呀！因为，按照当时的人才引进政策，所谓人才必须是教授职称或拥有博士学位者，而当时我什么也不是！所以我感到自己很幸运并感到很满足了。我始终认为，从邵阳学院调入湖南大学，是我学术人生一次身份与平台的提升，这几年我在学术上取得了些许成绩，其中不乏自己的刻苦与努力，但湖南大学法学院这一很具标签意义的学术平台无疑是支撑我学术事业不断进步的重要条件。为此，我对湖南大学法学院、对湖南大

---

* 肖海军，1965年10月生，湖南双峰人，法学博士（李步云教授指导），湖南大学法学院教授，博士研究生导师，从事商法学、经济法学、法理学研究。

学法学院的各位领导与同事，一直心怀感激之情，着实有一种割舍不下的家的感觉）！就这样，我就成了湖南大学法学院大家庭的一员，与李步云先生成了同事。但在随后的近8个月里，由于工作调动需要办理各种繁杂的手续，更重要的是因为原单位不放人，需要暂时两边上课，只好邵阳长沙来回跑，报到之后的这么长时间，虽久闻李步云先生大名，却一直未能与先生谋面。

记得是2001年3月的一天，正值北校区模拟法庭有一个李步云先生主持召开的"全国信息公开研讨会"，我怀着好奇悄悄走进会场，想看看是什么样的会议，讨论些什么内容。其时，我对所谓"信息公开"是什么意思，涉及什么部门法的问题，尚无所知。听了听后，才觉得原来"信息公开"涉及这样重要的国家制度设置问题，顿觉眼界大开，思绪豁然。也就是在这次会议的中间休息期间，李步云先生在模拟法庭的外走廊碰到我，见我面生，就主动跟我打招呼，问我叫什么名字，是不是湖大法学院的老师。此时我还不知道这位慈祥的长者就是李步云先生，就很礼貌地和先生交谈起来，并问他老人家贵姓，在哪高就。一问才知道这就是大名鼎鼎的李步云教授。就是在这样一种很偶然的场景，我第一次认识了先生。在随后更深入的谈话中，先生从我的口音感觉到我可能是娄底或邵阳地区的人，就问我，我说我就是娄底双峰人。这样一来，距离就拉近了许多，原来李步云老师也是娄底人！李老师随后问了我专业与研究的情况，当得知我感觉有很大的竞争压力并有考博士的想法时，李老师立即说，湖南大学已计划给予他一定的博士招生名额，如我愿意随时可以与他联系。听到这一消息，我真的有点喜出望外，我在庆幸自己今天为什么有这样好的运气，一次偶尔的会议旁听，收获到这样高水平的学术研讨，能聆听到来自全国各地著名的专家、学者有关"信息公开"的高论，更重要的在这样一个不经意的场合，恰巧遇见了久仰的先生，而先生竟是如此的慈祥豁达与平易近人。那时，我未经思索就定下了报考先生门下博士的宏愿，尽管我主攻的商法学、经济法学专业与先生所在的理论法学有点不太对口，但先生说可以从部门法理学入手，选择一个适当的领域进行开拓，所谓专业不对口也就不存在问题了，这顿时打消了我所有的顾虑。我与先生的师缘就以如此的方式开始了！

2003年8月，正值恩师李步云教授七十华诞，学生有幸正式添入先生门下，接受先生的传道和教诲。多年来，恩师在生活上如慈父，在学业上是严师，一直关注、鞭策着学生的成长和发展。先生博大精深的法学理论建树和乐观豁达的生活处世态度，深深地影响着学生的为学和做人，使我懂得了宽人律己、待人以诚、立志高远、行事稳健和治学严谨的至关重要性。我对问题、学术的执着和认真态度，除源于我本人率直的性格外，无不是先生训导、力行和垂范所然。学生对恩师的感激，自然难以用"谢"字来概括和表达，我只想牢记先生不时对学生的谆谆告诫："海军啊，要排除各种杂念，做一点真正的学问，出一些有意义、有影响的学术成果，对社会和国家做出学人和书生所应有的贡献！"

李老师二三事

刘士平[*]

2010年底,《岳麓法律人》要发表一篇关于步云老师的专访,请我以百字为限,描绘老师印象。我当时写道:"李老师是我的博士生导师。在我印象里,先生如同一杯清茶,沁人心脾,润物无声;如同一盆篝火,燃烧着自己,温暖着他人;如同一片白云,纯净脱俗,意存高远;如同一首进行曲,身体力行的同时,催人奋进,促人前行。"其实,十二年来老师对我关心、帮助的点点滴滴,岂是这区区99个字所能包容?

初识老师,是在2000年财院阶梯教室的一个法治与人权的讲座上。彼时我刚完成转型,甫入法学殿堂,听说中国社科院法学所的法学大家要来给我们师生做讲座,自是兴奋,以为可以早早地跑去占个有利地形,谁知等我到得那里,却只有挤在教室过道引颈倾听的份。只见讲台上一位慈眉善目的敦厚长者,把三十年中国法治与人权发展的历程娓娓道来,如数家珍。我惊诧于老师讲述中记忆的准确和逻辑的清晰,也由衷佩服老师的政治智慧和勇气。中场休息时,我罕见地主动跑到休息处表达了我想拜师的愿望。当时,我并不知道,我这一愿望很快就会变成现实。

2001年3月,合并后的湖南大学决定招收法学方向的博士生,我很幸运地成为老师在湖大的第一批博士生。能正式成为老师的弟子,于我是很幸运的,但对老师而言,却是苦差事:既要根据我的实际情况帮我筹划培养方案和发展方向,又要耳提面命,悉心指导。记得第一次写了篇小论文请老师指教,原想着初稿反正是急就篇,等老师指点后再修改会效率更高,于是想到哪里写到哪里,至于文字表述基本没在意。可几天之后,拿

---

[*] 刘士平,李步云教授指导的博士,湖南大学法学院教授。

到经老师批注过的稿子，我大吃一惊。只见每一页都写了字，有的还是密密麻麻的：大到通篇布局，中到论证逻辑，小到遣词造句，甚至连标点符号也没放过。先生日理万机，居然为了我的一篇习作花了这么多的心力，让我既感激，又羞愧。也是从那时起，我明白了：作文要问题意识突出，且注重解决中国问题，行文须逻辑清楚，语言应严谨细致。那之后，我交给先生的论文，必定是自己反复修改尽力而为之作。如果没有先生的高瞻远瞩和严格要求，我也很难在短短的五年时间内，完成从一个初学者到获得博士学位、留学海外、晋升教授这三级跳。

先生做学问很严谨，但日常生活中却非常随和与宽厚，时时刻刻都为他人着想。因为需要，老师常常全国各地奔忙，是不折不扣的"空中飞人"。因着多年的经验，我们都知道老师在长沙也是马不停蹄，很是疲惫，总想着让先生多休息一下，帮他挡一下驾。可是，无论是领导，还是普通职工、老师，无论是学生、认识的、还是不认识的，只要你需要他帮助，他一定会伸出援手。他常说：没关系，人家也不容易。每当这时，我的脑海里总是回旋着任贤齐那首著名歌曲的旋律："我总是心太软、心太软……"老师太不会拒绝了。但是，他却不轻易向别人提出要求，哪怕是我们这些学生。记得当初红叶楼的房子要软装，师母也过来了，我准备陪着他们去选购，可他和师母怕耽误我的时间，只问了一下地址，硬是自己打车去买了回来。还有一次，大概是晚上8点多钟，老师刚到长沙，发现房间的电卡额度用完了，他也只是问我怎么充值。得知国家电网办理充值的地方要工作时间才能办理，就决定第二天再说，也不同意我送他去宾馆住一晚上。幸好师妹罗静找朋友想了办法，很快供了电，不然让老师在既没照明，又没开水、热水，更没空调的房间过一晚，我们情何以堪。

老师常说，这辈子最对不住的就是自己的两个女儿，在她们最需要他的时候他却总在外奔忙。是啊，老师把主要的精力投入到我国法治与人权的推动上，投入到对弱势群体的关注上，是乃大爱无疆。老师对我们这些学生也非常慈祥，哪怕我们犯了错，从未见到他对我们发火。我想老师是把我们这些学生当作自己的孩子来疼爱，还常以自己的切身经历告诫我们要处理好学业与家庭的关系。他经常问起我们家人的情况，关心他们的发展。记得我曾经将女儿的作文选编成册送给了老师，没想到再见老师的时候，他称赞小姑娘文笔好，有想法。并提醒我在孩子成长的过程中要鼓励孩子放眼长远，立大志，最好能够出国深造或者在国内读博。如今，当年的小姑娘已经长大，即将在国内著名学府攻读博士学位。

我常和师弟、师妹们感叹，能有老师这样的导师，我们真不是一般的幸运。其实对我而言，这更是改变命运的机遇。我的心里充满着对老师的感激之情。值此八十华诞之际，衷心地祝敬爱的老师健康快乐，福寿绵长！

志于道，据于德，依于仁，游于艺

——李步云先生八十华诞庆贺

杨松才[*]

尽管久闻李先生大名，但直到2000年6月我才第一次见到了先生。那时湖南大学与湖南财经学院刚刚合并，先生应邀参加法学院的合并组建会议。吃饭时，我和先生坐在一起，同坐一桌的还有梁慧星老师和刘定华院长。先生坐的是贵宾席，按理说我一个普通老师是没有资格坐在贵宾席上的。记得是刘定华院长将我引见给先生的，先生听说我要去斯坦福大学做访问研究，便要我坐到他的身边。先生告诉我，他曾在哥伦比亚大学做过访问学者。他说他先后访问过几十个国家，并在哈佛等多所国际名校做学术报告。他特别强调说，一定要学好外语，这对以后的研究非常有用。用餐时间虽然不长，但是先生的慈眉善目、谦和、虚怀若谷和对晚辈的殷切期望和关爱，给我留下了深刻的印象。

再次见到先生时，已经是一年多以后的事了。2000年10月，先生发起成立湖南大学法治与人权研究中心。中心成立伊始，千条万绪，很是忙乱。先生感觉到需要一位助手协助其工作。2001年7月和8月间，我在美国先后几次接到法学院领导打来的电话或者是发来的邮件，催我尽快回国，说是给我派了新的任务。我回国以后才知道，院里派给我的新任务，就是担任先生的助手。我这个人长期自由散漫惯了，办事考虑问题总是欠周全，自己觉得不适合做助手；同时，我在美国的学习方向是反托拉斯法和企业兼并，对人权是一窍不通，怕耽误先生的大事。后来先生亲自找我谈话，说这个工作不是谁人都可以胜任的。按先生的话来说，做他的助

---

[*] 杨松才，法学博士（李步云教授指导），广州大学人权研究与教育中心执行主任，教授。

手，有一定的要求，既要人品好，还要有比较好的外语能力，院里领导向先生推荐，说我是最适合的人选。说到人权时，先生开导我说，人权在西方国家已经成为一门显学，它在我们国家才刚刚起步，从事人权教育与研究，大有可为。先生情真意切，我没有理由再推脱，只好勉强答应先干一段时间试试看，如不称职，随时辞任。这次谈话不仅改变了我的人生轨迹，甚至影响了我的未来。

到 2002 年时，湖南大学法学院越来越多的老师开始选择攻读博士学位，我也不例外。当时先生已经开始在湖南大学招收博士研究生，但由于湖南大学法学院尚未取得法学博士学位授予权，先生的博士生是挂靠在公共管理学院招收的。虽然先生非常鼓励我报考他的研究生，我也很想报考先生的博士研究生，但考虑到将来授予的学位是管理学时，我又犹豫了。正当我为此事一筹莫展的时候，郑强先生的一番话使我茅塞顿开。郑强先生是我在中国政法大学读硕士学位时高一届的同学。他自称是李先生的编外学生。他曾同时报考了北京大学沈宗灵先生和当时在中国社科院法学所工作的李先生的博士，并且都上线了。由于北京大学录取在先，而沈宗灵先生还是李先生的老师，尽管李先生非常欣赏郑强的才华，他最后还是忍痛割爱，劝说郑强去读沈老的博士。在郑强兄看来，能够读沈先生的博士是一件幸事，但是未能做李先生的博士却是一件憾事。当他得知我正准备报考博士研究生时，极力推荐我读李先生的博士。他的理由很简单，选择导师不仅要看其学问，还要看其人品。李先生的道德文章堪称学界楷模，我不能舍近求远。感谢郑强兄指点迷津，我当年正式成为先生的弟子。

做先生的弟子是我一生的财富。但是做先生的弟子是有压力的。因为先生的弟子绝大多数已成大器，成就斐然。相比之下，自己则显得过于平常，实在愧对先生。遥想孔子当年弟子三千，贤人仅七十二位，心里又宽慰了些。我虽然不能成为先生哺育的"贤人"，但是有幸能够成为聆听先生教诲的弟子，也心满意足了。让我更加感到幸运的是，按先生的话来说，我和佑武是迄今为止跟随先生时间最长的学生。

2004 年，我等随先生一道南下广州，在南国广东开始了人权研究与教育的拓荒历程。在广州大学工作期间，先生居功甚伟。2004 年 7 月，广州大学人权研究与教育中心成立。在先生的带领下，经过三年努力，广州大学人权研究与教育中心被广东省教育厅遴选为广东省高校人文社会科学重点研究基地，这也是迄今为止全国唯一以人权为研究方向的省级重点研究基地。2011 年，在先生的着力推动下，广州大学人权研究与教育中心被教育部批准为国家三大人权教育培训基地之一。先生对广州大学的卓越贡献不仅仅限于人权中心，他对广州大学法学学科的发展甚至广州大学整个人文学科的推动都立下了汗马功劳。十年来，特别是在广州大学期间，我与先生朝夕相处，沐浴在先生的光环下，近距离感受了先生的学术品德和人格魅力。

先生在科学领域是一位辛勤的耕耘者。秋田耕耘足，丰年雨露频。半个世纪以来，先生"博观而约取，厚积而薄发"，在法学领域取得了令人瞩目的成就。迄今为止，他先后出版著作、教材32部，发表论文200多篇，其中在《中国社会科学》、《法学研究》、《中国法学》、《人民日报》（理论版）和《光明日报》（理论版）等权威刊物上发表论文79篇，在日本、美国、荷兰、丹麦等国际权威刊物上发表论文10多篇。先生用半个世纪的时间达到了别人几百年才能达到的目标。在当代中国法学研究领域，能够取得先生这般卓著成就者，可谓凤毛麟角。他常常教导我们，搞学问要有毅力，要坐冷板凳。每个人如果心甘情愿坐五年到十年，一定会有所作为。先生字字珠玑，但是又有几人能够练就先生那样的"禅功"呢？有一点可以肯定的是，我辈当中，如果要达到先生这样的成就，恐怕不是五到十年冷板凳的问题，得有百年大计才行。

先生是一个真理的追求者。在先生身上找不到黑暗，他从不说谎，也不趋炎附势；他追求真理，光明磊落。他一生都在为民主、法治、人权能够在中国真正实现而苦苦探索着。在当代中国，真理的追求者不乏其人。但是，能够发现一个社会中存在的问题，找到解决问题的药方，并且这个药方能够被当权者所接受，从而推动社会进步，却不是件容易的事。仅凭"文通三略"，或者仅靠"武解六韬"，都会无功而返。这不仅需要勇气，更需要智慧。先生凭借其曾为军人的莫大勇气和非凡智慧，在中国转型时期的十字路口，在民主、法治和人权领域"敢开第一腔"，通过若干里程碑式的著作和华章，最后奠定了其作为当代中国社会主义宪政理论集大成者、社会主义法治理论的开拓者和社会主义人权理论的奠基人的地位。

先生是中国社会主义法治理论的开拓者。他最早提出并全面阐明了"以法治国"理论。先生和王德祥先生、陈春龙先生合作撰写的《论以法治国》一文，被公认为最早明确提出我国不能再搞人治，必须搞法治的文章，是对"以法治国"的历史背景、理论依据、观念变革、制度保障等方面做了全面而系统论证的开山之作。2008年，社会科学文献出版社出版的《论法治》一书，共收入论文52篇，比较全面地反映了先生的法治思想。

先生法治思想的影响并不仅限于国内。日本京都大学针生诚吉教授将先生的代表作《论法治概念的科学性》一文作为其教学的参考读物；美国著名中国问题研究专家皮文睿先生（Peerenboom, Randall）在其《中国法治的长征》(*China's Long March toward Rule of Law*) 一书中有15处提到先生的名字。先生的法治思想不仅为国内学界主流所接受，也为党和国家将"依法治国"确立为治国方略奠定了思想理论基础。先生对"依法治国，建设社会主义法治国家"被最终写进宪法倾注了自己的心血，在这一点上，先生的历史性贡献是有目共睹的。

先生是中国社会主义人权理论的奠基者。1979年12月6日，先生在《人民日报》上发表了《坚持公民在法律上一律平等》一文，此文被公认为法学界突破思想理论禁区的第一篇文章，在国内外曾引起很大反响。实际上，这篇文章的意义远远超出了思想理论"破戒"的范畴，它应当还是改革开放以来第一篇深含人权意蕴的文章。在这篇文章发表前不久，先生和徐炳教授合著的《论我国罪犯的法律地位》一文在《人民日报》发表。这篇文章更是揭示了一个罪犯有没有人权的重大问题。文章的观点非常清晰，罪犯也是公民，他（她）享有作为公民所应当享有的权利（依法被剥夺的政治权利除外）。两篇文章在逻辑上紧密相连，在观点上彼此照应。它们旨在表达一个思想，即中国公民应当享有包括平等权在内的人权，哪怕是罪犯也不例外。人权的第一要义是平等和反歧视。公民享有平等权或者受法律的平等保护是天经地义的。这样的文章，在平等观念比较发达的社会，或许并无特别之处。但是在中国当时的历史条件下，先生敢公开主张公民法律地位平等，甚至为罪犯所应享有的基本权利辩护，是需要莫大勇气的。2003年，先生再次强调"法律面前人人平等是一条铁则"（《新华文摘》2003年第5期）。有趣的是，先生的朋友德沃金先生在同一时期（1978年）出版的《认真对待权利》一书中也提出"每一位公民，都应有受到平等关心尊重的权利"。两人的观点是惊人的一致。虽然分处东西两个半球，但两人在这个问题上的"英雄所见略同"在一定程度上印证了人权的普适价值。

2010年，先生的专著《论人权》一书出版。该书收录了先生38篇有关人权的文章。它不仅完整地体现了先生的人权思想，也勾勒出了当代中国社会主义人权理论体系的基本框架。先生对人权的关注，并不只是停留在理论和书本，他认为对人权的尊重和保障应当成为治国理政的理念，应当成为体现宪政的一种制度安排。众所周知，先生为推动"国家尊重和保障人权"入宪做出了突出贡献。但先生功成弗居，认为自己所为只是涓滴之劳，不值一提。先生在人权领域的重大影响也得到了国外同行的肯定。丹麦人权研究所前所长、现任欧盟人权事务高级专员莫顿先生曾称赞先生为"当代中国人权之父"，这一名号先生当之无愧。

先生是中国社会主义宪政理论集大成者。除了在法治和人权方面的突出贡献以外，先生对社会主义民主也有深刻的思考。自20世纪80年代以来，先生先后发表了《国家的一切权力属于人民》《论人民代表的权利与义务》《法制、民主、自由》《地方人大代表制度研究》等有关民主的波澜老成之作。先生宪政理论的代表作——《宪政与中国——Constitutionalism and China》（法律出版社，2006），已经被许多国外大学和研究机构收藏。民主、法治和人权被喻为宪政的三驾马车。一个学者，如果能够在上述某一领域成就大业，就已经是难能可贵了。先生在三个方面均能功成名就、超群拔萃，成为当代中国社会主义宪政理论集大成者，实属罕见。真所谓"学者如牛毛，成者如麟角"。作为弟子，我"虽不能至，然心向往之"。

先生是一位仁者。他待人宽容礼让，不会因为利益而与人争执，即使受到他人的伤害也能宽容他（她）。"仁者爱人"放在先生身上恰如其分。他常怀仁爱之心，关心他人，体恤他人，同情他人，帮助他人。先生待人不管贫富贵贱、地位高低、男女老少，只要需要他帮助的，他会随时伸出援助之手。他帮助过许多人，有些甚至是陌生人，他也很少记得谁得到了他的帮助。先生最喜欢的一首歌叫《让世界充满爱》，这不仅是先生的理想追求，也是先生的生活实践。

先生对我个人的关心、帮助、提携、鼓励无法用语言来表达。可是，除了中心的工作外，我却很少能帮得上先生，心中愧疚不提也罢。现在因为工作的原因，我和先生的见面时间少了很多。先生整日忙碌奔波，常做"空中飞人"。有时他本已感到非常疲惫，但为了工作还是强打精神，实在支持不住了，就喝杯浓茶或者嚼几颗人参含片提神。先生的司机十分喜爱音乐，但只要先生坐上车，他会马上把音乐关掉。因为司机知道，先生太需要休息了，哪怕是短短的几分钟时间，先生也能打个小盹。弟子在此再奉劝先生一句：悠着点！十年前您定下的"保八进九"目标已经实现，现在需要将您的目标定为"保九进百"。诚如金庸先生所言："长寿是最大的武功！"作为弟子，真心祝愿先生健康长寿！

恩师李步云先生

聂资鲁[*]

李步云先生是中国著名的法理学家、宪法学家以及人权教育家，中国社会科学院荣誉学部委员，教授，博士生导师。先生对中国的"法治"、"人权"和"宪政"建设做出了独特的理论贡献，也是中国社会主义法治化进程的亲历者和推动者，被誉为"中国人权之父""中国法治第一人"。我与先生既有师生关系，又有老乡关系。从2002年12月由先生引进到湖南大学法学院工作至今，与他的交往已有十年七个月了，受的鼓励、教诲和帮助是很多的。我对先生的景仰和感激是无法用言语来表达的。2013年是先生八十华诞，追忆往事，感慨万千。这里仅仅记录二三事，以表达我对先生多年培养我的谢意。

一 进入法学殿堂的引路人

我认识先生是一个很偶然的机会。2002年12月，适逢我从南京大学哲学系博士毕业之际。其时，先生为报效桑梓、反哺家乡，担任湖南大学法学院名誉院长，广揽天下英才。经人介绍，先生了解了我的基本情况，尤其对我的学术背景很有兴趣。于是，先生约我到长沙面谈，力劝我改行研究法哲学和法律史。而我在南大哲学系的导师刘林元教授早有让我留校的打算。是继续留在南京跟随导师研究政治哲学和国际战略，还是到湖南大学从零起步研习法学，当时对我来说的确不易决定。先生看我犹豫，就说不急，让我考虑考虑再说，并送我两本他的学术著作，让我看看。是

---

[*] 聂资鲁，法学博士后（李步云教授指导），湖南大学法学院教授。

晚，我通读了先生的《走向法治》，深为他知识之渊博、视野之开阔、思辨之精妙、文字之洗练和表述之精当所折服，也为法学的魅力所吸引。第二天，我即回南京与导师商量。在反复思考，最后征得导师同意后，我也仿效先生，回家乡服务，进入湖南大学法学院改治法学。

这些年来，在先生的鼓励、指导和奖掖下，也取得了些许成绩。其中无不包含先生的心血和指导。没有先生的引路，我进入不了法学的殿堂。饮水思源，内心充满了对先生的感激之情。

二 博士后合作研究的严师

能成为先生的学生，是我一生的幸事。2003年8月，在先生的关怀和帮助下，我被中国社会科学院法学所博士后流动站录取为博士后研究人员，追随先生研习法理学和宪法学。入站后，先生根据我的学术背景、研究志趣和专业特长，给我命了一个极富挑战性的题目"美国宪法对近代中国立宪的影响"。这是一个资料难觅、学理较强的题目。面对大海捞针式的资料收集，我常常觉得苦闷和无助。但每当我想懈怠的时候，先生的鼓励与期待总是及时出现，使我平添勇气和斗志。通过两年深入的思考和艰辛的写作，我的出站报告最终在答辩时获得较好的评价。这一来之不易的成绩，离不开先生的谆谆善诱和精心指导。至今，我和先生一次次认真讨论的情景仍历历在目；先生在我博士后出站报告上留下的密密麻麻的批改和建议，我都一一珍藏；先生治学的严谨与规范，是我永远的榜样和我自觉的习惯。

博士后研究的时间是有限的，但先生对我学业的指导和影响是无限的。可以说，我在中国社会科学院法学所博士后流动站所受到的严格的学术训练，丝毫不亚于之前在国外名校所得到的培养。这一段研究经历，对我后来的学问与人生影响巨大。每念至此，心中充溢着对先生的感恩与敬仰。

三 让我们受益终生的智者

我不仅有缘成为先生的门下弟子，而且有幸作为先生在湖南大学法学院的下属和同事。先生的品格和学识是我永远敬仰的，能够长期和自己仰慕的师长在一个单位工作，实在是我今生一大幸事。

在共事时，我不仅领悟了先生的学术思想和智慧，同时也领略了他的人格魅力和学术魅力。

记得2002年12月，我在进入湖南大学后不久，先生就安排我做了两件事：一是参与组织湖南省人大和司法系统的"人权理论与实践"培训班；二是参与组织在长沙举办的全国经济法年会。在两次办会的过程中，我从先生身上学到了许多高尚的品格和无私的奉献精神。同时，也培养了我的组织与社会活动能力；认识了不少学界的学术大腕，积累了不少人脉和资源。此后，无论是教学、人权培训，以及申报课题、写作高水平论文、职称评定等方面，我都得到了先生的深切关怀与指导。

先生在担任湖南大学法学院名誉院长期间，更是为湖大法学院的迅速发展和崛起做了大量的工作。先生不仅利用他的学术影响力和人格魅力引进了一批优秀人才；还利用其无私奉献的精神和个人学术品格，把优秀的学术个体和优秀的学术团队凝聚、整合在一起，团结全院师生为共同的事业而努力奋斗，迅速而极大地提升了湖大法学院的整体研究力量。可以这样说，湖南大学法学院的每一个进步都凝结了先生的心血与汗水，都与先生的战略指导与亲历亲为分不开。

在长期的接触中，我发现：先生是一个率真的人、透明的人。他待人真诚、宽容、大方、谦虚；对学生充满爱心，凡能奖掖和帮助学生的事，都会尽力去做。先生常对我们说："做人，要讲诚实信用，堂堂正正，不能趋炎附势，阿谀奉承。"勤奋、好学、谦虚、宽厚，高风亮节，是先生学术上的品格，也是先生人格魅力之所在。这些都是先生留给我们的宝贵的精神财富，将使我们终生受益。

最后，学生诚挚地祝福恩师步云先生：福如东海、寿比南山。

检察官的良师益友

刘　拥[*]

李步云先生是我国著名的法理学家和宪法学家，他对于法治、人权、民主、宪政等进行了长期的理论探索，是中国社会主义法治化进程的亲历者与推动者，为中国法治、人权和宪政建设做出了巨大贡献。作为湖南籍的法学家，李步云先生非常关注家乡的检察工作，关心家乡检察理论研究工作的发展，与家乡的检察机关，也与我这个家乡的普通检察官结下了不解之缘。

一　为检察机关和检察官宣讲人权理论，特别有意义

"社会主义要高举人权旗帜，社会主义者应当是最进步的人道主义者，社会主义者应当是最彻底的人权主义者。"这是李步云先生人权理论研究的结论。而要将人权理论用于实践并推动人权的发展，需要各级国家机关和国家工作人员在思想上树立人权理念，在执法和管理实践中贯彻人权思想。为此，先生非常重视在实务部门宣讲人权理论，这也为我与先生初次相遇提供了契机。

2000年，先生怀着对法学教育的热爱和服务桑梓的乡情，受聘担任湖南大学法学院名誉院长和湖南大学法治与人权研究中心主任。记得是2006年，我在湖南省人民检察院研究室和湖南省检察官协会工作，担任检察官协会副秘书长，与法学专家联络是我的工作之一。得知先生回到家乡，省检察院领导想请先生为检察干警进行一次讲座，检察官协会秘书长吴建雄

---

[*]　刘拥，湖南省人民检察院副处长，湖南大学法学院博士研究生。

与我以及协会另一副秘书长谭义斌一同到先生的住处。先生得知我们来访，非常高兴，也非常热情，他到门口将我们迎进屋里。虽然早已听闻先生大名，但这是我第一次见到先生。先生稍显清瘦，精神矍铄，我印象最深的还是先生身上所透出的儒雅的学者气质。坐下谈话，感觉先生和蔼、善良，有一股天然的亲和力，使初次见面的我们一下子就没有了拘束。先生听说省检察院请他做讲座，马上爽快地答应了。

几天后，我清楚地记得是 2006 年 8 月 10 日，李步云先生来到省检察院。时任检察长何素斌与先生热情握手，亲切交谈，并互赠专著。先生将自己的专著《走向法治》、《法理探索》和《书剑人生》赠送给何素斌检察长，并将这三部专著分别赠送给我和吴建雄、谭义斌同志，另外还赠送一套给院资料室，以方便全院干警借阅。

讲座时间到了，能容纳几百人的省检察院大会议室已坐满了省检察院、长沙市检察院和长沙市区基层检察院的干警。先生讲座的主题是"以人为本，构建社会主义和谐社会"。先生将自己的人权思想和人权理论娓娓道来，讲座思想解放，内容精辟，视野开阔，语言生动，在座干警凝心静听，如沐春风。8 月的长沙刚刚立秋，天气仍然闷热，讲座结束后，先生已是满头大汗，我们一边递上毛巾一边说："先生辛苦了。"先生接过我们递来的毛巾，满面笑容地说："今天特别高兴，为检察机关和检察官宣讲人权理论，特别有意义。"

一个月后，岳阳市岳阳楼区检察学会召开成立大会，想请一名在全国有影响的专家为参加会议的代表做学术报告，大家提议请李步云先生，但又担心先生不愿意到基层检察院来，于是试探着与先生联系，先生又爽快地答应了。2006 年 9 月 18 日，在岳阳市岳阳楼区检察学会成立大会上，先生为与会代表做了以"牢固树立依法治国理念"为主题的学术报告，阐述了自己的宪法和人权理论，使与会代表受到了一次深刻的宪法和人权思想教育。

二 为家乡的检察理论研究做一点贡献，是我的本分

从先生为检察机关做讲座和学术报告开始，先生与湖南的检察机关和检察官的接触逐渐多了起来，特别是与省检察院领导和研究室、检察官协会的同志关系更加密切。只要我们知道先生回湖南，都要去看望、拜访。2006 年正是湖南的检察理论研究快速发展和繁荣的起步阶段，特别需要理

论界专家的悉心指导，我们向先生提出这一想法后，先生很高兴地应承下来："我是湖南人，为家乡的检察理论研究做一点贡献，是我的本分。你们有什么要求，尽管提出来，只要我能办到，我会尽力做好。"2007年3月，湖南省人民检察院成立首届专家咨询委员会，聘请先生担任咨询委员会委员，先生与湖南的检察理论研究结下了不解之缘。

2008年，时任湖南省人民检察院检察长的龚佳禾成功申报最高人民检察院检察理论研究重大课题"法律监督的基本原理"，这是湖南省检察系统第一次承担国家级重大课题，且该课题对理论性和实践性的要求都非常高。当时大家心里都不是很踏实，决定开一个研讨会，邀请全国知名专家就这一课题展开研讨，确定内容和框架。龚佳禾检察长提出的第一个专家人选就是李步云先生。我们与先生联系后，先生百忙之中，挤出时间，专程从广州赶回湖南参加会议并发表了重要意见，对课题的基本框架、观点、提纲和主要观点的确定起到了决定性的作用，为课题的顺利结题打下了良好的基础。课题出版前夕，先生欣然为本书作序，对课题成果给予了高度评价。

为充分发挥我省检察机关办理的典型案件的引导作用，经省检察院领导同意，我们决定编辑出版《名家评案》系列丛书，通过对典型案件的法理评析，挖掘典型案件所蕴涵的理论与实践价值，展示我国社会主义司法及检察工作的本质特征与制度优势，为新时期检察机关司法办案提供业务指导和价值导向，并为司法活动提供有益的参考与借鉴。邀请哪些名家对案件进行点评呢？大家自然又首先想到了李步云先生。先生欣然应允。我们将案例资料寄去后不久，先生就将点评意见反馈回来，并将案件资料中的文字、表述和标点等问题标示出来，且做了修改。先生这种一丝不苟、认真负责的学风，深深感动了大家。系列丛书的第一辑《名家评案：化解社会矛盾的司法诠释》于2010年8月由中国检察出版社出版，时任湖南省委书记周强作序，在长沙举行了首发仪式，产生了良好的社会反响。随后，遵循这一模式，系列丛书第二、三辑《名家评案：法治湖南建设的司法诠释》和《名家评案：法治湖南建设的司法实践》相继出版，先生都作为首席专家进行点评。

对检察官发表的优秀理论成果，先生也是极力推荐和宣传。吴建雄同志撰写的《检察工作科学发展机理研究》（中国检察出版社出版）一书，从检察理念、检察职能、检察体制和检察能力四个相对独立又相互联系的问题入手，对检察工作如何实现科学发展的问题进行了比较系统的研究。

先生读后，写了一篇简评介绍此书，并在《人民日报》刊登，扩大了此书的社会影响。

三 工作有退休年龄，学术没有退休年龄

李步云先生不但关注家乡的检察工作和检察理论研究的发展，也对我这个家乡的检察官关怀备至。与先生见面向先生请教学术方面的问题时，先生都以谦抑平和的态度给予指点，侃侃而谈，在先生面前，我不感到拘束，而是感到亲切和平和。

2010年，我萌生了考博士的想法，在与先生的交谈中，向先生透露了这个想法。先生非常支持，他说，你曾经在国外学习，外语又比较好，攻读博士学位，既可以为将来的发展搭建一个更高的平台，又可以结合自己的工作和司法实践创作有分量的理论成果。工作有退休年龄，学术没有退休年龄。退休后，你照样可以搞学术。先生的一席话给了我鼓励，也增加了我的紧迫感。先生还极力向学校推荐我。在先生的鼓励下，我咬牙坚持，终于考上了湖南大学法学院的博士研究生。

2012年春天，得知先生又一次回湖南，我与先生联系，想向先生请教博士论文的选题，先生爽快地答应了。那天约好晚上见面，当时正淅淅沥沥下着雨，而那时先生的住处有了变动，先生怕我找不到地方，举着雨伞在楼外等我，见到我后，热情将我迎进房间。先生针对我的专业方向，对博士论文的选题、框架、参考书等方面提出了中肯的意见。窗外春雨绵绵，室内的我感觉到春风化雨，润物无声。

时光飞逝，转眼间先生已是八旬老人，我也人到中年。但先生对湖南检察工作和检察理论研究的关注和贡献，深深地刻在湖南检察人的心里，不会随时光的流转而淡漠。对我而言，先生对我的教诲和帮助，如心灵之光，永远照亮我的人生与学术之路，指导我前行！

治学为人的楷模，德艺双馨的典范

——我的导师李步云先生

陈佑武*

能忝为我国当代杰出资深法学家李步云先生的门生，并在先生的指导下学习、工作，是我一生中最宝贵的一笔财富。先生于我而言，是改变我一生命运的人。当年若不逢先生，我不知道现在在过怎样的人生。

得遇先生是命运的安排。1998年夏，我从中国政法大学本科毕业，分配到湖南大学人文社会科学系法学教研室执教。当时湖南大学法学专业刚恢复，法学教研室也刚成立，就我与唐超华老师两人。我担任湖南大学第一个法学专业班班主任并教授经济法、中国法制史等多门课程。因此，当时湖南大学法学专业的基础非常薄弱。2000年，湖南大学迎来法学发展的契机。是年6月18日，湖南大学与原湖南财经学院合并，决定恢复法学院。先生怀抱桑梓之情，出任新成立的湖南大学法学院的名誉院长，招收并指导研究生。得此机缘，我有幸成为先生的学生，而湖南大学法学的中兴由此开始。

在湖南大学师从先生的日子里，我深刻感受到无论是我个人还是湖南大学法学院都从先生身上获益不少。

就我个人而言，首先，从先生身上学到了做人的道理。与人为善、诚实守信、乐于助人、有求必应是先生的一贯品格，因此先生是真正意义上的"活雷锋"，我相信凡与先生有过接触的人都会与我有相同感受。其次，在先生的影响下，我选择"人权"作为学术研究的主要方向。在师从先生之前，我前后教过经济法、中国法制史、税法、国际商事仲裁与民事诉讼

---

* 陈佑武，系李步云先生的硕士研究生，现为广州大学人权研究与教育中心副主任、教授。

等多门课程，没有一个明确的专业方向。所以，先生是我从事人权研究的引路人，我是沿着先生的人权思想进入到人权研究的广阔天地。再次，到广州大学人权研究与教育中心工作亦与先生密不可分。没有先生的帮助与指引，我也不可能到广州大学人权研究与教育中心专职从事人权研究与教育工作。

对于湖南大学法学院而言，先生的贡献是奠基性的，先生是湖南大学法学院恢复以来学科发展的奠基人。先生对于湖南大学法学院的贡献，正如韩德培之于武汉大学法学院、江平之于中国政法大学。这也是湖南大学之福，真正体现了大学之大，不在于大楼，而在于大师。

离开湖南大学后，还不时回忆在湖南大学师从先生的日子。至今我还清晰记得与先生登岳麓山麓山寺访圣辉大法师而不遇的情形；先生耳提面命手把手修改《人权与权利的异同》一文犹在昨日；协助先生开设人权培训班的那些日子也历历在目；也忘不了先生遭遇一些不公正待遇的无奈与辛酸时刻。这些也是我对湖南大学记忆的重要组成部分。湖南大学不仅仅是我毕业后的第一份工作地，这里更有我与先生在一起的诸多记忆，这是我无法忘怀的地方。

庆幸的是，尽管离开了湖南大学，但这些年始终与先生工作在一起。如此一算，至今已追随先生十二年有余。在我看来，先生的学术思想能享誉学界、受人推崇，与先生治学与为人的完美结合、理论勇气与人权精神的完美结合、学术思想与行动实践的完美结合是分不开的。

先生是治学与为人完美结合的楷模。从1957年入北京大学法律系攻读法学专业起算，先生从事法学研究与教育已经五十余载。在半个多世纪的治学过程中，先生的研究集中在法治、人权、宪法学、法理学、法哲学等领域，其中尤以法治与人权为最，是我国公认的法治与人权研究领域杰出的资深法学家。在这些研究领域，先生的治学与为人无缝对接、完美融合，这集中体现在先生所秉持的"求实"、"创新"、"严谨"和"宽容"的治学理念上。"求实"是先生治学理念的首要原则，它有两个方面的含义：一是要正确处理好理论同实践的关系，即理论来自实践，应又能指导实践；二是要重视对现实问题的研究。"求实"反映了先生治学的现实主义路径，强调现实存在的问题是治学的逻辑起点，因此其每著一文，必言为心声，既不无病呻吟，也不趋炎附势，强调学者的人格独立与问题意识。遵循"求实"的学术路径，先生认为学术的生命在于"创新"。没有学术的创新，就不可能有学术的发展。如先生在《论人权的三种存在形态》一文中提出人权有"应有权利"、"法定权利"与"实有权利"三种存在形态是具有原创性的理论观点，直接推动了我国人权理论的深入发展。先生认为，治学上要"创新"，须坚持两点，即既要勤于思考又要有理论勇气，否则"创新"不过是"镜中月、水中花"。"严谨"则是治学必备的品格，也是它的应有之义。在先生看来，科学的目的是探求真理，来不得半点虚假，而浮躁、马虎是其大忌，所以"严谨"首先要求工作态度必须认真负责，其次要求思维方法要科学缜密。对于方法的重要性，先生曾做过形象的比喻，他说科学研究像过河，由无知的此岸到达真理的彼岸，研究方法就是船和桥。"宽容"是先生治学理念的主要内容与精髓，他认为治学的宽容与做人的宽容、学术的宽容与政治的宽容，是密切联系在一起的。总之，读先生的书如同品其为人，不仅仅是知识上的受益，而且也收获了做人的道理。

先生是理论勇气与人权精神完美结合的典范。先生有着坚毅的法治追求与宽恕的人权精神，是学界公认的"敢开第一腔"的法学家，尽管因此带来了众所周知的一些影响，但先生仍然矢志不渝，呼吁人们应当为权利而斗争。首先，先生是最早倡导人权平等精神的学者。1978年12月6日，先生摆脱思维上的条条框框，在《人民日报》上发表署名文章《坚持公民在法律上一律平等》，文中区分了"公民"和"人民"两个不同范畴的概念，弘扬了人权的平等精神，认为包括敌对分子甚至反革命犯罪在内的犯罪分子也是属于公民的范畴，任何公民在适用法律上一律平等。以五种外文对外发行的《北京周报》1978年第22期曾对此文进行了报道和介绍，在国内外引起较大的反响，被公认为"文革"后法学界突破理论禁区的第一篇人权文章。在今天论及人权犹存敏感的环境里，可以想见先生当初为人权发声需要多大的理论勇气！其次，先生是最具人权宽恕精神的学者。"宽恕"的人权精神不仅洋溢在其论著当中，更体现在他为人处世、言谈举止的方方面面。传统所言的"己欲立而立人，己欲达而达人""己所不欲，勿施于人"在先生身上得到了淋漓尽致的体现。凡接触过先生的人无不被他宽恕待人的人品所折服。我曾经开玩笑地对师母说："在李老师的眼中，没有好人与坏人，都是人。"师母起初一愣，没理解清楚我的意思。先生接过话题对师母解释："佑武这是从人权角度来解释的，人都是平等的，值得尊重的。"当然，师母是心领神会个中意味，她是最了解先生个性的。"宽恕"的人权精神也体现在先生的喜好上，如先生最喜欢的两首歌是《让世界充满爱》《心太软》，这两首歌体现了人权的博爱、宽恕品质。最后,先生是最具人权斗争精神的学者。作为湖湘法学家的杰出代表,先生法治、民主、宪政思想之所以具有超越时代的穿透力,在于他对人权斗争精神的深刻领悟。在先生看来,人类从野蛮走向文明、从人治走向法治的动力在于人类争取人权生生不息的斗争。其对于人权价值的体认可表述为"唯有人权多壮志,敢叫日月换新天"。因此,"为人权而斗争"构成了先生内在的精神追求,尽管为之牺牲很多,也遭遇了不公正的待遇,但仍然执着如故。我认为,先生在学术研究上之所以具有巨大的理论勇气,与他平等、宽恕、斗争的人权精神须臾不可分离。

先生是学术思想与行动实践完美结合的榜样。先生著文,大多切中时弊,深入浅出,通俗易懂,雅俗共赏。同时,先生身体力行,实践自己的学术理想与价值追求。概言之,先生言行一致,言必行,行必果。先生主张人权与法治,不仅取得丰硕的学术成果,而且积极从社会实践中推进人权与法治。在人权基础理论上,先生对中国特色社会主义人权理论体系进行了有益探索,构建了一个符合中国基本国情的理论框架。为深化人权研究,先生先后参与组建了中国社会科学院人权研究中心、湖南大学人权研究与教育中心、广州大学人权研究与教育中心、东南大学宪政与人权研究所。先生说他有一个心愿,希望能在东南西北中各成立一个人权研究中心,现在只差在西部成立一个中心。为推动人权立法,先生积极倡导人权入宪。2003年6月,先生应邀参加了在人民大会堂由吴邦国委员长主持召开的有五位宪法学家出席的修改宪法座谈会。在会议上,先生力主"人权"入宪。2004年3月,中央采纳了先生等专家的建议,将"国家尊重和保障人权"正式写入我国宪法。为传播人权理念,2000年以来先生不仅率先垂范对在校大学生开设人权课程,而且组织对社会各类群体特别是执法部门进行了30余期人权培训。这些人权教育与培训对于人权意识的传播、人权文化的形成均起到了重要的推进作用。为推进人权教育,先生建言设立国家人权教育与培训基地。2009年,国务院发表《国家人权行动计划(2009-2010)》后,先生积极上书中央有关部门成立"国家人权教育与培训基地"。此建议被中央采纳,2011年7月,教育部与中央对外宣传办公室联合下文在南开大学、中国政法大学、广州大学设立国家人权教育与培训基地。在先生从事人权研究的整个治学过程中,他将人权研究与人权实践有效结合,在实践中完善理论与传播理念,促进了人权意识的发展与人权制度的建设。就此意义而言,先生不仅是思想家,更是践行者。

先生是当代中国特色社会主义人权与法治理论的探索者、践行者，享有"中国人权之父""中国法治之父"等美誉。没有先生这一辈学者的推动，"国家尊重和保障人权""依法治国，建设社会主义法治国家"入宪可能要推迟。没有先生的直接推动，国家人权教育与培训基地不可能这么快得到设立。先生的学术思想是共和国人权与法治事业的宝贵财富，先生的学术实践是推动共和国人权与法治事业健康发展的精神动力。

愿先生学术之树常青，祝先生生日快乐、健康长寿。

法学大师　慈祥老人

韩德强*

2007年年初，为了能够继续学习深造，我准备报考中国社科院法学所法理学专业博士后，并向导师徐显明教授做了汇报。徐老师教诲我说，到了博士后阶段，要想做好法理学特别是人权理论的研究，有两点非常重要：一是要有持之以恒的决心和毅力，要学得精深；二是要学习该领域最前沿和最先进的思想和理论，要学有所成。在选择合作导师的问题上，他建议我报考李步云教授。听后，我很激动，也很担心。激动的是徐老师给我确定了这么高的目标；担心的是我这样一个普通学生，如何才能见到李步云教授这样的法学大师，并获得他的认可。我向徐老师说明了我的担心，他考虑后，鼓励我说："李步云老师选择学生注重的是学习态度、能力和学术水平等因素，你大胆报考，不必担心其他。在适当时候，我会向李老师说明你的情况。"

3月初的一天，我忐忑不安地拨通了李步云老师的电话。我紧张地做过自我介绍之后，电话的另一端传来了平和、亲切的话语："欢迎你继续学习深造。"一句简单的话语，顿时缓解了我惶恐紧张的心情。接着，李步云老师简要询问了我的学习、工作情况，特别是专业方向和今后的研究计划，我认真做了回答。最后，我向李步云老师提出近期想去拜见他，以便能够详细地汇报下研究计划。李步云老师考虑了一下近期的行程安排，答应了我的请求。

放下电话后，我激动的心情久久不能平静。令人仰慕的法学泰斗，竟

---

* 韩德强，中国社科院法学所2007级博士后，中共北京市委党校副研究员，现为中国应用法学所研究人员。

如此认真、平和地与我这样一个素不相识的学子讲话，并爽快地答应了我的拜见请求，没有搪塞，没有应付，更没有傲慢，让人倍感亲切和温馨！于是，我抓紧安排行程，第三天就踏上了赴京的列车。

3月的北京，春寒料峭。一出车站，内心火热的我就在寒风中拨通了李步云老师的电话。在电话中，李步云老师说明了详细住址和行车路线。虽然我认真记了，但由于人地生疏，在下出租车后，还是在小区附近迷了路，不得不再次联系李步云老师。李步云老师毫不厌烦地告诉我该如何走，并说要到楼下等我。我听后十分不安，这么冷的天，怎能让年过七旬的李步云老师出门等我。我立即说道："马上找到了，您不用下来了。"于是，我赶紧询问路人，说明情况，请其直接把我带到楼前。刚进楼道口，迎面碰到一个身材高大、眉毛特长、面庞红润的老人。这不就是我仰慕已久的李步云老师吗！虽然与电视和照片中的形象有些不一样，但他非凡的神态、气度没有任何改变。我赶紧主动上前打招呼："李老师您好！我是刚才联系您的韩德强。"他稍微诧异了一下，停住脚步，静静看了我一眼，答道："哦，你好！"接着又关切地说："外面很冷啊！快回家吧。"随后，转身指引我向楼道内电梯间走去。我迟疑了一下，立即跟上。

很快来到所住楼层，出电梯间，李步云老师把我领到家门前。走到门前，李步云老师还没有推门，房屋内门就先打开了。"找到了吗？快进屋。"柔和的声音从屋内传来，接着房屋外门也被推开，李老师进屋后转身对我说道："这是我夫人。"一位雍容文雅的老太太正满面笑容地看着我，我有些不好意思地稍微低下头，恭敬地叫道："师母好！""好，好！到屋里坐吧。"看到屋内整齐的摆设和明亮的地板，我有些顾虑地看看自己沾满灰尘的鞋，犹豫地站在门口没有动。"没有关系，不用换鞋了，进来坐。"师母看出我的意思，赶紧说道。这时，走到客厅的李步云老师对我招招手说："过来吧。"于是，我蹑手蹑脚地走进客厅，放下背包，拘谨地坐下。

"这么冷的天，快喝杯热水，路上很辛苦吧！"师母递过一杯水，我慌忙站起来接住，诺诺地说："谢谢，我不渴，李老师您喝。""不用这样客气，像在自己家一样就是了，你们先谈着。"师母说完到隔壁房间里去了。

"好了，坐下说话吧。"李步云老师轻轻说道。我双手捧着杯子重新坐下，稳稳心神，微微望着眼前这位慈眉善目的老人，心中顿起波澜：一个令千万学子敬仰的法学大师，竟是这样的亲切谦和，这多么像邻家和蔼可亲的老爷爷。"说说你的课题研究计划吧。"李老师看着有些愣神的我，缓缓说道。我赶紧收回思路,从包中拿出课题研究计划和相关论文资料,慢慢介绍我的研究情况和想法,李步云老师边听边问。

不知不觉一个多小时过去了。最后,李步云老师对我的学习精神和课题研究方向做了肯定,但对具体的研究计划和所准备的资料不满意,明确而严肃地对我说道:"你的研究资料准备得明显不足,课题研究计划还需要修改完善。法学所招收博士后有严格的审查、评选、考核制度,学术水平和研究能力是首要标准,也是我收学生的唯一标准,你必须加倍努力。"李步云老师的最后表态,给了我很大的压力,让我深深感到他儒雅、平和之中透出的坚毅和严谨,我赶紧郑重地向李步云老师表明态度和决心。

看时间不早了,我起身向李老师和师母告辞。刚走到门口,李步云老师就换上鞋,执意要送我。这么冷的天,送一个慕名拜访的学生,我怎么担当得起!我急忙推辞并迅速把门带上,但李老师还是重新打开门,送我到楼道口,怕我再走错路,又不厌其烦地告诉我回宾馆的最佳路线。

之后,在李步云老师的悉心指导下,经过不懈努力,我于2007年9月顺利进入中国社科院法学所博士后流动站工作学习。从此,我幸福地沐浴在李步云老师人权思想的光芒中,努力地去做人;贪婪地汲取着李步云老师法治思想的精华,努力地去求知。他严谨治学、平易近人的大师风范,正直宽容、淡泊名利的精神品格深深教育和影响了我,在我的人生道路上竖起了高高的灯塔。正是这种学业和品性上的启迪和熏陶,使我难忘师恩,矢志不渝。

多年来,第一次拜见李步云老师的情景,我一直难以忘怀。值李步云老师八十华诞之际,再次忆起这一生活片段,更是颇有感慨。

就是这样一位曾冒着战火硝烟援朝负伤,又为共和国的法治建设奔忙操劳、贡献巨大,有着崇高地位和众多荣誉的老人,对一个普通学生是如此的亲切和关爱,没有功利,没有嫌弃,于平凡之中彰显了他的崇高人格。这在权势之风盛行,学究之气膨胀,人之情义淡薄的当下,是多么的难能可贵!

借此机会,再次感谢多年来在生活、工作、学习上一直无私关怀、教诲我的李步云老师和师母,恭祝他们幸福康健!寿比南山!

祝李老师健康快乐

曲相霏*

  2013年4月我从加拿大回国后，来看望李老师。在问过我的生活和学习之后，李老师就滔滔不绝地讲起了他近来的工作计划和活动安排。李老师是那么兴致勃勃、精力充沛、神采奕奕！岁月真是格外垂青李老师。

  我听过李老师很多次讲座和讲演，也曾经有幸为李老师做过几次主持。有一次讲座是专门为研究生们开设的，关于人权的若干理论问题。一个能容纳二百多人的大教室，被热情的学生们挤得水泄不通，没有抢到座位的学生们挤在窗台上、过道上，最后都坐到李老师跟前来了。那天下午气温挺高，空调又不起作用，教室里不一会就热浪袭人。我坐在那里心里开始打小鼓，既担心李老师的身体，又担心同学们忍受不了这闷热。但是李老师却一点也没受影响，既没热得糊涂，也没热得偷懒。他一如既往，讲得十分投入、十分认真，又妙趣横生，学生们也都听得津津有味，结果讲座超过了预定的时间。我担心李老师太累，建议省略或缩短学生提问的环节，但李老师却阻止了我。讲座结束后，又有学生涌到李老师跟前来提问或要求签名合影，李老师也都一一满足大家的要求。在回酒店的路上，李老师还意犹未尽，又跟我讨论起刚才学生们的问题，仿佛不知疲倦。我是晚辈，论年龄要比李老师小得多，可是在精力和体力上却总觉得远远不及李老师。

  连着听过几次李老师相同主题的讲座后，我对李老师的一些观点和论证都有了些熟悉。提起一个问题，我记得李老师会讲三点理由。再提起一个问题，我猜测李老师要讲五点论述。再提起一个问题，我知道李老师要

---

  * 曲相霏，女，法学博士，现为中国社会科学院国际法研究所副研究员。

讲四个辩证关系。但你若让我把李老师的这些观点和论证都复述一遍,我却无论如何也复述不出来。但这些思想却像是储存在李老师大脑里的PDF文件,不管是在什么时候、什么地方、什么场合,你"叭"地向李老师输入一个问题,他"叭"地就能把这个PDF文件调出来。李老师就是这么清清楚楚,毫不含糊。我想这些思想都是李老师深入思考、反复琢磨出来的。他想得透彻,想得深刻,这些思想都刻在李老师脑海里了。

李老师对谁都尊重、友善、关怀,到所里去时经过传达室他都要特意与值班人员高高兴兴地打个招呼。参加会议时,总有很多年轻人过来向李老师问好,跟李老师交谈。他只要有时间,总是认真地跟这些年轻人交流,问他们的研究方向,回答他们的问题,说一些鼓励的话。别人讲的观点他即使不同意,也总是微笑着听完,再讲他自己的观点和理由。而且,他在提出不同的意见时,也总是抱着诚恳的商榷的态度,平等地交流看法。我从来没有见他对任何人发过脾气,或说过一句嘲讽的或严厉的话。李老师随和,在生活上也一点都不讲究。吃自助餐,李老师盘子里什么都来一点点,跟大家坐在一起说说笑笑开开心心地吃。李老师说不挑食是他的健康秘诀之一。我跟李老师一起吃过很多次饭,他很少点菜,总是别人点什么他就跟着吃什么,总是先照顾别人的胃口。

但是李老师有他自己的坚持,也许是唯一的坚持,就是思想上的坚持。对法治、人权和宪政,不管在什么场合,他都旗帜鲜明地支持,不含糊,不妥协,他走到哪里也都要宣讲法治、人权和宪政。有人批评普适价值,有人说人权和宪政是资本主义的,他就不答应了,他要演讲、开会、写文章来反驳。他不拿帽子压人,不使棍子打人,他也不疾言厉色,他还是讲道理,讲逻辑,一条一条地讲,不厌其烦。他和郭道晖教授、江平教授被尊称为"法治三老"。他们这些受人尊敬的学界前辈身上真正体现了学者的风骨和精神!

李老师对我非常关心。我在工作和生活中不管碰到什么问题,只要李老师知道了,他都会帮我想办法。我到法学所工作以后,跟李老师见面的机会更多了。李老师每次见到我都鼓励我要用功,出点成果。而我每次都劝李老师放下那些永远也干不完的活,轻轻松松地享受含饴弄孙的幸福晚年。几年前,李老师几次跟我讲他有个出8本书的宏伟计划,我劝李老师别的书都可以放下,学问让别人接着去做吧,自己在家里舒舒服服地写写自传就好了。李老师是中国法治建设进程中许多重要事件的亲历者和见证人,他的自传也将是一部宝贵的当代中国法治发展史。但是李老师仍然不知疲倦地南来北往，东奔西走，参加会议，发表演讲，接受访谈，发表文章。不知不觉间，李老师文章发表了好多篇，这8本书也整理出来好几本了。李老师旺盛的创造力每每叫我惊叹。也是，李老师如此地身体健康、精力充沛、思维活跃，心里装着那么多人，想着那么多事，他怎么能闲得下来呢？

  法学界有李老师是法学界的幸运。我能有机会认识李老师是我一生的幸运。在李老师八十华诞之际，衷心祝愿李老师健康快乐每一天！

春风化雨八十载，漫步法治启航路
——贺李步云老师八十华诞

陈 果*

国人内心，从来不缺乏情感，缺少的是日常表达的机会与勇气。所以，每至盛日，内心不曾轻易流露的感激与敬意，如百川奔腾，喷涌而出，汇溢美之词，以感怀恩念。吾亦如此，时逢李老师八十华诞，自诩为李老师编外学生的我，亦不由得内心冲动。

记得初识李老师之时，是2000年6月，我们湖南大学法学院刚刚成立之际。那时的李老师是我院名誉院长，而我则是刚刚毕业分配到湖南大学来的研究生，手续尚未完全办妥，便"非正式"地参加了法学院成立仪式。那时的李老师肯定没能注意到我，但我为能见到以为自己只能在书的封面内页上、期刊或新闻报道里才能见的法学泰斗级人物而感到阳光灿烂，从而更坚信自己对湖南大学的选择是对的，因为，正是湖大把这个带着荣耀光环的人从我国最高科学研究机构吸引到岳麓山下来。

正式入校以后，我更是十分珍惜这难逢的机会，李老师的法理学课、宪政与人权讲座，我这个略懂刑事诉讼部门法的新人经常会去蹭课、蹭讲座。慢慢地，我不仅获得了很多法学基础理论知识，也对这个近乎有着传奇色彩的老人有了更多的了解，在我初识的印象里，他没有一点威严感，亦无权威者的傲慢。而李老师也开始注意到了我这个话语不多的年轻老师。我感觉，一个和蔼可亲的、平易近人的善者在徐徐向我走来。

他老人家给我的最深刻印象，一是不仅学问做得好，而且能打仗，参加过朝鲜战争，并且在战场上负过伤，心中由此更是肃然起敬；二是他很

---

* 陈果，女，中国人民大学法学博士，湖南大学法学院副教授，从事刑事诉讼法研究。

温和，没有学术权威的架子，一点都没有。还非常关心我们这些年轻老师，不断地给我们年轻人鼓励和帮助。他的帮助永远是无私的、极尽自己一切所能的。

在课堂上，我更深入地了解到了李老师新锐进取的法学思想和研究成果。他首破法学思想理论之禁区，在《人民日报》上发表《坚持公民在法律上一律平等》，继而又在《人民日报》上发表文章，论证犯罪人也应具有公民法律地位。八二宪法制定时，他振臂呼吁，把法治和保障人权写进宪法。90年代始，李老又致力于人权研究，曾任中国社科院人权研究中心副主任，并先后在湖南和广州建立人权研究基地——人权研究中心。主持编写国内第一本大学《人权法》统编教材。1998年8月受全国人大常委会之邀，在人民大会堂为李鹏同志和所有委员长、专门委员会主任委员100多人讲授"依法治国，建设社会主义法制国家"。自1978年以来，他在各种权威报刊上发表的文章，可以说是数不胜数。

光阴荏苒，从远远讲台上对老师近似于崇拜的注视，到成为老师的编外弟子以至有了忘年之交，已经过去十二载。眼前的李老师，仍如十二年前初识时的神采奕奕，精神矍铄。华诞之时，唯表贺词，以为感怀之至：

耆年可入泰山寿；硕果堪宏渭水漠。
杖朝步履春秋永；钓渭丝纶日月长。
万里劲松增傲岁；文移百斗成天象；
卓尔经纶传四水；颐然风致赴三湘。

大德无垠　大爱无疆

——致李步云先生八十华诞

王　欢[*]

初识先生

时间：2003年10月19日

地点：吉林大学第三教学楼第八阶梯教室

东北的10月已是一派初冬景象，室外3℃~4℃的气温，天空还不时飘上一阵青雪。但是，在吉大三教八阶的教室里却丝毫感觉不到寒意。偌大的阶梯教室被前来聆听学术讲座的同学们挤得水泄不通。讲座已经结束，但同学们仍然涌到讲台前向主讲人不断地提问。一个穿着臃肿的女学生抱着一本《宪法比较研究》，执着而费力地穿过拥挤的人群，来到讲台前，请她心目中的明星为她拿来的这本著作签个名字。讲台前精神矍铄的长者看到书中被阅读后标注的痕迹，略带惊喜地说："咦！你有这本书啊！"女学生指了指挤在人群中一个一脸傻笑的男同学说："那是我爱人，是他在读本科阶段买来学习的。他也是个湖南人，很钦佩您，但他有些害羞，不好意思请您签名。"长者闻此哈哈大笑说："那看来我们还是老乡啊！现在我在湖南大学，今后你们到长沙，一定来找我，我招待你们！"女学生激动地满面通红，一边点头，一边致谢。五年后，这个邀请由于女学生博士毕业应聘至广州大学人权研究与教育中心而意外地得到了兑现，主角仍然是这一老一小，只是地点更换到了广州。这个小粉丝就是我，这

---

[*] 王欢，女，广州大学人权研究与教育中心副研究员。

位长者就是中国人权事业杰出的旗手之一——李步云先生。

大德无垠：温良恭俭为人师

相信法学学科任何一个"圈内人"，无人不知先生的盛名，能够成为先生的"兵"，绝对是一件值得炫耀的、无上荣光的事情。作为未曾得到先生系统教诲的"俗家弟子"，虽然对先生的论著与观点了然于胸，但毕竟获得了近距离接触这位德高望重的学术巨擘的机会，我总是下意识地以极大的好奇心观察着这位长者。先生是学界有名的"老好人"，但到底有多"好"，在先生身边工作和生活的这五年让我有了难以磨灭的印象和感受。

镜头一：即将毕业的我应聘广州大学人权研究与教育中心，因此打算先向李步云教授介绍一下自己以及研究的领域。初夏的北京烈日炎炎，我和爱人按照先生的指引找到了他位于潘家园的家。先生将我们迎进家门后，一边忙着沏茶、洗水果，一边问寒问暖地和我们说着话，让本来有些紧张的我们顿时放松了许多，感觉自己不是来到了一个陌生人的家，而是到一个熟悉的地方走走亲戚。先生详细地询问了我所学的专业、主要研究的领域，介绍了广州大学人权研究与教育中心的情况，并如实告知，由于中心目前尚无专职的"女"研究员，妇女和儿童权利问题还没有专人进行研究，希望我的加入能够填补这一领域的空白。临走之前，先生抱来几本自己的专著送给我们，在上面签下名字的时候还征求我爱人的意见——可否将我的名字写在前面？原因有二：第一，尊重女性；第二，尊重师姐（我高爱人一个年级）。说完之后如同孩子一般哈哈大笑。送我们出门时，先生执意要送到电梯口，帮我们按了向下的按钮后也未曾离开，电梯门缓缓关闭，电梯外是挥手告别的先生，电梯内是满眼含泪的我们。

镜头二：来广州报到的时候正值9月初，广州的秋老虎让我这个东北人热得想哭。由于学校尚未分配周转房，因此，我和爱人只好暂住在旅店里。先生得知这个情况后，马上让我们搬进了他在广州的住处，原因很简单：广州物价高，住旅店太贵。我们拗不过先生的好意，搬了进去。先生的家不大，家具也不多，除了电视、冰箱、微波炉和热水器这些必备的生活电器之外，就没有更多的物件了。先生床上的床垫中部几乎凹陷进去了，卫生间的台面出现了大大的裂缝，纱窗也露了洞。当我把这些告诉同事们的时候，大家非常惊讶，因为先生从没有因为自己生活中的琐事麻烦过大家。当我们搬到经过简单装修的周转房时，已经是43天后了。直到现在，当我想检验自己无私与否的时候，总是试问自己：你能否将自己的房子让给需要住所的朋友和亲人——43天？

镜头三：人头攒动的食堂里，一位老人遵守秩序地排着队，随着队伍缓慢地向前移动。如果同学们知道这位老人在学界的名气和声望，他们一定会惊讶和感动，老人正是李步云先生。广州大学的周转房位于一所职业学院的院内，职业学院允许我们到食堂买饭。每次先生到广州，总是努力在有限的时间里做最多的事情。如果期间有人宴请先生，先生一定会把打包的剩菜带回家，留到下一顿吃；如果自己在家，那么这一天的三餐就在食堂解决了。每次在食堂看见先生排队买饭，深深的感动之余总是让我反思和告诫自己：大家尚且简朴，我辈何敢铺张？

先生不但是楷模、榜样，更是一面镜子。他不会尖锐地指出你的无知、你的懦弱、你的自私、你的狂妄，但先生的品质和德行却能一览无余地折射出我们的缺点和不足，促使我们对自己内心的反思和追问，或者改正，或者羞愧！

大爱无疆：心系世人治学问

先生对我国人权、法治、宪政等诸多领域的贡献已无须我在此赘述。在浮躁的当下，对于众多学人而言，做学问是为了成就事业，但对于先生而言，做学问是为了实现理想。

先生常说："我最喜欢的歌是《让世界充满爱》，这也是我的理想。""我们同欢乐，我们同忍受，我们怀着同样的期待。我们共风雨，我们共追求，我们珍存同一样的爱"——这就是先生一生为之奋斗的梦想。先生的圆梦之旅并不轻松，此前我未能亲历，但这五年里，先生的努力和辛苦却是历历在目。虽然先生年事已高，但我们所看到的却是一位更为积极、更为坚定、更为执着的学者。

先生在2004年初到广州大学时即承诺，要在五年之内把人权中心建成"广东省普通高校人文社会科学重点研究基地"，2007年，这一梦想提前实现；先生还承诺，要在十年之内把人权中心建成"国家级人文社会科学重点研究基地"，2011年，这一梦想亦提前实现。说实话，当我刚刚来到人权中心工作，听到先生第二个承诺时，我认为这恐怕只是一个无法实现的承诺，只是一个美好的空想。但是，在先生和诸多同仁的努力下，"承诺"

兑现了,"空想"实现了。

先生每每回到广州大学,总是尽可能地把时间留出来给本科生和研究生上人权法学课程;尽可能与校领导多多交流自己下一步的目标与设想;尽可能快速处理中心需要他处理的事务。但回到住处之后,先生却往往疲惫地吃不下饭,躺在沙发上就睡着了。不止一次,我和爱人晚上带着小孩子出来散步返回家中时已近晚上九十点钟,看到先生刚刚睡醒出来找饭店吃饭。有时,疲惫不堪的先生累得反而睡不着,需要服用安眠药才能入睡。先生的日程总是安排得满满的,问及先生从哪里来广州的,地点总是不同,事情总是不同,但不变的是一位老人拖着一个拖箱,出入机场的不同区域,飞往全国各地。以至于有一次我到南昌参加一个全国性的会议,当大家问我先生大部分时间在哪里时,我只好指了指上面说:"天上!"

先生一生心怀家国、情系苍生,其"德"不限于对挚友,其"爱"不限于对亲朋。在先生看来,人权普适;在先生看来,法治中国。先生已奠定了坚实的基础,我辈不应也不能懈怠。在先生八十华诞之际,我想先生最希望收到的礼物除了我们最真诚的祝福之外,可能就是看着年轻的后辈站在他们的肩膀上看世界、治天下吧!

【为人为学】

书剑人生路　星斗焕文章

宋尧玺*

在中国社会科学界，李步云老师是当之无愧的中国法治理论与人权理论的"旗手"，是"全国杰出资深法学家"，是"最早摘到法学王冠明珠的人"。我作为一个晚辈，缺乏眼光、境界和才学去评价李老师，我只想结合自身与李老师的关联及相处的经历谈谈我所认识的李老师。

在学术师承上，我是李老师的"孙辈"，我的学士、硕士、博士求学阶段的法理学业师均是李老师的高徒。在他们那里，我恭听先生的故事，久慕先生的高风。

在地理渊源上，李老师早年的金戈铁马之处紧邻我的家乡，抗美援朝战争的最前线——丹东（李老师至今还记得当时被美军飞机炸断的中朝边境断桥）。正是这样一种地缘的缘故，我们这代人自小就熟知并认同，现在的和平是李老师这代人用鲜血换来的，但李老师争取和平的方式却并不止于此。在国家步入和平年代以后，李老师为人权、法治、依宪执政鼓呼，吁求经由人权与法治所达致的永久和平。

在工作上，我是李老师的"小"同事。这虽有自己忝列其中的惭愧，但更多的却是与有荣焉的骄傲与感激。李老师虚怀若谷、达观宽容，乐于奖掖、提携年轻后辈。一次席间，李老师问及我博士论文的选题与内容，我向他做了简短的汇报，事后将自己的文稿寄给他请求指正，但是当时对这个"指正"其实是并没有期许的，毕竟李老师工作太忙了。可是后来，当自己再次和李老师见面的时候，李老师拿着我寄给他的文稿，一句一句地对我进行指导，我做的笔记写满了整整三张A4纸的正反面。更加令人

---

* 宋尧玺，广州大学人权研究与教育中心讲师，法学博士。

敬佩的是，李老师说话时的口吻并没有丝毫的训示，而是商量、研究的语气，并且不时问我："这个词是什么意思？我还是第一次听。我建议你尽量用简单平实的语言表达出来。"这次谈话是我的意外之喜，不仅让愿意使用晦涩、"时髦"词汇的自己感到汗颜，更加找到了踏踏实实求学做人的态度和方向。

李老师曾写过一本书叫《我的治学为人》，我想这不仅表达了他在治学和为人方面的体悟与高节，更隐含着他"治学"的目的是"为人"，即为了人的自由解放和全面发展的人权目标。

求学的难处在于寻找登堂入室的门径，感谢李老师为我打开了这扇门。

感恩的心

——写在李步云老师八十华诞之际

郭 哲*

如果说很多人对李老师心怀敬重、钦佩和敬仰，于我而言除了这些，更多的是对他老人家深怀感恩之心……

感恩于初见的肯定

记得第一次见到李老师是十多年前我刚到湖南大学法学院的时候，去当时书记的办公室交材料，见一位面容慈祥、精神矍铄、目光炯炯有神的老者端坐在沙发里。书记向老者介绍说："李老师，这是我院新来的小郭，她是中南大学的哲学硕士毕业生，主要研究法律伦理。""小郭，这位就是李步云教授。"难道我面前的这位长者就是与江平教授、郭道晖教授一同被誉为"中国法治三驾马车"的李步云教授？我抑制住自己激动的心情，连忙给李老师鞠躬问好，李老师望着我，语重心长地说："法律伦理专业好啊，在法理学中还很少有人研究，好好努力，小郭你一定有出息！"在法学科班出身的对非法学的研究法学存在偏见的时段，老先生的这句肯定给了我研究的信心和勇气，让我看到了自己未来的希望。现在想来，自己的点点进步和成绩的取得无不与老师的肯定有关。我从心底感恩于与大师的初见！

感恩于事业的鞭策

李老师年轻时曾参加过抗美援朝战争，还负过伤，后来在北京大学法

---

* 郭哲，湖南大学法学院副教授，法学博士，硕士生导师。

律系毕业后主要研修法理学、法哲学和人权法学，曾先后去美国、英国、德国、丹麦等十多个国家讲学和考察。现在享受国务院"有突出贡献专家"政府特殊津贴。是法学界有名的法治专家和人权斗士。于他而言，成就斐然，到了耄耋之年该好好颐享天年了，可每次和他见面都可以看到他对事业的规划，什么时候要出版几套人权丛书，什么时候要写出几本专著，努力争取拿下中部地区人权研究基地，引进外资多办几期人权教育培训班……他对事业的狂热和执着，对我而言就是一种莫大的鞭策，李老师都这么大年纪了还孜孜不倦，我有什么资格懒惰和懈怠，不去奋进，不去努力呢？每次见到李老师，他总是询问我法律伦理研究有了什么新进展，每每我都很惭愧。后来博士毕业到了事业的瓶颈期，一次聚会中，李老师特别对我说："小郭，你的博士论文中的住房权可以以新型人权的角度来研究，你还可以研究人权与伦理。"没想到老先生还从我的基础、兴趣和爱好出发，为我量身打造了我将来研究的中心和方向，在我中年事业出现瓶颈的纠结郁闷期给了我前进的目标和方向，鞭策着我不断取得成就和完善自我……

感恩于生活的关心

李老师对年轻人除了事业上的鞭策，在生活上也有慈父般的关心。记得我刚到法学院的时候，工资不高，还要抚养尚在襁褓中的女儿，那时，我丈夫的事业刚起步，房子也是学校的过渡房，经济相当拮据。李老师知道了我的情况，经常让我参加他的国际横向课题的研究，除了研究上的指点、提高外，他总是将自己拿到的课题经费分给我们年轻人。我丈夫在北京闯事业，李老师每次碰到我，都问我一个人带孩子累不累？忙不忙得过来？如果我丈夫在北京需要什么帮助可以直接去找他。后来丈夫发生意外，李老师每次碰到我更是问我需不需要帮助，孩子长得好不好，甚至总不忘一句："小郭，如果需要帮助，你随时都可以来找我。"听到这沁人心脾的温暖话语，看着李老师如父亲般慈祥的目光和面容，我感动得落泪了……

在老人家八十华诞之际，我心怀感恩之情，感谢李老师对我学业的鼓励、事业的鞭策和生活的关心，也祝愿他老人家永远健康平安，永远充满活力……

书剑人生 道义文章

——记我的恩师李步云先生

罗 静[*]

李步云先生少年之时，投笔从戎，于1949年参军，翌年奔赴抗美援朝前线，1952年6月负伤回国，从此转入人生的另一个战场：为国家的法治建设呕心沥血、上下求索。常言道：经历是一种财富。此言不虚。丰富的经历是李步云先生人生与学术的厚重的积淀，正是在此基础上，先生之为人，高风亮节，谦抑平和；先生之为学，坚持真理，不媚俗流。

对李步云先生而言，法治的中国是他一生奋斗的目标。回顾先生五十年来的治学生涯，他总是以研究中国的现实问题为己任，站在时代的前沿，为中国的法治建设摇旗呐喊，任它惊涛骇浪或是凉风徐徐，自是岿然不动。1979年，李步云先生在《人民日报》发表了《坚持公民在法律上一律平等》一文，引起社会各界的极大关注，一场关于"法治"与"人治"的争论随之展开。步云先生通过在《光明日报》《法学研究》等权威期刊上发表《要实行社会主义法治》《人治与法治能相互结合吗？》《论以法治国》等一系列文章，有理有据地对"法治"与"人治"两种观点进行辨析，旗帜鲜明地拥护法治，并指出"法治"与"法制"的区别及其意义所在。进入90年代中期，鉴于法治已经得到党和国家的纲领性文件的确认，李步云先生更是集中精力正面直接地探求法治的含义，对依法治国的理论意义、基本特征、法治国家的主要标志等进行了系统的研究与论证，提出了宪政中国的法治蓝图。

作为一个精研法哲学、推崇法治观的法学家，更作为一个有着拳拳赤

---

[*] 罗静，女，系李步云教授在湖南大学指导的法学博士，现为湖南大学法学院副教授。

子之心的公民，李步云先生关注的另一个领域为人权问题。早在1979年，李步云先生就在《人民日报》发表了《论我国罪犯的法律地位》一文，从理论上阐述了罪犯的公民地位，首次提出对罪犯合法权利的保障问题。此文如石破天惊，在当时的理论界与相关实践部门引发了激烈的争论。1980年，为回应部分学界同仁的责难，先生又在《法学杂志》撰文《再论我国罪犯的法律地位》，进一步论述了罪犯的权利。此后，先生积极参与八二宪法的讨论和起草工作，先后发表近十篇论文阐述公民的宪法权利，为新宪法中确立公民权利保障，提出了许多建设性的意见和建议，受到了党和国家的充分肯定。90年代以来，面对复杂的国内外环境，李先生以严谨的治学态度和无畏的科学精神，结合我国实际，对人权理论进行了系统的研究，分析了人权的三种存在形态，形成了具有原创性的人权理论体系。令先生欣慰的是，人权入宪如今成为现实，也又一次验证了先生高屋建瓴的理论功底与对时代脉搏的准确把握。

　　一名真正的学者，其毕生所追求的真理，不仅体现在他的学术成就上，更融入他的修养、品格中。步云先生的为人一如他的治学，平实简约中见深刻，谦和恬淡处显大家风范。无论是亲朋同仁或晚辈后学，先生总是以一颗真诚、友善的心去接纳、去关怀。对他人的困难，先生总是尽其所能，不求回报地去帮助，而面对自己人生的风雨，则以无欲则刚的学者风骨去坦然面对。有幸作为他的学生，不仅能感受到先生最直接和细心的指导，更是从先生为人处世中学习到了一种更高情怀、更加从容的人生态度，这是我一生的财富。

老骥伏枥，志在千里

——我印象中的李步云先生

肖洪泳[*]

一

李步云先生走进我的视野，是源于我拜读他的学术著作。我于1995年9月进入湘潭大学攻读法学本科专业，那时法学院的老师，大都是激情澎湃、年富力强的中青年教师，他们慷慨激昂而又颇富学理的授课方式，是我最为倾心和喜欢的。逐渐地，从大一法理学、宪法学的课堂上，我慢慢了解到中国当时法学研究领域的一些学者，其中就包括李步云先生。

大一结束后的暑假，我依然留在酷暑难当的校园继续我的学习，主要是想如饥似渴地阅读图书馆那些我心仪已久或一无所知的书籍。那时的图书馆还没实行开架直接由读者自己取阅，而是由读者从一盒盒的卡片中查找到自己需要的书籍，然后填写索书单交由管理员完成整个借阅过程。由于刚刚结束法理学、宪法学的课程，我阅读的视野主要也集中在此，一口气用了整整两个多小时将我认为大致值得阅读的书籍填写了几十张索书单，为我这个暑假的阅读之旅做好了索书的准备。

那个暑假的确是我人生中一次愉快的精神冒险，从中小学那种应试的束缚中解脱出来的阅读冲动，真的是如决堤的洪水，一发而不可收。让我印象最深并且后来一直对我影响颇久的书籍主要有两部，一部是孟德斯鸠的《论法的精神》，而另一部则是李步云先生主编的《中国法学——过去、现在与未来》。对于《论法的精神》，我那时有些似懂非懂，但孟德斯鸠那

---

[*] 肖洪泳，男，中国人民大学法学博士，湖南大学法学院副教授。

种理性而又富有激情的语言艺术还是深深地打动了我的心灵,让我后来一直对其珍爱有加。而《中国法学——过去、现在与未来》则不仅让我作为刚入门的法学本科学生全盘了解到了各个部门法学科的大致架构及其历史发展脉络,更让我对学习法律有了浓厚的兴趣和比较清晰的认识。尤其是李步云先生自己撰写的法理学部分,在"近年来法理学若干重要问题的讨论"中,其对"法治与人治""法制的概念""民主与法制""法律与自由"等问题的介绍和分析,基本上澄清了我当时学习法理学的许多困惑,为我后来进一步学习和思考法律的本质与价值奠定了基本方向。这是我第一次从书本上感受到李步云先生的学术魅力。

二

1997年下半年,也就是我进入大三的第一个学期,当时在中国人民大学攻读法学博士学位的胡旭晟老师学成回校为我们主讲《西方法律思想史》的课程,他那与众不同的授课方式更是我所喜欢的。我开始经常在课后向胡老师请教,他也经常颇有耐心地回答我的每一个问题。再加上那时我主持一个全校性的学生社团组织——法律咨询社,并且着手筹划创办学生学术刊物——《湘江法苑》,需要聘请一些老师作为学术顾问,就与胡老师有着更为广泛的接触。我也事实上经常为胡老师做一些琐碎事务,尤其是协助其接受《湘江法律评论》的稿件并加以初步的文字校对,让我对于外面学界的动态有了更为完整的把握。有一次胡老师请我们几个学生吃饭,边吃边聊就谈到了李步云先生,胡老师见我们意犹未尽,最后带有一点许诺性质地向我们神秘一笑道:"明年我们争取请李步云先生来一趟湘大……"

从那以后,我就一直期待1998年的到来。我也知道,这一年是湘潭大学建校四十周年,不仅学校有一系列重要活动的安排,各大院系也都会根据自身的特点筹划自己的活动。作为法律咨询社的社长,我也特别期待能够将设想中的本科学生学术刊物——《湘江法苑》——在这一年作为在校学生的一点心意送给母校。一切都在有条不紊地进行着,到了1998年9月,终于迎来了湘潭大学建校四十周年的校庆活动。在我的印象中,法学院所安排的系列学术讲座与学术论坛是所有院系中最为引人注目的,吸引来了全校师生关注的目光。我记得年高德劭的郭道晖教授、北京大学的贺卫方教授与朱苏力教授、香港大学的冯象教授等法学名家皆应邀而来,他们的学术讲座或学术座谈都迅速惹发了湘大青年学生的思想风暴。而李步云先生的学术讲座正好是安排在9月10日，即湘大建校纪念日，这就赋予了其更不寻常的意义。

那天，我一早就赶到了法学院的模拟法庭，却发现大部分的座位都已经为同学们所占据，我好不容易在后排找到了一个座位。离讲座开始的时间还有一个多小时，同学们叽叽喳喳讨论起这些天的讲座内容来，似乎都对今天的学术讲座充满更高的期待。渐渐地，来的同学越来越多，能够容纳数百人的模拟法庭开始被挤得水泄不通，过道上全都挤满了人。还有一些挤不进来的同学，干脆就趴在外面走廊上的玻璃窗户旁边。这样的场景，在当年的湘大的确是经常碰到的，至今仍是我人生中十分美好的回忆。

时间终于越来越近了，挤在门口的同学们中间突然响起一阵阵掌声，迅速传遍了整个模拟法庭，同学们一下子全都站立了起来，雷鸣般的掌声一浪盖过一浪，久久不能平息。只见一个年近古稀、精神矍铄的老人，在胡旭晟老师等的陪同下，从同学们让开的小道中正朝主席台走来。他满面笑容，朝着欢迎的人群频频点头，并不断挥起右手向同学们问好。胡旭晟老师陪同李步云先生在主席台中间坐了下来，双手朝着情绪高涨的同学们微微示意，大家方才陆续停止了热烈的掌声，一个个都开始坐了下来。这时我才发现，李步云先生虽已年近古稀，但身体硬朗，精神抖擞，饱满的前额似乎闪烁着智慧的光芒，看上去也就五十多岁的样子。尤其从远处看去，他那浓密的剑眉透露着一股充满活力的英气，炯炯有神的双眼饱含着一种和蔼可亲的韵味，让我顿时感觉到一个睿智长者的风范。

胡旭晟老师开始热情洋溢地介绍李步云先生。让我印象颇为深刻的是，李步云先生作为"文革"结束后建设社会主义法治国家的探索者和领路人，不仅呕心沥血撰写论著摇旗呐喊，更是身体力行努力促成法治事业的伟大实践，并且主编《法学研究》这一高水平的研究刊物，为中国法学理论的深入研究和法治实践的持续发展做出了相当杰出的贡献。胡旭晟老师还将其与此前不久前来湘大访学演讲的郭道晖先生并称为"法学界的两大自由斗士"，再一次获得同学们热烈的掌声。李步云先生在胡旭晟老师介绍完毕后开始了自己的演讲，他首先非常谦虚地笑称自己其实只是为社会主义法治事业做了一些自己力所能及的事情，接下来在长达将近两个小时的"论依法治国"这一学术演讲中，用一种朴实无华、通俗易懂的语言，全面阐释了自由、民主、人权、宪政这些我们那时还有些懵懂的概念和术语，梳理出了依法治国的重大意义和基本举措，使我们对于自己当下的学习和未来的事业充满了信心。演讲结束后，许多同学纷纷走上主席台与李步云先生合影，我也拿了一本当时我们主编的《湘江法苑》，并请胡旭晟老师略加说明，敬献给李步云先生。

三

  1999年7月，我大学毕业去了衡阳一所大学任教，对于学界动态的了解仍然主要来自我的母校——湘潭大学。由于平时教学任务繁重，加上一心一意准备考研，也就没有过多关注学术，我感觉自己阅读的书目也越来越贫乏。待到2002年9月我重返湘潭大学攻读硕士研究生时，浓厚的学术兴趣才再次被全盘激发出来。那段时间，我们都认为湘潭大学法学院的学生是非常幸运的，除了过去那些深刻影响了我们的老师之外，程燎原教授、汪太贤教授、邱兴隆教授、孙长永教授、赵明教授等老师的加盟，更是增添了一股从未有过的勃勃生机。而其中的赵明老师正好是从李步云先生那里刚刚毕业的法学博士，他在我们的《法学史》课堂上总会情不自禁地谈起自己的导师，这再一次激起了我对李步云先生的景仰之情。于是，我搜集来了校图书馆、法学院图书室所有李步云先生的著作开始拜读，而且那时我也准备报考中国社会科学院法学研究所法理学方向的博士研究生，李步云先生的学术著作当然就成了十分重要的阅读文献，尤其是他主编的《宪法比较研究》一书，可以说是我当时记得最为滚瓜烂熟的参考书目。李步云先生在我心目中的学术形象，开始变得越来越清晰，越来越深刻。

  可惜的是，我最终还是没有跨进中国社会科学院进一步深造的大门。但幸运的是，我硕士研究生毕业后却来到了湖南大学法学院任教，而李步云先生早已在此执教多年，并一直担任法学院的名誉院长。我从一个过去景仰李步云先生的学生，开始转换为一名与其共事的同事，心里不禁有一种莫名的兴奋，但又潜藏着一种忐忑不安。那一年更为幸运的是，在我刚到湖南大学报到的暑假，吉林大学理论法学研究中心在张文显教授的主持和策划下，着手主办"第一届西方法哲学前沿问题讲习班"，我与石玉英老师在时任院长的单飞跃教授以及温晓莉教授的极力推荐下，得以前往长春参加该讲习班的学习。而李步云先生则是该讲习班的特邀主讲人，在这一次我不仅能够再次亲炙其学术演讲的思想魅力，而且有了与其促膝谈心、长时对话的机会。

由于长达十余天的高负荷学习，主办方吉林大学理论法学研究中心在李步云先生上午的讲座之后，安排我们所有学员下午前往长春郊区的净月潭国家森林公园游玩散心。净月潭国家森林公园位于长春市东南部，距离吉林大学十余公里，那里群山环绕、绿浪排天、碧波荡漾、柏翠花红，实在是个休闲的好处所。我们刚进公园大门，就为碧浪滔天的湖泊所深深吸引。大家三五成群顺着湖堤一路前行，有说有笑，畅所欲言。我们十余人始终一路随行李步云先生以及香港中文大学的於兴中教授，至今仍然觉得那次三个多小时的漫步，是我人生旅途上极其愉悦的一道风景。李步云先生已然知道我刚进入湖南大学法学院，并对我的法律史专业背景有了一定的了解。他一路上对我嘘寒问暖，不时向我传授其学术研究的心得，尤其是鼓励我坚定法律史研究的信心，建议我将法史学与法理学的研究贯通起来，将法学基础理论与部门法知识的研究联系起来，这让我受益良多，也是我至今研习法律的基本路径。那一次的谈话，让我忘却了旅途的疲劳，我也非常惊讶地发现，先生虽然年逾古稀，却与我们这一群青年人足足踏遍了偌大的公园，连一点疲惫的迹象都没有，不仅让我深为感喟。

傍晚时分，张文显教授亲自赶到公园门口迎接我们返回吉林大学。一路上，他不断向我们讲述着李步云先生的逸闻趣事，譬如先生于1950年（时年17岁）入朝作战，1952年负伤回国，"文革"结束后率先吹响建设社会主义法治国家的号角，三次进入中南海为中央政治局领导主讲法制课，等等。我们当然是听得津津有味，感受着李步云先生学术人生之外的精彩篇章。在当天隆重的晚宴上，张文显教授更是发表了热情洋溢的讲话，来自全国各地的学员亦是频频举杯，向李步云先生、张文显教授、於兴中教授、邓正来教授、信春鹰教授等主讲人表达最为诚挚的谢意。我注意到李步云先生兴致很高，在接受每一位学员的敬酒时，他都不忘询问一下学员的具体情况，让大家都备觉亲切。

四

从吉林大学参加讲习班回来一个多月后，就正式开学了。由于我与李步云先生都在理论法学教研室，同他接触、向他请教的机会就更多了。每一次，先生都不忘夸奖并鼓励我几句，然后再以一种如沐春风的语言向我传授他的治学心得和人生经验，总是能够不断给我许多新的启迪。我也总是感觉到先生有着一种绵长而耐久的韧劲，虽居耄耋之年，仍对法学院的事业发展充满无限的热情。他不仅亲自出面主持人权与宪政研究中心的全面发展大局，出任《岳麓法学评论》杂志的主编，而且对于法学院各项重大决策与活动均义不容辞地承担起重任。2007年下半年我进入中国人民大学法学院攻读法学博士学位，李步云先生较早培养的博士张志铭教授担任我们"法学前沿"的主讲老师，当他得知我来自湖南大学法学院时，便在课后向我打听起先生的近况，听到我简单的介绍后，他不禁发自肺腑地感喟："想不到先生仍是如此精力过人……"

的确，从与李步云先生接触以来，他那充沛的精力所盛产的作品，无论从哪一方面来看，都足以让我们这些后辈晚学自愧不已。我们总是手忙脚乱，疲于奔命，但却所思甚少，所出甚小。每当想至此处，便甚感不安。尤其是每次见到先生，内心的忐忑总难掩饰住那一份惶恐和惭愧。先生今年已是八十高寿，其为人为学仍一丝不苟，开拓向前，诚如老骥伏枥，志在千里，足以为我辈之楷模。西塞罗在《论老年》一书中说道："如果一个人不但长寿而且还活得很有意义，那么老年时就会有惊人的收获，这不仅是因为它们必然能使我们安度晚年，而且还因为意识到自己一生并未虚度，并回想起自己的许多善行，就会感到无比欣慰。"李步云先生的精彩人生，不正是这样的写照么！"李杜文章在，光焰万丈长。"我相信，李步云先生所书写的法治事业，将永远激励我们前进……

品味大师为人为学

——走近著名法学家李步云先生

李 剑[*]

在人的一生中,每个人都会遇到一个或几个影响自己成长或令自己难以忘怀的长者、导师或朋友,尽管我不是李步云老师的正宗弟子,但是我在心灵深处将他视为我最值得尊敬的导师和长者。每当我人生转折的前夕,一些智慧而慈祥的长者都会不约而同地闯入我的梦境,对我的人生进程施加良好的影响,李步云老师就是这样一位长者,让我不知不觉地品鉴和回味他的为人和为学,激励和鞭策我在人生的道路上奋勇前行。

为人:栽培后辈不遗余力

李步云老师不仅是我的同乡,而且是我们李家德高望重的前辈,他的为学为人在我们家乡娄底有着广泛的影响。2004年6月,通过熟人介绍我见到了李老师。李老师平易近人、乐于助人的品格给我留下了深刻印象,对李老师给我的无私帮助深表感激之情。从那以后,我一有机会就去看望他。

2006年2月26日,我在北京出差就给他家里打电话,说要去看望他。他接了电话很高兴,他是个很细心的人,他说他家在潘家园,他担心我找不到,就更详细地告诉我是在河南大厦附近的旧货市场后面。我兄弟俩是吃完晚饭后去拜访他的,我们到他家时只有他一个人在家(他夫人好像生病住院)。由于旁人不多,我们谈得很投机、很开心,我们先谈一些生活

---

[*] 李剑,湖南双峰人,法学博士,教授,现为《检察日报》高级编辑。

琐事，到后来谈论学术问题，足足谈了将近三个小时。我记得那次还向他请教了博士论文的选题问题。我自己拟定了一个博士论文题目《论知政权》，论文开题时汪太贤教授（西南政法大学行政法学院院长）等老师给我提出过在论文写作中要把握政治风险的建议。我于是就这个选题向李老师请教。李老师说这个选题具有新意，特别在世界各国都愈来愈重视法治与人权的当今，研究这一选题具有重要的理论意义和现实意义。他鼓励我认真写下去，接着在谋篇布局、研究方法方面给我提了很多建议，并在书架上找了周汉华教授（中国信息法研究会副会长）的两本书《起草〈政府信息公开条例〉（专家建议稿）的基本考虑》《中美政府公开制度异同比较》供我写博士论文时参考。随后，我根据李老师的建议写博士论文，不但少走了弯路，写出来的论文效果又好。中国政法大学博士生导师、《政法论坛》主编王人博教授对我的博士论文《知政权论》评价很高：从选题看，该论文选题属学科前沿，对于进一步推动我国宪政、人权事业的发展意义重大；从文章的内容看，作者的阅读面很旗开得胜，尤其是该领域研究检索方面，做了不少努力，基本上掌握了第一手的前沿的资料，研究方向明确；从作者的基础理论与专门知识看，已经较好地掌握了该领域的理论基础知识；从科研能力看，作者首先具有学术敏感性，知政权作为一种新型权利，日益受到人们的重视，作者及时把握住了这一点，以此为题形成博士论文，足见作者的学术敏锐与创新。

　　李步云老师不仅关心我的成长，而且关心我亲人的成长。我夫人是省高级人民法院的法官，曾利用业余时间在湖南大学法学院读在职研究生，也受到过李老师的教育，受益匪浅。2012年5月的一天，我们兄弟俩还在湖南大学看望了李老师。他很热情、很健谈，问及我们的学习、生活和工作，并为我们人生路径的选择提供了许多建议，同时亲力亲为地为我们的成长提供帮助。

　　对人的成长的关心是最大的关心。因此我们从内心深处敬重李老师、感激李老师！

为学：探索学术永不止步

　　和李步云老师交往一段时间后，我不仅对他的为人正直、乐于助人、谦逊慈祥、热心栽培后辈的优秀品质很了解，而且渐渐关注并品味起他的为学之道了。步云先生的学术造诣在法学界是有口皆碑的，他在中国法学界是个响当当的人物，这不仅因为他是曾经三次为中央政治局讲授法制课的课题组成员，曾到50多个省部级单位给领导人讲法制课，还因为他在我国最早提出了法治和人权的思想，并推动二者写入宪法，因此被誉为"敢开第一腔"的法学家。讲依法治国那次让他记忆犹新。当时是1995年冬天，中央政治局决定1996年春要讲法制课。司法部出了几个题目，中央领导选定"关于实行依法治国，建设社会主义法制国家的理论与实践问题"这个题目。司法部最终找到李步云。李步云说，可能是因为他最早提出了依法治国的理论，并就此写了大量文章。被选中后，李步云用了十几天准备好讲稿。随后，他在司法部领导和中央机关有关人员面前进行了试讲。他说，当时他建议把题目改为"依法治国，建设社会主义法治国家"，一是原来的题目太长，二是"法制"要改为"法治"。后来，司法部还是决定由中国社科院法学所的王家福来讲这次课，但李步云仍是主要成员。虽然不能亲自为领导人讲课很遗憾，他还是积极参与到第二稿的起草中。

李步云亲自为全国人大常委会的领导讲过课。那是在1998年，讲的仍是依法治国。令他高兴的是，这次他坚持的将"法制"改为"法治"得到了领导人认可。李步云说，有些主张取消法治论的人就认为，法制和法治是一回事。但"法制"是指法律制度，人治、专制时也有法制。而"法治"则是一种治国方略，与人治是根本对立的。

除了给中央领导讲课，李老师还应邀到50多个省部级单位为领导人讲法制课。他说，各级领导对依法治国很认可，都在思考这个问题，也对这个问题感兴趣，所以每次讲课，他连着讲3个小时，大家都能聚精会神地听。"官员们思想是开放的，但他们同时认识到，法治的实现有个过程，他们同时是了解现实的。"李老师一系列的讲座带动了各级领导学法，进而推动了全民学法，对提高全民法治理念起了很大作用。

李步云老师不仅一生关注和力推我国法治社会的生成，而且一生研究并宣讲人权，他一年四季在北京、广州、南京和长沙来回奔波，朋友们打趣地说："他这是忙着四处'鼓吹'人权呀！"多年前，他被湖南大学法学院聘为名誉院长，开始给法律专业本科生讲授"人权法"。此前，国内法律专业本科生通常只上"国际人权法"或"国际人权史"课程。他还将"人权法"开到广州大学，听众是中文、新闻、外语、数学的本科生。给非法律专业的学生讲授人权，他算开了先河。

他的一位听众说："总是听说西方国家攻击我国没有人权，但什么是人权，我却答不出来。""什么是人权？不知道的人很多。"李步云说。于是，他四处去讲人权。他给50多位高校教师讲人权法，跟他们探讨回到各自的学校里如何开设"人权法"课程。2012年4月，他到山东大学去讲人权，教室里"水泄不通，窗台上、地上都坐满了人"，李步云站着，上午一口气讲3小时，下午再讲3小时，第二天，接着又讲了2小时。

"人活在世界上的幸福，最终归结于人权的充分体现和保障，这是做人应有的价值。否则，人将不成其为人。"李步云说。李步云对这种"人的幸福"的追求，始于十一届三中全会召开前夕。其时，他供职于中国社会科学院。《人民日报》于1978年12月刊登了他的《坚持公民在法律上一律平等》，此文堪称"文革"后法学界突破思想理论禁区的第一篇文章。次年，李步云进一步拓展了这一论点，与人合作在《人民日报》上发表了《论我国罪犯的法律地位》，提出罪犯也应有权利。"连罪犯权利的保障问题都已经提出来了！"时人为之一振。2004年，李步云参加中央领导人主持的修宪座谈会。会上，他提出应在宪法中加入"国家尊重和保障人权"字句。

20世纪80年代，法学界有些头面人物提出"人权是资产阶级口号"。有关方面也布置让李步云所在的社科院法学所写批判人权的文章。李步云表示，如果这篇文章的基调定为"社会主义也要讲人权"，便可以写，否则不参与。"最后我们就赖掉了。"李步云说着，挤了挤眼，狡黠地笑了。

李步云在湖南大学创设人权研究中心后，又在广州设立了人权研究中心。他要带出一批搞人权研究和人权教育的人才，做出一批有影响的研究成果，办一份学术刊物，出一套人权丛书，建一个最好的人权网站和一个最好的资料库……现在的他，正致力于在全国开展人权教育。他说，希望一生中能在中国的东西南北中参与创建五个人权研究所。现在，北有社科院人权研究中心，中有湖南大学法治人权研究中心，南有广州大学人权研究与教育中心，东有东南大学宪政与人权研究所，只差西边了，未来，他想在西边也建一个人权研究所。

宝刀不老。李步云老师治学严谨、思想深邃，年近八十的他就是不服老，始终没有停止探索学术的脚步！

师门感记

阎云峰[*]

恭列李先生师门，是我此生的荣幸。我本科在西北农林科技大学读经济学，对法学却情有独钟。记得1999年4月份，为准备在班级团会上学习新修订宪法[①]的精神，我查阅了李步云先生发表在该年度4月9日《人民日报》上的《依法治国的里程碑》一文。这是我初次接触李老师的作品，文中有关法治国家十项原则的观点至今我都印象深刻。

大学毕业我随爱人到长沙工作，后又如愿到湘潭大学攻读法律硕士。导师赵明教授是李先生在社科院法学所的高足，对李老师的为人为学十分推崇，作为再传弟子的我更是对李先生钦佩不已。大约2003年上半年，一次与赵明老师谈论李先生的名篇《宪政与中国》。[②] 赵老师说："李老师现在湖大，既然你喜欢他，可以报考他的博士，我帮你推荐！"后赵明教授离开湘大回西南政法，我被转到程燎原教授门下。程老师知道我考取了李先生的博士，十分高兴，鼎力帮我办理硕士论文提前答辩事宜，后还专程和我一道到长沙拜见李先生。

几经波折终于入湖南大学在李先生门下读博，这着实让我亢奋了很久。和这位以前只在书本上领略过的大师的交往，使我更加真切地体会到如沐春风和润物无声的感觉。他宽容、人道、忘我，思想精邃，不乏理性的狡黠，还有生活中的可爱。

---

[*] 阎云峰，1976年10月生，厦门大学法学院博士后研究人员，讲师，系李步云教授在湖南大学所指导的2009届博士研究生。

[①] 1999年修宪的内容之一是确立了"依法治国"的基本治国方略。

[②] 李步云：《宪政与中国》，载宪法比较研究课题组编《宪法比较研究文集（2）》，中国民主法制出版社，1993，第1~31页。

先生对学生常常是"以德服人",这是我们同门弟子们都公认的。他真真正正关心学生,从不以权威姿态让人顺服,甚至很少直接批评学生,总是以他的睿智和阅历及时提醒和点拨我。而我却是一个十分愚钝而且固执的家伙,老师的宽容纵容了我一度的叛逆,直到碰了"南墙"才服气。先生不但不批评不厌弃,反而说这也是我的长处,现在想来真有些羞愧。比如先生2004年提出他的人权的本原学说,主要内容是:"人权源于人的本性,这种本性包括自然属性和社会属性两个方面。自然属性即人性,它由人的天性、德性和理性三要素所构成。这是人权存在的目的和意义,是人权产生的内因。人的社会性对于人的意义有两个,一是人权存在于人与人的关系中;二是社会制度尤其是经济制度的文明程度,影响与制约着人权的发展,这是人权产生与发展的外因。"[①] 我当时感到不甚理解,尤其是关于人的自然属性包括天性(主要内容生命、自由和幸福)、德性(主要内容平等、博爱和正义)和理性(主要内容狭义理性、理念和理智)三要素,我教条地认为这样的分类组合不太符合西方的知识传统。先生耐心听取我的意见,并未当面驳斥,反而鼓励我继续思考探索,足见他对不同见解的宽容。现在看来,先生的这个区分对于理解众说纷纭的人性是相当有启发的,诸如功利论主要立基于人趋乐避苦的本能和追求幸福的天性,所谓人性的善恶主要是从德性意义上而言的,而理性是西方哲学传统的核心概念,主要指人的认识能力,近代被引入中国。

除了参加国内外的研讨会,先生以七十多岁的年纪还要经常性地在北京、长沙和广州三地奔波,我们都劝他别太辛苦,他反而拿家人称他的"空中飞人"外号打趣,一脸倦容的背后是内心的乐观与坚持。几乎每次,他一下飞机就直接约弟子们到他湖大寓所前的饭店,很温馨地团聚,边吃饭边谈论文和工作,问题复杂的饭后到他的寓所继续详谈。每次回来他都不顾辛劳主动让院里安排自己和本科生见面做讲座。为配合博士生课程教学,他每次都专程从外地赶回来为学生开设法理学前沿。我的博士论文预答辩会之前,当我取回寄给老师的那个初稿版本时,注意到上面几乎每段话都有老师修改的批注,包括标点符号。先生说:"我在回来的火车上还在看你的文章。你一定要再仔细些,要经得起推敲。"

学院曾经因他的突出贡献而奖励他几万元奖金,他又坚持回馈给学院

---

① 李步云:《论人权的本原》,《政法论坛》2004年第2期。另见李步云主编《人权法学》,高等教育出版社,2005,第28~47页。

设立奖学金。据我所知，在湖大获得的众多荣誉中先生自己最看重的是，2004年由在校大学生投票评选他为首届湖南大学"师德标兵"。为了参加那年9月7日学校举行的颁奖会，他临时决定推迟原定的行程，让学生帮忙办理改签，自己欣然而郑重地与会接受这份荣誉。

在我看来，先生是有大境界的，也是有大关怀的。在朝鲜战场枪林弹雨中负过伤的他，对战争与和平、个人与国家有着非同一般的理解。为了每一个人的幸福，他一刻不停地为法治和人权鼓与呼，却很少顾及自己和家人。我对先生的理解经历了三重不同的精神境界。初识先生和阅读他的著作，惊叹于他对中国法治和人权事业的贡献，有高山仰止之感，此之谓"看山是山，看水是水"；熟识之后，经历了一段怀疑和困惑期，先生相对主义的论证无法满足自己要"彻底"的激进想法，"不识庐山真面目，只缘身在此山中"，此之谓"看山不是山，看水不是水"；毕业之际，对先生的思想有了更深的领悟，才明白那既是策略方法，又是大智大勇，一种无法复制的艺术，一种难以企及的境界，有叹为观止之感，此之谓"看山还是山，看水还是水"。

先生是问题中人，看问题具有理论前瞻性，写文章非常有现实针对性，总能引领思潮，被誉为"敢开第一腔的法学家"。[①] 他敢讲真话但却很艺术地表达，让不同层面的受众都能认可和接受。他的文字经常包裹得很深，其中暗藏玄机。他总是很辩证地看问题，从不讲过于片面或绝对的话，很好地体现了法政人应具备的"中庸"或"中道"的美德，这可能也是我一度不能很好地理解先生思想精髓的原因。先生发言时针对不同的对象会用不同的方式去说，分寸和火候把握得恰到好处，场面和气氛控制得非常好。先生身上这种历经中国特定时代特定政治气候练就的"走钢丝"式的高超功夫，晚辈望尘莫及。也希望将来吾辈能自由言说，不必再有诸多顾忌。

先生发自内心尊重每一个和他交往的人，总是设身处地为对方着想。和他交谈时大部分时间他都在耐心而专注地倾听，只在必要时插话或点评。他也是一个不会说"不"的人，心中有苦自己承担，这正像他爱唱的《心太软》中的歌词所述："把所有问题都自己扛。"但他却很乐观，经常开玩笑调节气氛。一个冬日，众弟子接他去吃饭，出门前他顺手拿了顶帽子戴上。与平时相比看起来有点奇怪，师姐关切地说："帽子有点小啊！"

[①] 裴智勇：《李步云：敢开第一腔的法学家》，《人民日报》2005年1月5日，第14版。

李老师说:"有点像小鬼子吧!"众人哄笑。

  毕业后,我会经常想起先生的教诲,会学着像先生对待自己一样去对待自己的学生。我会时刻提醒自己先生所教导的问题意识,会更加用心咀嚼和领会他的思想观点所传达的深意。偶尔,当我对中国现状和法治前景感到不甚乐观甚至有些沮丧时,总会想到先生的坚毅和乐观。先生是一盏智慧的明灯,黑夜中为我指引前行的路。

李步云教授与湖大"岳麓法律人"

彭 澎[*]

　　八月的岳麓山，万物争荣；八月的湘江水，碧波荡漾；八月的橘子洲，夏日流火；八月的长沙城，山水含情。在这八月天高云淡的美好时刻，我们怀着无比高兴的心情迎来了李步云教授八十寿诞的大喜之日，迎来了李步云教授在湖南大学工作的十二年。湖南是法学大省，法学资源雄厚，法学研究队伍强大，涌现了一大批在全国乃至在国际上享有盛誉的著名法学家。李步云教授就是法学湘军的杰出代表，他不仅怀揣着一颗建设中国法治的雄心壮志，用自己的智识和实践为中国法治鼓与呼，用自己的思想和逻辑为中国法学理论研究贡献光和热，而且还拥有一个振兴湖湘法学、发展家乡教育事业的宏伟梦想。李步云教授自2000年担任湖南大学法学院名誉院长以来，为湖大法学院的发展做出了很大贡献，以李步云教授为核心的法学院老师用他们的激情和持续关爱，以他们独具魅力的素质和精神风貌，以及远大的理想、执着的精神与卓越的工作，为法学院的发展创造了良好的环境，打下了坚实的基础。他们默默付出、无私奉献，书写了法学院发展的神话；他们用坚实的脊梁，支撑起法学院发展的这片蓝天。

　　1999年9月1日，我从烟波浩渺的洞庭湖畔来到了绿树荫荫的岳麓山下，从此与岳麓山、与湖大法学院结下了一生不解之缘，相继在湖南大学法学院完成了从本科、硕士到博士的法学学位教育全过程，在岳麓山下学习法学整整十二年，成为一名名副其实的"岳麓法律人"。我很有幸，亲历了湖大法学院的复建、成长和发展，能与湖大法学院一起成长、一起进

---

[*] 彭澎（1981.6~），中共湖南省委党校法学部讲师，法学博士。

步、一起发展。而更有幸的是，我能在千年学府岳麓书院认识李步云老师，李老师在湖大工作的这十二年恰好是我在岳麓山下求学的十二年。我的人生能与李步云老师有着十二年之久的时间交集，能与李步云老师在千年学府有着十二年之久的岳麓交集，能在法学启蒙之路上目睹法学大师的风采，能在李老师的关心和帮助下茁壮成长，真的是我的荣幸。我们湖大法学院学生有一个共同的身份——岳麓法律人，这凝聚了我们岳麓法律人的品质，积淀了我们岳麓法律人的品格，塑造了我们岳麓法律人的精神，这是我们一辈子永久不变的精神财富与奋斗信仰。说到"岳麓法律人"，我们会不由自主地想到李步云老师等老一辈法学家。十二年，岳麓山，我们曾经学于斯、长于斯，"岳麓法律人"承载着我们的汗水、泪水、青春和热血，更满怀着李步云老师等法学院全体老师的心血。十二年，岳麓山，我们继续歌于斯、成于斯，"岳麓法律人"镌刻着我们的理想、信念、梦想与激情，更寄托着李步云老师等法学院全体老师的希望。巍巍岳麓山，"岳麓法律人"这个思想者的群居和法律人的城邦，无处不流淌着李步云老师等老一辈法学家和法学院全体老师的深切关怀之情。

1. 李步云老师与湖南大学岳麓法律人学会的成立和发展

岳麓法律人学会是湖南大学法学院学生的学术社团，其前身是成立于2000年10月的湖南大学学生法律协会。李步云教授、郭道晖教授、刘定华教授、屈茂辉教授、郑鹏程教授和当时在湖大法学院任教的单飞跃教授、王全兴教授、温晓莉教授等十余位法学家是协会的学术顾问，具体指导着协会的学术活动。协会从成立开始就一直以"提高学术水平，促进法学研究，弘扬法治精神"为宗旨，组织湖大法学院的法科学生以及湖南大学对法律感兴趣的青年学子深入开展法学研究活动。李步云老师十分关心协会活动，经常亲自参加和指导协会的学术活动。当时，协会每学期定期组织开展"岳麓学术沙龙""岳麓法学论坛""司法实务论坛""法律人才素质论坛"等学术交流活动，李步云老师就是我们"学术沙龙"和"法学论坛"的常客。我们经常邀请李步云老师参加学生的学术活动，李老师每次都很高兴地答应，并准时参加，为湖大学生奉献了一场场精彩的学术大餐。记得有一段时间，论坛和沙龙暂时停歇了一阵，李老师还亲自过问，并通过个人关系无私地帮助协会联系来长沙出差的法学家，邀请他们光临论坛和沙龙。在李老师的关心帮助和大力支持下，协会的学术活动规模不断扩大，沙龙和讲座的学术水平与学术品味逐步提高，每场学术沙龙和学术讲座现场都是精彩纷呈、座无虚席。记得2004年4月12日晚上，李步云老师和湖大法学院部分老师围绕"人权入宪"的主题与同学们展开了交流和深层次探讨，气氛十分活跃，同学们踊跃发言，沙龙一直持续到晚上十点半，仍然让人感觉意犹未尽。还有2004年5月22日晚上在湖大北校区老模拟法庭，在李步云老师的力邀下，他和郭道晖老师两位法学大师围绕"民主·法治·宪政"主题为法学院学生联袂打造了一场精彩的法学学术沙龙，当时的场面至今记忆犹新，有很多学生都是站着听完沙龙的。后来，2004年9月法学院安排我担任法律协会的会长，全面负责协会学术活动的组织开展。当时，我向李步云老师畅谈了一次个人初步的活动想法和工作设想，李老师都积极地认可，并鼓励和支持我们努力提高学术活动的水平与层次。时任湖大法学院的领导建议我们将法律协会改名为"岳麓法律人学会"，以更能激发湖大法学院学生的学术认同感，更能体现湖大法学学生法学研究的学术志趣，这一想法得到李步云老师的积极赞同。2004年10月，经过学校有关部门的批准，学生法律学会正式更名为"湖南大学岳麓法律人学会"，法学院还特意为此召开了隆重而简朴的成立大会。学会后来的活动越办越出彩，逐步形成了特色，扩大了影响，成为湖南大学校园内一道亮丽的学术风景线。李步云老师不论多忙，还是每学期抽出时间参加我们的学术活动，每一次沙龙或论坛，他都用其精彩的发言、深邃锐利的学术思想和最高水平的发挥让我们岳麓法律人获得了一种知识上的享受。经过多年的发展，如今，岳麓法律人学会已经成长为湖大学生法学研究和学术交流的平台，成为湖大加强学风建设和学术创新的主阵地。

2. 李步云老师与湖南大学"岳麓法律人"奖学金的设立和颁发

为提高湖大法学院学生的科研学术水平，培养学生良好的综合素质，增强学生的开拓创新能力，树立优良的学风，2004年12月24日法学院党政联席会议决定设立"岳麓法律人"奖学金。2005年1月1日，第一届"岳麓法律人"奖学金颁奖典礼在新落成的法学大楼模拟法庭正式举行，首批获奖的法学院本科生和研究生共有七人。李步云老师十分支持以"岳麓法律人"名义开设奖学金，奖励法学院品学兼优的学生，在多种场合鼓励学生努力学习，取得优异的成绩，争取获评该奖学金，把它作为勉励法学院学生勤奋学习的奋斗目标。后来得知，李步云老师还专门拿出自己的一部分资金用来资助设立"岳麓法律人"奖学金，要让奖学金长久地设立下去，用来支持和鼓励优秀的青年学生，让他们获得更加长足的发展，以此形成法学院学生你超我赶、努力认真的优良传统。在李步云老师的鼎力支持和亲切关怀下，湖大法学院"岳麓法律人"奖学金每年评奖一次，每次评奖法学院都会组织一次隆重的颁奖典礼。经过多年的发展,"岳麓法律人"奖学金已经成为法学院学生奋斗的标杆与进步的标志,法学院的学生以自己能获得"岳麓法律人"奖学金而深感自豪和骄傲。我有幸在湖大法学院十二年学习期间先后两次获得"岳麓法律人"奖学金,第一次是在2006年6月硕士研究生快毕业的时候,第二次是在2009年12月博士研究生三年级的时候。如今,这两个证书我已经很好地珍藏起来并将永久地保存下去,它已经成为我引以为豪的精神财富,成为我奋勇前行的精神丰碑。每每翻开它,不仅仿佛能看见自己昔日在校学习期间刻苦求学的艰辛历程,更加能感受到李步云老师那份对学生深深的挚爱之情,让我终生难忘、刻骨铭心。

3. 李步云老师与湖南大学学生学术刊物《岳麓法律人》的创刊和成长

《岳麓法律人》是湖南大学法学院学生自主创办和自主编辑的学生学术刊物。学术薪火的延绵不断,靠的是一代代学术新人的持续奋斗和积累。新人辈出,才能不断创新,繁荣学术。学术新人的成长需要自己的园地,《岳麓法律人》就是湖大法律学人展示自己才华的大舞台。《岳麓法律人》刊物的前身是法学院于1998年创办的由学生自主编辑的《法学探讨》杂志。该杂志前后总共编辑出版过六期,基本上保持每年出版一期,当时很多法学院学生踊跃投稿,并由学生自主审稿、自主编辑出版,在培养法学院学生学术兴趣、引导学生开展学术研究方面发挥了很大作用。但随着法学院的发展,学生规模的不断扩大,学生对学术研究的兴趣愈加浓厚,愈加需要一本高水平的学术刊物,能够在学生中发挥学术研究的引领作用,成为学生法学研究和学术交流的学术先锋。而原来的《法学探讨》已经停刊两年,且该杂志无论在刊物的定位、栏目的编辑、编排的设计以及印刷的风格上,都已经不能满足学生的需要。李步云老师一直鼓励学生能够在学术研究上有所创新,能够创办出一本属于自己的高质量的学生学术刊物。正是在这样的情景之下,2005年李步云老师和当时法学院的领导都建议将该杂志改版。经过一段时间的认真思考与审慎琢磨,最后将刊物定名为《岳麓法律人》。李步云老师很认同新刊物的定名,他认为《岳麓法律人》的刊物名称能够强烈地体现出千年岳麓湖湘气韵的深厚背景,能够深刻地展示出千年学府岳麓书院的历史根基与文化积淀,能够完美地彰显湖南大学古老与现代、传统与创新相碰撞与交汇的现代法学学子的精神风貌。李步云老师对于《岳麓法律人》刊物给予了大力支持。我很有幸,在湖大法学院十二年求学期间,前后两次被聘担任《岳麓法律人》刊物的主编，第一次是 2005 年 6 月的创刊号，第二次是 2006 年 1 月的第二卷。如今回忆起来，当年办刊往事依然清晰可见、历历在目，一群志同道合的热血青年，怀着对学术的无比虔诚之心，尝试着创办学生学术刊物，经历了很多艰辛，遇到了各种艰难险阻，终于办出了初有影响的两期刊物。我作为主编，亲自主持编辑，其中有苦有乐，获益良多。特别是在办刊过程中，向李步云老师探求主编学术刊物的经验，让我感受到追求学术的无穷魅力，真正开拓了自己的研究视野。担任主编没多久，我盛情邀请李步云老师为刊物题写刊名并题词，李老师欣然应允。2005 年 4 月 15 日晚上，我来到李步云老师在湖大红叶楼的房子里，李老师挥毫泼墨，题写出了"岳麓法律人"五个苍劲有力的大字，并题词"勇攀法律科学高峰——祝《岳麓法律人》创刊"。这个题字从此成为我们每期刊物的封面名称，一直沿用至今。题词后，李步云老师还和我畅谈起他主编学术刊物的经历，他嘱咐我们学生学术刊物一定要办出自己的特色，形成自己的风格，他希望《岳麓法律人》一定要体现出千年学府岳麓书院和千百年湖湘文化的学术底蕴与精神信仰，一定要展示出湖南大学百年法学教育的优良传统与深厚历史，一定要凸显出当代法律学人执着的学术兴趣与真理追求，一定要在学生中营造出活跃且浓厚的学术气氛，充分反映出中国法治进程中法学学生的神圣使命。多年后，李步云老师的谆谆教诲还时常在耳边萦绕，催发着我们努力进取，丝毫不敢懈怠。从 2005 年至今，《岳麓法律人》已经编辑问世了六卷，每年一卷，传承着法学院青年学生法学研究的学术薪火。

光阴似箭，流年似水。十二年过去了，"岳麓法律人"已经成为湖大法学院学生的一个品牌，成为湖大法学院的一种象征。不论是岳麓法律人学会，还是岳麓法律人奖学金，抑或是《岳麓法律人》刊物，都满怀着李步云等老一辈法学家和法学院全体老师的深厚关怀，都承载着李步云老师的大力提携与鼎力支持。如今，岳麓法律人学会已经成长为湖大法学院学生的学术共同体，"岳麓法律人"奖学金已经成为湖南大学法学院学生优秀的标志，《岳麓法律人》刊物已经成为湖大法学院学生共同守护的思想圣地与精神家园。"天地有情人不老，法治正道是沧桑。"站在时代的浪尖，湖大的"岳麓法律人"们将迎来在法学研究和学术创新中的新一轮成长。在未来的日子里，"岳麓法律人"或许不可避免地将会遇到激烈无比的竞争，将会面临诸多意想不到的难题与困境，但有了李步云老师等老一辈法学家和法学院全体老师一如既往的关心与支持，我们会继续与时俱进、锲而不舍，将凭借卓越的智识才华、独到的专业见地去认真理解和努力诠释现代社会的法治意蕴，凭借年轻的激情和承载大家的关爱，继续乘风破浪、奋勇前行！

十二年的时间，何其之长，长得让人忘记了当时初入校园时的简单身影；十二年的时间，又是何其之短，短得让人无法抓住曾经的美丽瞬间！大学，是人生的一个驿站，是美好人生的精彩聚焦。在这里，青春激情得到张扬，梦想蓝天不断徜徉。光阴总将流逝，记忆总会淡去，留下来的只是深深的情感，对十二年湖大美好学习时光的深深眷恋，对十二年与"岳麓法律人"携手共进的深深情怀，对十二年青春闪亮日子的深深怀念。岳麓山下求学的十二年，我有幸认识李步云教授，虽然不能成为李老师的嫡传弟子，但十二年完整的学习履历也足以让我骄傲地说一声"我是李步云老师的学生"。大雪无痕，大爱无疆。所谓的天地有大美而不言，万物有定论而不议莫过于此。相对于浩瀚无边的法学王国和博大精深的法学世界，我们是何等渺小；相对于有大美有定论却不言不议的天地万物，我们又是何等普通。李步云教授胸怀大爱而无疆域，胸怀大志而存高远，将自己的爱默默挥洒给了湖大法学院，将自己的爱无私地奉献给了"岳麓法律人"，巍巍岳麓会铭记，永载史册；滔滔湘水会作证，万世长存。

湖南大学法学院是幸运的，因为能有李步云教授这么一位法学大师在这里孜孜不倦、殚精竭虑的传道授业、答疑解惑，生生不息地哺育着一代又一代的"岳麓法律人"！

千年学府岳麓书院是幸运的，因为能有李步云教授这么一位智者和高人在这里设坛论道、传经讲学，经久不衰地传承着湖湘学脉敢为人先、经世致用的学术精髓！

而我更是幸运的，因为，在我的人生旅途之中，能有十二年时间来系统接受李步云教授的学术思想与教育理念，能有十二年时间来亲身体验李步云教授治学严谨的学术态度与诲人不倦的教育精神，能有十二年时间来完整感受李步云教授对学生无微不至的关怀与挚爱之情，如沐春风、茁壮成长，在千年庭院岳麓山下真正成长为一名"岳麓法律人"！

我相信多年来在岳麓山下和岳麓书院走出来的和我一样曾经年轻的"岳麓法律人"们，还有现在正在这片天空下学习着、年轻着的"岳麓法律人"们，应该能够永远铭记、能够永久珍藏李步云教授在我们年轻时曾经带给我们的、能够影响我们一生的那些持久的思考与永远的感动。

师道垂范，大爱无言

——记李步云先生二三事

李　锦*

一

与先生的结缘，颇具戏剧性。也许，先生对此已无印象，学生仍深铭于心。

那是十二年前的春天。先生刚从北京回湘，担任新组建的湖大法学院名誉院长，为湖大法学的复兴和发展添砖加瓦、献计献策。身为彼时湖大法学院的一名普通学子，虽未曾亲聆先生的言传，却有幸得蒙先生的身教。

未曾忝列先生门下，亲炙先生的道德文章和学术风范，甚是遗憾。但又何其有幸与先生一起出席学术会议和研讨会，领略了先生的过人风采和魅力。

很早就听闻，先生对法治和宪政在中国的推动与发展，居功甚伟，善莫大焉！早在三十多年前，先生就开始著文倡议"以法治国"，并系统阐述了以法治国的理论框架和制度构想。又在纵贯80、90年代的法治争鸣中，成为法治派的主力干将，为社会主义法治观念的确立保驾护航。

先生还在人权和宪政的领域，"筚路蓝缕，以启山林"。在先生等人的努力下，人权、宪政等普适价值逐渐成为法学界的流行语和关键词，从知识禁区走向开放的公共领域。没有诸位前辈学人的披荆斩棘，我们是否仍

---

*　李锦，1978年10月，湖南大学法学院法学博士，助理教授，李步云先生的学生和同事。

旧在法律理论的禁区带着镣铐和枷锁跳舞,重复着昨日那些看似幼稚的法学研究?这一切,或未可知。

先生在学术维艰年代究竟付出过怎样的努力,倾注了多少的心血,今日的我们似乎很难想象和理解。然时至今日,先生对学术的坚持和热情,仍足以令我辈动容和汗颜。

鄙人前年回母校任教以来,曾多次与先生碰面,有幸参与先生主持的学术研讨会。在研讨会上,亲眼见识了先生的翩翩风采,并惊叹于先生的才智和学问。先生虽已年届古稀,却难以从他身上看到岁月流逝的痕迹,使人不得不惊诧岁月女神何以如此垂青和独爱先生的才华。

与容颜永驻一般,先生的睿思亦不曾丝毫衰减。先生在研讨会上的发言和评论,逻辑严密、条理清晰、言词犀利、说理透彻,既让人心悦诚服,又颇使后学自愧弗如。当谈及宪政和人权时,先生的见解如黄钟大吕,振聋发聩、催人省思。先生反复强调,社会主义法治和宪政既应结合中国的具体实际,又要借鉴和吸收人类文明的普适价值。

二

唯楚有才,于斯为盛。近代以来,湖南的法学教育曾兴盛一时,又因斗转星移而曾衰微。籍贯为湖南娄底的先生,自始即对湖南的法学教育关照有加。湖南大学法学院的复建和兴起,更是与先生的照顾分不开。2000年湖大法学院复建,先生应邀担任名誉院长,组建湖南大学法治与人权研究中心,并亲任中心主任,为湖大法学院的发展尽心尽力,殚精竭虑。

在先生的指导下,不少法学院的老师顺利完成了博士阶段的学位教育,成为法学院的教学和科研骨干,为湖南大学法学院的发展壮大准备了良好的基础条件;在先生的影响下,法学院的学术氛围曾经蔚然成风,学术讲座遍地开花,声名远播的法学名家纷至沓来,为法学院的师生带来了一场场法学知识和精神的盛宴;在先生的带领下,法理学等基础学科的建设有了长足的进步和发展,成为学院发展的重要助推力。

先生对学院年轻老师的关照和爱护,足以窥见先生的博大胸怀和无私奉献。无论是在公开场合还是私底下,先生均毫无保留地建议我们,要谨慎选择研究的领域和方向,志向一定要远大,至少应成为本领域内排名前三的知名学者。如果无法把握和驾驭自己的选题，或者有其他的学术疑问，可以向先生请教。他定当知无不言，言无不尽。

从先生的言谈和举止，无不感受到先生春风化雨般的关怀和爱护。先生桃李满天下，作为一名曾经受惠的学子，谨以此点滴记录，恭贺先生八秩之喜。

是为记。

赞师恩

李　扬*

　　李老师是我的博士后合作导师，在中国社科院法学研究所跟随李老师进行博士后研究的两年时间虽然很短，但我的受益却颇多，其中感触尤深的有两点。

　　于我感触最深的是李老师的治学高度。无论是博士后报告的选题，抑或是日常的学术请教，再到我出站后对工作中研究方向的选择，李老师简单的几句指导常常就会使我豁然开朗，茅塞顿开。事后细细品味，越发赞叹，每次向李老师请教学问，总会使自己的思想提升一个高度，不禁暗赞：大家就是大家！

　　此外，时时感动我的是李老师对人待物的宽容心。我于北大博士毕业之时刚巧怀孕，到正式进入博士后流动站时已经怀孕五个月有余，在初次拜访李老师之前，内心惴惴不安，不知道李老师这样的大学问家，见到我这样一个挺着大肚子来求学的学生会不会恼怒。然而，在见到李老师之后，我才发现我之前的担心实在是多余。李老师不仅没有生气，还处处对我予以生活上的关照，每次见面都会叮嘱我注意休息，而生产之后，也时时关心孩子的成长情况，使我每次见到李老师，内心总是暖暖的，暗自庆幸自己遇到了这样的一个好老师。而想到自己为老师做的实在微乎其微，又满心羞愧。

　　李老师与我的祖父母年龄相仿，在拜入李老师门下的三年多时间里，我于内心已将李老师认作我的祖父一样，学习李老师严谨的治学态度，时时提醒自己宽容待人，更愿李老师身体健康，生活幸福！

---

　　* 李扬，中国社科院法学研究所博士后（李步云教授为合作导师之一），现为中央民族大学法学院讲师。

李老师八十寿的感言

古锦昌　毛超林[*]

上天眷顾，我们有幸成为法学泰斗李步云教授的"闭门"破格学生。为什么说上天眷顾呢？原因有二：第一，2008年，我们考取了广州大学法学理论专业研究生。那年，是广州大学法学院刚开办硕士点的第二年。我们幸运地成为李老师在广州大学的首批学生，同时也是最后的两名学生，可谓是"空前绝后"。后来得知，李老师原来已经很长一段时间不带硕士生，基本上带博士后，而且从此再也不带硕士了，这使我们顿生受宠若惊的感觉。第二，李老师带的学生，要么是资深教授，要么是政府要员，要么是社会栋梁，他们都是推动社会进步发展的"明星"，而我们两个，一个是名不见经传的应届非法学本科毕业生（古锦昌本科专业为思想政治教育），一个是非名牌大学的法学毕业生（毛超林为广州大学法学本科毕业生），能有幸与法学泰斗成为师徒，简直是我们人生意外的奇迹。

讲座结缘

李老师是法学界的泰斗，更是广州大学人权中心的创始人，李老师在全校大一的法律课程中给大家讲授过人权课。我们拜读过老师的大作，但那时候感觉自己与法学大家的距离极其遥远。与老师真正结缘，是老师

---

[*] 古锦昌，男，广东番禺人，1985年8月15日生，本科毕业于广州大学公共管理学院思想政治教育专业，研究生就读于广州大学法学院法学理论专业，现于广州从事法律工作；毛超林，女，湖南邵阳人，1987年3月5日生，本科毕业于广州大学法学院，研究生就读于广州大学法学院法学理论专业，现在湖南省邵阳市纪律检查委员会工作。

2006年在广州大学开的一个题为"人权是什么"的讲座,讲座爆满,很多来晚了的同学只能够站在门口听,却都认真地拿着笔记本在记着,而让我们意想不到的是,老师居然很关切同学们是不是站累了,还安排工作人员给大家搬来许多小塑料凳子。虽然只是短短一个多小时的讲座,但老师的大家风范以及散发出来的人格与学术魅力已然深深烙印在我们心中,我们也更加由衷地崇拜这位"亲民"的真正学者。自那以后,老师的治学形象一直鞭策着我们学习进步。

初次单独会面

有幸成为老师的学生后,李老师抽出了一个下午在他办公室跟我们聊天,谈及今后学习的计划与方向。在以前,根本无法想象,我们竟能有与著名法学大家这么近距离交流聊天的日子。通过初次接触见面,李老师打消了我们的紧张疑虑,为我们的学习研究指明了方向。给我们最大的印象是,尽管李老师是法学界的泰斗,但他却是如此地和谐可亲、善良仁慈。在人生中能拥有这样的导师,是我们毕生的荣幸。

言传身教的好导师

很清楚记得,在研究生学习生涯中,李老师送了很多书给我们阅读,给了我们很多参加大型学术会议的机会。通过阅读和参会,我们获得了很多宝贵的学习经验。另外,尽管李老师工作繁忙,但只要他回广州,总争取时间,抽空与我们碰面,关心我们的学习近况。通过几年的相处,我们真的能体会到老师"求实、创新、严谨、宽容"的治学理念以及"爱国爱民、勤奋好学、追求理想、宽厚待物"的为人理念。老师的治学为人,深深感染着我们,是晚生毕生学习的榜样。

还记得,李老师在指导我们毕业论文写作时,连标点符号都帮我们认真修改;还记得,他因为经常不在广州,于是把他邮箱密码给了我们,让我们有机会能及时学习最新的学术动态,给了一个我们保持沟通的媒介;还记得,有一次帮李老师录入一份他的讲话稿,我们"喜出望外"地发现了些许错别字和语法错误,他的那种虚心和包容的心态……种种点滴,铭记于心,老师永远是我们心目中值得敬佩的负责任的好导师。如今,我们已经毕业各奔前程,一个成为律师(古锦昌在广州律所),用自己的实际行动捍卫着人权；一个成为公务员（毛超林在邵阳市纪委），为中国的法治进步贡献一份微薄力量。

关于八十华诞

老师被誉为"敢开第一腔"的法学家，是共和国法治建设的参与者与推动者，为法学理论界突破了一个又一个的"理论禁区"，诸如"法治""人权""宪政""司法独立""普适价值"等。在老师八十大寿来临之际，衷心祝愿老师身体健康，幸福快乐！"法治""人权""宪政"等人类优秀文化成果，能真正成为社会的核心价值，在中华大地生根并开花结果。

【主题研讨】

执着于法治与人权探索的人生轨迹
　　——中国法学名家李步云教授访谈
书剑人生担道义　为谋华夏法治篇
　　——当代著名法学家李步云先生传略与学术思想评介
论李步云的法治思想
论李步云先生的人权思想
李步云先生宪政思想述评
论李步云先生法哲学体系的理论起点及逻辑建构

【主题研讨】

执着于法治与人权探索的人生轨迹[*]
——中国法学名家李步云教授访谈

肖海军[**]

在中国法学界，他被公认为敢为中国法治开第一腔的人；在国外专家的评论中，他被视为中国人权领域的两大旗手之一。这个有着众多称谓，在学界、政界均享有高度评价的学者，就是著名法学家李步云教授。

前　言

李步云教授，作为中国"敢开第一腔"的法学家，"第一个为人权呐喊的人"，他拥有法学界许多第一的称号，在法治理论、人权理论、法理学、法哲学、宪法学等多个领域有着原创性的学术成果和丰富的理论建树，是一位集大成的法学大师。套用贺卫方先生的话，他总是"在最需要的时候，提出适当的理论、学说，引导这个国家的法治事业向前发展"。[①] 1949 年，他 15 岁就参加地下党组织的活动，16 岁投笔从戎，并第一批赴朝鲜参加抗美援朝战争。他两次立功，至今身体里还残留着敌人的弹片。后脱下戎装以初中毕业的学历考入北京大学学习，投身法学事业。他经历过不少挫折，受到过一些不公平的对待，风风雨雨七十余载，有着传奇的书剑人生。作为他的学生，他的丰富而传奇的人生吸引着我，严谨而执着

---

[*]　本文系中国法学会研究部和中国社会科学院青年人文社会科学研究中心联合主办并于 2010 年 10 月启动的"法治的历程——中国法学名家系列访谈"之访谈稿。

[**]　作者：1965 年生，湖南双峰人，湖南大学法学院教授、博士研究生导师。

[①]　张志铭、刘作翔、柳志伟等主编《书剑人生——李步云先生学术思想研讨会暨七十华诞志庆纪实》，湖南人民出版社，2004，第 88～89 页。

的治学态度熏陶着我，高尚的人格和宽大的胸怀感染着我。作为晚辈，虽然通过阅读和同先生的闲谈，对先生探索法治、人权、宪政的艰难、曲折之路有过片段的了解，但限于代际和时空的阻隔，对先生所亲历的许多具有划时代意义事件的背景、场景、进程，则无完整、真实、全面的认识。为此，带着探索与求真，还原先生在我国法治社会转型过程中的筚路蓝缕历程，我受命采访了李步云教授。

采访札记：2011年3月22日下午3点，在湖南大学人权研究与教育中心的办公室里，李步云教授代表湖南大学和瑞典罗尔·瓦伦堡人权与人道法研究所签署了新的人权教育合作项目，这已经是瑞典罗尔·瓦伦堡研究所与李步云教授的第三次合作了。签字仪式刚刚结束，李老师神情矍铄，欣然接受我的采访。在随后的几天里，在李老师的寓所，在岳麓书院，在爱晚亭，在湘江之滨，我们访谈的内容由法治、人权，深入到法理学、法哲学、宪法学，随着话题与地点的交替变换，李老师以其犀利缜密的思路和清晰详尽的回忆，把我带回到中国法治、人权、宪政历史进程中一个个如昨日发生般的真实场景。令我十分惊叹的是，几天下来，我都有点累的感觉，但年近八十的先生，竟然没有半点疲态！

一　敢开第一腔、筚路蓝缕的法治探索之路

肖海军：20世纪70年代末，"文革"刚刚结束，理论界对"文革"期间破坏法制尚没有正本清源式的反思和清理，在法律议题仍为学术禁区这一险恶的政治环境下，您于1978年12月6日在《人民日报》上发表的《坚持公民在法律上一律平等》，被公认为法学界突破思想理论禁区的第一篇文章。您还能回忆起当时写这篇文章的目的、过程和承受的各种压力吗？

李步云：改革开放初期，法学界有两篇文章影响很大，都是《人民日报》发表的。我撰写的《坚持公民在法律上一律平等》，稍晚乔伟的《独立审判，只服从法律》，标志着法学界的思想解放开始了。当时十一届三中全会即将召开，大家开始突破理论禁区。当时我想，一个新的时代开始了，法学的春天到来了。

法律平等问题，相对来说好突破一点，不像司法独立，直到现在这四个字还有忌讳。因为在1954年的宪法中有"公民在法律上一律平等"的

表述，只是在1975年和1978年的宪法中被取消了。"文革"期间政治界和学术界认为提倡和坚持"公民在法律上一律平等"是没有同资产阶级的法律观划清界限，是"没有阶级观点"，是主张革命与反革命"一律平等"。"文革"期间我看到的法律面前不平等的个案太多了。我想，如果首先从这个重大的法制原则上突破，对推动法学界的思想解放，促进法制建设是有益的。写这篇文章时压力是有的，但心里很坦然、很自信。随后我又先后在《红旗》杂志1979年第3期、《法学杂志》1980年第3期上发表《再论"公民在法律上一律平等"》《正确理解"公民在法律面前一律平等"》等文章，进一步对法律平等这一法治原则的本质、意义、适用范围和实施机理进行了系统阐述。1980年11月，审判林彪、"四人帮"后，我和王家福共同起草了《人民日报》特约评论员文章《社会主义民主和法制的里程碑》，总结这次历史审判的5条法制原则，其中一条就是"法律面前人人平等"。这些文章发表后，我收到了不少来信，其中陕西一读者就特别"担心"我被打成右派。

肖海军：1978年虽然在思想上开始了拨乱反正，但对中国今后的道路怎样走，无论理论界还是政法界均没有清晰的思路，旧的人治思维和传统的治国观念依然禁锢着人们的头脑。1979年您最早提出执政党应"以法治国"，走"法治国家"的道路。您是怎样冒极大的政治风险提出"法治"的理论的？

李步云："文革"后，人心思法、人心思定、人心思治的情绪是很强烈的。法治和人权，是人民的普遍渴望和要求。即使当时我不提出来，早晚会有其他人提出来的。我个人经历丰富，湖湘文化经世致用的传统对我影响也很深。法学界的人说我"有理论勇气"，可能与这有关。1979年9月，当时中国社科院在北京举办了有全国500多名学者参加的庆祝中华人民共和国成立三十周年大型研讨会，我和王德祥、陈春龙向讨论会提交了《论以法治国》一文，第一次从历史背景、理论依据、观念更新和制度变革四个方面详细论述了要在我国实行以法治国的方针。当时，《光明日报》看上了这篇文章，但又有点害怕，于是向中央有关部门征求意见，其中包括全国人大法制委员会的副主任高西江同志，反应是完全肯定的。但该报还是有点担心，要求我改题目，后以《要实行社会主义法治》为题，于1979年12月2日由该报详细摘要登载。

肖海军：您的《论以法治国》一文发表后，据说理论界和政法界存在很大争议，并由此形成了"法治论"、"结合论"和"取消论"等三派根本对立的观点。在这场争论中,您是怎样始终坚定地、旗帜鲜明地坚持自己的"法治论"学术立场的?

李步云: 最早提出是搞"法治"还是"人治"问题的是原北京大学法律系主任陈守一教授,但只是提出需要研究而并未论证自己持何种观点。后来也有一些同志撰文介绍过中国古代的法治与人治之争或提出这样的意见。法学界普遍认为,我和两位同事的《论以法治国》一文,是第一次明确提出并系统论证要在我国实行依法治国,并从此开始了三大派的激烈论争。"结合论"的观点是,"人治"和"法治"都有必要,两者应结合起来。"取消论"这一派则认为,"人治"与"法治"是西方的一种提法,不科学,有片面性,有副作用,我们用建设社会主义"法制"就行了。1980年初,中国社科院法学所在北京市高级法院的小礼堂里,举办了全国第一次人治与法治专题讨论会,有将近400人参加。当时安排了12个人发言。第一个发言的是董必武的秘书陶希晋。他很鲜明地说,我们要搞法治,不搞人治。陶老的地位很高,他一定调,一位主张"结合论"的教授,本来被安排了要发言,他却突然取消讲话。我怎么动员他也不讲了。我最后一个发言,批"结合论",讲到半截的时候,会场中间就有人站起来,打断了我的话,说:"老李,你们几个人不正派,为什么把自己的观点硬塞进中央文件?"我说:你不要误解,我们4个起草人的观点倾向于以法治国,但是这个文件在中南海前前后后进行了8次讨论,前后两个月征求过很多人的意见,再由政治局正式讨论通过。不能说是把我们个人的观点硬塞进中央"64号文件"。

为进一步对"以法治国"这一概念进行阐释,我在《西南政法学院学报》1981年第2期发表了《法治与人治的根本对立》一文,从历史与现实的结合上,全面论证了"法治"与"人治"不能结合。我在《法学研究》1982年第2期发表了《法治概念的科学性》一文,对法治概念科学性提出的质疑,做出了系统的回答。

在1979年以后的近二十年里,我写了20多篇专题论文,全面阐述了以法治国的科学内涵、重大意义和法治国家的基本要求,并回答了"结合论"和"取消论"的种种质疑。这些论文对统一学术界和各级领导人的认识,从而为党的"十五大"和第四次修宪将依法治国确立为"治国基本方略"奠定了思想理论基础,起了比较大的作用。

肖海军: 作为学者,您有其他理论工作者很少有的一段特殊经历,即1980年7月后,您被借调到党中央书记处研究室为当时的中央领导起草了多个文件与讲话。您能回忆一下您在这方面主要做了哪些有实质意义的工作吗？

李步云：从1978年改革开放到1999年"法治"入宪，应该说中国政治体制改革与法治建设有了很大进步。作为这一过程的亲历者和参与者，我个人尽了自己一点微薄之力，主要做了以下几件有意义的事情：

1. 参与起草"64号文件"

1979年7月的一天，法学所党总支副书记张楠同志找我说，中央要起草一个重要文件，所里决定让你参加。我立即赶往中南海，接待我的是书记处研究室副主任王愈明同志。他说，刑法与刑事诉讼法等七部法律即将通过。胡耀邦同志要求起草一个中央文件，认真研究一下党内有哪些规定不利于这些法律的贯彻实施，应当改变。我接受任务后，先在所里开了座谈会，并查阅了不少文件。我请刘海年参加，起草第一稿后，我向研究室主任邓力群同志提出，建议在文件中取消党委审批案件的制度。他知道我曾经给中央写过这一建议，即1979年3月6日《人民日报》的《理论宣传动态》第26期刊登的《党委审批案件的制度需要改变》。同一天，该报专供最高领导层阅读的《情况汇编》第1038期又转载此文，报中央领导参阅，受到重视。但问题关涉重大，邓力群同志仍然提出应到有关部门再征求一下意见。最高人民法院负责接待我的是研究室主任鲁明健同志和另一位厅长。他俩说，我们完全同意取消这一制度，但最好不要说是我们提出的，否则有人会说我们是向党要权。我说，那是自然，这本来就是我们学者提出的。最高人民检察院对此也十分重视，黄火青同志亲自主持召开党组扩大会议，包括副检察长关山复同志（曾任社科院副院长）也专门向全国人大请假回院参加会议。过去，检察院批准逮捕时，也要事先请示当地同级党委同意后，才能最后决定和执行。最高检与会者也全都表示同意取消这一制度。"64号文件"就是中共中央《关于坚决保证刑法、刑事诉讼法切实实施的指示》。其间，邓力群同志提出，文件涉及的问题很复杂，再增加几个人参与起草。我推荐了法学所的王家福和刘海年同志，他推荐了公安部的于浩成同志。文件前后共8稿。其间曾多次召开座谈会听取各方意见，每次会议都是由邓力群亲自主持，滕文生同志参加。在政治局讨论通过这一文件之前不久，邓力群同志通知我，你们再最后讨论一次，看一看还有没有什么地方需要修改。我们4人最后一次讨论是在公安部一间会议室，由我将意见向邓力群做了汇报。该文件经中央政治局讨论通过后于9月9日正式下发。这是文件形成的大致经过。应当说，它是在我们党确立了改革开放总方针的背景下，集中了很多人的政治智慧的产物。这一文件除了取消党委审批案件的制度，还做出了其他不少重要决定。例如，文件指出，刑法等七部法律"能否严格执行，是衡量我国是否实行社会主义法治的重要标志"。这是在党的重要文献中第一次使用"法治"这一概念。又如，文件指出："执行法律和贯彻执行党的路线、方针、政策是一致的。今后，各级党组织的决议和指示，都必须有利于法律的执行，而不能与法律相抵触。"同时，还明确宣布，取消"文革"中"公安六条"规定的"恶毒攻击"罪和"反革命"罪，明确规定，"摘掉了地、富、反、坏分子帽子的人，则都已经属于人民的范围，应保证他们享有人民的民主权利"。"64号文件"的发布，对我国法治建设的发展起了非常重要的作用。时任最高人民法院院长的江华曾这样高度评价这一文件："我认为这个文件是建国以来甚至建党以来关于政法工作的第一个最重要的、最深刻的、最好的文件，是我国法律建设新阶段的重要标志。"他还说："取消党委审批案件的制度，这是加强和改善党对司法工作领导的一次重大改革，改变了党包揽司法业务的习惯做法。"[①] 中国社会科学院也对《党委审批案件的制度需要改变》一文予以充分肯定，并于1984年授予该文以院级"优秀研究报告"奖。

2. 总结审判"四人帮"的经验

1980年7月，由于中共中央法律事务多起来了，中央书记处研究室邓力群向中国社科院法学所要人，说需要一个懂法律的人才。法学所的领导跟我谈话，决定把我借调到中央书记处。邓力群此前曾经领导我们起草过64号文件，对我比较熟悉，但是他有一个规矩，调人之前先得看一两篇文章，觉得行再调人。他看的就是1979年我发表在《红旗》杂志上那篇关于法律平等的文章，看了之后说可以调我。我在中央书记处研究室政治组工作了一年多，是书记处研究室当时唯一懂法律的工作人员。

我在书记处研究室工作期间，开始审判林彪、四人帮反革命集团。审判结束后，当时负责政法工作的彭真同志，要求中央书记处研究室负责撰写一篇在《人民日报》发表的"特约评论员"文章，代表中央总结这次历史性审判的经验。研究室把这一任务交给了我。我提出，最好请王家福同志和我一起撰写，邓力群同意了我的建议。我们俩大约用了一个月时间完成了任务。经一些中央领导同志审阅后，由研究室副主任林涧青主持，滕

[①] 《江华传》编审委员会编《江华传》，中共党史出版社，2007，第412~413页。

文生、刘海年参加，最后定稿。林涧青同志说，王任重同志提了一条意见是，在"人道主义"原则前加"革命"二字。邓力群主任则在文章里加了一段话，即"1976年4月5日在全国发生的以天安门广场事件为中心的亿万人民的伟大民主运动"，"为同年10月粉碎四人帮准备了思想基础和群众基础"。这篇文章以《社会主义民主和法制的里程碑》为题发表在《人民日报》1980年11月22日。它总结的五条法治原则是：司法独立、司法民主、实事求是、人道主义和法律平等，并在文章结束语里指出："它充分体现了以法治国的精神，坚决维护了法律的崇高权威，认真贯彻了社会主义民主和法制的各项基本原则，在国内外引起了强烈反响，具有除旧布新的重大意义。"① 这是在党中央的重要文献中第一次使用"以法治国"这一概念。

3. 发表《党必须在宪法和法律的范围内活动》一文

1981年7月，我和法学研究所其他几位同志在北戴河休养了10天。我同刑法室一位同志住在以前陆定一同志的别墅里。我利用这段时间，撰写了《党要在宪法和法律的范围内活动》一文，投寄给了《光明日报》。该文从理论与实践的结合上，对为什么要提出和实行这一原则做了充分论证，对如何贯彻与实施这一原则从制度上提出了若干建议。鉴于这篇文章主题的意义十分重大，该报一直压着没有公开发表，等到党的十二大修改党章写进了这一原则，才将文章发表于1982年11月22日。胡耀邦同志在党的"十二大报告"中指出："新党章关于党必须在宪法和法律的范围内活动的规定，是一项极其重要的原则。从中央到基层，一切党组织和党员的活动都不能同国家的宪法和法律抵触。"同时，这一原则也被写进新的党章。1984年，《光明日报》从3000多篇文章中评出26篇获奖文章，胡福明的《实践是检验真理的唯一标准》获特等奖，其他25篇均为二等奖，法学类仅此一篇。鉴于这一问题的重要性，我又撰写了《政策与法律关系的几个问题》和《再论法律与政策的几个问题》，分别发表在《法学季刊》1984年第3期和《法学与实践》1985年第2期，共提出10个问题，进一步阐明如何具体贯彻"党必须在宪法和法律的范围内活动"这项重要原则。

4. 参与"八二宪法"的修改起草工作

我被借调到党中央书记处后的第一项任务，就是为宪法修改委员会叶

---

① 李步云等：《社会主义民主和法制的里程碑》，《人民日报》1980年11月22日。

剑英主任委员起草第一次会议的讲话稿。负责这项工作的另一位是陈进玉同志。他是学经济的。讲话稿主要是代表党中央对这次修宪的意义和指导思想做出说明。我在起草的《在宪法修改委员会第一次会议上的讲话》讲话稿中提出了两项原则：一是民主立法，二是司法独立。讲话稿未做大的修改就被采用。我之所以建议提"司法独立"，是因为 1954 年宪法关于"人民法院独立行使审判权，只服从法律"和"中华人民共和国公民在法律上一律平等"这两项极其重要的宪法原则，在 1975 年宪法中都被取消，"四人帮"垮台后的 1978 年宪法也未得到恢复。关于法律平等原则，《人民日报》和《红旗》此前已发表我的两篇文章，我想恢复这项原则已不成问题，而"司法独立"必须在讲话中强调一下。后来，这两项原则都在 1982 年宪法中得到了恢复。当时，中国社科院副院长张友渔同志协助胡乔木同志一起主持宪法修改委员会秘书处的工作。在社科院张老的办公室里，他对我说，我想让你参加秘书处的工作。我说："不一定好，我现在在中央书记处研究室负责法律方面的事务，宪法修改稿报党中央审阅时，先会经过我的手。"他说："那倒是。"后来，一般的程序是，报书记处研究室的征求意见稿，我提出修改建议后，报送邓力群等室领导审阅，再报有关中央领导。现在，我已记不清提过几次修改建议，但有一次印象特别深刻，就是 1981 年 7 月当我离开研究室回法学所工作后，邓力群仍然要求我负责看一遍，并提出意见，供中央参考。我对那次修宪的实质性建议，除法律平等和司法独立这两条大家比较熟悉的以外，主要是通过 1981 年 11 月 2 日至 12 月 18 日这一个半月里，在《人民日报》连续发表的 10 篇文章中提出的。其中不少意见被采纳。例如《什么是公民》一文建议将"凡具有中华人民共和国国籍的人都是中华人民共和国公民"写进宪法，后被规定在第 33 条第 1 款中。从此解决了一个长期争论不休的问题，使许多被认为不是中国公民的人，在法律上取得了自己应有的法律人格，从而改善了这些人的法律与政治地位。《宪法的结构》一文，建议将"公民的基本权利和义务"一章置于"国家机构"一章之前，也被采纳。它能更清楚地表明：人民是国家的主人，国家机构是人民选举产生的，它是为人民服务的。

肖海军：理论界和学术界公认，您对社会主义法治国家理论的执着坚持与持续探索，直接推动并促成了"依法治国，建设社会主义法治国家"在 1997 年被写进党的"十五大政治报告"和 1999 年宪法修正案。您能否回忆一下您在推动"法治"入宪前后主要做了哪些有意义的工作？

李步云："法治入宪"是 1949 年以后特别是改革开放以后具有重大历史意义的标志性事件。在执政方式上，它标志着执政的中国共产党由过去长期依靠领导人的指示和党的政策治国转变为依法治国；在国家蓝图上它标志着法治已不仅仅是手段，而是作为一种政治文明形态，赋予其与物质文明、精神文明同等重要的地位。20 世纪 90 年代初，由于"八九风波"的影响，当时人民对民主、法治等比较敏感的词汇讳莫如深。在这样一种特殊的政治气氛里，要谈民主、法治的确不那么容易。我当时所做的工作就是努力从理论上论证法治是历史的必由之路，是国家走向富强文明的不二选择。有这么几件事我还记忆犹新。

1. 发表了对十五大政治报告具有一定影响的《依法治国的理论根据和重要意义》一文

1996 年下半年，我在《人大工作通讯》第 11 期发表《依法治国的理论根据和重要意义》一文，对我国依法治国的重要意义进行了学理概括，即：依法治国是实行市场经济的客观要求，是建设民主政治的基本条件，是人类社会文明的重要标志，是实现国家长治久安的根本保证。在文章中，我还提出了"制度文明"的概念，主张"三大文明"一起抓。因为，民主法治思想是属于精神文明的范畴；民主与法律制度则是属于"制度文明"的范畴。我在本文中对法治意义和本质的论断基本上被中央所采纳。1997 年 10 月召开的党的十五大，其政治报告对于依法治国的意义做出了与该文学理认识几乎完全一致的结论，即："依法治国，是党领导人民治理国家的基本方略，是发展社会主义市场经济的客观要求，是社会主义文明进步的重要标志，是国家长治久安的重要保证。"党的"十六大"提出的"政治文明"，实际上就是指的"制度文明"。

2. 给中央和省市领导讲法治，明确提出建设"法治国家"的建议

从 1994 年下半年开始，中央政治局决定每年举办两次法制讲座。第一次是那一年 12 月由曹建明主讲"国际商贸法律制度与关贸总协定"。第二次是 1995 年 1 月由王家福主讲"社会主义市场经济法律制度建设问题"，我是这一讲的课题组成员。1995 年冬，江泽民同志在司法部建议可讲的两个题目中圈定了讲"关于实行依法治国，建设社会主义法制国家的理论和实践问题"这个题目，作为第三次法制讲座的主题。司法部在征求一些法学家的意见后，决定由我主讲。司法部办公厅主任贾京平同志约我谈话时，传达了领导的这一决定，并问我，需不需要有人帮助我准备讲稿。我说，不用了。他说，由你自己定。我经过半个多月的准备，写成了"依法治国，建设社会主义法治国家"这一讲稿。当贾京平、刘一杰等同志约我吃饭并了解工作进展情况时，我说稿子已经准备好，但我建议改一下题目，因为"关于实行""理论和实践问题"等用词是多余的，而"法制国家"改为"法治国家"比较准确。几位司长均未表示反对。不几天，在王家福同志的生日宴会上，有人提出，为了确保这一讲由法学所负责，最好增加几个人组成课题组。我当即表示同意，并建议由王家福、刘海年、刘瀚、梁慧星、肖贤富等五位同志参加，并向贾京平同志当面做了汇报。他说，这事由你自己决定吧。大概是1996年1月中旬或下旬，在司法部的一间会议室里，由司法部长肖扬主持、有20余人参加的会议上，我做了试讲。中午，肖扬设午宴招待。他说，题目不要改，江泽民圈定题目才一个多月，你们就改了题，我们不好解释和交代。你们想改"法制"为"法治"，咱们等一年以后再说吧。第二天一早，刘海年同志找我说，司法部领导由于某些考虑，决定改由王家福同志出面讲，你仍然是课题组成员。经过一段时间的努力，课题组几位同志又准备了另一讲稿，于2月8日由王家福同志代表课题组在中南海做了讲解。一个月后，第八届全国人大第四次会议的一系列重要文件都将"依法治国，建设社会主义法制国家"作为民主法制建设的总方针和奋斗目标肯定了下来。后来王家福为首的课题组的讲稿，以及我个人撰写的讲稿作为"附录"，都刊载在司法部和全国普法办公室编辑的《中共中央法制讲座汇编》一书中。中南海这次讲座后，到党的十五大，司法部又在省部级单位组织了一系列关于依法治国的讲座，法学所王家福、刘海年、刘瀚等同志都曾参与其中。我在这一年半里可能去的地方多一点，其中省、市五套班子听我讲的有北京、重庆两市和湖南、江西、河南、河北、青海、安徽等省，省级人大有云南、湖南、广西、黑龙江、天津，以及中央党史研究室，司法部、国家计委、全国供销合作总社、财政部等中央部委，还有广州、哈尔滨、西安一些副省级市。中南海的这次法制讲座和随后各省部级单位的讲座，对党的十五大做出依法治国决策起到了重要的推动作用。

3. 作为专家直接参与"依法治国"入宪的论证

1999年3月15日第九届全国人大二次会议通过现行宪法的第三次修正案，在第五条增加一款，作为第一款，规定："中华人民共和国实行依法治国，建设社会主义法治国家"，具有很重要的意义。就依法治国而言，党的十五大的重要贡献是，通过党代表大会的正式民主程序将这一治国方略确定下来，而"治国基本方略"是一个十分重要的提法；并且它对依法治国的理论依据和重大意义做出了四个方面的科学概括。但这只能说是执政党的治国方略。而将其载入宪法，则成为国家机构治理国家的基本方略。因为党的方针政策只是党的主张，宪法和法律则是党的主张和人民意志的统一。为这次宪法修改，以李鹏委员长为首的党中央修宪小组在人民大会堂先后召开两次座谈会征求专家意见，一次有经济学家参加，一次是法学家参加。我和法学所的张庆福、王家福三人参加了1998年12月22日上午有15位法学家出席的座谈会。大家对中央提出的六条修改建议原则上均表赞同，其中就有将"依法治国，建设社会主义法治国家"写进宪法这一条。而在全国人大正式通过时得到了一致同意，说明当时在这个问题上，全国人大代表认识已高度一致。

党的十五大后，我在全国人大做过两次讲座，对促进依法治国入宪可能有一定的积极作用。一次是我被邀请参加1996年12月上旬在深圳召开的全国人大的高级研修班。会议由田纪云副委员长主持，另外两位副委员长、各专门委员会负责同志以及各省、市、自治区人大常委会主任和秘书长约200余人参加会议。我在会上做了"依法治国的理论和实践"的主题发言。另两位应邀做主题发言的，一是吴家麟教授讲宪法，一是厉以宁教授讲市场经济。我做报告后，有两个小插曲。在我做主题发言头一天，一位省人大常委会主任对我说，你的报告稿我们已经看过了，你能否再讲一点报告中没有的东西？第二天做主题发言时我又加讲了"人大制度改革的十二点建议"。中午，我同五位省市人大常委会主任在一桌吃饭。上海市叶公琦主任对我说，你的报告好，人大制度改革几点建议我们都同意，但其中也有一点不足。我说，什么呀？他说，你为什么把改善党和人大的关系放在人大改革的最后一条？我说，叶主任，我还有句话，你可能没有注意听。我说，这几条改革建议，最后一条是关键。另一件事是：我在12月8日做完主题发言就回了北京。后来有人告诉我，一位领导同志在会上讲话时，反对用"法治"而主张用"法制"。理由是，我们已经有"有法可依，有法必依，执法必严，违法必究"十六字方针，有静态的，也有动态的，没有必要再用"法治"。长期以来这个问题在是否同意用"依法治国"提法的争论中带有关键性。1996年3月的八届全国人大四次会议期间，乔石委员长就亲自召开过小型座谈会，讨论究竟用"法制"还是"法治"，因为意见不一，在一系列文件中，未能将"法制国家"改为"法治国家"。十五大报告起草时，王家福、刘海年和我三人商量，一定得想办法在这次党代会上把它改过来，于是送了几条材料上报，其中就包括1989年7月

26日以江泽民为核心的第三代领导集体上任时在人民大会堂举行的中外记者招待会上，江泽民同志回答记者提问时的一段话：今后"我们绝不能以党代政，也绝不能以党代法，这也是新闻界讲的究竟是人治还是法治的问题，我想我们一定要遵循法治的方针"。当时仍有反对意见，但江泽民同志最后拍板，将"法制国家"改成了"法治国家"。我从1982年发表《论法治概念的科学性》一文起，就从三个方面对"法治"与"法制"做了原则区分，并在各种文章和讲话中反复说明，其中包括给中央政治局准备的法制讲稿，并撰写了《市场经济：法制？法治！》《关于"法制"与"法治"的区别》等专题论文，对统一思想认识起了一定作用。

  第二次给全国人大常委会讲课，是1998年9月28日在人大会堂，由李鹏委员长主持。我曾建议这次的讲稿用《依法治国的理论与实践问题》。具体负责这项工作的研究室主任程湘清同志告诉我，他们的意见还是用给中央政治局准备的讲稿题目《依法治国，建设社会主义法治国家》。讲稿中引用了邓小平同志在1942年发表的《党与抗日民主政权》一文的一段话，即我们绝不能像国民党那样搞"以党治国"，因为那"是麻痹党、腐化党、破坏党、使党脱离群众的最有效的办法"。我曾担心这段话通不过，因为学术界几乎无人敢引用这段话。但负责审稿的程湘清、何春霖、刘政和姜云宝四位领导同志对讲稿未提任何修改意见。这令我十分感动。它再一次证实了我长期以来的一个看法：凡在人大工作特别是工作较久的同志思想都比较开放，民主法治观念相对较强。

  从党的"十五大"和第四次修宪前后，直到2009年，我又撰写了30余篇有关法治的论文或讲话，对直接影响治国方略的确立，在思想理论上发挥了一定的作用。我的关于法治的系统理论，集中反映在有52篇论文的《论法治》一书里。该书由社会科学文献出版社于2009年出版。

  "人治"与"法治"之争，在国外也引起了众多学者关注。例如，日本京都大学针生诚吉教授来社科院做学术讲座，带来了我的《论法治概念的科学性》一文和他对这场争鸣所做的概述和评论的复印件。他说，这是他在课堂上介绍中国这场争论时发给学生的资料。他在自己的评论中将这场争论分为四派，即法治论、人治论、折中论和取消论，而《论法治概念的科学性》即是"法治论"一派的代表作。

  访谈者感言："人治"与"法治"之争，不仅是学术理论、个人观点之争，而且是执政方式和治国理念之争，是共和国历史中需要浓书重墨的标志性事件。在这一艰难曲折的进程中，李步云教授自始至终站在时代的

【主题研讨】

风尖浪头，忍受住各种非议和责难，甚至还要冒一定的政治风险。但他从不妥协，从不气馁，从不放弃，正如袁曙宏教授所评价的那样，他是"不折不从，亦慈亦让，星斗其文，赤子其人"。① 作为一个学者，他怀着一颗忠诚的心、爱国的心、善良的心，本着对国家、民族、人民高度负责的态度，始终执着于自己的信念、自己的理想、自己的职责，坚守自己的学术阵地。无论什么场合，他均很有耐心地阐述自己的观点，而处在不良的政治环境下，却又能大义凛然举起法治的大旗，并持之以恒30余年。其所书、所言、所行，不仅为法学同仁所敬佩，也为执政者所感动。李步云先生的法治思想为什么具有强大的理论开拓精神和现实适用价值，进而对中国法治事业产生如此明显的实质性推动，其全部密码也在于此。

二 敢闯禁区、旗帜鲜明的社会主义人权理论开拓者

肖海军：在我国相当长一个时期，人权被视为学术和理论的禁区。而打破并勇闯这一禁区的竟然是您这样一位文弱书生。您和您的合作者共同发表的《论我国罪犯的法律地位》一文，如石破天惊，在当时理论界和相关实践部门引发了激烈的争论，已被法学界公认为敢闯人权禁区的开山之作。您能谈谈当时写这篇文章的背景和引起的风波吗？

李步云：我对人权问题的关注是从《坚持公民在法律上一律平等》开始的，《论我国罪犯的法律地位》实际上是关于人权理论的第二篇文章。这篇文章的诞生有它的偶然因素。在一次民主与法制研讨会上，时任中国社科院副院长的邓力群做了主题发言，说"文革"期间他被关在小汤山的秦城监狱隔离审查。这个关押高级政治犯的监狱很有意思，它是公安部副部长杨奇清负责建造的，但是第一个被关进去的就是他自己。邓力群和王任重、刘建章等人都曾被关押在那里接受过审查。他说，他当时曾亲眼看到监管人员为了惩罚被审查的人，故意把一碗饭倒在地上，要那个人趴在地上给舔了。这太不像话了，我决定要给罪犯写一篇文章。我找了我的朋友徐炳，他此前在《光明日报》上就张志新事件发表了一篇关于言论自由的文章，有17个省的报纸转载了他的文章，他写这篇文章前征询过我的意见。《论我国罪犯的法律地位》这篇文章是我俩共同起草的，刊登在1979

---

① 袁曙宏：《星斗其文，赤子其人——忆李步云教授交往二三事》，载张志铭、刘作翔、柳志伟主编《法治理想的追求——李步云先生学术思想暨七十华诞志贺》，中国政法大学出版社，2003，第293页。

年10月30日的《人民日报》上。

在这篇文章中，我们认为罪犯也是公民，尽管剥夺了他很多自由，但他的财产、人格尊严、人身安全等都要受到保护。文章发表后，全国闹开了。很多监狱的服刑人员拿着这份报纸说，我也是公民，我也有一些权利应当得到保护。我、《人民日报》、全国人大研究室，还有公安部劳改局，都收到好几百封信，有反对的，也有支持的。该文引起很大的风波。一位中央领导点名批评我，全国检察长会议也在一个文件上不点名地批评了两篇文章，说是自由化的代表，其中就有这篇文章。我的一个同学也在上海《解放日报》上发了一整版文章提出批评，不同意罪犯也是公民。

后来，公安部劳改局办公室主任李均仁跟我交换意见。他说："李老师，你的文章写得好，很多事我们以前没有想到，确实对我们有很大的指导意义，希望你再写。"后来我又写了《再论我国罪犯的法律地位》，发表在1980年第3期的《法学杂志》上。那时学术界比较自由，虽然有批评，但还是可以发表。第二篇有个核心的观点，就是罪犯被剥夺政治权利以后，不是所有的政治权利都被剥夺了。当时法学界很多人认为，一旦被剥夺了政治权利，所有的政治权利就都没有了。我说，这是不对的，只有四项政治权利没有了，其他政治权利是不能剥夺的，例如申诉、检举、控告、揭发……直到你被执行死刑前，你都可以喊冤申诉，这个权利是不能剥夺的。这也是政治权利。

1983年"清理精神污染"时，中国社科院各个所也要清理，法学所上报了两篇文章，其中就有《论我国罪犯的法律地位》。但主持会议讨论的中国社科院副院长张友渔保了我，他说："李步云这篇文章没有错，观点是对的，如果说有什么不足，顶多是说早了一点，现在我们这些老干部的权利还得不到保障呢，别说罪犯了。"后来这事也就不了了之。这篇文章的观点后来被1994年12月制定和颁布的《监狱法》所采纳。该法共78条，其中涉及保障罪犯权利的有20多条。当然这篇文章的影响，主要还是促进了法学界思想尤其是人权思想的解放。

肖海军：在新中国成立以后很长一段时间内，由于极左思想的影响，人们将人权视为资产阶级的专利品，将社会主义与人权对立起来。在理论界，人们不敢涉足人权研究领域，甚至谈人权色变。您是最早举起社会主义人权大旗的学者之一。您是怎样意识并深层次思考这一问题的？

李步云：我历来认为，社会主义应当高举人权旗帜。建立起社会主义的人权理论体系，是摆在中国法学家面前的一项光荣而艰巨的任务。但是，由于极左思想的影响，加上人们对资产阶级人权做了片面的理解，长期以来我们习惯上将社会主义与人权对立起来，似乎只有资产阶级才讲人权和人道主义，社会主义是不讲人权，也不需要人道主义的。针对这些错误的认识和片面的主张，早在20世纪80年代初期，我在开始涉足人权理论研究时，就对社会主义的人权给予了极大的关注。20世纪90年代以后，在我撰写的《社会主义人权理论与实践》（《法学研究》1992年第2期）、《加强社会主义人权的保障》（《法学》1992年第2期）等文章中，就认为共产主义者应当是最进步的人道主义者，同时也应当是最彻底的人权主义者，真正的社会主义者必须矢志不渝地为人权的彻底实现而奋斗。我认为，社会主义制度为人权的实现开辟了广阔的道路，社会主义的人权制度是整个社会主义制度的有机组成部分。社会主义人权制度作为侵犯人权的现象曾大量地存在甚至曾出现过人权遭受肆意践踏的"文革"悲剧。因此，推进社会主义人权事业的发展是一项伟大而艰巨的任务。

肖海军：人权问题长期在我国被政治化，并成为被批判的对象和议题。据说您也曾卷入了一场所谓批判"人权"的闹剧，是吗？

李步云：从1978年到1991年，主流舆论都一致反对人权这个概念，说这是西方的口号。20世纪80年代初，"西单民主墙"有张大字报，提出要请美国总统卡特到中国来关注我们的人权问题。这当然是很错误的。中央一位领导很生气，说我们要什么样的人权？是多数人的还是少数人的人权？我们是保护多数人的人权。后来要求中国社科院法学所的两个人来写批判那篇大字报的文章，而题目就是《人权是资产阶级的口号》，在《北京日报》发表。文章发表后西方没有怎么注意，接下来某大学有三个教授，在《求是》杂志也写了一篇文章，最后结论也是"人权是资产阶级口号"。西方不怎么看《北京日报》，但《求是》杂志和《人民日报》是必看的。西方就说，中国共产党、中国政府不讲人权。

批判人权的问题始于1983年"清除精神污染"。我曾被请到中南海开会，这个会议是发动大家来清理精神污染，反对资产阶级自由化。当时要求法学界主要批两个问题，一个是人权，一个是无罪推定。我们所接受这个任务后分配给了几位同志。吴建璠是第一个在《人民日报》写文章要借鉴西方无罪推定的人，现在又叫他写文章来批无罪推定。这个文章怎么写？批人权问题的文章要王家福、我和信春鹰三个人写。我说，我有个条件，不能再说"人权是资产阶级的"，否则我就不参加了。我们的人权观和资本主义的人权观是有区别的，但社会主义也要讲人权。王家福说

"行"。先由信春鹰写了两万多字初稿。后来这稿子和无罪推定的文章都没有发表。在那个气候下这样的文章不好写，是有意拖掉了。

1991年初，中央出了16个题目，后来又加了3个。这19个题目中包括：苏联是怎么发生变化的，西方的社会民主主义对中共和国际共运有什么影响，应当怎样看待民主、自由、人权问题，等等。中国社科院接受了一批任务，其中我、王家福和刘海年负责人权课题。我们先成立了一个课题组，到1992年又正式成立中国社会科学院人权研究中心，王家福任主任，刘海年和我、刘楠来是副主任。1991年，人权研究中心曾举办过国内一次很大的人权研讨会，有外交部等好几个部委派人参加，影响很大。接下来我们就写了一系列报告，给中央提建议，比如说：什么是人权，社会主义要高举人权旗帜，怎样区分人权问题和干涉内政的界限，等等。那以后我们到过南亚和北美一些国家考察人权，前后给中央写了60多份内部报告，对中央制定政策起了一定的影响。在这前后，李鹏和其他中央领导也开始讲，人权不是资本主义的专利品，我们社会主义国家也讲人权。

肖海军：在我国人权发展史上，2004年"人权保障"入宪具有划时代意义，先生为推动"人权保障"入宪起了很重要的作用，您能谈谈"人权保障"入宪前后的有关情况吗？

李步云：2004年，现行宪法做了第四次修改，共14处，其中包括将"国家尊重和保障人权"规定在宪法中。吴邦国同志曾指出：这是"我国宪政史上又一重要里程碑"。为此次修宪，以吴邦国委员长为首的中央修宪小组曾先后召开过6次座谈会，听取各方面的意见和建议。我和法学所张庆福同志参加了2003年6月13日上午在人民大会堂有五位宪法学家出席的座谈会。其他三位是许崇德、韩大元、徐显明。应邀与会的还有顾昂然和项淳一两位老同志。我被要求第一个发言，讲了四点建议，即：（1）将"国家尊重和保障人权"写进宪法；（2）宣布撤销《流浪乞讨人员收容遣返条例》，以解决因"孙志刚事件"引发的"违宪审查"问题；（3）修改宪法第一百二十六条关于司法独立问题的不正确表述；（4）成立"宪法监督委员会"以建立起违宪审查和监督制度。后来，前两条建议被采纳，后两条没有。会上，徐显明教授也讲了应将人权写进宪法。当时就有人反对，其理由，一是宪法中已有"公民的基本权利与义务"，二是世界上很多国家宪法中都没有写。当时我感觉最高领导层也没拿定主意。吴邦国同志曾提问：什么是人权，该如何下定义？我接着做了解释。会后，人大同志请大家吃饭。我又讲了两点意见。因为会上有学者提出，应将"三个代表"写进宪法,至于"名字"可写也可不写。可写的理由是毛泽东、邓小平的名字已经上了宪法,有例在先。针对这一意见,我说,"三个代表"看来不上也不行,但名字千万不能上。其间,一位部长说,不少人主张应将"以德治国"写进宪法。我说,这一条也千万不能写,因为我所接触到的各级干部无不反对将"以德治国"同"依法治国"并列,也作为"治国基本方略"。这次修宪完成不久,中央电视台做了一期长50分钟的专题节目,阐述这次修宪的过程和基本精神。我在这期节目中主要讲了两点:一是这次比前一次修宪在民主立宪上又前进了一步。这次没有事先拿出具体方案,而是先听大家的,而且会上有不同意见争论,修宪小组的领导同志也提问题和发表自己的一些看法,会议非常活跃。二是为什么应将"国家尊重和保障人权"写进宪法,我讲了四个方面的意义:(1)1991年之前,主流学术界还把"人权"当作资产阶级口号来批判,现在各级领导中还有人把人权当作敏感问题;(2)可以促进立法与司法;(3)有利于彻底清除国际上的误解,提高我国的声誉;(4)人权是人人应当享有的权利,不限于宪法规定的权利,人应当享有的权利范围要广,把人权这个总的概念写进宪法比较科学。

　　肖海军:人权理论的贫困,曾成为制约我国人权实践发展的思想障碍。而科学地界定人权的内涵和外延,客观分析人权的存在形式,又是人权理论研究的逻辑起点。在人权理论上,先生曾经提出过人权的三种存在形态,在国内外影响很大。您能介绍一下这一理论的相关背景吗?

　　李步云:对于人权的理解,国内外理论界有学者将人权视为一种道德权利或自然权利,或将人权仅看成是公民权或者公民的基本权利,而我国宪法已详细规定了公民的基本权利,这曾是一些人反对讲人权的一条重要理由。在此背景下,我在《法学研究》1991年第4期发表了《论人权的三种存在形态》一文,在对人类的人权实践和理论进行总结和概括的基础上,明确指出人权是"人基于其自然属性和社会属性而应当享有的各种权利"。进而将人权的存在形态分为"应有权利、法定权利和实有权利"。

　　在我看来,应然权利即应有权利,是指人所应该享有的权利。"应有权利的存在,并不以也不应当以法定权利的存在与否为转移",因为"在法律没有予以确认和保障之前,它们在现实生活中是客观存在的"。人权从本来意义上讲,是指人的"应有权利"。否认"应有权利"的存在,法定权利就会成为无源之水、无本之木。法定权利,即法律所确认和保障的权利。将人的"应有权利"转化为"法定权利"意义十分重大。这一转化不仅使人权变得十分明确而具体，而且使人权的实现能够得到国家强制力的保障。实有权利是指人们实际能够享有的权利。由于法定权利和实有权利之间总是存在着一定的距离，即使在现代法治国家中也同样如此。在人权的实现路径上，我认为是一个由应有权利上升为法定权利并转化为实有权利的过程。此文发表后，在学术界产生了很大反响和广泛认同。后来林来梵教授把它译成日文，登载在《立命馆法学》1993年第4号上，日本人权学者认为，这是人权理论的一大创新。

肖海军：人权法的研究与理论建构在我国一直是一个薄弱领域，先生您较早涉及这个领域，在这方面有丰富的著述，对社会主义人权理论与实践有原创性和系统性的研究与思考。您能简要介绍一下您有关人权的基本观点吗？

李步云：一是关于人权的主体。西方学者多数强调是指个人，不承认有"集体人权"，发展中国家则更多地强调集体人权。我在《论个人人权与集体人权》一文中提出人权的主体既包括个人也包括集体。个人人权是集体人权的基础，集体人权包括妇女、儿童、残疾人等的权利是人权的重要形式。特别是在世界范围内，将民族如曾受殖民统治的民族和国家集团如发展中国家作为集体人权的主体，有助于更好地保障其权利的实现。

二是关于人权的内容。国内外学术界一直有不同看法。早在1993年，我强调人权的内容将随着人类社会实践的发展而越来越丰富。我认为，它不仅受历史条件也受文化条件的制约。认为经济与政治权利同样重要，但根据国情不同，可以有不同的发展战略。对有无"基本权利"做了辩证分析，对权利与自由做了狭义上的区分。

三是关于人权的本原。我对国内外有关天赋人权论、国（法）赋人权论和商赋人权论等主要观点的合理因素及其片面性和非科学性做了辩证分析，提出其合理性，应从人自身去寻找，而不是任何外界的恩赐。我提出，它源自人的自然属性和社会属性。前者是内因和根据，后者是外因和条件。并提出了新的"性三品说"，即把人性分为人之天性、人之德性和人之理性。人人都希望自己的生命不被随意剥夺，人身自由不受任意限制，衣食住行得到保障与不断改善，这是人的天性与本能。人又是一种有道德的动物，都希望能够生活在一个正义、人道、宽容和相互友爱的社会里。人还是一种理性的动物，他们能够认识世界并能能动地改造世界。人的这些天性、德性和理性得到实现，就是人权保障的根本目的、价值和意义所在，是人权存在和发展的内在根据。

四是关于人权的本质。我曾给人权下过这样的定义:"人权是受一定伦理道德所支持与认可的人应当享有的各种权益。"这一命题包含了两个方面的含义:首先,人权在本质上是一种利益,权利的基础是利益。其次,人权又要受到人们的一定道德观念的支持与认可。个人与群体应当享有什么人权,法律是否或应当如何确认和保障某项人权,都有一定的伦理道德观念作为理由和根据。

五是关于人权的普遍性和特殊性。西方学者和发达国家政府更多地强调人权的普遍性,而发展中国家的学者和政府则更为关注人权的特殊性。1992年,我在《社会主义人权的理论与实践》一文中,最早提出了人权是共性与个性的统一,并对人权的普遍性和特殊性的含义及其表现进行了分析。提出人权普遍性的理论根据是人类有共同的人性、共同的利益、共同的道德;其特殊性的理论根据是不同国家经济、文化发展水平不同,历史传统、民族、宗教以及经济政治制度存在差异。

六是关于人权与主权的关系。西方发达国家的政府和学者以人权高于国家主权、人权无国界的理论,推行"人权外交",对他国的人权事务肆意进行干涉。发展中国家的政府和学者则大多主张国家主权高于人权,坚持人权主要是国内管辖的事项,反对以人权为借口干涉他国内政。我在《人权国际保护与国家主权》一文中,认为"我们既反对笼统地讲'人权高于主权',也反对笼统地讲'主权高于人权',因为这两种理论观念都不符合客观现实"。"维护国家主权和加强人权国际保护,都是国际法的重要原则,两者是统一的,并不相互矛盾。"首先,国家主权原则是一项公认的国际法准则。人权问题在绝大多数情况下,属于国内管辖事项,应由各个国家自主处理。其次,人权国际保护也是一项重要的国际法准则。当一国出现种族隔离、种族歧视、种族灭绝、侵略他国、非法侵占他领土等严重违反国际法的罪行时,国际社会可以也应当干预。

除此之外,关于权利与义务的辩证统一、人权的政治性与非政治性、国际人权法与国内人权法、发展权的广义与狭义等理论问题,我都提出了自己独到的见解。

肖海军:在人权事业的发展过程中,人权教育与培训是一个很重要的方面。先生在这个领域做出了令国内外瞩目的成绩。您能介绍一下这方面的一些情况吗?

李步云:1991年,中国社科院在国内最早成立了人权研究中心,我曾长期任副主任。为了播撒人权思想火种,2000年10月我应聘担任了湖南大学法治与人权研究中心主任。2004 年，我又受聘担任广州大学法学院名誉院长，并组建广州大学人权研究与教育中心。11 年里，这两个中心先后举办过 30 多期国家公务员的人权培训，参与培训的达 3000 余人。其中广东 29 所监狱的监狱长学习两星期，湖南 160 位公安局长学习一星期，在西方影响很大。2005 年出版了我主编的《人权法学》，这是"普通高等教育'十五'国家级规划教材"，是教育部迄今为止唯一一本有关人权法学的统编教材。广州大学人权研究与教育中心已于 2007 年被批准为广东省人文社会科学重点研究基地，这是全国唯一一家这类性质的省级重点基地。2011 年，该中心又被批准为"国家人权教育与培训基地"。最近几年，我参加了中宣部等中央六部委组织的"百名法学家，百场报告会"活动，我先后讲了六次，包括山东、福建与黑龙江三省的党政领导，以及由中政委等六部委和解放军总政治部、北京市委共同组织的在人民大会堂的报告会。

访谈者感言：受传统观念和极左思维的影响，人权问题长期被政治化，在相当长的时期里被视为一个敏感的问题。在人权领域尚为禁区，绝大多数学者视研究、探索人权理论为畏途的非常时期，就是凭借江平先生所敬佩他的"学术上的勇气与骨气"，①几十年来，李步云先生勇闯禁区，敢于呐喊，始终旗帜鲜明地高举人权保障的大旗。正是在 30 年艰难推动国内人权事业发展的历史进程中，奠定了先生在中国人权领域旗手的地位。

三 法理学、法哲学、宪法学的思考与贡献

肖海军：先生曾经颇为自豪地说："我这一生做了两件事：一是提倡依法治国，二是提倡保障人权，两者都被写进了宪法。"尽管先生处事十分低调，但您在法理学、法哲学和宪法学等多个领域，都有丰富的理论建树和原创性贡献。在法理学领域，您能列举几个您自己也比较得意的创新性观点吗？

李步云：早在 1995 年《现代法的精神论纲》中即已提出了"法的人本主义"这一概念和命题，并做了这样的概括："一切从人出发，把人作为一切观念、行为和制度的主体，尊重人的价值与尊严，实现人的解放和

---

① 参见《江平教授致词》，载张志铭、刘作翔、柳志伟等主编《书剑人生——李步云先生学术思想研讨会暨七十华诞志庆纪实》，湖南人民出版社，2004，第 45~46 页。

全面发展,保障所有人的平等、自由与人权,提高所有人的物质生活与精神生活水准,已经或正在成为现代法律的终极关怀,成为现代法制文明的主要标志,成为现代法律创制与实施的重要特征,成为推动法制改革的巨大动力。"早在1997年《"一国两制"三题》中就已提出法文化的"和谐"理念,并在2001年《二十一世纪中国法学的发展前景》中提出:以和谐理念为核心的东亚法文化,将为人类法文化宝库做出杰出贡献。此外,1998年给全国人大常委会讲课时提出法律并非"阶级斗争的产物",而是源自人类社会自始至终存在的三大基本矛盾;2005年在《什么是良法》中提出良法的九条标准;1981年在《再论法制概念的广义与狭义》中提出应用"五分法"即立法、执法、司法、护法、守法代替"三分法",即立法、司法、守法;1983年在《论社会治安的综合治理》中提出这是预防违法的根本出路,而不是"严打";等等。这些对推进法学理论研究和法治建设实践,都起了一定的作用。

肖海军:在理论法学的学科体系里,绝大多数法学家认为"法理学"与"法哲学"是一回事。先生是"新时期"最早"自觉"到"法哲学"的法学家。[①]您对"法哲学"的理论体系有着独特的建构,在这个领域有许多开拓性的研究。您能介绍一下您在这一领域的研究成果和近况吗?

李步云:从大学开始,我就比较喜欢哲学。读研究生时写过"战争与和平的辩证法","文革"中为批"四人帮",写过"辩证法与诡辩论"的小册子,但都没有出版。自1979年开始,我就关注"法哲学"的思考,并得出这样一个基本认识,即"法哲学是研究法律现象与法律意识中的哲学问题的一门科学"。马克思主义哲学就是辩证唯物论和唯物辩证法。运用它于法律与法学之中,也即我所说的法的唯物论与认识论、法的辩证法与方法论问题。我的法哲学体系正是围绕这一思路加以逻辑展开的。为此,我相继发表了《法哲学的研究对象和意义》《法的两重性与基本矛盾》《法律意识的本原》《法与法律意识》《法的内容与形式》《法的整体与部分》《法的应然与实然》等10多篇论文。我一直想依照这一原创性研究框架,写一本《法哲学》专著。近年来,由于事情和活动太多,耽搁了写作进程,这本专著要拖到明后两年才能完成了。

肖海军:宪政及其定义与界定,一直是一个政治上十分敏感而又让学术界十分纠结的问题。先生早在1991年就提出了"民主、法治、人权"

---

① 参见赵明《李步云与当代中国法哲学》,《现代法学》2003年第3期。

三要素的新宪政概念，在国内可谓耳目一新。多年来，您一直在为宪政理念在中国的确立而鼓与呼。您能谈一谈这个问题吗？

李步云：西方学者对宪政的理解大都只从控制国家权力的角度进行阐释。中国学者深受毛泽东抗战时期做出的宪政"就是民主的政治"这一论断的影响。1993年3月至5月，我在美国纽约哥伦比亚大学举办的"宪政与中国"研讨会上做了一系列发言，后来整理成有34个基本观点的《宪政与中国》一文，论证了宪政的概念及宪政的"三要素"，即"宪政是国家依据一部充分体现现代文明的宪法进行治理，以实现一系列民主原则与制度为主要内容，以厉行法治为基本保证，以充分实现最广泛的人权为目的的一种政治制度"。2010年5月由我和张文显教授发起了在湖南长沙主办的"中国特色社会主义宪政理论与实践研讨会"，我把宪政概念的内涵发展为"人民民主、依法治国、人权保障、宪法至上"等四大要素，其中，人民民主、依法治国、人权保障是宪政的实质内容，而宪法至上则是宪政的形式要件。宪政并不是一个什么神秘和可怕的东西，而只是对民主、法治、人权和宪法至上的高度概括，是更高一级的政治文明和制度文明形态。这一对宪政的新界定获得与会学者的广泛认同。

肖海军：先生是国内倡导开展比较宪法研究的学者。早在20世纪80年代，您所主持的课题组就在比较宪法研究领域卓有成效。您能介绍一下您在这一领域研究的有关情况吗？

李步云：广泛而深入地开展对宪法的比较研究，是繁荣与发展我国宪法学的一条重要途径。为此，1991年起我开始在全国倡导宪法比较研究，动员和组织很多学者来参加这项工作，曾举行过两次全国宪法比较研究研讨会，其中一次是国际研讨会。由我主持的"宪法比较研究"课题组，分别于1992年、1993年出版了新中国第一套融贯中西的《宪法比较研究文集》3卷，系统地介绍和探讨了中国和西方宪法比较研究的基本理论和各国的宪法与宪政制度。1998年，又出版了由我主编的专著《宪法比较研究》一书（计86万字）。该书被法学界誉为与何华辉的《比较宪法学》、龚祥瑞的《比较宪法与行政法》相媲美之作。台湾出版界于2004年以繁体字再版发行。

肖海军：为保证我国宪法得到切实的实施，您很早就提出要在中国建立违宪审查制度。现在看来这在中国尚任重道远。您对此有信心吗？

李步云：1996年1月，我在为党中央政治局做法制讲座的讲稿里，就曾建议成立"宪法监督委员会"。1997年，我在亲自执笔起草和上报的

"立法法专家建议稿"里又写进了这一建议。当时课题组里有些同志担心出问题,我说"如果上面有批评,你们就说是我坚持的,我负责挨板子"。在中央第四次修宪的座谈会上,我又提了这一建议。2009年,《南方周末》搞了一个专栏叫"60年·60人·60问",其中法学家4人。我的建议是:"建立违宪审查制度,是时候了!"文章说,九届人大时,我曾在人民大会堂的座谈会上对彭冲同志说,"如果万里和彭冲同志在任内能将宪法监督委员会建立起来,你们将功德无量"。还说,如果现在中央领导能将这一制度建立起来,也将功德无量。我相信,这是迟早的事情,它将成为我国宪政发展史又一新的里程碑。

访谈者感言:李步云先生这几十年来始终怀着一个战士的心,以书生报国的情怀,演绎其平凡却又华彩的书剑人生,在法治、人权、法理学、法哲学、宪法学等学术领域潜心研究,孜孜耕耘。他的法学理论与学术思想之博大精深,对现实法治实践与国家政治制度建设之积极推动,堪称当代法学家之楷模。

书剑人生担道义　　为谋华夏法治篇
——当代著名法学家李步云先生传略与学术思想评介

肖海军[*]

一　书剑人生、报国情怀：李步云先生个人简历

　　李步云先生，中国当代著名的法理学家、宪法学家、法学教育家和社会活动家。1933年8月23日出生于湖南省娄底市娄星区艾家冲村。1946年9月就读于湖南湘乡县娄底连壁初级中学并毕业。1946年春夏，协助中共地下党员刘珮琪组织"济世学会"，秘密印刷《新民主主义论》。1949年9月在娄底和乐坪小学任教员。1949年11月进入中国人民解放军四野物种兵干部学校学习。1950年7月至1952年6月，先后任四野炮一师二十六团政治处民运干事、青年干事、司令部书记，赴朝鲜参加抗美援朝战争，负伤回国。1955年1月在江苏省太仓县人民政府工作。1957年9月至1962年7月在北京大学法律系读本科，其间于1961年12月加入中国共产党。1962年9月至1965年7月在北京大学法律系攻读研究生，师从著名宪法学家张友渔先生研究法理与宪政。1965年8月至1966年5月，留任北京大学工作，其间在北京海淀区四季春公社任社教工作组队长。1967年2月至1980年6月，在中国社会科学院法学所工作，任硕士研究生导师、法理学研究室副主任。其间于1978年12月6日在《人民日报》发表法学界第一篇拨乱反正的文章《坚持公民在法律上一律平等》；1979年9月发表《论以法治国》，首次系统地提出了以法治国的理论构想；1979年11月

---

[*] 肖海军，1965年10月生，湖南双峰人，法学博士，湖南大学法学院教授，博士研究生导师，从事商法学、经济法学、法理学研究。

27日在《人民日报》发表《论我国罪犯的法律地位》，在学界、政界和司法界引起强烈反响。是年，与王家福、刘海年一起负责起草《中共中央关于保证刑法、刑诉法切实实施的指示》（即64号文件）。

1980年7月至1981年7月，调中共中央书记处研究室工作。时逢八二宪法的起草，李步云先生负责起草叶剑英委员长《在宪法修改委员会第一次会议上的讲话》和其他有关宪法修改的文件，全过程地见证和参与了八二宪法的起草和讨论。1981年8月，在完成中共中央书记处研究室的特定宪法性文件起草任务之后，李步云先生回中国社会科学院法学所任副研究员，重点研究依法治国和宪法修改，于1981年11月2日至12月8日，连续为《人民日报》撰写《宪法的结构》《宪法的规范性》《宪法的制定和修改必须贯彻民主原则》等10篇系列文章和社论，对修宪的诸多问题进行了系统的论证和阐述。

1981年8月至1995年8月，先后被评为中国社会科学院法学所副研究员、研究员，担任中国社会科学院法学所法理研究室副主任、主任，《法学研究》主编，人权研究中心副主任，其间多次出国访问做学术交流，主持"宪法比较研究"和"立法法研究"等重大课题。1995年9月经国务院学位委员会评定通过，被遴选为中国社会科学院研究生院博士生导师。

1996至1998年，李步云先生就"法治"问题在全国各地做了数10场专题报告，发表了10多篇有关法治方面的论文，系统地阐述了法治的本质、内容、目标、原则、标准和实现途径。以学术报告形式实质地推动"依法治国，建设社会主义法治国家"进入中共十五大政治报告，并先后到香港、西欧进行学术交流，开展人权研究和学术合作。1998年8月29日，在全国人民代表大会常务委员会做"依法治国，建设社会主义法治国家"的法制专题讲座。1999年1月，李步云先生在人民大会堂参加由李鹏委员长主持的宪法修改座谈会，李步云先生力主"依法治国，建设社会主义法治国家"入宪，此建议被后来1999年的宪法修正案所采纳。2003年6月，作为宪法专家小组五成员之一，在人民大会堂参加由吴邦国委员长主持的宪法修改座谈会。李步云先生在座谈会上提出人权入宪、迁徙自由、司法独立与建立违宪审查制度等建议，其中人权入宪的主张被吸纳到2004年3月的宪法修正案中。

2000年10月，李步云先生受聘担任湖南大学教授、博士研究生导师，湖南大学法学院名誉院长，是年组建湖南大学法治与人权研究中心，任中心主任。在2000年10月至2003年3月不到三年的时间里，李步云先生在湖南大学法学院主持召开了全国"公民权利与政治权利国际公约"研讨会、"全国信息公开研讨会"、"中国司法独立问题研讨会"、"中国法学会比较法研究会第七届年会"、全国"地方人大建设研讨会"等全国性学术会议 10 余次；先后与英国、挪威、丹麦、瑞典、瑞士等国家的人权机构和人权教学中心合作，主办"全国人权理论与实践"研修班 5 期，"全国高校人权法教学"暑期研讨班 2 期，主持"警察执法与人权保护"培训班 2 期，主编教育部高等学校第一部《人权法》统编教材和《警察执法与人权保护》等专用人权教学教材，创办了《岳麓法学评论》等知名法学刊物，第一次在全国率先给法学本科专业开设人权法学课程，使湖南大学法学院和湖南大学法治与人权研究中心成为全国法治与人权研究的重要基地。

2004 年 9 月，李步云先生受聘担任广州大学法学院名誉院长，组建广州大学人权研究与教育中心，并任主任。2010 年，他建议建立若干个"国家人权教育与培训基地"，被中央领导采纳，随后中国政法大学、南开大学和广州大学三个大学的人权研究与教育中心被纳入第一批"国家人权教育与培训基地"。

李步云先生先后兼任中国法学会法理学会副会长，中国行为法学会会长，最高人民检察院专家咨询委员会委员，中共中央宣传部和国家司法部"国家中高级干部学法讲师团"成员，司法部科研项目成果奖励评审组专家和国家行政学院、中国人民公安大学、山东大学、安徽大学、湘潭大学、湖南师范大学等多所大学的教授。李步云先生在抗美援朝战争中曾两次立功，一次被评为模范；1992 年起享受国务院"有突出贡献专家"政府特殊津贴；2001 年获中宣部、司法部"全国三五普法先进个人"称号；2002 年获教育部、国务院学位委员会"全国优秀博士论文指导教师"称号；2004 年获湖南大学首届十大"师德标兵"称号；2006 年 8 月获中国社会科学院"荣誉学部委员"称号；2008 年 5 月在南方都市报等单位主办的评选活动中，入选"改革开放 30 年风云人物 200 名"；2008 年 11 月在中国经济体制改革研究会等单位主办的评选活动中，入选"改革开放 30 年 120 名社会人物"；2008 年 12 月获中央政法委、中宣部等四单位颁发的"双百活动最佳宣讲奖"；2009 年 7 月获中国国际经济技术合作促进会等单位授予的"建国 60 周年共和国建设 100 名功勋人物"称号；2012 年 9 月 26 日荣获中国法学会授予的"全国杰出资深法学家"称号。

正如李步云先生在 2003 年 8 月 23 日由其学生发起举办的"李步云先生法治与人权学术思想研讨会暨七十华诞庆典"中所做《七十述怀》所说的那

样,"我是中国人民的儿子","我也是世界人民的儿子","学术研究是我的生命","法学教育也是生命的重要部分","友情与亲情是我宝贵的精神财富"。李步云先生这几十年来始终怀着一个战士的心、小兵的心,以报国的情怀,演绎其平凡却华彩的书剑人生,在宪政、法治、人权的学术领域潜心研究,孜孜耕耘,且以其严谨的学术理论构建和制度建议影响当代政治体制改革,一次次地推动中国最高决策层、立法层对国家大政方针、治国思想的调整,其学术思想之博大精深,对现实法治实践与国家政治制度建设之积极推动,堪称当代法学家之楷模。现在李步云先生虽年进八十,但其心如少年,面现春风,其行步之稳健快捷、谈吐之犀利缜密、记忆之详尽清晰、著述之丰富多域,即或如三十五岁左右的年轻人也不能出其右者。

李步云先生的学术思想涉及法理学、宪法学、法哲学和行政法学等多个法学分支学科,他对法治、民主、人权、宪政等重大问题的研究均具有原创性的贡献,他的多篇论著以及在理论上的建树被法学界的同仁们认为具有里程碑式的意义。

二 原创性的法治理论[①]

(一)提出"法律平等原则",打破法学界的思想禁区

20世纪70年代末,"无产阶级文化大革命"刚刚结束,旧的思维和传统的治国观念依然禁锢着人们的头脑,人们对中国向何处去、以什么样的治国方略和理论依据来恢复社会秩序、建设国家等大是大非的价值判断问题尚处于迷惘、模糊状态。在法学界,诸如法治、人权、民主等讳莫如深的词汇,因被解读为资产阶级的反动东西,仍被人们视为学术的禁区。在当时最高决策层对此尚未表态、吹风,政治家们又未公开许可的情况下,对这些事关国家大政方针、治国方略整体性调整和转变的重大政治与法学命题进行讨论并提出自己的见解已不仅仅是一个纯学术问题,而是需要冒极大的政治风险的。在这样一个特殊背景下,李步云先生在1978年12月1日的《人民日报》上发表《坚持公民在法律上一律平等》一文。文章针对"文革"期间政治界和学术界认为提倡和坚持"公民在法律上一律平等"是没有同资产阶级的"法律面前人人平等"划清界限,是"没有阶级

---

① 参见卓泽渊《法治的理性思考——李步云教授法治思想概述》,载刘作翔、张志铭、柳志伟主编《法治理想的追求》,中国政法大学出版社,2003。

观点",是主张革命与反革命的"一律平等"这一错误看法和所谓革命逻辑,提出:"在我国社会主义的经济制度和社会主义民主政治制度下面,公民在法律上一律平等,是必须做到的,也是能够做到的,坚持这一原则,不是什么人喜欢不喜欢的问题,而是历史发展的必然,是社会进步的客观要求。根据这一原则,凡属我国的公民,按照宪法和法律,一律平等地享受他们应该享受的权利、履行他们应该履行的义务。不承认有任何享受特权的公民,也不承认任何免除法律义务的公民。这是对封建专制主义和等级特权观念的彻底否定。如果我们不是这样做,而是抛弃这一原则,认为公民在法律面前应该是不平等的,那就是允许一部分人享有特权,默认有人可以置身于法律之外,高踞于法律之上,那么,社会主义法制的民主原则就无从体现,宪法和法律就会遭到破坏,人民的民主权利就没有保障。"文章特别对公民和人民的概念进行了界定,认为公民是一个法律概念,人民是一个政治概念,就法律而言,公民"既包括人民,也包括敌对阶级分子在内"。① 此文是在中国共产党十一届三中全会尚未召开时发表的,被公认为新时期法学界突破以往思想理论禁区的第一篇文章。随后,李步云先生又先后在《红旗》杂志1979年第3期、《人民日报》1979年11月27日、《法学杂志》1980年第3期、《宪法论文集》上发表《再论"公民在法律上一律平等"》《论我国罪犯的法律地位》《正确理解"公民在法律面前一律平等"》《再论我国罪犯的法律地位》等文章,② 进一步对法律平等原则这一法治原则的本质、意义、适用范围和实施机理进行系统的阐述,认为"我们讲所有公民在适用法律上一律平等,就是说适用法律的标准只有一个,不能在法律规定之外再来个因人而异;不能因公民的社会出身不同或其他原因,对有些人就允许他享有特权,对另外一些人就可以任意歧视"。这些思想即使在今天看来,也是十分深刻和到位的。

(二) 首倡"以法治国"的治国方针

1979年9月10日,李步云先生和他的同事在中国社会科学院召开的"庆祝中华人民共和国成立三十周年学术讨论会"上提交了《论以法治国》

---

① 参见李步云《坚持公民在法律上一律平等》,《人民日报》1978年12月1日,理论版。
② 参见李步云《人民在自己的法律面前一律平等》,《红旗》1979年第3期;李步云、徐炳《论我国罪犯的法律地位》,《人民日报》1979年11月27日,理论版;李步云《再论我国罪犯的法律地位》,《法学杂志》1980年第3期;李步云《正确理解"公民在法律面前一律平等"》,载《宪法论文集》(续编),群众出版社,1982。

一文。在这篇论文中,李步云先生等在法学界第一次明确提出"以法治国"的治国方针,全面地阐述了以法治国的重要意义、科学含义和基本要求。文章认为:"以法治国是潮流,是人心,是中国革命进入新的历史时期的重要标志","以法治国是历史经验的总结"。新中国成立三十周年的历史充分证明:重视法治时,国家就稳定,就巩固,经济就发展;忽视法治时,国家就混乱,经济就停滞不前,甚至倒退崩溃。这一无可辩驳的历史事实向人们揭示了一条客观真理——以法治国,势在必行。这是人民群众的心愿,是社会发展的规律,是我们在新的历史时期建设社会主义现代化强国的必由之路。因此,之所以要"以法治国",就在于三十年的实践经验证明:只有实行以法治国,才能切实保障人民的民主权利,真正体现我们的国家是人民群众当家作主;只有实行以法治国,才能防止林彪、"四人帮"一类野心家篡党夺权的阴谋得逞,巩固无产阶级专政;只有实行以法治国,才能高速度地发展生产力,顺利地建设社会主义的现代化强国。

文章特别提出,要实行"以法治国",我们要克服将以法治国与党的领导对立起来的错误观念,克服无产阶级要人治不要法治的错误观念,从而树立法律具有极大权威的正确观念。李步云先生认为,在推进以法治国的进程中,"全面加强立法工作,尽快地制定出一整套完备的社会主义法律,是实现以法治国的前提","所有国家机关和党的各级组织,全体公职人员和公民都严格依法办事,是实行以法治国的关键","搞好党政机关的分工和制约,切实保障司法机关的独立性,是实现以法治国的组织保证"。李步云先生等的这篇《论以法治国》在学理上高瞻远瞩,在政治上如拨云见天,揭示了中国政治的未来走势和治国的必由之路。在学界视法治为禁区、政界以法治为畏途的特殊背景下,李步云先生和他的同事们以严谨的学理论证和极大的学术勇气,提出了这一切中时代的治国方略,对中国法治理论研究和政治体制改革起到了先导作用。[①]

(三) 立场鲜明的"法治论"与"法治观"

20世纪80年代,中国法学界适应中国社会发展的需要,展开对法制与法治等问题的讨论。李步云先生坚定地坚持自己的"法治论"学术立场,并对当时学术界和政界某些人提出的人治与法治"结合论"和"法治

[①] 参见李步云、王德祥、陈春龙《论以法治国》,载《法治人治问题讨论集》,群众出版社,1980。

取消论"进行批驳。

"人治与法治结合论"者认为,"历史上从来没有过单纯的法治,也没有过单纯的人治,任何统治阶级总是把法治与人治结合起来的;社会主义时期,我们既要实行法治,也要实行人治"。或者认为,"人是决定的因素,法制的威力要由人来发挥,离开人治说法治,法治是不能实现的,人治同法治的关系,犹如战士同武器的关系,因此必须把两者结合起来"。针对这一观点,李步云先生早在1979年的《论以法治国》一文中就十分明确地指出,"人治与法治结合论"的根本错误在于"把'人治'同'人'、'人的因素'、'人的作用'这些完全不同概念混为一谈了。'人治'是一种否认或轻视法律和制度的重大作用而主张依靠长官意志来治理国家的方法,是同法治这一治国方法相对立的一种理论和实践,它同'人'、'人的因素'、'人的作用'完全不是一个意思",因此,"否认人治与法治的根本对立,主张既要实行法治,也要实行人治,这在理论上是不正确的,实践上是有害的。在社会主义制度下,法治要求有法可依,有法必依,认为有法才能治国,无法必然乱国,违法一定害国;而人治则认为法律可有可无,有法可以不依,凡事由少数领导个人说了算。这两种完全不同的主张和做法怎么能够并存呢?"1981年李步云先生在《西南政法学院学报》第2期发表了《法治与人治的根本对立》一文,通过对法治与人治根本对立历史过程的考察全面地对"人治与法治结合论"进行了批评。文章认为:"在一定的历史条件下,法治的主张总是具有一定的革命性和进步性;人治的主张则总是具有一定的反动性或落后性,两者是不能结合的。"他认为,历史上,有过奴隶主阶级的法治、地主阶级的法治、资产阶级的法治和社会主义的法治。它们逐步由低级向高级演变,是社会发展的客观要求,是人类进步的重要标志。他严正指出"结合论"的严重危害和实质在于认为"法治虽好,但有片面性,需要有人治做补充;'人治'虽有一定片面性,但终究还是一种很好的思想、主张、做法,人民非常需要它"。其基本的结论必然是主张"权力大于法,依人不依法,依言不依法的人治思想","而其实践结果,则必然是以人治代替法治"。因此,"在社会主义条件下,法治与人治之间存在着根本的对立,是不能相互结合的"。①

---

① 参见李步云、王德祥、陈春龙《论以法治国》,载《法治人治问题讨论集》,群众出版社,1980;李步云《法治与人治的根本对立》,《西南政法学院学报》1981年第2期。

与"结合论"的隐蔽性不同,"取消论"则认为,"'法治'这一概念'不科学',有'片面性',和坚持四项基本原则有矛盾;我们既然有法制的提法,也用不着再讲什么法治了",因此主张抛弃"法治"这一个概念,从而实质否定、取消"法治"。针对这种论调,李步云先生在《法学研究》1982年第2期发表了《法治概念的科学性》一文。该文首先认为法治是一个科学、严谨的概念,法治的一个最基本的意思是任何一个统治者或统治者集体,都应严格依法律来治理国家,而不是像有人望文生义的那样解释为法律在统治。他认为,"所谓'以法治国'或'依法治国'(即法治)也就是十分重视运用法律这种行为准则并严格依照它的规定来治理国家的意思",因此,提出"以法治国"或"依法治国"是确切的、科学的。针对有人质疑法治概念的片面性,李步云先生则进一步认为,从理论上,任何一个口号,都有特定的科学含义,特定的具体内容,特定的使用范围,特定的社会作用,不能要求它概括一切,包罗一切,代替一切。从历史上看,提倡法治的人并不主张什么"法律万能",并不否认国家的领袖人物以及道德与教育等等对治理国家具有重要作用。因此,法治与人治的对立并不在于一个主张"法律万能",一个主张国家的领袖人物万能。而在于,"在社会主义条件下,如果实行人治,认为法律可有可无,有法不依,凡事由少数领导个人说了算,其结果是长官的个人意志号令一切和指挥一切,而出现种种不按客观规律办事的弊端。如果实行法治,领导人自己带头严格按照法律和制度办事,就可以保证他们少犯全局性错误,犯了这种错误也比较容易纠正"。在论及实行法治同坚持四项基本原则是否存在矛盾时,李步云先生认为治理国家的原则不应该是一个,而应该是很多。"法治"是一项治国原则,但并不是说治国只能有一项原则。同样,也不能说在社会主义治国中只有四项基本原则,不能有任何别的治国原则。"以法治国"的口号同"坚持四项基本原则"的口号不仅不矛盾,而且相得益彰。至于"法制"为什么不能代替"法治",在李步云先生看来,法制与法治是两个既有密切联系,又有重大区别的概念,不能混为一谈。首先,法律制度属于制度的范畴,与政治制度、国家制度、经济制度等相关联,而法治则是一种治国的理论、原则和方法,与人治相对立。其次,法治与法制之内涵与外延都不相同。实行法治的主要标志,是一个国家要有比较完善的法律与制度,并且特别强调,任何国家机关、社会团体或公民个人,包括国家的最高领导人在内,都要遵守法律,严格依法办事。再次,任何一个国家的任何一个历史时期都有自己的法律制度,但不一定都是实行法治。一个国家的治理，如果是人治的理论、原则和方法占据着统治的地位，虽然有它自己的一定的法律制度，但绝不能说那时也是实行法治。由此可见，法制与法治是两个不同的概念，各有自己特定的科学含义，也各有自己特殊的社会作用。两者是不能等同的，也是不能相互代替的。①

李步云先生对"法治"的坚定态度、严谨的学理剖析和执着追求，为法治思想和法治理念在中国法学界、政界认识上的确立与统一提供了重要的理论支撑。

（四）法治国家概念的提出

李步云先生在《法治概念的科学性》一文中对法治之概念做出明确界定之后，又在《资料与文稿》1982 年第 23 期上撰文《法律与制度问题是国家长治久安的根本问题》，该文十分清楚地分析道：如果一个国家建立有一整套比较科学的、符合客观实际的制度，并且能够严格按照制度办事，国家机器的各个部分就能各得其所，各尽其应尽的职能；人民的政治、经济、文化生活就能有组织、有秩序地进行；国家就能稳定地得到发展，社会就不会动荡不定。与制度具有稳定性这一特点不同，领导人的思想、意见、主张、办法因经常受到主观与客观各种因素的影响而往往变化不定，可能今天是这样，明天又是那样。如果治理国家不是主要依靠法律和制度而是主要依靠领导人的意见、主张行事，国家就不能稳定地得到发展。李步云先生认为，在通常情况下，制度不应该也不允许因领导人的改变而改变，即制度的存在和效力并不以领导人的去留为转移。尤其是国家制度、法律制度以及文化制度中一些最基本的成分、内容更是如此。因此，只要制度搞好了，并保证这种制度具有连续性和权威性，国家的长治久安就有了希望。②

1996 年前后，李步云先生集中精力正面、直接地剖析法治的含义，全面诠释法治、论证法治，③并最终使"依法治国，建设社会主义法治国家"

---

① 参见李步云《法治概念的科学性》，《法学研究》1982 年第 2 期。
② 参见李步云《法治概念的科学性》，《法学研究》1982 年第 2 期。
③ 参见李步云《依法治国，建设社会主义法治国家》，《中国法学》1996 年第 2 期；李步云《依法治国的理论根据和重大意义》，《人大工作通讯》1996 年第 11 期；王家福、李步云、刘海年、刘翰、梁慧星、肖贤富《论依法治国》，《法学研究》1996 年第 2 期；王家福、李步云、刘海年、刘翰、梁慧星、肖贤富《论依法治国》，《光明日报》1996 年 9 月 28 日，理论版。

被党的政治报告和国家的纲领性文件所接受和确认。这从李步云先生1998年8月29日在人民大会堂为全国人大常委会所做的题为"依法治国,建设社会主义法治国家"的讲座中可以集中反映出来。在这次讲座以及随后整理出来的同名文章中,李步云先生认为:"依法治国,建设社会主义法治国家,是邓小平理论的重要组成部分。虽然在小平同志的著作中没有用过'依法治国'和'法治国家'这样的提法。但是他对如何通过健全法制保证国家的长治久安,做了最全面最深刻的阐述,从而为实行依法治国的方针,奠定了坚实的理论基础。他提出的健全社会主义法制的一整套原则,为我们确立建设社会主义法治国家的奋斗目标,勾画出了一幅准确、完整和清晰的蓝图。"针对有的官员和学者主张法治就是"有法可依,有法必依,执法必严,违法必究"的见解,李步云先生明确指出,现代法治要求法律不仅要完备,而且要良好。依据恩格斯的观点,良好的标准主要有两个,一是是否促进当时当地生产力的发展,二是是否符合正义。①

(五) 依法治国理论的整体构建

1996年6月,李步云先生在《人大工作通讯》第11期发表《依法治国的理论根据和重要意义》一文,对我国依法治国的重要意义进行了学理概括。他指出,依法治国是实行市场经济的客观要求,是建设民主政治的基本条件,是人类社会文明的重要标志,是实现国家长治久安的根本保证。李步云先生特别考察了"法"字的起源与本义。进而指出,法制文明属于制度文明的范畴。"物质文明和精神文明的建设中,法律有其特殊的功能。法律的制定和实施,集中了人民的智慧,反映了人民的愿望,较之个人独断专行无比优越。法律能反映事物的发展规律,少数人决定问题难免主观臆断。依法治国就可以保证两个文明的建设高效而持续地得以发展。"在论证依法治国是实现国家长治久安的根本保证时,李步云先生认为:"法治与人治的对立和论争,在中外历史上已经存在几千年。作为一种治国的理论,两者的对立与论争主要是集中在这样一个问题上,即国家的长治久安关键是要依靠一两个好的领导人及其威望,还是主要应寄希望于建立一个有权威的良好的法律和制度。"② 李步云先生对法治意义和本质的论断被中央所采纳。1997年10月召开的中共十五大,其政治报告对于

---

① 参见李步云《依法治国,建设社会主义法治国家》,载《在中南海和大会堂讲法制》,商务印书馆,1999。
② 参见李步云《依法治国的理论根据和重大意义》,《人大工作通讯》1996年第11期。

依法治国的意义做出了与李步云先生的学理认识几乎完全一致的结论："依法治国，是党领导人民治理国家的基本方略，是发展社会主义市场经济的客观要求，是社会主义文明进步的重要标志，是国家长治久安的重要保证。"①

关于依法治国的基本特征，李步云先生在《学习与探索》杂志1999年第3期发表的《依法治国战略论纲》一文中，提出了"依法治国，建设社会主义法治国家"，作为一项战略方针和战略目标，具有全局性、整体性、目的性、长期性。他认为依法治国并不是一个局部的政策，而是一个事关全局的战略方针。它意味着十一届三中全会以来，党和国家治国方针和政策的重大调整，即："从以阶级斗争为纲转变为以经济建设为中心；从实行计划经济转变为实行市场经济；从实行闭关锁国转变为实行对外开放；从人治向法治过渡，实行依法治国，建设社会主义法治国家。"李步云先生又认为，依法治国是一个既有具体性又有整体性的战略方针。在他看来，依法治国是一项从中央到地方，从地区到行业，从立法到执法、司法、护法、守法、学法的系统工程。应上下呼应，左右协调，前后衔接。李步云先生还认为，依法治国不仅仅是手段，而且具有目标的意义。法治国家作为现代一种最进步的政治法律制度的目标模式，其基本标志和要求是丰富的、具体的、确定的、可预测的。它不应是一个模糊不清的概念。依法治国的目标性质得以确认，它可能获得人们更大的热情和不懈的努力。李步云先生更提醒人们，依法治国，建立法治国家不可一蹴而就，法治的发展有其客观规律和必要过程。法治国家的建成同整个国家的现代化是同步的。同时，人们认识的提高和经验的积累也需要有一个过程。特别是我国人口众多，幅员辽阔，情况复杂，历史包袱沉重。因此，建成社会主义法治国家，使其达到理想的境界，在我国大约还需要三十年乃至五十年左右的时间。这一长期性决定了建设法治国家的历史性进程具有渐进性、持续性和阶段性的特点。②

（六）认为法制（治）文明是一种独立的文明形态

关于法治与文明的关系。李步云先生最为重要的贡献在于提出并论证

---

① 参见江泽民《高举邓小平理论伟大旗帜，把建设有中国特色社会主义事业全面推向二十一世纪——在中国共产党第十五次全国代表大会上的报告》（1997年9月12日），第六部分：政治体制改革和民主法制建设。
② 参见李步云《依法治国战略论纲》，《学习与探索》1999年第3期。

了法制（治）文明或制度文明是一种独立的文明形态。他认为，法制是人类文明的构成部分，法制的发展本身就是人类文明发展的重要内容。一部由低级状态向高级状态演变的法律制度和思想史，是整个人类文明由低级状态向高级状态发展历史的一个缩影。1996年，李步云先生在《依法治国的理论根据和重要意义》中提出了制度文明与法制文明的概念。他认为"法制文明是属于制度文明的范畴"。他将制度文明与我国宪法关于我国现代化事业的宏伟目标结合起来进行了分析。认为中国现代化事业的目标是建设一个富强、民主、文明的社会主义国家。这里所说的"富强"，即物质文明，是指社会生产力发展水平的极大提高和人民物质生活需求的极大满足。"文明"是特指精神文明，包括社会主义文化教育科技事业的高度发展和人们文化科学与思想道德水准的极大提高。这里所说的"民主"，从广义上说，包括法制在内。民主与法制是属于制度文明的范畴。与既有的两个文明相比较，李步云先生认为，在物质文明和精神文明的建设中，法律有其特殊的功能，法制文明之作用更不可缺乏，其功能不能由既有的两个文明所替代或包含。法律的制定和实施，集中了人民的智慧，反映了人民的愿望，较之个人独断专行无比优越。法律能反映事物的发展规律，少数人决定问题难免主观臆断。依法治国就可以保证两个文明的建设高效而持续地得以发展。①

1997年，李步云先生在《中国法学》第6期发表的《跨世纪的目标：依法治国，建设社会主义法治国家》一文中集中论述了"制度文明的凸现"问题。他对人类文明的三大形态，即物质文明、制度文明和精神文明，做出了更为清晰、更符合中国社会主义初级阶段实际的论述。在他看来，"三大文明"是国家建设、社会发展的三个有机的、不可分割的方面。建设有中国特色社会主义的经济，就是要发展社会主义市场经济，不断解放和发展生产力，由此提高物质文明的水平，使人民富裕、国家强盛。建设有中国特色社会主义的政治，就是要在中国共产党的领导下，在人民当家作主的基础上，通过不断推进政治体制改革，依法治国，发展社会主义民主政治，建设社会主义法治国家，由此使民意得以体现，民权得以保障，民主得以主宰，形成发达的制度文明。建设有中国特色社会主义的文化，就是要以马克思主义为指导，以培养有理想、有道德、有文化、有纪律的公民为目标，发展面向现代化、面向世界、面向未来的，民族的，科

---

① 参见李步云《依法治国的理论根据和重大意义》，《人大工作通讯》1996年第11期。

学的和大众的社会主义文化，由此形成高度发达的精神文明。① 2002年11月中共十六大政治报告提出政治文明之概念，并与物质文明、精神文明并列。人们不难发现，早在1996年李步云先生所提出的法制文明、物质文明、精神文明等三大文明之构想的理论前瞻意义和时代价值。②

（七）高度概括法治国家的主要标志

在建设社会主义法治国家的战略目标确立以后，何为社会主义法治国家就成为理论界必须回答的问题。为社会主义法治国家拟制一个科学的目标或标志就成为法学家们热切关注的问题。早在1996年2月，李步云先生在为中共中央法制讲座撰写的讲课初稿《依法治国，建设社会主义法治国家》一文中，就提出社会主义法治国家的五个原则和内容：一是要建立一个部门齐全、结构严谨、内容和谐、体制科学的完备的法律体系，这种法律应当体现社会主义的阶级价值取向和现代法律的基本精神；二是社会主义法制应当建立在社会主义民主的基础上，要坚持社会主义法制的民主原则，实现民主的法制化和法制的民主化；三是要树立法律至高无上的权威，任何组织和个人都必须依法办事；四是要进一步健全和完善司法体制和程序，切实保证案件审理的客观性和公正性；五是建设现代法律文化是实现社会主义法治的重要保证。③

1999年，李步云先生发表《实施依法治国战略论纲》（《学术与探索》第3期）、《依法治国的里程碑》（《人民日报》1999年4月6日，理论版）等文章，明确提出了社会主义法治国家的十大主要标志：法制完备、主权在民、人权保障、权力制衡、法律平等、法律至上、依法行政、司法独立、程序正当、党要守法。他将十个主要的标志也称为十项法治原则，对其进行了全面的论述。他认为，法制完备要求社会主义法治国家"建立一个门类齐全（一张'疏而不漏的法网'）、结构严谨（如部门法划分合理，法的效力等级明晰，实体法与程序法配套）、内部和谐（不能彼此矛盾与

---

① 参见李步云《跨世纪的目标：依法治国，建设社会主义法治国家》，《中国法学》1997年第6期。
② 参见江泽民《全面建设小康社会开创中国特色社会主义事业新局面——在中国共产党第十六次全国代表大会上的报告》。如该报告"第五部分　政治建设和政治体制改革"提出："发展社会主义民主政治，建设社会主义政治文明，是全面建设小康社会的重要目标。"
③ 参见李步云《依法治国，建设社会主义法治国家》，《中国法学》1996年第2期；李步云《依法治国的理论根据和重大意义》，《人大工作通讯》1996年第11期；王家福、李步云、刘海年、刘翰、梁慧星、肖贤富《论依法治国》，《法学研究》1996年第2期。

相互重复)、协调发展(如法与政策、法与改革协调一致等)的法律体系,实现社会生活各领域都有内容与形式完备、科学的法律可依"。主权在民"要求法律应体现人民的意志和利益;法制应以民主的政治体制为基础;并实现民主的法制化(民主权利的切实保障、国家政治权力的民主配置、民主程序的公正严明、民主方法的科学合理等)和法制的民主化(立法、司法、执法、护法等法制环节要民主)。主权在民是主权在君的对立物,是现代民主的核心和基础,因而也应是现代法治的灵魂。在一个政治不民主的社会里,不可能建立起现代化法治国家。法律的人民性是主权在民原则在现代法律制度中的集中体现,而民主的法制化与法制的民主化则是主权在民原则在现代法律制度中的具体实现与展开"。人权保障,则要求"人不是为国家与法律而存在,而是国家与法律为人而存在……全面地、充分地实现和保障人权,是现代法律的根本目的"。权力制衡,则要求对权力做合理配置和有效制约,即以国家法律制约国家权力,以公民权利(如公民的参政权,议政权,检举、批评、罢免权,新闻、出版自由权等)制约国家权力,以国家权力制约国家权力(如立法、行政、司法权之间,公检法之间的权力制约以及检察、监察、审计等方面的监督),以及以社会权力(如政党、社会团体、行业组织的权力)监督国家权力,来达到防止和消除越权与不按程序办事等权力滥用和权钱交易、假公济私、徇情枉法等权力腐败现象。法律平等则"包括分配平等和程序平等。实体法应体现与保障社会共同创造的物质与精神的财富在全体社会成员中进行公平分配。程序法应体现在保障法律面前人人平等,在民事、刑事、行政等诉讼活动中,原告与被告双方诉讼地位和适用法律一律平等"。他认为,法律至上即"指法律应具有至高无上的权威……是指宪法和法律被制定出来后,在尚未修改之前,任何组织特别是任何个人都必须切实遵守……其核心思想与基本精神是反对少数领导者个人权威至上、权大于法"。依法行政要求一切抽象与具体的行政行为都要遵循法律。司法独立,就是指人民法院和人民检察院,根据宪法和法律的规定,独立地行使审判权和检察权,不受任何其他机关、团体、个人的干涉。程序正当即法律程序应做到民主、公开、公正、严明。党要守法,党组织必须在宪法和法律的范围内活动,不能以党代政、以党代法。[①] 李步云先生对法治国家十大标志的概

---

① 参见李步云《实施依法治国战略论纲》,《学术与探索》1999年第3期;李步云《依法治国的里程碑》,《人民日报》1999年4月6日,理论版。

述，对于指导执政党政治体制改革的决策和立法具有十分重要的理论指导意义。

三 人民主权的民主观[①]

（一）民主的精髓在于"人民主权"

李步云先生不是从民主的抽象定义入手，而是着力于从民主这一极其复杂的社会现象中去寻求其基本原则和主要内容。在《宪政与中国》一文中，他认为，民主概念的精髓，在于"人民主权"原则。它既是现代民主的理论基础，也是现代民主的根本原则。人民主权的对立面是君主主权、军事专制、政党独裁。在民主国家中，国家的一切权力属于人民；政府的权力由人民赋予，政府不得超越宪法和法律所规定的权限；人民是国家的主人，政府乃是人民的公仆；政府代表人民行使权力，政府的行为应当受到人民的监督；政府设立与运行的目的，是为增进社会公益和为人民谋求幸福。民主国家的评判标准，不仅要看其宪法是否明文规定了人民主权原则，更应考察其政治实践和运行状况。人民主权的宪法原则，还必须通过一系列有关民主的基本制度来体现、来保障。[②]

（二）民主既是手段，更是目的

早在1985年，李步云先生在其《建设高度的社会主义民主》一文中就提出，为正确认识社会主义民主，理论上必须真正弄明白它既是手段又是目的，它是内容与形式的辩证统一，它与前社会主义的民主之间既有本质区别又有历史联系。[③] 2001年1月，李步云先生在接受《人民法院报》记者采访时，明确地提出民主相对于发展经济和科学教育文化事业来说，它是一种手段；但从民主作为一个发展过程和社会发展的终极意义来讲，民主的全部内容或部分内容都是目的。[④]

[①] 参见肖君拥《现代民主的法理思辨与制度构建——李步云先生民主宪政思想述评》，载刘作翔、张志铭、柳志伟主编《法治理想的追求》，中国政法大学出版社，2003。
[②] 参见李步云《宪政与中国》，载《宪法比较研究文集（二）》，中国民主法制出版社，1993。
[③] 参见李步云《建设高度的社会主义民主》，载《法制、民主、自由》，四川人民出版社，1985。
[④] 参见李步云《民主与法治是新世纪的奋斗目标》，《人民法院报》2001年1月1日，理论版。

（三）民主的内容是具体的

关于民主的内容，李步云先生在其《建设高度的社会主义民主》一文中，把社会主义民主的主要内容精炼概括为如下五方面：完善的人民代表大会制度；健全基层政权与基层社会生活中的直接民主和对企业事业事务的民主管理；保证公民个人享有广泛的民主权利与自由；一切国家机关都应实行民主集中制与群众路线，所有国家工作人员都必须具有民主作风，各种人民内部矛盾都要以民主方法予以处理；要建立起人与人之间、民族与民族之间、各政党与各社会团体彼此之间的平等关系。[①] 2001年李步云先生在《民主与法治是新世纪的奋斗目标》的访谈中更明确地把民主定位为人民主权的民主原则、公民的民主权利、国家权力的民主配置、国家权力与公民权利行使的民主程序以及民主方法等五个方面。[②]

（四）民主的评判应是有条件和有标准的

什么样的条件在被满足后方可称得上是现代民主呢？李步云先生在《宪政与中国》一文中认为，民主必须具备以下四个方面条件：（1）政府应由普选产生，这种选举应是自由的、公正的，要能真正反映出选民的意志；（2）被选出的国家权力机关，要能真正掌握和行使国家权力，不能大权旁落，而为其他并非普选产生的某个人或某一组织所替代；（3）国家权力结构应建立和完善分权与制衡机制，以防止权力不受监督而腐败；（4）人民应当充分地享有知情权、参政权、议政权和监督权，这样才能保证在代议制下国家权力仍然真正掌握在人民手里。一个国家只有牢固坚持人民主权原则，并认真贯彻实施以上四项民主的基本要件，民主才有可能实现。[③]

（五）民主是宪政的基础

李步云先生在《宪政与中国》一文中认为，民主与宪政是两个不同的概念。二者的区别在于范畴、内涵的不同，甚至在价值、原则上也存在一

[①] 参见李步云《建设高度的社会主义民主》，载《法制、民主、自由》，四川人民出版社，1985。

[②] 参见李步云《民主与法治是新世纪的奋斗目标》，《人民法院报》2001年1月1日，理论版。

[③] 参见李步云《宪政与中国》，载《宪法比较研究文集（二）》，中国民主法制出版社，1993。

定差异。民主是宪政的基础,而且仅仅是宪政的基础而已。实现了民主不等于实现了宪政,没有民主则根本无宪政的可能。①

(六)民主与法治互为手段和目的

民主与法治(制)究竟是何关系,以前学者都注重从手段、工具意义上去理解。1980年,李步云先生在其《民主与法制的相互关系》一文中指出,民主与法治同属社会政治的上层建筑,其终极目的都是保护和发展生产力,建设社会主义现代化强国。在此意义上,民主与法治都不是目的而是一种手段。但就二者的相互关系来说,应互为手段与目的。② 1998年在"依法治国,建设社会主义法治国家"的人大法制讲座中,他则更明确提出法治之实质就是民主的法制化和法制的民主化。与民主的法制化问题相联系,还有一个法制的民主化问题。我国法治建设的立法、执法、司法、守法、护法五个环节中,都应该充分体现民主原则。提出并强调民主的法制化与法制的民主化,可以使社会主义法制的民主原则的内涵更加丰富、更加全面、更加严谨。③

(七)民主只有在有效的监督中才能实现

李步云先生认为监督权利是检验现代民主的四要件之一。在《宪政与中国》一文中,他提出要保障公民知情权、参政权、议政权和公务监督权等政治权利,这是民主监督的基本内容与基础。与此相对应,他还提出了法律监督方法,即根据中国宪法和法律,任何组织和个人都有权通过各种形式和渠道对法律的实施进行监督。这既是民主的体现,也是保障民主的重要手段。④ 在《略论对法律实施的监督》一文中,他把对法律实施的监督具体分为专门机关的监督、权力机关和上级机关的监督、国家机关与社团组织等对法律实施的彼此相互监督、执政党的监督、广大人民群众对法律实施的监督等五种渠道。我国《宪法》第41条明确规定了公民有权对

---

① 参见李步云《宪政与中国》,载《宪法比较研究文集(二)》,中国民主法制出版社,1993。
② 参见李步云《民主与法制的相互关系》,载《法制、民主、自由》,四川人民出版社,1985。
③ 参见李步云《依法治国,建设社会主义法治国家》,载《在中南海和大会堂讲法制》,商务印书馆,1999。
④ 参见李步云《宪政与中国》,载《宪法比较研究文集(二)》,中国民主法制出版社,1993。

法律实施进行监督。对法律的实施进行监督，是落实"人民主权"原则的一项重要制度安排，也是人民群众管理国家义不容辞的一项神圣职责。李步云先生强调用法治概念的立法、执法、司法、守法、护法的"五分法"来取代过去理论界习惯于划分法制为立法、司法和守法的"三分法"。他认为，法治概念可分为法律的制定（立法）和法律的实施两大方面，执法、司法、守法是法律实施的三种基本形态。他的这种重视法律监督观点得到了广泛的认同。①

（八）保证"党要守法"是实现民主的关键

早在1980年8月，李步云先生就写成了《党必须在宪法和法律的范围内活动》一文，寄送给《光明日报》。但是，直到党的十二大通过的新党章明确地一字不差地写进这一原则后，此文才得以在该报发表。他是目前大陆最早最系统提出"党要守法"观点的学者之一。李步云先生认为，强调各级党组织必须以宪法和法律作为自己的根本活动准则，不会贬低党的领导地位和削弱党的领导作用，也不会给党的工作带来麻烦与不便从而降低工作效率，更不会使共产党自缚手脚而不能充分发挥领导作用。要求"党要守法"，是发扬社会主义民主的必要条件。各级党组织严格守法，就集中地、鲜明地表明我们执政党真正尊重国家权力机关的地位和作用，尊重人民管理国家的权力，尊重社会主义民主，切实按照民主原则办事。而且，既然社会主义法律是人民意志的集中体现，执政党依法办事就是尊重人民的意愿，表明自己没有也决不享有超越宪法和法律的特权，就能进一步提高党在人民中的威望。同时，主张"党要守法"，能更好地将各级党组织的工作置于广大人民群众的监督之下，能更有效地约束各级党组织及其领导人按民主程序办事，认真发扬民主作风，切实保证人民群众的民主权利。②

（九）健全人民代表大会制度是民主实现的制度基石

1996年12月，全国人大常委会在深圳召开了由省级人大负责人参加的人大制度研讨班。会上，李步云先生在题为"对我国人民代表大会制度的思考"报告中，提出了关于完善人民代表大会制度的几点具体主张：

---

① 参见李步云《监督法律实施是公民的神圣职责》，《群众》1983年第12期。
② 参见李步云《党要在宪法和法律范围内活动》，《光明日报》1982年11月22日，理论版。

（1）完善选举制度，在候选人的提名、对候选人的介绍以及实行差额选举方面应进一步改进，保证选举人有充分的选择余地；（2）提高人民代表的综合素质，选择人民代表的唯一标准应是政治素质和参政议政能力，不应把人民代表作为荣誉职位和待遇，可通过学习、考察等途径对现有人民代表的政治和法律素质进行提高；（3）逐步实现人大常务委员的专职化；（4）充分发挥专门委员会的作用；（5）议事程序特别是立法程序必须进一步实现民主化、科学化和法制化；（6）加强和完善人大的监督制度；（7）适当延长人大会议的会期；（8）提高人大工作的透明度；（9）完善人大内部执政党党员与非执政党人士的合作与相互监督；（10）切实贯彻民主集中制；（11）完善人大干部培训制度。①

（十）完善民主立法和司法是民主实现的又一条件

1981年，李步云先生在为叶剑英同志起草《在宪法修改委员会第一次会议上的讲话》时，曾建议这部宪法（即现行宪法）的制定应贯彻民主立法和司法独立两项原则。他的建议被采纳。他主张民主立法原则有三方面内容：（1）立法权应相应地集中在国家权力机关手中；（2）立法要有完备的民主程序；（3）立法工作也必须走群众路线，善于集中群众的智慧。② 为贯彻民主立法原则，在他执笔起草的《中华人民共和国立法法（专家建议稿）》及其说明中，他强调，立法权要集中掌握在国家权力机关——各级人民代表大会手中。各级人民代表大会是代表人民行使国家权力的机关，其最重要任务就是创制法律。立法机关在创制法律时，一定要坚持完备的民主程序，要坚持民主集中制原则，使每个人民代表都有充分的发言权，要正确地集中所有代表的正确意见和主张。③

李步云先生对我国司法领域如何贯彻民主原则也十分关注。《人民日报》1979年6月发表的《建立和健全我国的律师制度》一文，就是应彭真同志的建议由他执笔起草的。这篇文章对推动当时我国律师制度的重建起

---

① 参见李步云《对我国人民代表大会制度的思考》，《东方》杂志1999年第2期。
② 参见李步云《宪法的制定和修改必须贯彻民主原则》，《人民日报》1981年11月24日，理论版。
③ 参见李步云《〈中华人民共和国立法法（专家建议稿）〉的若干问题》，《中国法学》1997年第1期。

了重要作用。① 又如，1992 年他撰文《加强社会主义人权的保障》就主张应取消"请示制度"，因为上级法院对下级法院如何判案事先表了态，法律规定的上诉制度就会形同虚设。他也充分肯定"无罪推定"原则，主张取消"收容审查"制度和改革"劳动教养"制度。实践证明，这些建议都是正确的，有的已被采纳，有的正在由有关部门研究。② 在此需要特别指出的是，早在 1979 年，他就建议党中央取消"党委审批案件"制度。该建议曾由人民日报社以《情况汇编》报中共中央政治局成员参阅，后被采纳，1979 年 9 月 9 日中共中央发布的《关于坚决保证刑法、刑事诉讼法切实实施的指示》正式决定取消这一制度。李步云先生的研究报告虽篇幅不长，但列举的九条理由却很有说服力。党委审批案件（尤其是先批后审）势必使法庭辩论、律师辩护、公开审理以及回避、上诉等司法民主原则与制度流于形式，形同走过场。此建议对目前全国正在进行的司法改革依然具有现实指导意义。③

（十一）坚持司法独立是维护民主的制度保障

李步云先生认为，司法独立是现代民主政治体制和法治国家的一项重要原则，它是建立在国家权力分立制衡与人民主权原则之上的。在其 2002 年发表的《司法独立的几个问题》一文中，他阐述了司法独立属于政治权力民主配置的范畴，同时又与民主的其他内容密切相关。司法独立不仅是一个国家权力结构与民主体制的重要一环，而且对保证公民政治权利的实际享有、维护民主程序的正常运转也有关键性作用。因为在民主与法治的社会里，政治权利与民主程序一旦遭受侵犯和破坏，应当得到司法机关的救济。如果一个国家的行政机关和法律真正体现人民的意志和利益，同时又有一个独立公正的司法机关能够维护法律的尊严，那么"人民主权"原则的实现就可以得到根本的保证。④

（十二）实现信息公开是保障民主权利的重要形式

李步云先生是国内最早发起对"知情权"进行系统研究的学者之

---

① 参见李步云《建立和健全我国的律师制度》，《人民日报》1979 年 6 月 19 日，理论版。
② 参见李步云《加强社会主义人权的保障》，《法学》1992 年第 12 期。
③ 参见李步云《党委审批案件的制度需要改变》，《人民日报》1979 年 3 月 6 日，《理论宣传动态》。
④ 参见李步云、柳志伟《司法独立的几个问题》，《法学研究》2002 年第 3 期。

一，他作为信息公开研究课题组的负责人，已经组织了有关信息公开的两次全国性学术研讨会。他在《关于信息公开的几个理论问题》（《岳麓法学评论》2002年第2卷）一文中指出，信息自由和知情权的权利主体应当是公民个人，其义务主体则首先是国家机关，不同场景下也包括其他社会团体、企事业组织和公民。知情权是现代社会公民的一项基本人权（不可剥夺），同时它还具有请求权的性质，即有权要求国家机关公布它们应当公布的某些信息。信息公开是现代国家机关行使职权与履行职责的一项基本原则，兼具有制度性特点。国家机关的信息公开制度是基于公民享有知情权和信息自由权而建立的，但它本身并非人权，而是属于民主与法治的范畴。信息公开作为一项原则和制度，应当体现在国家立法、行政、司法机关活动的各个环节和各个方面。这些国家机关工作的公开性和透明度的发展水平，是现代民主与法治是否建立与完善的一个重要标志。①

近年来，人民欣喜地看到，我国全国范围内政务公开工作的推行正如火如荼地开展；与此同时，性质类似的党务公开、立法公开、警务公开、审判公开、厂务公开、校务公开、村务公开等也正在被大力倡导和积极实践，更显示出李步云先生对信息公开研究的理论前导价值。

四　人权法研究领域的开拓者与人权法理论体系整体构建的奠基人②

（一）以罪犯之法律地位为突破口阐述人权保护的平等性与重要性

人权是当今世界各国普遍关注的重大问题。但是，在新中国成立以后很长一段时间内，由于极左思想的影响，人们将人权视为资产阶级的专利品，将社会主义与人权对立起来。在理论界，人们不敢涉足人权研究领域，甚至谈人权而色变。人权理论的贫困，又成为制约我国人权实践发展的思想障碍。

---

① 参见李步云《关于信息公开的几个理论问题》，《岳麓法学评论》2002年第2卷，湖南大学出版社，2002。
② 参见邓成明《人权理论体系的有益探索——李步云先生人权思想述评》，载刘作翔、张志铭、柳志伟主编《法治理想的追求》，中国政法大学出版社，2003。

十一届三中全会以后，李步云先生是我国最早关注并开始人权研究的学者之一。早在1979年10月，他就在《人民日报》发表了《论我国罪犯的法律地位》一文，从理论上阐述了罪犯的公民地位，首次提出了对罪犯合法权利的保障问题。此文如石破天惊，在当时的理论界和相关实践部门引发了激烈的争论。① 1980年，为回应部分学界同仁的责难，李步云先生又在《法学杂志》撰文《再论我国罪犯的法律地位》，进一步论述了罪犯的权利，并提出即使是被剥夺了"政治权利"的罪犯，也不是所有公民权利都被剥夺了。② 此后，李步云先生又积极地参与了八二宪法的讨论和起草工作，先后发表近10篇文章阐述公民的宪法权利，为新宪法确立公民权利保障，提出了许多建设性的意见和建议，受到了中央领导同志的充分肯定。③ 1990年以后，面对当时复杂的国内国际环境，为适应我国人权事业发展的需要，李步云先生以其严谨的治学态度和实事求是的科学精神，结合我国实际，吸收国外成果，对人权的基本理论问题进行了系统的研究，大胆探索我国的人权发展之路，取得了一系列有影响的成果，形成了其具有原创性的人权理论体系。

（二）提出人权的三种存在形态

科学界定人权的内涵和外延，客观分析人权的存在形式，是人权理论研究的逻辑起点。对于人权的理解，国内外理论界有学者将人权视为一种道德权利或自然权利，或将人权仅看成是公民权或者公民的基本权利，人权之说尚无定论。在此背景下，李步云先生在1991年第4期《法学研究》上撰文《论人权的三种存在形态》，在对人类的人权实践和理论进行科学的总结和概括的基础上明确指出，人权是"人基于其自然属性和社会属性而应当享有的各种权利"。进而，他从人权的存在形态和实现形式的角度，将人权分为"应有权利、法定权利和实有权利"。

在李步云先生看来，应然权利即应有权利，是指人所应该享有的权

---

① 参见李步云、徐炳《论我国罪犯的法律地位》，《人民日报》1979年11月27日，理论版。
② 参见李步云《再论我国罪犯的法律地位》，《法学杂志》1980年第3期。
③ 参见李步云《略论公民的基本权利和义务》，《学习与研究》1982年第6期；李步云《公民的权利和义务不可分离》，《人民日报》1982年6月3日；李步云《国家的一切权力属于人民》，《光明日报》1982年6月13日；李步云《"中华人民共和国宪法修改草案"问题解答》（8篇），《工人日报》1982年6月11日~7月20日。

利。"应有权利的存在,并不以也不应当以法定权利的存在与否为转移",因为,"在法律没有予以确认和保障之前,它们在现实生活中是客观存在的"。因此,人权从本来意义上讲,是指人的"应有权利"。在法定权利出现以前,即在法律没有给予确认和保障的情况下,人的"应有权利"受着政党与社会团体等社会组织的纲领与章程,各种形式的乡规民约,社会的习俗、习惯与传统,以及人们的伦理道德观念和社会政治意识等社会力量与因素的不同形式与不同程度的承认与保护。虽然这种承认与保护"不如国家的法律对'应有权利'的确认与保障那样具体、明确,那样具有普遍性和规范性的特点,没有国家强制力予以支持,但这种承认与保护是人们看得见与感觉得到的,它证明人的应有权利在社会现实生活中,在现实的社会关系和社会交往中客观存在,并不是什么虚无缥缈的东西"。而法定权利不过是法制化了的人权,"法律规定的权利只不过是人们运用法律这一工具使人的'应有权利'法律化、制度化,使其实现得到更有效的保障"。虽然由于主客观条件的限制,在不同的国家和一个国家的不同历史时期,"应有权利"中的哪些权利应该通过法律予以保障和如何保障,立法者的选择不同,但只有承认"应有权利"的存在,才能产生应不应当以及如何保障的问题。因此,否认"应有权利"的存在,法定权利就会成为无源之水、无本之木。

法定权利,即法律所确认和保障的权利。李步云先生认为,虽然法律不是万能的,人权问题也不是一个单纯的法律问题,但由于"法律既具有重大的工具性价值,同时又具有独特的伦理性价值",而且"法律本身就是公平与正义的体现,它的本性就要求所有人在它面前一律平等",因此,将人的"应有权利"转化为"法定权利"意义十分重大。这一转化不仅使人权变得十分明确而具体,而且使人权的实现能够得到国家强制力的保障。尽管在阶级对立的社会里,这种保障在事实上还带有某种虚伪性,但"人权得到最全面最切实的保障,是现代法治社会的一个根本目标,也是它的基本标志之一"。

实有权利是指人们实际能够享有的权利。在李步云先生看来,法定权利和实有权利之间总是存在着一定的距离,即使在现代法治国家中也同样如此。"在一个国家里,法律对人的应有权利作出完备的规定,并不等于说这个国家的人权状况就很好了。""现时代,在法律中对人权的内容作出全面的规定,并不怎么困难;但要使法定权利得到全面的切实的实现,就不是一件容易的事情。"在一个国家里,人们的法制观念与人权意识、国家政治民主化的发展程度、商品经济和市场经济的发展状况、社会经济与文化的发展水平制约着法定权利的实现程度。因此，应有权利永远大于法定权利，而法定权利永远大于实有权利。人类人权事业发展的历程正是在这种矛盾运动中，不断弥合彼此之间的差距、扩大彼此重叠的部分，进而在外延上不断接近的过程。①

李步云先生通过对人权的三种存在形态的界定，分析了这三种形态之间的辩证关系。这一理论创新不仅回答了"什么是人权"这一理论界长期争论不休的基本理论问题，还拓展了人权理论研究的视野。

（三）人权的主体就是表现为个体或集体的人

人权的主体当然是人，但这里的"人"是指个人，集体，还是既包括个人又包括集体？人们的看法并不一致。总的来说，西方国家的政府和学者所讲的人权主要是指个人人权，而发展中国家则更多地强调集体人权。我国也有一些学者主张"把人权主体主要限定于个人"，"并把人权界定为个人权利"，反对把集体人权概念引进国内法领域。

正是基于对人权历史发展的考察，李步云先生在《论个人人权与集体人权》一文中提出了当代人权的主体既包括个人也包括集体。他认为，"个人人权是基于个人基础上的，每一个人都应该享有的人权，其权利的主体是个人"。人权首先是个人的人权。这里的个人（自然人）既包括一国公民，也包括无国籍人、一国国内的外国难民和外国人。"集体人权是相对于个人人权而言的某一类人所应享有的人权，其权利主体是某一类特殊社会群体，或某一民族与某一国家。"由此，他又将集体人权分为国内集体人权与国际集体人权。国内集体人权又称特殊群体权利，它们在主体和内容、法律保障手段及利益代表等方面，与个人人权不同。国际集体人权也被称为"新一代人权"或"第三代人权"，这类集体人权在主体范围、诉求对象和发展进程上与国内集体人权又有不同的特点。

虽然人权的主体可以分为个人和集体，但李步云先生同时认为，两者具有统一性和一致性。这种统一性和一致性表现在：一方面，个人人权是集体人权的基础。因为任何集体都是由个人组成的，个人人权是集体人权的出发点和归宿点；集体人权从一定意义上看，或从一定角度上看，同时也是个人人权；而且任何集体人权的争取与获得主要依靠组成这一集体的

---

① 参见李步云《论人权的三种存在形态》，《法学研究》1991年第4期。

个人做出积极努力和共同奋斗。另一方面，集体人权又是个人人权的保障。因为社会的性质和组织结构决定了集体人权的出现是必然的和必要的；集体人权是促进和保障个人人权的基本条件。特别是在世界范围内，将民族、国家（指该国人民而不是指政府）和国家集团作为集体人权的主体，有助于运用其地位与作用，以更好地保障其权利的实现。①

（四）人权的内容是发展的

明确人权的内容，对于一国制定其人权政策，确立人权保障法律制度意义重大。人权究竟应该包括哪些内容，国内外学术界一直有不同看法。早在1993年，李步云先生在《中国人权建设》一书导言中就指出，人权的内容从来就不是凝固不变的，人权的实现是一个不断发展的历史过程，人权的内容将随着人类社会实践的发展而越来越丰富。李步云先生认为，不同主体的人权的内容存在着差别。就个人人权而言，他将其分为三个发展阶段：在前资本主义时期，人们所要争取的主要是人身人格权，包括生命权、安全权、人身自由权、思想自由权、人格尊严权等。资本主义革命时期，资产阶级所要争取的主要是政治权利和自由，包括政治信仰、言论、出版、结社、通讯、宗教信仰等自由。在社会主义革命时期，无产阶级领导其他劳动人民所要争取的则主要是经济、社会与文化权利，即不仅要实现人的"政治解放"，同时还要实现人的"社会解放"。② 在《论个人人权与集体人权》一文中，他认为在个人人权体系中，政治权利和经济权利是相互依存、相互促进的，它们也都是现代社会人们共同的权利诉求，因而它们具有同等重要的地位，都需要得到同等的重视和关注，任何强调一方面而忽视另一方面的观点在理论上都是错误的，在实践上都是有害的。就集体人权而言，他认为，国内集体人权主要是指少数民族、儿童、妇女、老年人、残疾人、罪犯、外国侨民和难民等特殊群体的权利；国际集体人权主要是指各民族和国家所享有的民族自决权、发展权、和平权和环境权等。对于生存权，李步云先生认为，"生存权是一项具有多样内容的复合性人权，它包括了生命权、健康权、基本生活保障权、发展权以及人格权等等"，它同中国人民在过去曾长期遭受帝国主义侵略和国内反动势力统治而生活非常困苦的历史，以及今天中国经济发展水平仍然落后的

---

① 参见李步云《论个人人权与集体人权》，《中国社会科学院研究生院学报》1994年第6期。
② 参见李步云《中国人权建设》导言，四川人民出版社，1994。

【主题研讨】

现实有着密切的关联。①

（五）人权的本原源于人之自然本性

人权产生的根源是什么？世界上为什么会出现人权这种社会现象？人为什么应当享有各种权利？这是人权理论研究不能回避的问题。数百年来，无数先哲为探究人权的本原而殚精竭虑，如天赋人权论、国（法）赋人权论和商赋人权论等不同观点，其中不乏真知灼见。

对于中外学者关于人权本原的以上种种观点，李步云先生以历史唯物主义的认识论为武器对之进行了分析和批判。早在1993年他就在《中国人权建设》一书的导言和发表于《法学研究》1992年第4期的《社会主义人权的基本理论与实践》等文中就指出："人权的产生并非任何外界所赋予，而是由人自身的本性或本质所决定。"而人的本性或本质，包括人的自然属性和社会属性，这两个方面是统一的不可分割的。人人要求生存、自由，要求过好的物质生活和精神生活，这是由人的生理的和心理的自然属性所决定的，是人的一种本能和天性。人们始终将人权作为自己追求的根本目标，归根结底是为了满足自身的各种需要和利益。这是人权发展的永不枯竭的动力。人类对人权的理想有着共同的追求，首先是由人的自然属性决定的。另一方面，人的本质又是"一切社会关系的总和"，即任何人都是生活在一定的社会关系之中，而不能脱离各种社会关系孤立地存在，因此，在人与人之间就必然存在着各种利益矛盾和冲突，需要以权利与义务这种形式加以调整，这样，也就产生了人权问题。所以，社会关系的存在是人权存在的前提。由于人的社会实践活动是极其丰富的，人们之间的社会关系也复杂多样，因而人权的内容也是多方面的。生产力越发展，社会越进步，社会关系越复杂，人权的内容也就越丰富。在各种不同的社会关系中，以经济关系、财产关系为主要内容的生产关系是最基本的和主要的关系，它最终影响和决定着政治、文化和基本性质的社会关系，也就影响和决定着人权的内容和实现程度。而人类社会一定历史阶段中人们之间各种社会关系的性质与状况，决定着人权在不同历史朝代和不同的国家具有不同的性质与状况。②

---

① 参见李步云《论个人人权与集体人权》，《中国社会科学院研究生院学报》1994年第6期。

② 参见李步云《中国人权建设》导言，四川人民出版社，1994；李步云《社会主义人权的基本理论与实践》，《法学研究》1992年第4期。

2004年李步云先生在《政法论坛》第2期发表《论人权的本原》，系统地提出人权源于人之自然属性即人性，他把人性分为三性，即人之本性、人之德性和人之理性。人人都希望自己的生命不被随意剥夺，心身健康不受恣意侵害，人身自由不受任意限制；人人都希望自己的衣食住行得到保障与不断改善，这是人的天性与本能。人又是一种有道德的动物，他们都希望能够生活在一个正义、人道、宽容和相互友爱的社会里。人还是一种理性的动物，他们能够认识世界并能能动地改造世界。人的这些天性、德性和理性得到实现，就是人权保障的根本目的、价值和意义所在，是人权存在和发展的内在根据。[①] 李步云先生关于人权本原的论述，剖析了资产阶级"天赋人权"论的局限，揭示了人权的社会性和历史性，指出了"国赋人权"论和"商赋人权"论的局限性，揭示了人权与人的自然属性的关联性，从而为实现人权的正本清源做出了重要的贡献。

（六）人权的本质就是受一定伦理道德所支持与认可的人应当享有的各种利益

人权的本质问题是人权理论中的一个基本问题。人们对人权本质的认识决定了人们对人权的普遍性和特殊性，以及人权与主权的关系等其他理论问题的基本看法。

李步云先生在《社会主义人权的基本理论与实践》一文中，认为人权的本质属性在于"人权是受一定伦理道德所支持与认可的人应当享有的各种权益"。这一命题包含两个方面的含义：首先，人权在本质上是一种利益关系。权利的基础是利益。人们之间的权利义务关系，本质上是一种利益关系。因此，离开利益谈人权是没有任何意义的，虽然并不是一切利益都表现为人权。无论国内人权还是国际人权，总是反映和体现着个人与个人、群体与群体、国家与国家及其相互之间存在的利益相互矛盾与冲突，一定权利主体的利益上的追求、分配与享有。只有从这一点出发，我们才能理解在人权问题上经常存在的种种矛盾与斗争的实质。其次，人权又要受到人们的一定道德观念的支持与认可。个人与群体应当享有什么人权，法律是否或应当如何确认和保障某项人权，都有一定的伦理道德观念作为理由和根据。他认为，人道主义是支持与认可人权的伦理道德观念的核

---

① 参见李步云《论人权的本原》，《政法论坛》2004年第2期；李步云、肖海军《契约精神与宪政》，《法制与社会发展》2005年第3期。

心,人的尊严、平等、公平、正义等观念也都是人权的理论依据。由于人们在伦理道德观念上既有一致性又存在着差异性,因而在人权的价值取向和确认上既有共性又存在着矛盾和冲突。基于以上分析,李步云先生认为,人权在本质上应当是没有阶级性的,任何人都应当平等地享有各项人权。但在存在着阶级对抗的社会里,人权被异化。由于人们所处的阶级地位不同,不同阶级之间存在着利益上的矛盾与冲突,人们的道德观念也要受其阶级地位的决定与影响,因而人权具有阶级性。社会主义制度不仅应当保障绝大多数的人权,即使对少数敌对分子的合法权益,也应予以保护。社会主义者承认人权在阶级社会里具有阶级性,正是为了消灭人权制度上的阶级不平等,以实现人人自由、平等和共同富裕,从而使人权能够充分实现的共产主义社会。[①]

与人权的本质密切相关的是人权与政治的关系问题,即人权是否具有政治性。在这一问题上,曾经存在着两种根本对立的观点:一是从否认人权的阶级性出发,进而否认人权的政治性,认为人权是超政治和意识形态的;二是片面强调人权的阶级性,认为一切人权都具有政治性和意识形态性,将人权政治化或意识形态化。李步云先生在其《论人权的普遍性和特殊性》一文中认为这两种观点都是错误的。"人权有政治性与意识形态的一面,也有超政治与超意识形态(这里主要是特指政治意识形态)的一面。"就国内人权而言,有的人权,如选举权、言论自由等政治权利和自由,是同政治与意识形态分不开的,它们的内容与形式及其实现的方式与程度,同一个国家的国家制度、政党制度及其政治意识形态有密切的联系。有的人权,如生命权、人格权等基本人权,以及残疾人、妇女儿童的权利等,就不应受不同党派、不同政见的影响而得到普遍的与同样的尊重。就国际人权而言,有的人权问题属于国内管辖事项,应当按照国家主权原则由一个国家自主处理;有的人权问题属于国际管辖事项,如侵略与侵略战争、种族灭绝与种族歧视等严重危害国际和平与安全的国际罪行,国际社会的所有成员,包括不同制度的国家,都应当予以反对。许多人道主义性质的人权,如对难民的保护,禁止酷刑和其他残忍、不人道或有辱人格的待遇或处罚,也应当是超政治和意识形态的。[②]

[①] 参见李步云《社会主义人权的基本理论与实践》,《法学研究》1992年第4期。
[②] 参见李步云《论人权的普遍性和特殊性》,1996年10月在日本东京召开的"变化中世界的法律:亚洲的抉择"亚洲专题讨论会上的主题发言,载李步云《走向法治》,湖南人民出版社,1998。

李步云先生对人权本质的剖析对构建我国人权理论体系具有基础性的价值，对指导我国人权实践，回应某些西方国家将人权政治化、意识形态化均具有重大的指导意义。

（七）人权既具有普遍性又具有特殊性

人权的普遍性和特殊性历来为国际社会人权外交中政治斗争的焦点。总的来看，西方学者和发达国家政府更多地强调人权的普遍性，而发展中国家的学者和政府则更为关注人权的特殊性。因此，人权的普遍性和特殊性及其相互关系，已成为超越纯学术话题的一个重大理论与实践问题。

早在1992年，李步云先生就在其《社会主义人权的理论与实践》一文中，提出了人权是共性与个性的统一，并对人权的普遍性和特殊性含义及其理论依据进行了分析。① 1996年10月，他又在日本东京召开的"变化中世界的法律：亚洲的抉择"亚洲专题讨论会上发表了《论人权的普遍性和特殊性》，全面阐述了其对人权的普遍性和特殊性的看法，引起了国际学术界的广泛关注。

李步云先生认为，人权的普遍性主要是指任何国家的任何人在任何时期所应当享有的基本权利，而人权的特殊性是指不同国家和同一个国家不同历史时期的人们所实际享有的权利不同。人权既具有普遍性又具有特殊性。"概括地讲，在人权主体、人权客体、人权立法和人权保障机制上，既有普遍性（共性），又有特殊性（个性）"，"人权是共性与个性的统一"。"无论国内人权还是国际人权，既有个性，也有共性"。这是因为："人权的个性和共性的基础是，在利益的追求与享有和道德价值的判断与取向上，全人类有着共同的一致的方面；而在不同的个人、群体、国家或民族彼此之间又存在着差异、矛盾与冲突。"具体而言，人权的普遍性首先是基于人的尊严和价值。其次，人权的普遍性是基于人类有着共同的利益和共同的道德。当然，由于不同的个人、群体、民族和国家在利益与道德上存在着矛盾和差异，特别是由于人权只能存在于各种生活关系中，它的实现要受经济、政治、文化等各种条件的制约，它的内容与形式也要受一个国家的历史传统及宗教和民族特点等等的影响。因此，国与国之间，在人权制度的具体模式以及人权实现的具体过程中，又存在着不一致性和差异，即人权存在着特殊性。

---

① 参见李步云《社会主义人权的基本理论与实践》，《法学研究》1992年第4期。

虽然人权存着普遍性和特殊性，但在李先生看来，人权的普遍性和特殊性不是对立的，而是相互联系、相互统一的，既不能以人权的普遍性而否认人权的特殊性，也不能以人权的特殊性而否认人权的普遍性。而且，在认识和实践上，人权的普遍性和特殊性的具体界限亦不是凝固不变的，而是发展变化的。总的发展趋势是，人权特殊性的适用范围将逐步缩小，人权的普遍性的适应范围将逐步扩大。由于人权具有普遍性，从而使得人权的国际保障成为必要和可能，保障基本人权不仅是一个国家的国内法问题，也是一个国家应该承担的国际义务。而人权的特殊性又决定了在尊重与维护人权共同标准的前提下，在尊重与维护国家主权原则的基础上，不同国家在人权观念、人权政策、人权制度上，可以采取一些符合自己国家具体国情的立场和做法。①

李步云先生按照马克思主义唯物辩证法的基本原理，对人权的普遍性和特殊性及其相互关系所进行的科学判断与分析，客观反映了当今世界人权发展的实践，有力地回击了少数西方国家以人权的普遍性而对我国的人权状况横加指责的霸权行径，也纠正了国内一些否认人权普遍性的错误观念，从而实质地推动了我国与国际社会的人权交流与合作。

（八）人权既高于主权，又不高于主权；人权既有国界，又无国界

人权与主权的关系是国际人权领域斗争中的又一个焦点问题。西方发达国家的政府和学者以人权高于国家主权、人权无国界的理论，奉行"人权外交"，对他国的人权事务横加干涉，并认为这是合理的、正义的；而发展中国家的政府和学者则大多主张国家主权高于人权，坚持人权主要是国内管辖的事项，反对以人权为借口干涉他国内政。

1995年李步云先生在《法学研究》上撰文《人权国际保护与国家主权》，认为，"我们既反对笼统地讲'人权高于主权'，也反对笼统地讲'主权高于人权'，因为这两种理论观念都不符合客观现实"，"维护国家主权和加强人权国际保护，都是国际法的重要原则，两者是统一的，并不相互矛盾"。首先，国家主权原则是一项公认的国际法准则。人权问题在一

---

① 参见李步云《论人权的普遍性和特殊性》，1996年10月在日本东京召开的"变化中世界的法律：亚洲的抉择"亚洲专题讨论会上的主题发言，载李步云《走向法治》，湖南人民出版社，1998。

般情况下，属于国内管辖事项，应由各个国家自主处理。因此，宣扬"人权高于主权"，"人权无国界"，并把它引入一个国家的外交政策中，超出国际人权保障的合理界限而侵犯他国的主权，既违背了现代国际法的基本原则，也侵犯了该国人民的根本利益，实际上就是对该国人民人权的侵害。其次，人权国际保护也是一项重要的国际法准则。由于人权具有普遍性（共性），因而各国的人权应该有着共同的标准，这既是各国开展人权合作与对话的前提和基础，也使得人权的国际保护不仅必要而且可能。因此，李步云先生认为，将国家主权绝对化，把人权问题完全看成是本国的内部事务，国际社会不能进行干预，甚至认为一国统治者可以为所欲为，同样是违反现代国家主权理论和国际法基本原则的，也有碍于人权事业的进步和发展。

基于以上分析，李步云先生认为：人权既高于主权，又不高于主权；人权既有国界，又无国界。这是就人权问题的管辖而言。而从本原的视角和价值层面看，人权是绝对的，国家主权则是相对的，人权高于主权。首先，国家主权无论是就其对内的最高统治权，还是对外独立权，本质上都是国家权力，而国家权力是人民赋予的，人民的权利决定了国家权力，在现代民主和法治国家应该坚持"权利本位"而不是"权力中心"。其次，保障和实现人权是人类社会追求的最高价值目标，人民建立国家并赋予国家以主权，其目的是保障人民权利的实现。因此，人权是目的，而主权只不过是保障和实现人权的工具或手段。再次，权力的本质特征决定了其在现实的社会条件下（即使是在现代民主国家中）都存在着异化的可能，即由于权力被滥用而对公民权利构成威胁，这样，国家权力就由人权的保护神而转变成少数掌权者侵害公民权利的工具。因此，需要以权利制约权力。从国际人权实践看，在一般情况下，人权属于内政的范畴，属于国内管辖的事项，它应当是有国界的，一国人权的实现主要依靠对国家主权的运用和行使；但在特殊情况下，有的人权又属于国际管辖的事项，人权又是没有国界的，国际社会对某些国家严重侵犯人权的行为，如严重危害国际和平与安全的罪行，可以实行各种形式的制裁和干预。因此，"片面强调国家主权原则或片面强调人权的国际保护，都不符合世界人民的根本利益和共同愿望"。[①] 李步云先生对人权与主权的关系所做的近乎经典的阐述，揭示了当代国际关系中主权和人权实践的

[①] 参见李步云《人权国际保护与国家主权》，《法学研究》1995年第4期。

客观规律和发展趋势,科学地回答了长期困扰人权理论和实践的这一难题,为我国制定人权政策、开展人权外交和国际人权合作提供了有力的理论支持。

(九) 人的权利和义务是辩证统一的

2003年,李步云先生撰文《权利与义务的辩证统一》,认为:"人权具有权利与义务的不可分割性。实现人权的权利与义务上的高度统一,合理地、科学地处理人的权利和人的义务之间的相互关系,是先进的人权制度的一个重要特点。"李步云先生强调权利与义务的统一性源于他认为"人权确认与行使的合理界限,不应当是任意的,而应当由法律作出规定"。法律上权利与义务的辩证统一具体表现为权利与义务在结构上的对应关系,在功能上的互补关系和在价值上的主次关系。其中,产生于近现代社会市场经济、民主政治、法治国家和理性文化背景下的"权利本位",对于人权的保障和实现具有至关重要的意义。因为"权利本位"意味着,在权利与法的关系上,人不是为法而存在,而是法为人而存在,法的精髓和目的在于对权利的认可和保障,而权利的基础是利益;在权利与义务的关系上,权利是目的,义务是手段,权利是义务存在的依据和意义,法律设定义务的目的就在于保障权利(即保障人权)的实现。因此,法律的制定和完善,法定义务的确立,必须贯彻"权利本位"的理念,以人权保障为最高价值目标。对于我们这样一个有着深厚的专制传统、新中国成立后又长期实行计划经济和集权与人治的国家来说,实现由"国家本位""义务本位"到"权利本位"的转变,扩大个人自由和权利,增强人们的自主意识、权利意识,培养以民主、自由、平等思想为核心的现代政治文化,促进物质文明、精神文明和政治文明的健康发展,是当代中国社会主义人权事业发展的必由之路。[①]

(十) 社会主义者应是最进步的、彻底的、真正的人权主义者

由于极左思想的影响,长期以来我们习惯上将社会主义与人权对立起来,似乎只有资产阶级才讲人权和人道主义,社会主义是不讲人权,也不需要人道主义的。早在20世纪80年代初期,李步云先生开始涉足人权理论研究时,他就对社会主义的人权给予了极大的关注。20世纪90年代以

[①] 参见李步云《权利与义务的辩证统一》,《广东社会科学》2003年第4期。

后，在其撰写的《社会主义人权理论与实践》(《法学研究》1992年第2期)、《加强社会主义人权的保障》(《法学》1992年第2期) 等文章中，他认为共产主义者应当是最进步的人道主义者，同时也应当是最彻底的人权主义者，真正的社会主义者必须高举人权这面旗帜，并矢志不渝地为人权的彻底实现而奋斗。他认为，社会主义制度为人权的实现开辟了广阔的道路，社会主义的人权制度是整个社会主义制度的有机组成部分。社会主义人权制度作为人类社会一种崭新的人权制度，与资本主义人权制度相比，更具有广泛性、公平性和真实性。当然，由于历史和现实的原因，社会主义的人权制度并不完善，在社会主义国家，侵犯人权的现象还大量地存在。因此，不断完善社会主义的人权制度，推进社会主义人权事业的发展仍然是一项伟大而艰巨的任务。①

（十一）人权的实现是一个由应有权利上升为法定权利并转化为实有权利的过程

李步云先生将人权的实现分为三个基本过程。一是应有权利的产生。他认为，有的应有权利，如生命权、自由权、人身安全权，是人生而有之的；有的权利，主要是很多的政治的以及经济、社会、文化的权利，则是随着社会物质文明与精神文明的逐步发展，而不断扩大其范围、丰富其内容。二是由应有权利转化为法定权利。立法者通过立法的过程，使人应当享有的权利法律化与制度化，使应有权利得到有效的保障。② 他尤其强调宪法对人权保障的功能。在《论宪法的人权保障功能》一文中，他认为宪法作为人权保障书，既产生于近代人权运动之中，又伴随着人权运动的不断发展而发展，同时也推动着人权事业的进步和发展。它通过昭示人权的原则，确认人权的范围，规定人权的实现形式，而在一个国家人权保障中发挥着不可替代的作用。三是由法定权利转化为实有权利。法律确认了某项人权，不等于说人们就已经享有或实际能够享有这一人权。人权的实现取决于各种社会条件。其中，商品经济和市场经济是人权实现的经济基础，社会生产力的发展水平是人权实现的基本经济条件。民主政治和法治建设是人权实现的政治基础和制度保障，不仅政治权利和自由本身就是人

---

① 参见李步云《社会主义人权理论与实践》,《法学研究》1992年第2期；李步云《加强社会主义人权的保障》,《法学》1992年第2期。
② 参见李步云《论人权的三种存在形态》,《法学研究》1991年第4期。

权内容的重要组成部分，而且一个国家的民主制度和法律制度，包括国家制度、选举制度、政党制度、行政制度和司法制度在内，更是人权实现的可靠保证。理论文化，尤其是人们的民主和人权意识及素养，则是人权实现的思想文化条件。因此，人权的实现程度既取决于人们对应有权利的认识水平、国家法律对人权的确认和保障的完善程度，更取决于社会经济、政治和文化条件给人权实现提供的可能性。而评价一个国家的人权状况，主要应当看人们对人权的实际享有。人权保障既是我国社会主义建设的重要内容，中国人民人权的充分实现最终也将取决于社会主义物质文明、精神文明和政治文明的发展水平。①

五　集法治、民主、人权为一制度整体的新宪政观②

（一）参与八二宪法修改并提出民主立法和司法独立两项原则

八二宪法修改前夕，李步云先生因需要被调到中共中央书记处研究室政治组工作，他是当时该室唯一一位负责法律事务的干部。他到任后的第一项任务就是给时任宪法修改委员会主任的叶剑英同志起草在宪法修改委员会第一次会议上的讲话稿。他建议在讲话稿中写进两条原则，即民主立法原则和司法独立原则。这一建议被采纳。这两项原则的提出，不仅对当时的修宪产生了直接的和重要的影响，而且对后来我国宪法的理论和实践起了重要的推动作用。

除参与修宪实践外，李步云先生还从理论上对八二宪法的修改问题进行了全面深入的探讨。1984年在法律出版社出版的《新宪法简论》一书就是他围绕八二宪法所撰写的30篇文章。这本书相当系统地对八二宪法的制定所提出的建议进行解释。其中不少篇章如《党必须在宪法和法律的范围内活动》《取消国家领导职务实际终身制的意义》等的理论和实践意义是十分显著的。仅在1981年11月2日至12月18日一个半月内，他就在《人民日报》上连续发表10篇关于新宪法修改的论文，提出许多极有见地的观点和建议，内容涉及修宪的必要性、公民概念、宪法结构、宪法原

---

① 参见李步云、邓成明《论宪法的人权保障功能》，《中国法学》2002年第3期。
② 参见龚向和《当代中国宪法学的发展轨迹——李步云先生宪法思想评析》，载刘作翔、张志铭、柳志伟主编《法治理想的追求》，中国政法大学出版社，2003；另参见肖君拥《现代民主的法理思辨与制度构建——李步云先生民主宪政思想述评》，载刘作翔、张志铭、柳志伟主编《法治理想的追求》，中国政法大学出版社，2003。

则、宪法特征（规范性、现实性、稳定性、原则性与灵活性）以及立宪技术等宪法学的各个方面。①

（二）界定公民为法律概念

八二宪法颁布之前，人们对"公民"和"人民"这两个概念一直存在不同认识，甚至将二者等同。李步云先生在《坚持公民在法律上一律平等》一文中第一次明确提出并界定了公民和人民的概念及其关系。即"公民和人民，是两个不同的范畴。在我国，公民是指具有中华人民共和国国籍的人，也就是通常所说的国民"，公民"既包括人民，也包括敌对阶级的分子在内"。②

1979 年 11 月 27 日，李步云先生又在《人民日报》上发表《论我国罪犯的法律地位》一文，明确指出罪犯也是我国公民，也应享有一定的公民权利和义务。1980 年 9 月，五届人大三次会议决定修改 1978 年宪法。公民是宪法的基本概念，修改宪法不可避免地要对当时尚含糊不清的公民概念的内涵和外延予以界定。③ 为了澄清人们的模糊认识以科学修宪，李步云先生于 1981 年 12 月 18 日在《人民日报》上发表《什么是公民》一文，再一次对公民的概念做了进一步论述。文章指出，公民权既包括政治权利，也包括经济、社会和文化权利，被剥夺政治权利的人仍然是中国公民。即"凡具有中华人民共和国国籍的人，都是中国公民"。④

李步云先生关于公民的观点和论述填补了新中国宪法学中公民概念的理论空白，对当时八二宪法的修改产生了直接的影响，八二宪法修改委员会采纳了他的建议，在新《宪法》中增加了第 33 条："凡具有中华人民共和国国籍的人都是中华人民共和国公民。"

---

① 参见李步云《宪法的结构》，《人民日报》1981 年 11 月 2 日；《宪法的完备问题》，《人民日报》1981 年 11 月 3 日；《宪法必须明确具体严谨》，《人民日报》1981 年 11 月 9 日；《宪法的规范性》，《人民日报》1981 年 11 月 10 日；《宪法的制定和修改必须贯彻民主原则》，《人民日报》1981 年 11 月 24 日；《我国现行宪法为什么要修改》，《人民日报》1981 年 11 月 27 日；《宪法的现实性》，《人民日报》1981 年 12 月 4 日；《宪法的原则性与灵活性》，《人民日报》1981 年 12 月 7 日；《宪法的稳定性》，《人民日报》1981 年 12 月 1 日；《什么是公民》，《人民日报》1981 年 12 月 18 日。
② 参见李步云《坚持公民在法律上一律平等》，《人民日报》1978 年 12 月 1 日，理论版。
③ 参见李步云《论我国罪犯的法律地位》，《人民日报》1979 年 11 月 27 日，理论版。
④ 参见李步云《什么是公民》，《人民日报》1981 年 12 月 18 日。

（三）先有权利后有权力的宪法结构主张

1981年11月至12月，李步云先生在《人民日报》上连续发表的10篇宪法学论文中，首篇就是《宪法的结构》。他指出，宪法的结构是指成文宪法的内容如何组合、编排，以构成一个完整的宪法文件。文章中还论证了宪法结构与宪法内容的关系。他在对世界各国一百五十部宪法的结构进行比较分析的基础上，第一次提出了突破新中国成立以来前三部宪法结构框架的理论，即建议将"公民的基本权利和义务"前移至"国家机构"之前。他指出："一般说来，公民的基本权利和义务安排在国家机构之前比较好些。因为公民的民主自由权利是近代民主的重要内容，而国家机关则是实现民主（包括资产阶级民主与社会主义民主）的具体形式和手段。就社会主义国家来说，人民是国家的主人，国家的一切权力属于人民，一切国家机关应该是在民主的基础上产生，并为它服务。所以把公民的基本权利与义务放在国家机构之前比较顺理成章。"李步云先生的这些主张对八二宪法结构的安排起了重要作用。当时的宪法修改委员会采纳了李步云先生的建议，将前三部宪法颠倒的"公民的基本权利和义务"与"国家机构"的位置调整过来。①

（四）提出以民主、法治、人权为三要素的新宪政概念

关于宪政的概念，西方学者对宪政的理解大都只从控制国家权力的角度进行阐释，因而其内涵显得不够全面。中国学者对宪政的理解深受毛泽东抗战时期做出的宪政"就是民主的政治"这一论断的影响，主要是从民主政治的角度阐释宪政的概念。李步云先生首先提出并论证了宪政的概念及宪政"三要素说"。认为"宪政是国家依据一部充分体现现代文明的宪法进行治理，以实现一系列民主原则与制度为主要内容，以厉行法治为基本保证，以充分实现最广泛的人权为目的的一种政治制度"。这一定义表明，宪政包含三个基本要素：民主、法治、人权。

新宪政概念理顺了宪政与民主、法治、人权的关系，以及"三要素"相互之间的关系。宪政超越于民主、法治和人权，是比民主、法治和人权更高、更抽象的概念。它涵盖了民主、法治和人权，是将这三者作为一个完整统一体来把握，而这正是宪政这一概念特定的内容及其意义与作用之

---

① 参见李步云《宪法的结构》，《人民日报》1981年11月2日。

所在。因此，宪政应被当代宪法学视为比法治更高级的概念或法治的最高层次；宪政优越于一般民主，宪政理论与制度是对民主理论和制度的超越；而法治与民主的目的是保障和实现人权。因而宪政三要素缺一不可："民主是宪政的基础，法治是宪政的重要条件，人权保障则是宪政的目的。"[①] 将人权作为宪政的目的要素，是李步云先生的重大突破，因为以往的宪法、宪政理论都忽视了人权保障。

在宪政三要素中，民主是宪政的基础和重要内容，是宪政的第一要素，因此宪政首先必须是民主政治。近代宪法是近代民主的产物，离开了民主就根本无宪政可言。近现代民主的核心是人民主权原则，而保障人民主权原则实现的基本条件是普选制、有限政府原则、权力制约原则。

关于法治。法治是宪政的重要条件，是宪政的第二要素，因此宪政必须建立在法治秩序之上。"宪法至上"是宪政最为重要的追求和标志，是依法治国的灵魂。实行宪政需要保证宪法具有至高无上的权威，使宪法真正具有最高的法律效力。这就意味着国家权力必须具有合法性，整个社会生活必须依法而行。因而实行宪政的关键是实行法治，法治是宪政的重要条件。同时，将法治纳入宪政的内涵，使法治成为宪法的基本原则和内容，也是宪政发展的必然结果。

关于人权。人权保障是宪政的目的，是宪政的第三要素，因此宪政的本质是以保障人权为根本宗旨，宪政本质上是保障人权的政体。从近代宪法产生时起，人权就是宪法的固有重要组成部分，并被视为一个国家有无宪法的标准之一。制定宪法、实行宪政的最终目的就是保障人权。人权是否得到充分保障是判断宪政实现与否的标志。宪法的实体内容主要是确认与保障公民的权利和合理配置国家权力。而公民权利本质上是人权问题，是法律化的人权，是最基本的、最根本性的人权。

2010年5月，李步云先生和张文显教授发起并在湖南长沙主办的"中国特色社会主义宪政理论与实践研讨会"，进一步把宪政概念的内涵发展为"人民民主、依法治国、人权保障、宪法至上"四大要素，其中，人民民主、依法治国、人权保障是宪政的实质内容，而宪法至上则是宪政的形式要件。宪政并不是一个什么神秘和可怕的东西，而只是对民主、法治、

[①] 参见李步云《宪政与中国》，载《宪法比较研究文集（二）》，中国民主法制出版社，1993。

【主题研讨】

人权和宪法至上的高度概括，是更高一级的政治文明和制度文明形态。① 这一对宪政的新界定获得了与会学者的广泛认同。

（五）在比较研究中推进我国宪法学理论的构建

李步云先生认为，广泛而深入地开展对宪法的比较研究，是繁荣与发展我国宪法学的一条重要途径。为此，1991年起他开始在全国倡导宪法比较研究，动员和组织很多学者来参加这项工作，曾举行过两次全国宪法比较研究研讨会，其中一次是国际研讨会。由他主持的"宪法比较研究"课题组，分别于1992年、1993年出版了新中国第一套融贯中西的《宪法比较研究文集》（共三卷），系统地介绍和探讨了中国和西方宪法比较研究的基本理论，并运用比较方法分析了各国的宪法与宪政制度。② 这套论文集的出版，填补了我国宪法研究的空白，给中国宪法学人注入新的血液，在一定程度上促进了中国宪法学界宪法比较研究方法的形成，宪法比较研究一时成为热门话题。1998年，他在前几年宪法比较研究积累的成果基础上，又出版了由他主编的《宪法比较研究》一书（计86万字）。③ 该书视野广阔，思想丰富，资料翔实，结构严谨，在内容上突出人权与法律价值的比较，被法学界誉为与何华辉的《比较宪法学》、龚祥瑞的《比较宪法与行政法》相媲美之作。该书还于2004年在台湾以繁体字出版发行。④

（六）力主人权入宪，提议建立违宪审查制度

1996年1月，李步云先生在为党中央政治局做法制讲座的讲稿里，就曾建议成立"宪法监督委员会"。1997年，先生亲自执笔起草和上报的"立法法专家建议稿"又写进了这一建议。当时课题组里有些同志担心出问题。先生说："如果上面有批评，你们就说是我坚持的，我负责挨板子。"中央第四次修宪的座谈会，先生又提了这一建议。2003年6月，先生作为宪法专家小组5成员之一，在人民大会堂参加了由吴邦国委员长主

---

① 参见李步云《宪政的概念与意义》，载《"中国特色社会主义宪政理论与实践"学术研讨会会议论文集》（中国长沙，2010年5月22~23日），另载《岳麓法学评论》第7卷（2012年），湖南大学出版社，2012。
② 参见李步云主编《宪法比较研究文集（一）》，南京大学出版社，1992；李步云主编《宪法比较研究文集（二）》，中国民主法制出版社，1993；李步云主编《宪法比较研究文集（三）》，山东人民出版社，1993。
③ 参见李步云主编《宪法比较研究》，法律出版社，1998。
④ 参见李步云主编《宪法比较研究》，台北韦伯文化国际出版有限公司，2004。

持的宪法修改座谈会。李步云先生在座谈会上提出人权入宪、迁徙自由、司法独立与建立违宪审查制度等建议,其中人权入宪的主张被吸纳到2004年3月的宪法修正案中。2009年,《南方周末》搞了一个专栏叫"60年·60人·60问",其中法学家4人。先生建议"建立违宪审查制度,是时候了!"文章说,九届人大时,先生曾在人民大会堂的座谈会上对彭冲同志说,"如果万里和彭冲同志在任内能将宪法监督委员会建立起来,你们将功德无量"。还说,如果现在中央领导能将这一制度建立起来,也将功德无量。他相信,这是迟早的事情,它将成为我国宪政发展史上又一新的里程碑。[①]

六 以法哲学研究来引领、推动法理学的建设与创新[②]

(一) 为建设"法哲学"而呼吁、奔走

李步云先生作为新中国法学发展道路的重要见证人,他在展望中国未来法学前景时,首先回顾了过去的历程。2001年4月,在"中日韩比较法文化国际研讨会"上,李步云先生做了题为"二十一世纪中国法学的发展前景"的发言。他指出,从新中国成立到1978年这三十年里,中国的法学研究遭受五个"主义"的危害:一是法学教条主义;二是法学经验主义;三是法律虚无主义;四是法律工具主义;五是法律实用主义。李步云先生明确地指出,这些"主义"恰恰是严重脱离实际的形而上学的东西。[③] 他发出建设"法哲学"的呼吁,就是为了能够让中国法理学走出形而上学理论误区,并以法哲学学科的建设与研究,来引领、推动法理学的建设与创新。

(二) 法哲学是研究法律现象与法律意识中的哲学问题的一门科学

1992年李步云先生在《中外法学》上撰文《法哲学的研究对象和意

---

① 参见赵蕾《【新中国六十周年】"60年·60人·60问"系列专题之五》,《南方周末》2009年9月3日。
② 参见赵明《李步云与当代中国法哲学》,载刘作翔、张志铭、柳志伟主编《法治理想的追求》,中国政法大学出版社,2003。
③ 参见李步云《二十一世纪中国法学的发展前景》,载《中日韩比较法文化国际研讨会论文集》(日本北海道大学,2001年4月15日);日文版载日本北海道大学《北大法学论集》2002年9月(第53卷)第3号;此文收入先生自编论文集《法理探索》一书,湖南人民出版社,2003。

义》,对法哲学下了这样的定义:"法哲学是研究法律现象与法律意识中的哲学问题的一门科学。"所谓"哲学问题"就是一般"法理学"不得不涉及而又无法加以解决的基本问题,也即李步云先生所说的法的唯物论与认识论、法的辩证法与发展观的问题。[①] 他的法哲学体系正是围绕法的唯物论与认识论、法的辩证法与发展观而构筑,并加以逻辑展开的。

关于法的本身,李步云先生在《法的应然与实然》一文中从实证的角度分析"法",认为"法"是指成文的与不成文的法律规范和原则,而"法律制度"则是指与这种实证意义上的"法"之制定和实施有关的各种制度。他将"法"的结构具体地解读为三个基本要素和成分的组合,它们是法的内容、法的形式和法的精神。"法的内容"是指法所调整的各种社会关系,其领域十分广泛,涉及经济、政治、文化、家庭、民族等社会现象的各个方面,这诸多方面都各自具有自身的规律,其存在和发展,总是受其规律性的支配,立法者必须很好地理解和掌握这种规律性,并把它们体现在法律中。"法的形式"同样是一个具有多层次内涵的概念,相对于法律所规范和调整的客观存在的社会关系而言,法律自身就是一种形式。这个意义上的法律形式(包括程序法)作为一种特殊社会现象,有它自己质的规定性和特殊本质,它的存在是客观的。针对我国法学界有人长久以来普遍地将"法"作为社会意识的范畴来加以理解和把握,李步云先生对这种主流观点是坚决反对的。最后,"法的精神"作为构成"法"的三个基本要素之一,同法的内容、法的形式相区别的一点,是它具有抽象性,但它却仍然是客观存在的。法的精神贯穿和体现在法的内容和法的形式中,它集中地表现为法律原则和"立法旨意"。李步云先生强调,构成"法的精神"的主要内容有两点:一是伦理道德,二是法的价值。前者以正义为核心,包括人道与宽容等内涵;后者以人权保障为核心,包括自由、平等、秩序与效率等基本价值。

李步云先生明确提出:"法既反映现实世界的各种社会关系及其规律,同时它本身又是独立于人们意识之外的一种社会存在。"[②] 这个观点的意义是巨大的,它为当代中国法学理论的研究敞开了一个崭新的天地。

---

① 参见李步云《法哲学的研究对象和意义》,《中外法学》1992年第3期。
② 参见李步云《法的应然与实然》,《法学研究》1997年第4期。

(三) 法之两重性和内在矛盾性的辩证法律观

在《法的两重性与基本矛盾》一文中，李步云先生认为，作为社会存在的法不是可以任人捣乎的小泥人，也不是可以任人随意梳妆打扮的布娃娃，其存在有其自身的不以人的主观意愿而变换的客观规律性，其演变和发展是由它自身的基本矛盾所决定的，而法的基本矛盾是由法的两重性所决定的。所谓"法的两重性"是指："法既具有客观性、物质性，同时又具有主观性、意识性。"具体地说，相对于人们的法律意识来说，法是一种社会现象，是属于"社会存在"这个范畴；相对于法所要调整和保护的各种社会关系与社会秩序即现实的客观世界来说，法本身又是一种具有强烈意识性的存在，是属于"社会存在"这个范畴中意识性很鲜明的一种特殊社会现象。由此，法与客观现实之间、法与法律意识之间就必然存在着既相适应、又相矛盾的情况。这是作为社会存在的法自身内含的两对基本矛盾。正是这两对基本矛盾决定着不同历史时期法的不同性质和特点，也正是这两对基本矛盾推动着法律的不断变化和发展。①

(四) 法与法律意识是两个不同概念

众所周知，在我国法学界，法的客观性和物质性曾长期不被人们所承认和理解，与此密切相关的则是，法律本身的地位问题总是悬而未决，法律虚无主义曾一度盛行，法对于人们的包括政治在内的社会生活之价值和意义更是难以被确认。李步云先生在《法与法律意识》一文中认为，人们之所以难以接受和理解法的客观性和物质性，是因为把法与法律意识严重地混同起来了，而事实上这两者之间是有着质的区别的，其主要的区别，李步云先生概括为三个方面：(1) 法是人们社会活动的产物，而法律意识则是人们大脑思维活动的结果；(2) 法作为人们社会活动的一种产物，具有自己的确定性，而法律意识不具有这样的确定性；(3) 法与法律意识之间的关系，是一种物质与意识、客观与主观的关系。从发生学的角度讲，必定是先有法律这种社会现象，而后才有人们关于这种社会现象的观念即法律意识，包括法的理论、法的知识、法的心

---

① 参见李步云《法的两重性与基本矛盾》，《中外法学》1992年第1期。

理与法的情感等。①

（五）法具有客观性与主观性

在《法与法律意识》一文中，李步云先生认为，法的客观性与物质性有两个基本含义，一是法的内容要正确反映与体现它所调整的现实社会关系与社会秩序的状况、需求及规律；二是法的形式，即法及其制度本身是客观的，它有自己独立的品格，有自己的质与量、内容与形式，有自己特有的性质、特点、逻辑与规律，有自己发生与发展的历史，所有这些都是不以人的主观意志为转移的。

当然，作为一种社会存在的法，它是由人所制定的，也要依靠人去实施。而人们在制定法与实施法的过程中，又总是以某种法律意识为指导。法意识渗透、体现、贯穿在法现象的各个领域与方面。这就是李步云先生所谓的法的主观性，或称意识性。正因为如此，法又是属于社会存在范畴中的一种特殊的社会现象。李步云先生强调，法的辩证法承认法具有主观法、意识性，这绝不是提倡、鼓励或默许在制定和实施中，可以搞主观主义，可以为所欲为。事实上，我们应当反对立法、司法、执法、守法与护法的任意性，而人们在参与法制定与实施的过程中，往往难以完全避免任意性，诸如纯凭主观想象起草法律，先入为主、主观臆断地认定案件事实与证据。之所以提出法的两重性，肯定法的主观性、意志性，根本目的恰恰在于反对机械反映论。法根源于社会物质生活条件，它要符合与适应现实生活的状况、需求与规律，这是法学唯物论的基本原理。但不能把这一公式绝对化，要坚持辩证唯物论的能动的反映论，充分肯定人的能动作用，承认法只能是对客观世界的近似反映，承认法对社会的巨大的能动作用，承认法能超前于社会现实，对新的社会关系的产生起一种指引与促进作用。只有法的辩证法才能科学地确立法在人们社会生活中的地位、作用和意义。

李步云先生还指出，由于我国法学界长期以来把法与法律意识混淆在一起，只是强调法的内容要符合现实社会生活的状况、规律与需求，既没有强调法是一个独立于法意识之外的客观存在，有它自己的特性与规律，也没有充分重视人的法律意识与人的其他素质对法制定与实施的重要作用，因而未能进一步提出与重视法的主体，即参与法制定与法实施的人的

---

① 参见李步云、刘士平《法与法律意识》，《法学研究》2003年第1期。

一系列与法有关的问题。其不良后果表现在,法理学研究存在对法的形式即法自身的规律研究不够、尊重不够的偏向,而对法的主体的方方面面的研究严重缺失,甚至于是一片空白。可实际上,法学的研究对象应当是三个基本方面:社会、法律与人,即法所反映与作用的社会、法律自身以及负责制定与实施法律的人。提出诸如法的目的和目标、法律实证主义的意义、法与伦理的关系、法律规范的功能、法的历史性因素、实然与应然的"二元方法论"、"一般原则"与"规则"的关系等问题,由此出发合乎逻辑地发展为整体。

就法的社会功能和目的而论,李步云先生指出,法是社会关系的调节器,它以维护一定社会关系与社会秩序为目的。因此,在社会关系与法的相互作用中,前者是主动的,后者是被动的。社会关系对法的决定作用主要表现在两个方面:一是社会关系的不断发展变化推动着法的不断发展变化。前者的发展变化要通过法的内容真实地被反映与体现出来,法的内容就应当怎样。二是一定历史发展阶段之现实社会关系的性质与状况,决定着法的内容,从而也决定着整个法的性质与状况。由此而出现了人类历史上不同类型的法和法的演进序列,法由低级向高级发展,是由各种社会关系的性质与状况由低级向高级的发展所决定的,而法的形式是否科学合理,是否适应一定时代经济政治文化的性质、状况与客观要求,也在很大程度上决定了法价值的大小。

然而,同样因为法的社会功能和目的的实现,就决定了法一经制定出来,必定通过对一定社会关系的调整与社会秩序的维护,而产生对社会、政治、文化等各方面的重大反作用。由此,法本身的内容是否正确、形式是否科学、是否具备良好的法实施的主客观条件,就绝非人们可以等闲视之的问题了。法与法律意识之间的相互影响、促进和制约于是成为法哲学无法回避的关涉法存在与发展的另一对基本矛盾。李步云先生认为,在这一对基本矛盾中,法是被动的,法律意识则是主动的。法的制定与实施是作为法律主体的指导性作用。尽管人们对此有时可能是高度自觉的,有时可能不是很自觉的,但人们在参与立法和执法、司法、守法、护法时,总是有某种法律意识在这样那样地支配他们的立场、观点与行为。当然,这并不与法的认识论相冲突,法与法律意识之间是被反映与反映的关系,法的现实存在从根本上决定着社会法意识的整体面貌,要改变人们某些落后的法律意识,就必须建立起某些先进的法律制度,这当然又离不开先进的法律意识和精神的指导。总之,法与法律意识是在彼此影响和制约中不断向前发展的。

在分别揭示了法存在与发展的两对基本矛盾之后,李步云先生强调指出,现实的社会关系与法这对矛盾是主要的、基本的、具有决定性意义的。法的全部内容,包括法规范、法原则、法概念,都必须真实地反映与体现现实社会关系的现状、规律与需求。归根结底,法的发展变化取决于现实社会关系的发展变化。①

李步云先生五十多年来始终怀着一颗战士的心,以书生报国的情怀,演绎其平凡却又华彩的书剑人生,在法治、人权、法理学、法哲学、宪法学等学术领域潜心研究,孜孜耕耘。他的学术理论以及学术思想之博大精深,对现实法治实践与国家政治制度建设之积极推动,堪称当代法学家之楷模。

---

① 参见李步云《论法与法律意识》,载《法理探索》,湖南人民出版社,2003。

论李步云的法治思想

赵　迅[*]

我国著名学者、法史学家何勤华曾说，李步云教授是中国法治第一人。他在法治和人权领域形成了自己独特的理论体系，对新时期中国法治建设做出了重大贡献。

新时期中国法治建设的主题是，"什么是法治国家，怎样建设社会主义法治国家"。对这一主题的探索经历了三个时期。第一时期，依法治国方略提出的理论准备期；第二时期，依法治国方略的理论确立期；第三时期，依法治国方略的理论发展期。每一时期都有一个基本问题：理论准备期的基本问题是，"为什么要依法治国，建设社会主义法治国家？"理论确立期的基本问题是，"什么是依法治国和社会主义法治国家？"理论发展期的基本问题是，"怎样实行依法治国，建设社会主义法治国家？"

要考量一个政治家或学者对当代中国法治建设的贡献，就要考察他对中国法治建设的探索在理论和实践两个方面是否科学地回答了上述主题及其三个基本问题。改革开放以来的三十多年里，李步云教授对此在理论和实践两方面进行了孜孜以求、富有社会责任感和理论勇气的探索，提出了一系列富有创新的卓越见解及重大思想理论观点和建议，对推进依法治国，建设社会主义法治国家伟大进程产生了巨大影响。

一　依法治国基本方略的理论准备期 （十一届三中全会至十五大之前）

依法治国，建设社会主义法治国家，是党的十五大确立的治国方略

---

[*] 赵迅，湖南大学法学院教授。

和战略目标,但这一治国方略和战略目标的确立并不是一朝一夕确立下来的,而是有一个较长时间的认识过程和理论准备期。事实上,新时期对中国法治建设的探索是从党的十一届三中全会开始的。基于对毛泽东晚年严重错误和"文革"灾难的沉痛反思,我党深刻认识到加强制度建设的极端重要性。但囿于当时才刚刚结束十年动乱的社会历史条件和人们的认识程度,人们对于要不要实行依法治国,建设社会主义法治国家,换言之,我们国家究竟是搞"人治"还是"法治",思想并不完全统一。政界和理论界出现了"法治论"、"结合论"和"取消论"的"三大派别之争"。"法治论"主张要法治不要人治,倡导实行依法治国;"结合论"认为法治与人治各有长短,两者应当结合;"取消论"认为,法治是纯西方的东西,提依法治国有片面性,我们讲健全"法制"就可以了。这场20世纪80年代初期进行的关于法治与人治问题的大讨论,其规模之广,理论界主要是法学界参与争鸣之多,争论时间之长,为新中国成立以来所罕见,争论一直持续到党的十五大召开之前。"三大派别之争"构成了那个时期中国法治建设理论探索的主要论域,折射了新时期中国法治建设的第一个基本问题——为什么要依法治国,建设社会主义法治国家?

李步云教授其时正值壮年,北京大学法学院八年的本科与研究生学习和之后二十多年在中国社会科学院法学所从事理论研究工作以及一度在中央书记处研究室从事理论写作工作,使他积累了深厚的理论功力,理论思维活跃。他以深刻的洞察力和巨大的理论勇气,旗帜鲜明地提出依法治国主张。早在1979年9月,他就和同事王德祥、陈春龙撰写了长文《论以法治国》,并被《光明日报》于1979年12月2日以《要实行社会主义法治》为题在该报摘要发表。这是国内学者第一次提出应在我国实行以法治国,并从时代背景、理论依据、理念更新和制度变革等方面全面、系统地论述了这一问题,[①] 开新时期中国法治建设理论探索首倡以法治国之先河,成为"法治论"的先锋。80年代初,李步云教授连续在《法学研究》等学术期刊发表多篇学术论文,积极参与关于法治与人治问题的大讨论,对"取消论"和"结合论"观点进行了富有理论说服力的学术批评。回答和阐述的主要问题与观点有以下几方面。

[①] 参见李步云、王德祥、陈春龙《要实行社会主义法治》,《光明日报》1979年12月2日,理论版。

（一）法治与人治为什么不能结合

在《法治与人治的根本对立》和《人治与法治能相互结合吗?》(《法学研究》1980 年第 2 期）两篇文章中，李步云教授对"结合论"的观点进行了商榷。他指出，在法治与人治问题的讨论中，有的同志提出：历史上从来没有过单纯的法治，也没有过单纯的人治，任何统治阶级总是把法治与人治结合起来的；社会主义时期，我们既要实行法治，也要实行人治。这种观点是值得商榷的。①

他认为，在这里，关键的问题是弄清法治与人治的内涵。持上述观点的同志的基本依据是"徒法不足以自行"，法的制定、执行和遵守都要依靠人。法是武器，人是战士，法治与人治的关系，好比武器同战士的关系，因此有必要把两者结合起来。这是一种似是而非的误解。显然，这是把"法治"同"法""法的作用"，把"人治"同"人""人的作用"这样一些不同的观念完全混为一谈了。如果按照这种逻辑推演，"法治"是"法的作用"，而"法的作用"又在乎人，"人的作用"就是"人治"，那么结论就是：古今中外根本没有什么"法治"，而只有"人治"了。或者说，法治可以归结为人治，人治可以包含和代替法治。可见，"结合论"的观点及论证是不正确的。"法治"这个概念不是简单地表达为法律有作用的意思，"人治"也不是人、领导人有作用的意思。当然，讲法治并不排斥人的作用。法治包括"人""人的因素""人的作用"，这是不言而喻的，法治的各个环节都离不开人，法和人是不可分割地联系在一起的。②

他强调指出，法治与人治都有确定的含义和丰富、具体的内容，绝不是可以简单地用"法"与"人"、"法的作用"与"人的作用"这样的概念所能替代的。而且法治与人治是相对立而存在、相斗争而发展的。它们之间的激烈斗争，往往出现在社会发展的转折关头。法治的主张总有一定的革命性和进步性；人治的主张则总是具有一定的反动性或落后性，两者是不能结合的。③

人治与法治有什么不同的内涵和具体内容呢？他分析道，人治主张依靠君主个人的意志来决定国家的大政方针以治理国家；君主的权威高于法律权威；君主掌握立法、行政、司法等一切大权，反对分权。而法治则与

---

① 参见李步云《法治与人治的根本对立》，《西南政法学院学报》1981 年第 2 期。
② 参见李步云《法治与人治的根本对立》，《西南政法学院学报》1981 年第 2 期。
③ 参见李步云《法治与人治的根本对立》，《西南政法学院学报》1981 年第 2 期。

人治根本对立，主张依靠体现统治阶级集体意志和根本利益的法律来治理国家；法律权威高于任何国家领导人的权威，领导人要遵守法律，严格依法办事；要求分权，主张立法权由普选的议会行使，实行司法独立。既然二者如此根本对立，那怎么能结合呢？！他借用启蒙学者孟德斯鸠的话论证道："专制政体是既无法律又无规章，由单独一个人按照一己的意志与反复无常的性情领导一切。"① "人们曾经想使法律和专制主义并行，但是任何东西和专制主义联系起来，便失掉了自己的力量。"②

（二）"法制"为什么不能代替"法治"

在《法治概念的科学性》这篇被日本学者京都大学针生诚吉教授誉为"法治论"一派的代表作的文章中，李步云教授针对当时有的同志认为"法治"这一概念"不科学"，有"片面性"，和坚持四项基本原则有矛盾，我们既然有"法制"的提法，也用不着再讲什么"法治"了，因此可以抛弃"法治"这个概念的主张，进行了深入分析，并提出了自己的思想观点。

1. "法治"概念是科学的

有的同志提出，如果"法治"指的是所谓"法律的统治"，那么这一概念本身就不是科学的。因为，法律是统治阶级实现其阶级统治的工具，而不是统治的主体；统治的主体只能是组成统治阶级的人们。因此世界上并不存在"法律的统治"。对此，李步云教授认为，这是纯粹从字面上来理解法治这个词，这样解释并不符合人们在使用法治这一概念赋予它的特定的真实的含义。Rule of law，Rule by law 或 Government of law 直译是"法律的统治"，但这"并不是说统治的主体不是人而是法律，是不会说话的法律在那里统治，而不是活生生的人在那里统治"。"法治最基本的意思是，任何一个统治者或统治者集体，都应严格依照法律来治理国家。把'法治'说成是法律在统治，而不是统治者个人或集体，依照法律治理国家，那是望而生义的解释。"③

有的同志还指出，虽然我们十分强调工业、科学等等的作用，但不能提什么"以工业治国""以科学治国"；非常重视军队的作用，但不能提什么"以军治国"。因此，提"以法治国"也是不科学的。李步云教授认为，

---

① 〔法〕孟德斯鸠：《论法的精神》上册，张雁深译，商务印书馆，1961，第8页。
② 〔法〕孟德斯鸠：《论法的精神》上册，张雁深译，商务印书馆，1961，第129页。
③ 参见李步云《法治概念的科学性》，《法学研究》1982年第2期。

这是一种不恰当的比喻和推论。因为，法律和工业、科学、军队的性质、特点完全不同。法律是集中体现统治阶级意志的、由国家制定或认可的，并由国家强制力保证其统一实施的、人们必须严格遵守的行为规则。所谓"以法治国"或"依法治国"（即法治），也就是要十分重视运用法律这种行为准则并严格依照它的规定来治理国家的意思。由于只有法律有上述那样的性质和特点，因此提"以法治国"是确切的。而工业、科学、军队等的情况与法律完全不同，它们既不具有法律那种人人必须遵守的行为规则的性质，也不具有法律那种在政治、经济、文化、教育、军事等各方面都要统一执行的特点。完全撇开法律与工业、科学、军事具有完全不同的性质和特点这一前提，只抓住它们对治理国家都有作用这一点，来论证"以法治国"不科学，是没有什么说服力的。①

2. "法治"这一概念没有片面性

有的同志提出，法治的提法和口号有片面性，因为它否定了党的领导作用，否定了政治思想工作的作用和共产主义道德教育的作用……这一提法肯定了法律制度的作用，而否定了其他一切，是鼓吹"法律万能论"。对此，李步云教授指出：

第一，肯定法治的作用并不是主张"法律万能"。历史上提倡法治的人并不主张什么"法律万能"，并不否定国家的领袖人物以及教育与道德等对国家具有的重要作用。比如，亚里士多德就主张法治，但他并不否认国家领导人的作用。他说，"如果既是贤良政治，那就不会乱法"，"我们注意到邦国虽有良法，要是人民不能全部遵循，仍然不能实现政治"。他也不反对道德的作用，提出一个人应具有一定的物质财富、健康的身体和良好的道德，其中良好的道德是最主要的。②

第二，实行社会主义法治，同加强共产主义道德教育也是密切相关的。社会主义法制同共产主义道德的一致性，集中体现在：凡是社会主义法制所禁止的行为，也必然是共产主义道德所谴责的行为；凡是社会主义法制所鼓励的行为，也必然是共产主义道德所倡导的行为。法制的一个重要职能是教育人民，传播共产主义道德，并且通过一定的强制手段，保证那些既体现在法律规范中也体现在道德规范中的行为准则得到遵守。③

第三，以法治国，有利于实现和巩固党的领导。法律是党的政策的定

---

① 参见李步云《法治概念的科学性》，《法学研究》1982年第2期。
② 参见李步云《法治概念的科学性》，《法学研究》1982年第2期。
③ 参见李步云《法治概念的科学性》，《法学研究》1982年第2期。

型化、规范化、具体化和条文化;将党的政策通过法定程序上升为国家意志,可以使党的政策更为妥当和有利于更好地实现;是党在领导立法、执法和司法;在现代,以党代政和以政策代替法律有损于党的形象和威信。但是,实行以法治国,要求党的传统的执政理念和方式做一些重要改变。①

3. "法制"不能代替"法治"

有的同志提出,我们既然有了"健全社会主义法制"这一口号,也就用不着再提什么"要实行社会主义法治"这样的口号了。李步云教授认为,这一理由也是不能成立的。因为,"法制"与"法治"是两个既有密切联系,又有重大区别的概念,不能混为一谈。(1)"法制"是指法律制度,或者说是法律制度的简称。法律制度是一套法律规则以及宪法和法律怎样制定和实施的制度。是相对于政治制度、经济制度、文化制度而言的。而"法治"则不一样。它是一种治国的理论、原则和方法,是相对于人治的治国的理论、原则和方法来说的。法治与人治始终是作为一组对立物出现的。法制与法治是属于两个不同范畴的概念。(2)作为一种治国理论,法治与人治的根本对立在于,法治认为一个国家能否兴旺发达、长治久安,具有决定意义的因素,是整个法律与制度的好坏,而不是少数几个国家领导人是否贤明。人治的理论则恰好与此相反。(3)任何一个国家的任何一个时期,都有自己的法律制度,但并不是任何一个国家的任何一个时期都有法治。希特勒统治下的德国,也有法律制度,但希特勒独裁,其法律具有法西斯性质,因而它只有自己的法律制度,而不是实行现代意义上的法治。国民党统治中国22年,也是这种情况。基于上述分析,显然,"法治"这一概念的作用是"法制"这一概念所不能代替的。②

4. 有十六字方针,还需要提法治吗?

政界和理论界对于"法治"概念的疑虑直到90年代中后期依然在部分同志身上存在。对此,李步云和陈贵民发表《关于法治与法制的区别》,同黎青以对话方式发表《从"法制"到"法治"二十年改一字——建国以来法学界重大事件研究》(载郭道晖、李步云、郝铁川联合主编《中国当代法学争鸣实录》,湖南人民出版社,1998)等文章,重申前述法治与法制区别的重要观点,并针对一些地方人大的领导同志的模糊认识,做了进一步的阐释。

---

① 参见李步云《法治概念的科学性》,《法学研究》1982年第2期。
② 参见李步云《法治概念的科学性》,《法学研究》1982年第2期。

有的同志说，我们不是有十六字方针吗，"有法可依，有法必依，执法必严，违法必究"，提法已经很全面，因此法治的提法没有什么新的意义。李步云教授认为，十六字方针与法治的含义相比，是远远不够的。不可否认，十六字方针对我国的法制建设起过很大作用，也含有法治的一些意识，比如要求做到法律比较齐全，严格依法办事等。但这十六个字放在古代大致也是适用的，我们现在倡导的应是现代法治。例如，我们应当有体现社会主义本质和时代精神的良好法律，法律应建立在民主的基础上，要贯彻分权制约的原理和体现司法独立，要充分保障人权，等等。法治的含义比十六字方针要丰富和深刻得多，包含了许多十六字方针所不曾包含的基本要求，因而是不可替代的。①

（三）依法治国的理论根据和重大意义

为了进一步从理论上阐释清楚依法治国的理论根据和重大意义，在对"结合论"和"取消论"进行批判的同时，李步云教授撰写了《依法治国的理论根据和重大意义》的长文。他开篇就指出："在我国，实行依法治国，并不是哪些人的心血来潮，也不是某种权宜之计，而是历史发展的客观规律，是社会进步的现实要求，是人类文明的重要标志，是全国人民的共同愿望，这可以从如下四个方面进行具体分析。"②

1. 依法治国是实行市场经济的客观要求

社会主义市场经济建立和完善的过程，实质是经济法制化的过程。具体表现在：（1）市场主体的资格、它们之间的平等地位，需要依法确立。（2）市场主体行为，各主体在经营、交换中彼此的权利和义务需要法律的规范和保障。（3）统一的市场规则，有序的市场活动，需要依法确认和保障，以建立公正的市场法律秩序。（4）健全的经济宏观调控系统需要法律的建立、完善和保障。（5）社会保障体系需要依靠法律手段建立和完善。（6）对外开放，参与国际经济大循环，要求我们的法律按国际经贸和民事领域的国际惯例和国际通行的规则办事。③

2. 依法治国是建设民主政治的基本条件

民主与法制是密切联系在一起的。民主是法制的前提和基础，法制是民主的确认和保障。在现代，通过法律保障人民主权的实现，已成定理。

---

① 参见李步云、陈贵民《关于法治与法制的区别》，《人大工作通讯》1998年第8期。
② 李步云：《依法治国的理论根据和重大意义》，《人大工作通讯》1996年第11期。
③ 参见李步云《依法治国的理论根据和重大意义》，《人大工作通讯》1996年第11期。

国家的一切权利属于人民，但不可能人人都去执掌政权，而只能通过自由公正的选举产生政权机关，代表人民行使权利。为此，根本的办法就是通过制定和实施体现人民意志和利益的、符合社会发展规律的法律，并保证这种法律具有极大的权威，来确保政府为人民服务，为公众谋利益。在这种情况下，政权机构严格依法办事，就是体现了人民当家作主。[1]

3. 依法治国是人类社会文明的重要标志

在中外历史上，"法"字一出现就具有正义、公正等含义。法是根源于人类社会生活本身所始终存在的主要矛盾，包括个人与社会、秩序与自由的矛盾。法作为一种普遍性的社会规范，它的产生和存在，正是为了合理解决这些矛盾，使其和谐与协调，从而维护社会正义，推动社会进步。法应当平等地属于人类社会的每一个人，是人类共同创造的文明成果，是人们希冀运用它来促进物质文明与精神文明的进步而为全人类共同利益服务的工具。每一历史时代，法的内容和形式以及法的精神，都是该时代人类文明发展水平的综合性标尺。法制文明属于制度文明的范畴，它对于物质文明和精神文明有特殊的功能。[2]

4. 依法治国是实现国家长治久安的根本保证

法治与人治的对立和论争，在中外历史上已经存在几千年。两者的对立和论争集中体现在这样一个问题上，即国家的长治久安关键是要依靠一两个好的领导人及其威望，还是主要应寄希望于建立一个有权威的良好的法律和制度。在我们党和国家的历史上，对于这个问题的认识，曾经历过一个曲折的过程。十一届三中全会以来，邓小平同志深刻总结了国内外正反两方面的经验教训，指出："一个国家的命运建立在一两个人的声望上面，是很不健康的，是很危险的，不出事没问题，一出事就不可收拾。"[3] 我们今后可以防止"文化大革命"的悲剧重演，办法就是"认真建立社会主义的民主制度和社会主义法制"。[4] 1988年9月29日，江泽民在记者招待会上郑重宣告："我们绝不能以党代政，也绝不能以党代法，这也是新闻界讲的究竟是人治还是法治的问题，我想，我们一定要遵循法治的方针。"[5]

---

[1] 参见李步云《依法治国的理论根据和重大意义》，《人大工作通讯》1996年第11期。
[2] 参见李步云《依法治国的理论根据和重大意义》，《人大工作通讯》1996年第11期。
[3] 《邓小平文选》第3卷，人民出版社，1993，第311页。
[4] 《邓小平文选》第2卷，人民出版社，1994，第348页。
[5] 李步云：《依法治国的理论根据和重大意义》，《人大工作通讯》1996年第11期。

1997 年中共十五大报告对依法治国的重大意义做了如下概括："依法治国，是党领导人民治理国家的基本方略，是发展社会主义市场经济的客观要求，是社会文明进步的重要标志，是国家长治久安的重要保证。"这四条同上文李步云教授所做的概括是相同的。其中"党领导人民治理国家的基本方略"实际上讲的也是民主政治。上文提出的"制度文明"的概念与后来党的十六大提出的"政治文明"的概念是有内在联系的。实际上，两者的内涵和外延完全相同。

上述理论探索及探索中提出的一系列卓越见解、观点，是李步云教授在这一时期对中国法治建设的重大理论贡献。此外，他还在推动中国法治建设进程中，做了一些实际贡献。

实践贡献之一：利用自己一度在中央书记处研究室工作，参与起草相关中央文件的特殊身份，把一些重要观点写进中央文献。如中央"64 号文件"即 1979 年 9 月 9 日《中共中央关于坚决保证刑法、刑事诉讼法切实实施的指示》里讲道："刑法、刑事诉讼法，同全国人民每天的切身利益有密切关系，他们能否严格执行，是衡量我国是否实行社会主义法治的重要标志。"这是十一届三中全会后，党内文件中首次提到"社会主义法治"。这个文件在当时影响很大，最高人民法院院长江华后来说，这是他看到的有关民主与法制的最好的党内文件。①

实践贡献之二：1980 年 11 月 22 日《人民日报》发表"特约评论员"文章《社会主义民主和法制的里程碑——评审判林彪、江青反革命集团》。这篇文章是应一位中央领导同志的建议和要求而撰写，目的是为审判林彪、江青反革命集团这一历史性事件做一总结。当时李步云在中央书记处研究室工作，具体负责这篇文章的撰写，并邀请王家福共同执笔，文章由林涧青同志最后定稿。② 该文总结了这次历史性审判所体现的五条法治原则：司法独立原则、司法民主原则、实事求是原则、革命人道主义原则、法律面前人人平等原则。该文代表中央提出，这次审判"充分体现了以法治国的精神"，这是中央重要文献第一次使用"以法治国"这一概念。

实践贡献之三：建议把"党必须在宪法和法律规定的范围内活动"作为一个原则写进党章。1982 年 11 月 12 日《光明日报》刊载李步云的文章《党必须在宪法和法律规定的范围内活动》。该文被《新华文摘》1983 年

---

① 参见李步云《论法治》，社会科学文献出版社，2008，第 152 页。
② 参见李步云《论法治》，社会科学文献出版社，2008，第 288 页。

第1期转载。1984年10月获《光明日报》"优秀理论文章"二等奖。特等奖是胡福明的《实践是检验真理的唯一标准》，没有一等奖。二等奖共26篇，这是从3000多篇文章中选出来的，法学方面仅此1篇。10月10日，在人民大会堂，胡乔木代表中央为获奖者颁发奖状。本文作于1980年8月，并投《光明日报》。该报认为这是一篇好文章，但考虑事关重大而压了两年。当党的十二大在修改后的党章总纲最后一段规定了这一原则后，《光明日报》才发表了这篇文章。尚不清楚的一点是：这篇文章是否直接影响了对党章的修改。①

实践贡献之四：提出党委审判案件制度需要改变。1979年3月6日《人民日报》的《理论宣传动态》刊载李步云的文章《党委审判案件制度需要改变》。同一天，该报的《情况汇编》第1038期转载此文，报中央领导同志参阅，受到重视。1979年9月9日《中共中央关于坚决保证刑法、刑事诉讼法切实实施的指示》正式决定取消这一制度。这是我国在司法制度方面实行的一项意义深远的重大改革。对这一文件和这一制度的改革，政法界的领导给予了高度评价："广大法院干部欢欣鼓舞……是我国法律建设新阶段的重要标志。"②

综上所述，李步云在十一届三中全会到十五大召开之前近二十年的长时期里，在同"三大派别之争"中对"结合论"与"取消论"的有力批判与对依法治国理论根据和重大意义的深刻阐释，以及在实际工作中的重大建议，为十五大文件的出台奠定了理论基础，对依法治国方略的确立起了重要影响。

二 依法治国基本方略的理论确立期（十五大前后至十六大前后）

1997年9月，党的十五大正式确立"依法治国，建设社会主义法治国家"治国方略和战略目标，这是新时期中国法治建设的里程碑。但是，究竟什么是社会主义法治国家？社会主义法治国家的具体标准是什么？依法治国的主要治理对象是什么？依法治国的核心是什么？治国方略本身的含义与特点是什么？等等。这些问题都是当时人们并不完全清楚，或者说还

---

① 参见李步云《论法治》，社会科学文献出版社，2008，第417页。
② 参见《江华传》，中共党史出版社，2007，第412～413页。

十分模糊,却迫切需要给予回答的依法治国,建设社会主义法治国家的重大理论和实践问题,亦即新时期中国法治建设的第二个基本问题——什么是依法治国,建设社会主义法治国家?因而也是这时期中国政治家和法学家关注的基本问题。李步云教授以其深厚的法学智识和理论素养撰文分别回答了这些问题,再次提出和阐释了一系列重大的思想理论观点。

(一) 法治国家的主要标准

为阐述"依法治国,建设社会主义法治国家"写入宪法的意义,应《人民日报》编辑之约,李步云撰写了《依法治国的里程碑》一文,发表在该报 1999 年 4 月 6 日理论版,该报专门写了编者按。李步云在文中指出,依法治国,建设社会主义法治国家是一个不可分割的整体。从广义上讲,"依法治国"包括"建设法治国家"在内。但从狭义上讲,两者又有一定区别。依法治国是一项治国的战略方针,建设社会主义法治国家则是一项治国的战略目标。社会主义法治国家具有一系列基本的原则和要求。根据人类的共同经验和中国的具体国情,可以将它们概括为下列十项:

一是法制完备。要求建立一个门类齐全(一套"疏而不漏的法网")、结构严谨(如部门法划分合理,法的效力等级明细,实体法与程序法配套)、内部和谐(不能彼此矛盾与相互重复)、体例科学(如概念、逻辑清晰,法的名称规范,生效日期、公布方式合理)、协调发展(如法与政策、法与改革协调一致等)的法律体系。有法可依是实行依法治国的前提。党的十五大提出,我们应在 2010 年建立起社会主义法律体系,任务仍然艰巨。①

二是主权在民。要求法律应体现人民的意志和利益,法制应以民主政治体制为基础,并实现民主的法制化(民主权利的切实保障、国家政治权利的民主配置、民主程序的公正严明、民主方法的科学合理等)和法制的民主化(立法、司法、护法等法制环节要民主)。主权在民是主权在君的对立物,是现代民主的核心和基础,因而也应当是现代法治的灵魂。在一个政治不民主的社会里,不可能建立起现代法治国家,而民主的法制化和法制的民主化则是主权在民原则在现代法律中的具体实现与展开。②

三是人权保障。人权是人以其自然的和社会的本性所应当享有的权

---

① 李步云:《依法治国的里程碑》,《人民日报》1999 年 4 月 6 日,理论版。
② 李步云:《依法治国的里程碑》,《人民日报》1999 年 4 月 6 日,理论版。

利。其内容包括人身人格权、政治权利与自由以及经济社会文化权利。人权是人的尊严和价值的集中体现，是人的需求和幸福的综合反映。否认人在社会中应当享有本属于他自己的权利，就是否认他做人的资格，使人不成其为人。人不是为国家与法律而存在，而是国家与法律为人而存在。法律主要是通过规范所设定的权利与义务来保障和调整各法律主体的利益。权利与义务问题实际上是一个人权问题，法律权利是人权的法律化。全面地、充分地实现人权，是现代法律的根本目的。党的十五大报告提出，我们应"尊重和保障人权"，具有非常重要的意义。①

四是权力制衡。在公法领域，权利和义务主要表现为职权和职责。"衡"指权力平衡，执政党与国家机关之间、政府与社会组织、企事业组织之间、领导个人与领导集体之间、中央与地方之间，应按分权和权力不可过分集中的原则，对权力做合理配置。"制"指权力制约。其主要内容是以国家法律制约国家权力，以公民权利（如公民参政权，议政权，检举、批评、罢免权，新闻、出版自由权，等等）制约国家权力，以国家权力制约国家权力（如立法、行政、司法权之间，公检法之间以及检查、监察、审计等方面的监督），以及社会权力（如政党、社会团体、行业组织的权力）制约国家权力，来达到防止和消除越权与不按程序办事等权力滥用和权钱交易、假公济私、徇情枉法等权力腐败现象。建立与健全"民主监督"体系，是一项重要而长远的任务。②

五是法律平等。包括分配平等与程序平等。实体法应体现与保障社会共同创造的物质的与精神的财富在全体社会成员中进行公平分配。程序法应体现和保障法律面前人人平等，在民事、刑事、行政等诉讼活动中，原告与被告双方诉讼地位平等和适用法律一律平等。适用法律平等包括对任何人无论其受保护或受惩处都适用同一法律规则，不因其性别、民族、财产状况、社会地位和宗教信仰等等的差异而有区别。为此，我们必须坚决反对各种特权思想和特权人物，并消除执法与司法中的腐败现象。③

六是法律至上。指法律应具有至高无上的权威。法律至上不是说法律不能修改。它是指宪法和法律被制定出来以后，在尚未修改以前，任何组织特别是任何个人都必须切实遵守。法律至上同人民意志和利益至上不仅不矛盾，而且是它的体现和保障。国家没有体现人民意志和利益的法律，

---

① 李步云：《依法治国的里程碑》，《人民日报》1999年4月6日，理论版。
② 李步云：《依法治国的里程碑》，《人民日报》1999年4月6日，理论版。
③ 李步云：《依法治国的里程碑》，《人民日报》1999年4月6日，理论版。

这种法律没有至高无上的权威，人民意志和利益至上是无从体现和保障的。法律至上原则适用于所有组织和个人，但其核心思想与基本精神是反对少数领导者个人权威至上、权大于法。在我们这样一个家长制传统和习惯根深蒂固的国家，实现法律至上原则的任务是很艰巨的。①

七是依法行政。为了适应现代经济、科技、政治与社会生活的日益发展与复杂多变，国家的行政职能有扩大趋势。它必须迅速决策和行动，必须实行首长负责制，故而同立法机关相比较，行政部门较易违法。行政机关同行政行为相对人之间是一种管理者与被管理者的关系，这也容易使行政机关遵守法律更为困难。在我国，大约有80%的法律法规，需要通过行政机关去贯彻实施。因此依法行政是法治国家的一个重要标志。依法行政要求一切抽象的和具体的行政行为都要遵循法律。它需要进一步健全行政法制建设，建立和强化内外监督体制，并采取教育的、行政的各种手段才能逐步实现。②

八是司法独立。它建立在近代分权理论的基础上，是权力分立与互相制衡的制度安排与设计，其成效已为一百多年的实践所充分证明。它本身并非目的，其作用在于保证司法机关审理案件做到客观、公正、廉洁、高效，同时防止国家权力过分集中于某一机构或某一部分人之手而滥用权力，并对行政权起制衡功能，如司法机关对行政机关的司法审查。实现这一体制，需要建立内部与外部的有效监督体制，提高审判人员素质，完善科学的司法组织与程序，杜绝来自外界的任何组织与个人的非法干扰。在由计划经济向市场经济的转变过程中，在各方面利益配置发生聚变的情况下，诸如权钱交易、地方保护主义等腐败现象势必造成对司法独立的冲击。这些都是需要在很长时期里花大力气才能解决的问题。③

九是程序正当。法律程序是法的生命存在形式。如果法的制定和法的实施没有一定过程、规矩、规则，这样的社会将充满立法者和执法者的恣意妄为。公正的法律程序体现立法、执法、司法、护法等国家权力的科学配置和程序约束，也体现公民权利在程序中应有的保障。同时，司法机关也需要有科学的办案程序才能做出科学的判决与裁定。程序正当包括：民主、公开、公正、严明。严重违反立法程序和司法程序的法律、法规、判

---

① 李步云：《依法治国的里程碑》，《人民日报》1999年4月6日，理论版。
② 李步云：《依法治国的里程碑》，《人民日报》1999年4月6日，理论版。
③ 李步云：《依法治国的里程碑》，《人民日报》1999年4月6日，理论版。

【主题研讨】

决、裁定不应具有法律效应。①

十是党要守法。在我国，作为执政党的中国共产党应当领导人民制定和实施法律；在法制建设中，执政党要总揽全局，协调各方。这是法治国家建设沿着社会主义方向前进，一切法律能够体现人民意志与利益的根本保证。但是，党组织必须在宪法和法律的范围内活动，不能以党代政，以党代法。党的政策是党的主张，国家法律是党的主张和人民意志的统一。执政党政策只有通过国家权力机关的严格的民主程序被采纳，才能上升为国家意志变为法律。由于我们党是处于执政党的地位，过去党内不少同志长期存在不大重视依法办事的传统和习惯，因此强调党要守法是十分重要的。②

应当说，上述对社会主义法治国家的基本原则和标准"十条四十个字"的概括，是十分精当的。文章发表后，受到学界广泛认同，几乎所有的国内权威法理学教材都采用了这一表述，产生了广泛的社会反响。《人民日报》等刊物后来约请李步云教授写文章，或限于篇幅，或有关领导机关另有某些考虑，也有提六条的，但这并不代表他的学术观点有了改变。

（二）依法治国的科学内涵

1. 依法治国首先要依法治"官"

经过多年的争鸣和实践检验，人们的认识渐趋统一，即"法治"优于"人治"。党的十五大确立了"依法治国"方略，1999年修宪又写进宪法，表明了我国走向法治的坚定决心。而这需要我们首先正确理解依法治国的科学含义。

依法治国：治"民"还是治"官"？李步云认为，既治民也治官。但根本目的、基本价值和主要作用应当是治官。有一种错误认识认为，法律只是治理老百姓的手段，它已成为一些干部的思维方式和行动准则。产生这种想法有深远的历史背景。古代的统治者都把法律当作主要是治民的工具。实际上，法律的核心作用是解决权利和权力这两个问题，即保障个人的合法权利不受侵犯，对个人、集体和国家三者之间的利益冲突进行合理的分配与调节；同时，对政府的权力和行为做出规定，以防止权力过大和滥用权力。③

---

① 李步云：《依法治国的里程碑》，《人民日报》1999年4月6日，理论版。
② 李步云：《依法治国的里程碑》，《人民日报》1999年4月6日，理论版。
③ 参见李步云《依法治国首先要依法治官》，《中国经济时报》1999年3月8日。

在一个法治国家里，根本的问题是政府要依法办事，因为直接治理国家的不是"民"而是"官"。强调依法治国首先要依法治"官"，能从一个侧面反映和体现出现代法治文明的真谛。当前官员腐败成为我国最主要、最突出的社会矛盾之一，这就是我们强调依法治官的重大现实意义。官员腐败最主要的原因是权力缺乏完善的监督和制约机制，而且一些制度本身就包含着治"民"而不治"官"的因素。比如，行政立法的部门、行业和地方利益化，以及政府部门及其官员侵犯其他单位和个人利益等现象。强调法治重在依法治"官"，一方面是为了党政官员的法治意识，另一方面也为今后完善我国的有关法律制度准备思想基础。①

2. 依法治国重在依宪治国

在依法治国中，宪法处于什么地位？依法治国与依宪治国是什么关系？依法治国的重心或根本是否应是依宪治国？这既是依法治国科学内涵需要厘清的题中应有之义，也是依法治国基本方略需要阐明的重大理论问题。2002年李步云在《中国人大》第17期发表论文《依法治国重在依宪治国》，对上述问题的回答及其理论依据与实现路径进行了明确的阐释和论证。

他指出，所谓依法治国重在依宪治国，意思是在我国实施依法治国方略的历史进程中，依宪治国具有十分重要的意义。为什么呢？首先，这是由宪法的性质和地位决定的。宪法的主要内容是规定一个国家的基本政治和法律制度，同时详细规定公民的基本权利和义务。宪法是国家的根本法，具有最高的法律效力，是指导人们各种行为的根本准则。依法治国首先是要保证宪法所规定的国家各种基本制度具有极大权威，不致遭受任意违反与破坏，并进而影响到国家的各种具体制度和政策的贯彻与落实。宪法无权威，自然会影响到各种具体法律的权威。只有依宪治国，才能从根本上保障人民的利益、社会的稳定和国家的长治久安。②

其次，这同"依法治国首先要依法治官"的现代法治精神相关联。换句话说，强调依宪治国，还内含一个基本的精神和主旨，即要求国家的各级领导人要带头遵守宪法和法律，对他们的违宪行为和违法行为不能熟视无睹和置之不理。这对早日实现依法治国，把我国建设成为社会主义法治国家，具有非常重要的意义。从现代宪法产生的历史背景和基本使命看，

---

① 参见李步云《依法治国首先要依法治官》，《中国经济时报》1999年3月8日。
② 参见李步云《依法治国重在依宪治国》，《中国人大》2002年第17期。

宪法制定和实施的根本目的、基本价值和主要作用是约束国家机构及其领导人,正确行使权力和保障公民的权利。我们强调要依宪治国,必将有力地推动各级领导人认真承担起实施依法治国方略的职责。①

再次,强调依宪治国,也同我国宪法缺少应有的权威,宪法的实施并不理想,宪法的作用尚未得到充分的发挥这一现实状况有关。中国历史上缺少民主与法治传统。新中国成立后,在很长一个时期里法律虚无主义和人治思潮盛行,法律的权威受到很大损害,宪法当然也不例外,以致十年"文革"期间出现过根本大法"根本无用"的局面。此外,还有一个特殊原因,即在理论上对宪法的性质与功能缺少全面认识,如否认和忽视宪法的法律性和规范性,把宪法仅仅看作是治国安邦的宣言和纲领的性质,不具有直接适用的法律效力。正是由于这些主观和客观方面的原因,影响了宪法的权威和作用。另外,宪法的司法化问题也只是最近两年才有这方面的实践和理论探讨。因此,长期以来,宪法在实践中远远没有能够发挥它应当发挥的重大作用。②

怎样才能提高宪法的权威和充分发挥依宪治国的作用?李步云提出了以下几点看法:

第一,要肯定宪法具有法律性和规范性。他指出,长期以来,我们虽然承认宪法是普通法律的"立法基础",但却否认宪法具有法律性和规范性。认为它只有"指引"人们行为的功能,却无"规范"人们行为的功能;认为宪法只具有"宣言"和"纲领"的性质,仅起引导国家方向的作用。宪法不仅不能进入司法领域,即使司法机关在无法可依的时候也不可援引宪法的原则精神和具体规定来裁决某些具体个案。同时认为,建立一套监督宪法实施包括违宪审查制度的理论、机制、程序也没有什么必要。③

这主要是受苏联宪法观念的影响。1982年制定现行宪法时,学者们开始提出和重视这个问题。如李步云在1981年11月2日至12月18日,曾在《人民日报》连续发表多篇文章,对当时正在进行的宪法修改提出意见和建议。其中一篇是《宪法的规范性》。该文说:"宪法虽然是国家的根本大法,但它也是一种法律。宪法规范是法律规范的一种;规范性应该是宪法的基本特性之一。一般说来,宪法的序言没有规范性;宪法的条文则应当具有规范性。以宪法是根本大法为理由,否认宪法的规范性,或者不重

---

① 参见李步云《依法治国重在依宪治国》,《中国人大》2002年第17期。
② 参见李步云《依法治国重在依宪治国》,《中国人大》2002年第17期。
③ 参见李步云《依法治国重在依宪治国》,《中国人大》2002年第17期。

视宪法的规范性，这无疑是不正确的。"①

肯定宪法的规范性，也就肯定了"宪法制裁"的存在和意义。因此该文又指出："宪法制裁，虽然不同于刑事制裁、民事制裁、行政制裁，有其自身的特点；但违宪应有制裁，这是必须肯定的。否则，违反宪法而不招致任何法律后果，那么宪法的法律规定就很难发挥它的最高的和直接的法律效力了。"肯定宪法的法律性和规范性，是宪法进入司法领域和建立违宪审查制度的理论前提。②

第二，要探讨什么是违宪，并明确与此相关的理论和概念。这是建立违宪审查制度和监督宪法实施首先必须解决的问题，但这个问题关涉很复杂。例如，什么是违宪的主体？公民个人有没有违宪问题？社会团体与企事业组织存不存在违宪问题？如果只限于国家机构及其工作人员，什么样阶层的机构及其人员的行为才存在违宪问题？又如，什么是违宪的客体，即违反宪法的哪些内容和规定才是违宪？审判公开问题，宪法和诉讼法都有规定，算不算违宪？再如，宪法监督的程序是什么？什么样的组织和个人可以提出控告，依照怎样的程序提出？有没有时效要求，专门机构根据什么标准接受控告和立案调查？按什么程序进行审理，有哪些违宪制裁形式，其裁决的效力又如何？等等。这些问题研究很不够。③

第三，要建立起专门的宪法监督机构。现在世界上绝大多数国家都建立了宪法监督制度及相应的机制和程序。主要模式有：以美国为代表的由司法机构负责；以法国为代表的由专门的宪法委员会负责；以奥地利为代表的由宪法法院负责；以英国为代表的由立法机构负责。它们对维护各自国家宪法的权威和国家法制的统一，对充分发挥宪法的功能，起了举足轻重的作用。新中国成立以来，我国还未曾有过处理违宪案件的例子，这在国际上是很少的。④

李步云此前就曾建议，设立一个同现在9个专门委员会的性质与地位大体一致的，对全国人大及其常委会负责的宪法监督委员会，是一个比较稳妥的方案。⑤ 现在，他在这篇文章中再次强调，这样做只会对国家政治的稳定起重大促进作用，而不是相反。从1982年现行宪法颁布至作者发表

---

① 李步云：《依法治国重在依宪治国》，《中国人大》2002年第17期。
② 参见李步云《依法治国重在依宪治国》，《中国人大》2002年第17期。
③ 参见李步云《依法治国重在依宪治国》，《中国人大》2002年第17期。
④ 参见李步云《依法治国重在依宪治国》，《中国人大》2002年第17期。
⑤ 参见《法制日报》2001年11月2日。

这篇文章已二十年,学者们一直在呼吁早日解决这一问题。在已经确立依法治国方略和建设社会主义法治国家奋斗目标的今天,是政治家们审时度势、认真考虑如何解决这一问题的时候了。宪法监督机制和程序的设立,将成为我国依宪治国的决定性步骤。①

3. "治国基本方略"的特点、要求和含义

针对人们在"治国基本方略"问题上仍然存在的一些模糊认识,李步云强调指出,一个国家只能有一个"治国基本方略"。在我国,它就是"依法治国,建设社会主义法治国家"。"以德育人""科教兴国""人才强国""构建和谐社会"等战略,都不能被称为"治国基本方略"。原因是"治国基本方略"必须具有以下四个特点和要求:一是全局性,宪法是治国安邦总章程,法律则是具体章程,各个方面的方针政策都必须纳入法治轨道;二是根本性,除各种发展战略和方针政策,法律还要对国家的政治、经济、文化基本制度做出明确具体规定;三是规范性,宪法和法律具有明确、具体、可操作的特点,这是政策、道德等所不具有的;四是长期性,任何发展方针与政策都有一定的时间性,唯有法律同人类社会共始终。②

"治国基本方略"主要通过"法治国家"来体现与实施。即通过制定出一整套完备而良好的法律并运用一系列原则与制度以保证其实施。这正是"法治国家"这一概念的意义和价值。③

综上所述,李步云教授在这一时期对新时期中国法治建设的理论探索和贡献依然是十分重大而影响深远的。我们可以感受到,在确立社会主义法治国家的标准、原则、要求等问题上,李步云的立场和态度是明确的,也是求实的。这就是:既要坚持人类共同的价值追求和经验积累,又要从本国的具体国情出发;既要坚持社会主义理想追求,又要具有中国特色;既要坚持一些基本原则和要求,又要寻求其实现形式的多样性,以及发展过程的阶段性。毫无疑问,这是科学的态度。

这一时期李步云教授在推动中国法治建设的实际进程方面也做出了自己的突出贡献。

实践贡献之一:十五大前期为中共中央政治局法制讲座撰写讲稿。1996年2月上旬李步云为中共中央政治局法制讲座撰写了讲课初稿——

---

① 参见李步云《依法治国重在依宪治国》,《中国人大》2002年第17期。
② 参见李步云《论法治》,社会科学文献出版社,2008,第263页。
③ 参见李步云《论法治》,社会科学文献出版社,2008,第263页。

《依法治国,建设社会主义法治国家》,并在司法部一会议室做了试讲。除肖扬部长和其他几位副部长之外,还邀请了中央机关20余人参加听讲。后来由于某种原因未讲。但讲稿在《中国法学》1996年第2期公开发表。李步云曾向该杂志主编郭道晖同志提出,文章内容可以修改,但题目不能改,即不能用"法制国家",只能用"法治国家"。编辑部同意并接受了这一要求。《新华文摘》1996年第7期曾刊登该文的前半部分。李步云个人的这份讲稿和后来王家福出面代表课题组在中南海讲的那份讲稿,同时刊登在司法部和全国普法办主编的《中共中央法制汇编》中。该书由法律出版社1998年4月出版。王家福同志代表课题组在中共中央法制讲座上讲的题目是《关于实行依法治国,建设社会主义法制国家的理论与实践问题》,后经修改,题为《论依法治国》(署名:王家福、李步云、刘海年、刘瀚、梁慧星、肖贤福),分别发表在《法学研究》1996年第2期和1996年9月28日的《光明日报》上。该文曾获国家"五个一工程"奖。①

实践贡献之二:十五大后给全国人大常委会讲法制课。1998年8月29日,李步云在人民大会堂为全国人大常委会讲法制课,题目是《依法治国,建设社会主义法治国家》。这个题目同他为中共中央政治局所撰写的讲课稿完全一样。为了避免重复,李步云曾建议用《依法治国的理论与实践》,但一些领导同志还是建议用以前用过的题目。该文刊载在《在中南海和大会堂讲法制》,商务印书馆1999年12月出版。在讲座前,该文曾经何春霖、姜云宝、刘镇和程湘清审改,未提改动意见。但在开讲前不久,程湘清告诉李步云,有人提出,应当用"法是阶级斗争的产物"代替讲稿的"法是人类社会始终存在的三个基本社会矛盾的必然产物"。李步云说他不同意。领导尊重了他的意见,正式讲稿未做改动。2003年,全国人大培训中心要将九届人大常委会的30篇法制讲座讲稿汇编成书时,又问他有没有改动的地方,李说不用改,领导也尊重了他的意见,一字未改。这次讲座可参见《九届全国人大常委会法制讲座》,中国民主法制出版社2003年2月出版。还可参见《立法与监督——李鹏人大日记》,中国民主法制出版社2006年1月出版。②

实践贡献之三:参加1999年第三次修宪,将"依法治国,建设社会主义法治国家"写入宪法。1999年第三次修宪之前,以李鹏委员长为首的

---

① 参见李步云《论法治》,社会科学文献出版社,2008,第40页。
② 参见李步云《论法治》,社会科学文献出版社,2008,第56~57页。

【主题研讨】

中央修宪小组曾在人民大会堂召开两次专家座谈会，征求意见。一次是经济学家参加，一次是法学家参加。李步云参加了后一次会议。当时政治局已经提出了六条修改意见，其中就有将依法治国写进宪法这一条，当然大家都赞同。可见当时在高层和学者中已经取得比较高度的共识。党的十五大确立依法治国基本方略，这还只能说是党的主张。全国人大极其庄严地将其写入宪法，表明党的这一主张已经上升成为国家意志。法治入宪表明，依法治国不仅是党的治国基本方略，也是国家的治国基本方略。以前曾有人提出谁是依法治国的"主体"的问题，法治入宪就明确回答了这个问题，即人民是我们国家的主人。人民通过选举产生自己的国家机构，其中人民最信赖的中国共产党处于执政地位。因此，这一治国方略，是党的，是国家的，更是全体人民的。人民正是通过这种方式，实现与保障自己当家作主的意志和地位。①

实践贡献之四：参加 2004 年第四次修宪，将"国家尊重与保障人权"写进宪法。同法治入宪不同，对人权入宪是有不同看法的。李步云认为，宪法虽然详细地规定了公民的基本权利和义务，但这不等于人权或者说人权的全部内容。人权是人依据其本性和人自身的人格、尊严和价值所应当享有的权利。它不依宪法或法律是否规定为转移。法是人制定的，立法者可以用法律确认人权，也可以不规定，甚至还有人用宪法和法律来剥夺人应该享有的权利。如前南非的种族主义政权。人权需要有法治做保障，但保障人权是实行法治的根本目的。私法以调整权利和义务的关系为内容，其基本范畴是保障个人或法人的权利。公法以调整国家机关及其工作人员之间以及他们同公民之间的关系为主，而国家机关及其工作人员的职权与职责是为人民谋利益的。在法治国家里，这种利益就集中表现为法律上的公民权利。人权入宪昭示人们，我们的执政党和国家机关应当也已经在理念和制度上把尊重和保障人权放在一个十分重要的地位。②

综上所述，李步云在十五大确立"依法治国，建设社会主义法治国家"基本方略前后，对依法治国，建设社会主义法治国家的含义、标准、要求、价值等重大理论问题做了深入、系统的阐释，以及在实际工作中的突出贡献，对于深入理解依法治国，建设社会主义法治国家的科学内涵与精神，推进这一历史进程发挥了重要作用。

---

① 参见李红《当代中国法治30年：回眸与前瞻——访中国社会科学院荣誉学部委员李步云教授》，《中国党政干部论坛》2008年第10期。
② 参见李步云《我的治学与为人》，社会科学文献出版社，2010，第89页。

三　依法治国基本方略的理论发展期（十六大以来特别是十六届四中全会以来）

依法治国，建设社会主义法治国家的治国基本方略和战略目标确立以后，全国各界掀起了研究、宣传和实施依法治国，建设社会主义法治国家基本方略和战略目标的热潮。但在学界的研究中，出现了这样一种思潮，即依法治国就是以规则治国，规则至上，而不管规则本身是否合理、正义、优良。即使规则不合理、不公正、不优良，为了培养国人"规则至上"的意识和精神，也要执行和一体遵行。这是一部分学者提出的观点，这显然是"形式法治"和"恶法亦法"的观念。立法实践中也出台了一些不合理的法规，如"轧死白轧""同命不同价"等。这使人们一定程度上对依法治国产生了思想上的困惑和混乱。特别是，随着社会主义市场经济的发展，在生产力大发展的同时，出现了社会贫富分化日趋加大以及生态环境恶化等矛盾，人们不禁要问，依法治国的终极目的何在？极限意义上的"规则至上"是否违背了人是一切社会实践的中心和一切为了人这个目的？用来治理国家的法律本身有什么要求？怎样才能真正实现依法治国，建成社会主义法治国家，以及达到其经济和社会效应？实践已经表明，我们需要深层次地思考"我们需要什么样的法治"以及"怎样建设法治"这样重大的理论和实践问题。为此，李步云教授以已逾"古来稀"的高龄却依然敏锐的理论眼光，或与其学生合作，或独自撰写，发表了多篇重要论文，在深入研究和推进依法治国，建设社会主义法治国家的进程中，又提出和阐释了一系列重要的思想理论观点。

（一）依法治国贵在依良法治国，良法关键在于促进社会公平

为了深入、系统地说明依法治国的"法"理想状态应该是什么样，或者说良法应具有什么样的优良品质这一理论问题，李步云与其学生合作在《法学研究》2005年第6期发表了《什么是良法》的长文，明确指出，依法治国必须依良法治国，并对良法的标准和条件做了系统阐释。

1. 良法有广义和狭义之分

"良法"作为一个确定的概念，首先是古希腊亚里士多德提出的："法治应当包含两层意义：已制定的法律获得普遍的服从，而大家服从的法律

又应该本身是制定得良好的法律。"① 《什么是良法》一文开篇就提出的良法概念则具有自己的风格:"良法有广义和狭义之分。广义的良法是指对社会发展起积极和推进作用的法。反之,对社会发展起消极或阻碍作用的法,就是不良之法。狭义的良法是指通常所说'恶法非法'指称中与'恶法'相对的法。而狭义的'恶法'则是指严重违背人类正义的法。"② 文章接着对广义的良法的一般特征进行探究,并认为,从一定意义上说,广义的良法就是"真、善、美"的法。"真"是指法的内容的合规律性,"善"是指法的价值的合目的性,"美"是指法的形式的合科学性。

2. 良法之"真"

良法之"真"是指法律必须反映与符合客观事物的真实状态与现实条件。法律作为调整社会关系和规范人们行为的一种手段,它必须符合事物自身的性质和事物发展的规律,同时也要适应不同国家不同时期的条件和可能。法律不能虚构和脱离实际,否则法律就起不到自己应有的作用,甚至会对社会起负面效应。良法之"真"包括:符合事物性质,反映发展规律,适应客观条件。③

(1) 符合事物性质。法要维护、促进现实社会中各种社会关系的存在与发展,就必须使其自身符合各种社会关系的性质和状态,符合各种社会关系本来的面目。孟德斯鸠指出:"从广义上讲,法是由事物的性质产生出来的必然关系,一切事物都有其法。不同的事物必然产生不同的关系及其相应的法。"④ 立法者的任务就是探讨不同事物的性质如何产生不同的关系及其相应的法,揭示存在于法律和各种事物所可能有的种种关系之间的联系和对应性。一定历史发展阶段中现实社会关系的性质与状况,决定着法的内容,从而也决定着整个法的性质。由此出现古代的奴隶制法、中世纪的封建制法、近现代的资本主义法和社会主义法。从历史发展的全过程看,法由低级向高级的发展,是由多种社会关系的性质与状态从低级向高级的发展所决定的。⑤

(2) 反映发展规律。良法必须反映事物的发展规律。西塞罗指出,"真正的法律"乃是"正确的规则"的主观表达和客观载体。马克思也提

---

① 〔古〕亚里士多德:《政治学》,吴寿彭译,商务印书馆,1965,第199页。
② 李步云、赵迅:《什么是良法》,《法学研究》2005年第6期。
③ 参见李步云、赵迅《什么是良法》,《法学研究》2005年第6期。
④ 〔法〕孟德斯鸠:《论法的精神》,孙立坚等译,陕西人民出版社,2001,第5页。
⑤ 参见李步云、赵迅《什么是良法》,《法学研究》2005年第6期。

出，法律应当"是事物的法的本质的普遍和真正的表达者"。① 这里的"事物的法的本质"是指法所调整的各种客观存在的社会关系的必然性和规律性。法律要适应"事物的法的本质"，就要求立法遵循客观规律。

从法的内容看，尽管法所调整的各种社会关系的内容纷繁复杂且变化不定，但它们各自具有自身的规律，它们的存在和发展，总是受其规律性的支配。立法者必须很好地理解和掌握这种规律性，并把它们体现在法律中。总体上说，所有法律规范都是对社会发展规律的反映。经济性的法律规范反映了社会经济规律，政治性的法律规范反映了政治领域中的规律和精神，文化性的法律规范是对有利于统治阶级或全体人民的价值标准或道德标准的反映。当然，规律本身并不是法。规律被反映到法的内容中来，不是简单的复印；由规律到法的形成，需要有立法者的认知、愿望、智慧和能动性。②

（3）适应客观条件。"法律是一种地方性知识"，一国法律是由该国生产方式、人口条件、地理环境等社会物质条件所决定，并受该国的民族精神、风俗习惯、社会心理等非物质条件的深刻影响。所以孟德斯鸠说，一个国家的法律能够完全适应另一个国家，完全是一种偶然的巧合。立法和法律移植要充分考虑一国的具体国情和历史条件。

然而，由于人的各种主观因素所决定，立法者们的认识有时能够正确反映现实条件与可能，并科学地体现在立法中，而在另一些情况下，立法者们做不到这一点，他们的认识可能与现实情况相差甚远，甚至背道而驰。因此，法在不同时期、不同国家和不同立法者那里才呈现出千差万别的面貌，其作用有时大，有时小，有时好，有时坏。我们必须反对立法中的主观主义和任意性，反对不做调查研究关在房子里纯凭主观想象起草法律，反对全然不顾自己的国情而主张一切都照搬国外的东西。③

3. 良法之"善"

法具有伦理性和工具性的双重价值。法的伦理价值，首先意指法是公平、正义的体现；其次意味着法在调节与分配各种利益和处理各种纠纷时，必须体现公平、正义的原则。法的工具价值，首先表现为法在调整各种利益冲突时，要保护绝大多数人的根本利益；其次它应能促进社会经济、政治、文化的全面发展。良法之"善"包括：体现人类正义，实现人

---

① 《马克思恩格斯全集》第 1 卷，人民出版社，1956，第 139 页。
② 参见李步云、赵迅《什么是良法》，《法学研究》2005 年第 6 期。
③ 参见李步云、赵迅《什么是良法》，《法学研究》2005 年第 6 期。

民利益，促进社会进步。①

（1）体现人类正义。正义是法律的最高标准，是立法的本质。法律的好坏在于是否符合正义，立法的根本目的在于促进正义的实现。因为，法律只有符合与促进正义，才能取得社会成员的普遍认同和自觉遵守，并确立其至高无上的地位，法治由此而确立。如果法律缺乏基本的"法律正义"，就不可能成为"良法"，而肯定是"恶法"，法律也无从得到真正的执行与普遍的遵守。因此立法者不能不以正义理念做指导，并将正义理念体现在具体的规则与制度之中。

正义意味着公平、公正、公道、合理。正义的实质是要求在全社会以公平方式分配社会的权利和义务，合理地分配社会的各种利益。正义应当成为法律制度的核心价值。在当今世界，以正义原则指导立法者的立法活动，在司法活动中以正义原则弥补立法者理性之不足，已经成为各成文法国家法学家们的共识。我国最高法院曾把21世纪人民法院审判工作的主题确定为"公正与效率"。从"应然"看，司法工作必须把公平与正义放在首位，正义作为一种法的价值，对法的效率、自由、秩序等价值具有优先性。②

（2）实现人民利益。不管何时，良法都应以实现人民的利益为根本目的。亚里士多德提出良法的首要标准就是其目的应该体现和保障公众利益。"法律是以合乎德性的以及其他类似的方式表达了全体的共同利益，而不只是统治者的利益。"③公益原理是评价国家政治法律的一项根本性的标尺和尺度。一个国家的法律制度，只有其目的在于增进最大多数人的利益时，才可能是良法。如果一个国家的法律只是为少数人特别是社会强势集团的利益服务，而置社会多数人特别是社会弱势群体的利益于不顾，这样的法律就不可能被称为"良法"，而只能是"恶法"。

法是怎样实现和满足人民的利益呢？法是社会关系（实质是利益关系）的调节器。法律以权利与义务的形式来调整社会利益关系。立法者制定法律，考量的就是各种权利与义务的配置或利益与负担的分配。立法和法的实施过程就是对人民权利或利益分配、实现和满足的过程。④

（3）促进社会进步。能否促进物质文明、政治文明、精神文明的发展

---

① 参见李步云、赵迅《什么是良法》，《法学研究》2005年第6期。
② 参见李步云、赵迅《什么是良法》，《法学研究》2005年第6期。
③ 〔古〕亚里士多德：《政治学》，吴寿彭译，商务印书馆，1965，第138页。
④ 参见李步云、赵迅《什么是良法》，《法学研究》2005年第6期。

和社会的全面进步，是评价法律制度好与不好的重要标志。而推动经济（包括生产关系和生产力）的发展是决定性的。这其中，促进生产力的发展又是第一重要的，这就是法的生产力标准。因为人们首先要解决衣、食、住、行的生存问题，然后才能从事政治的、艺术的、科学的活动。在任何社会中，物质资料的生产都是整个社会发展的基础。生产力始终是最活跃、最革命的要素。物质文明是精神文明和政治文明进步的主要动力。因此，发展生产力是法的首要的目的和根本任务。

法和法律制度对生产力的推动或阻碍是通过经济基础发生作用的。假设一种经济基础是代表先进生产力的，这时如果法和法律制度与这种经济基础相适应，起着维护和促进作用，那它就是良法；如果起阻碍甚至破坏作用，那它就是不良之法。当然，随着生产力快速发展所产生的社会分化等问题的凸显，单纯的促进生产力或经济的发展也还是不够的，真正的良法应该是能推动经济社会的全面可持续发展。[①]

4. 良法之"美"

法律形式科学合理与否，对法律的好坏起一定的正面效应或负面效应。法的形式是法的内在要素的组成方式和外在表现，包括法的语言、逻辑、结构、体系等等。形式是为内容服务的，形式科学合理，能有效体现法律正确的价值取向。而从微观的法律规范三要素的结构到宏观的一国的法律体系，从法的语言文字，到法的逻辑，它们的规范、统一、和谐、协调，既是法这一社会现象的特殊本质所决定的，同时也是人类所追求的一种美。良法之"美"包括：结构严谨合理，体系和谐协调，语言规范统一。[②]

（1）结构严谨合理。"法的结构"包括法律规范的结构，法的内容的结构，以及成文法的形式结构等。法律规范是构成一国法律的细胞，是法的内容的最主要成分。法律规范的结构包括假定、模式和后果三要素。一个法律规范或规则必须包括"在什么样的条件下，发生了什么样的行为，就应有什么样的法律后果"。一部好的法律或一个好的法律规则，应当对此做出明确、全面、肯定的规定，这样的法律规范才是可操作和有实际效用的。

法的内容包括法律规范、法律原则和法律概念。它们必须构成一个逻

---

① 参见李步云、赵迅《什么是良法》，《法学研究》2005年第6期。
② 参见李步云、赵迅《什么是良法》，《法学研究》2005年第6期。

辑严谨的整体，不能彼此脱节与冲突。法律概念的内涵与外延必须准确、明晰。这样，以法律概念为基础并通过它连接起来的法律原则与规范之间、法律规范彼此之间的逻辑联系才能科学合理。

成文法的总体结构有两个基本要求：一是必须符合它所表现和表达的法的内容在逻辑上的结构和顺序；二是要合理表现和表达法的宗旨、立法原则、法的规范各部类之间的关系，某些概念内涵和外延的解释以及法的生效方式等等，并做出科学合理的安排。[①]

（2）体系和谐协调。具体包括三点：第一，内容完备——要求做到法律各部门门类齐全，编制一张"疏而不漏"的法网，以保证社会生活的各领域都有法可依。如果法规零零星星，支离破碎，有些最基本的法律部门都没有建立起来，也就无所谓法律体系，就谈不上是良法。第二，结构严谨——要求法律部门彼此之间、法律效力等级之间、实体法与程序法之间，各种法律法规成龙配套，做到上下左右紧密结合，以构成一个有机的整体。第三，内部协调——要求法的各个部门、各个规范之间和谐一致，不能彼此重复，相互矛盾。我国地方立法中，重复立法现象严重；此外，各种其他法律冲突也比较严重。[②]

（3）语言规范统一。同形象思维的文学艺术不同，法律必须使用科学的语言文字，以符合逻辑思维的要求。法律的实施关系到社会每一成员长远和切身的利益以至生杀予夺。因此，它全部的内容及表达都要求有严密的逻辑性，要求法律所使用的语言文字包括各种定义，必须准确、明晰、严谨和前后一贯，不能含糊不清、模棱两可、晦涩难懂、前后矛盾。我们还必须特别注意法律语言文字的使用环境，它所反映和表达的现实生活的复杂多样性，以及现实生活和语言文字本身的发展变化。

法律语言规范统一，还包括法规名称规范化、科学化。这可以使人们从法的不同称谓上清楚地看出一个法律文件是哪一级国家权力机关或行政机关所制定，具有多大的法律效力，可以适用于什么范围，哪一级国家机关有权解释修改或废除它。我们的法规名称相当庞杂混乱。为实现法规名称的科学化，应只用宪法、基本法、法、法规、规章、授权规定、条例、修正案、实施细则等九种名称，并将各层次法的名称固定化。[③]

---

① 参见李步云、赵迅《什么是良法》，《法学研究》2005 年第 6 期。
② 参见李步云、赵迅《什么是良法》，《法学研究》2005 年第 6 期。
③ 参见李步云、赵迅《什么是良法》，《法学研究》2005 年第 6 期。

5. 良法关键在于促进社会公平

良法的三个标准，关键是"善"。法在"内容合规律性"和"形式合科学性"方面若不够深刻和有些瑕疵，其后果只是这种法的实践效果没有预期的那么好或起某种程度的消极作用与负面影响而已（在立法实践中绝对或明显违背客观规律的情况是不多见和不大容易发生的）。而法若严重违背基本道德和社会正义（人性中恶的天性及恶性膨胀则是较容易发生和现实中较多见的），则这种法的实施所带来的对社会的破坏和对人类利益的损害将十分严重。仅就晚近的实践而言，希特勒的法西斯法律、南非前政权有关种族歧视的法律，就是我们所说的狭义的恶法。"和谐社会问题的提出，使我们更容易理解公平正义之于法治建设极为特殊的价值。"认识良法的标准，对我国社会主义法治建设具有重要意义。依法治国内在地要求以良法治国，"良法治国兴，恶法治国亡"，是历史的规律。①

为了进一步说明依法治国贵在依良法治国。李步云在为中央政法委所做的"社会主义法治理念深入研究"这一国家社科基金项目的一个子课题（批准号为07aZH002）的最终研究成果《依法治国基本理念论纲》中又做了进一步的概要性阐释。他指出，法治有实质法治和形式法治之分。实质法治即良法之治，形式法治则是指不论法律好坏，只要依法办事就是法治。相对近代以来"应然"意义上的法治，古代法治是形式法治。一般说来，古代法治比人治文明进步。近代与现代的良法之治，其主要内容在于其法律是否体现法制民主、法律平等、人权保障与权利制约等原则。有人认为"形式法治"比"实质法治"要好，理由是在一定意义上，程序法比实体法更重要。这是一种错误的理解。因为它完全混同了两个不同的问题，不符合学者对"形式法治"与"实质法治"的理解。"实质法治"并非轻视法律程序的价值，而是相反。②

（二）建设法治国家需要以"和谐社会理念"为指导思想

和谐社会理念提出后，各界掀起研究热潮。法学界面临的一个重大任务是要科学回答和谐社会与法治的关系。为此，李步云撰写了《和谐社会与法治》一文。明确提出，建设法治国家需要以"和谐社会理念"为指导思想，法治国家又是构建和谐社会的根本保证。他论证道，建设法治国家

---

① 参见李步云、赵迅《什么是良法》，《法学研究》2005年第6期。
② 李步云：《依法治国基本理念论纲》，载李步云《论法治》，社会科学文献出版社，2008，第262页。

与构建和谐社会，分别是党的十五大和十六届四中全会提出的我国未来一个相当长的历史时期内，全党和全国人民需要为之努力奋斗以求其实现的两大战略目标。法治国家与和谐社会互为手段与目的，它们相互依存、相互促进。

一方面，和谐社会理念是建设法治国家的价值追求，也是法治国家的实现条件。在一个充满激烈对抗和冲突的社会里，是不可能实现真正的法治的，"文革"已经充分证明，那只会带来法制的破坏。构建和谐社会一系列指导方针与要求，应成为整个立法工作的基本指导思想。这里有两层含义：一是指在和谐社会理念指引下，新的立法要以促进和谐社会的建构为依归；二是法律体系内部和法制体系中的各环节之间也要和谐。而社会各个方面的和谐，将为法律体系内部和法制体系中的各环节即立法、执法、司法和法律监督提供良好的社会环境和条件，从而推动依法治国和法治国家的实现。①

另一方面，法治国家又是构建和谐社会的根本保证。这是由法律具有利益性、正义性、工具性、权威性和终极性等特有属性所决定的。

第一，法律具有利益性，这是法的本质特征。"法是社会关系的调节器"，法通过权利与义务的配置来调节各种社会关系。社会不和谐的各种对抗，比如贫富之间、城乡之间、民族之间、宗教之间、党派之间的对抗与冲突，无不同利益密切相关。解决这些对抗和冲突的方式有多种，但法律机制是利益分配和调节的一种最具体、明确、普遍与终极的方式，因而也是一种最根本和最有效的途径。②

第二，法律具有正义性，这是法律的又一本质特征。"法律乃善良公正之术"。法是正义的体现，又是实现社会正义的基本形式与途径。现代法治是良法之治。诸如正义、平等、自由、人道、博爱、宽容、诚信等现代伦理原则，都是现代法律的内在精神。和谐社会的基本特征是公平正义与诚信友爱。法治与和谐社会在公平正义这一价值取向上是内在契合的，因而是互为保障的。③

---

① 参见李步云《和谐社会与法治》，载《科学发展和谐社会——构建社会主义和谐社会的理论与实践》，社会科学文献出版社，2007。
② 参见李步云《和谐社会与法治》，载《科学发展和谐社会——构建社会主义和谐社会的理论与实践》，社会科学文献出版社，2007。
③ 参见李步云《和谐社会与法治》，载《科学发展和谐社会——构建社会主义和谐社会的理论与实践》，社会科学文献出版社，2007。

第三，法律既具有伦理性价值，也具有工具性价值。法律不仅通过以正义为核心的一套伦理来配置、调节与保障各种社会主体之间的利益，而且通过其自身所固有的规范、指引、评价、预测、教育、惩戒等社会功能，发挥其认识世界和改造世界的独特作用。因而它不仅可以保障各种解决社会对抗和冲突的政策和方案落到实处，而且能促进与保障物质文明、政治文明与精神文明的建设得到快速、平稳的发展，从而为构建和谐社会提供更好的基础性条件。①

第四，法律还具有权威性和终极性。在现代民主法治社会里，宪法和法律的权威，高于任何政党、社会组织和个人的权威。社会的各种纠纷一经司法裁决，就具有终极的性质。再复杂、再尖锐的社会对抗与冲突的解决，一经纳入法治的轨道，即可以最少的代价得到最公正与合理的结果。②

（三）以人为本是建设法治国家与构建和谐社会的根本原则

为了说明科学发展观与法治国家以及和谐社会三者之间的科学关系，李步云发表了《科学发展观·法治国家·和谐社会》一文。他强调指出，一切从人出发，把人作为一切理念、行为与制度的主体，尊重人的价值和尊严，实现人的解放与全面发展，保障所有人的平等、自由与人权，提高所有人的物质生活和精神生活水准，已经或正在成为现代法律的终极关怀，成为现代法治文明的主要标志，成为现代法律创制与实施的重要特征，成为推动法制改革的巨大动力。人是社会的中心主体，是它的构建者，也是它的受益者。只有尊重不同群体的利益，尊重不同的人群的人格、尊严和价值，依法治国的实施与法治国家的建设才会受到人们的真正欢迎，才不会被抵触，和谐社会也才有实现的可能。③

综上所述，李步云在十六大以来尤其是十六届四中全会以来在依法治国基本方略的理论发展期，提出依法治国必须是依良法治国，良法关键在于促进社会公平，依法治国必须以科学发展观与和谐社会理念为指导。这

---

① 参见李步云《和谐社会与法治》，载《科学发展和谐社会——构建社会主义和谐社会的理论与实践》，社会科学文献出版社，2007。
② 参见李步云《和谐社会与法治》，载《科学发展和谐社会——构建社会主义和谐社会的理论与实践》，社会科学文献出版社，2007。
③ 参见李步云《科学发展观·法治国家·和谐社会》，《法制日报》2007年9月14日，第3版。

是对新时期中国法治建设面临的第三个基本问题——怎样真正实现依法治国，建设社会主义法治国家这一重大理论与实践问题的科学回答，表现了李步云在这一重大问题上的理论前瞻性。

依良法治国，进而达到善治目的，这是新时期中国法治建设道路的必然选择。事实上，21世纪以来，在科学发展观与和谐社会理念的指引下，中国的法治建设已悄然发生着一场深刻的转型：从依法而治到良法善治。它集中表现为一些著名学者大体在同一时间或稍后陆续提炼出了一系列关于法治的新的理念和概念，如人本法治①、和谐法治②、良善法治③、民生法治④等等。虽然这些新的法治理念和概念着眼点不同，但稍加分析就会发现它们都以公平正义为价值取向。比如，良善法治的因素有多条，根本的一条就是要体现社会公平正义。公平正义要求对组成社会共同体的每一个人平等对待和尊重，并给予社会弱者特殊关怀，这才是正义的社会。人本法治是相对于神本法治、物本法治、社本（社会本位）法治而言的。坚持以人为本必须坚持公平正义。反过来，坚持公平正义是坚持以人为本的前提条件，也是坚持以人为本的必然结果。和谐社会的建构面临的一个基本任务就是妥善处理好人与人、人与社会、人与自然的关系。做到在处理这些关系上的公正、平等、合理。民生法治则可视为是良善法治、人本法治与和谐法治的逻辑延伸和对当下中国社会不公、民生问题凸显的法治回应，其外在表征是改善民生，其内在关怀是发展、共享、稳定，其深层本质却依然是人、社会、国家关系间的公平正义。这与中央政法委提出的社会主义法治理念中"公平正义是社会主义法治的价值取向"的理念完全契合。

这一法治现象可以概括为"我国法治转型的公平正义取向"。我国法治转型的公平正义取向是由法治的本质和我国经济社会所处历史方位决定的。第一，"法是公正的艺术"，法律的产生和存在就在于合理地调整利益关系，维护社会正义。法治如果没有公平正义的内涵，就不是真正意义上的法治。依法治国，建设社会主义法治国家，是保障国家长治久安的基本

---

① 参见李龙《人本法律观研究》，社会科学文献出版社，2006年。
② 参见张文显《和谐精神的导入与中国法治的转型——从依法而治到良法善治》，《吉林大学社会科学学报》2010年第5期。
③ 参见徐显明《公平正义：社会主义法治的价值追求》，法制网：http://www.legaldaily.com.cn/bm/content/2008-06/15/content_879709.htm。
④ 参见付子堂《构建民生法治》，《法学研究》2007年第4期。

方略和战略目标,而这一方略和目标实现的前提和过程,实质就是在全社会实现公平正义。第二,在正义问题上,西方近代功利主义奉行"正义即效用"的正义观,这使社会生产力获得了极大发展,也造成了社会的严重分化。所以罗尔斯提出把包含"平等的自由原则"和"差别原则"的"公平的正义"作为社会制度的首要价值。第三,随着社会物质财富总量巨大的增长和社会收入分化的日益凸显,广大人民群众对社会公平正义的现实要求迅速增长,日渐强烈。因此,党的十八大报告明确提出"必须坚持社会公平正义",要把维护社会公平正义放在更加突出的位置。只有当公平正义成为社会主义法治的最高价值标准或灵魂时,社会主义法治才能真正成为吸引、凝聚和惠及广大人民群众的伟大实践,全面推进依法治国,建设社会主义法治国家的战略目标才能顺利实现。

结 语

上述李步云教授的重要法治论著及其法治思想观点,并不是其法治论著及其法治思想观点的全部,而是仅就其"荦荦大端者,择而论之"。仅就这些"荦荦大端者",我们已能清楚地看到李步云在改革开放以来三十多年的长时期里,对新时期中国法治建设的主题及其三个基本问题的理论探索和做出的重大贡献。这一主题及其三个基本问题绵延整个新时期中国社会主义法治建设史,实际上型构了法治建设的中国道路,对这一主题及其三个基本问题的艰辛探索产生了中国风格、中国气派的社会主义法治国家建设理论。法治建设的中国道路或中国特色,是中国特色社会主义道路和制度的组成部分,中国特色社会主义道路和制度是当代中国对世界文明的重大贡献。李步云是法治建设的中国道路及其理论体系的开拓者和主将。他所提出的关于新时期中国社会主义法治建设的一系列卓越思想理论观点以及其在实践中的重大贡献,极大地推动了新时期中国社会主义法治建设的历史进程,经受住了时间的考验,今天仍有强烈的针对性和现实性,成为法治建设中国道路及其理论体系中的宝贵思想智慧和精神财富。人们对这位杰出的法学家表示着由衷的敬意!

论李步云先生的人权思想

陈佑武[*]

一 引言

李步云先生是我国人权理论界的一面旗帜，是当代中国特色人权理论体系的奠基人、人权法学学科的创立者。先生从事人权研究与教育有三个时间节点：第一个时间节点是《坚持公民在法律上一律平等》一文的发表，该文被公认为"文革"后法学界突破理论禁区的第一篇人权文章。此文可视为先生人权研究的起点。第二个时间节点是《论人权的三种存在形态》的发表。1991年，先生在《法学研究》发表《论人权的三种存在形态》，此文是先生对人权基本范畴进行研究具有代表性的论文，表明此时先生已经自觉地向中国特色社会主义人权理论体系的构建方向迈进。第三个时间节点是《论人权的本原》的发表。2004年，先生在《政法论坛》发表《论人权的本原》一文，表明先生具有中国特色的"人性论"人权理论体系已经初步形成。2005年，先生以其人权理论为基础，创立了当代中国的人权法学学科体系，主编出版了新中国成立以来教育部第一本《人权法学》教材。该教材相继被列为国家"十五""十一五"规划教材，对我国人权法学学科的发展影响深远。

自21世纪以来，先生将大部分精力投入到人权教育之中，是当代中国人权教育的先行者。就人权教育对当代中国人权事业的贡献而言，先生在人权教育方面的成就完全不亚于其在人权研究上的收获。

基于先生对人权研究与人权教育所做出的杰出贡献，先生被亲切地尊

---

[*] 陈佑武，广州大学人权研究与教育中心副主任，李步云先生硕士研究生。

为"中国人权法第一人"。

二 李步云先生在人权领域的主要贡献

李步云先生作为全国杰出资深法学家、著名人权学者,在人权研究与人权教育领域功勋卓著、成就辉煌。概而言之,他在人权领域所做的以下十二件大事,对在中国十三亿人口中传播人权理念、弘扬法治精神起了重要作用。

(一) 发表《坚持公民在法律上一律平等》

1978年12月6日,在《人民日报》上发表了《坚持公民在法律上一律平等》一文,在国内外引起巨大反响,该文被认为"文革"后法学界突破思想理论禁区的第一篇文章,也是第一篇传播人权理念的文章。针对"文革"期间政界与学界普遍认为提倡和坚持"法律平等原则"是没有同资产阶级的"法律面前人人平等"划清界限,是没有"阶级观点",是主张"革命与反革命一律平等"等错误观点,他旗帜鲜明地提出:"在我国社会主义的经济制度和社会主义民主政治制度下面,公民在法律上一律平等,是必须做到的,坚持这一原则,不是什么人喜欢不喜欢的问题,而是历史发展的必然,是社会进步的客观要求。根据这一原则,凡属我国的公民,按照宪法和法律,一律平等地享受他们应该享受的权利,履行他们应该履行的义务。"

(二) 撰写《论以法治国》

1979年9月,与其他两位同志合作撰写了题为《论以法治国》的长篇论文,在法学界第一次明确提出要在我国实行"以法治国"方针,并从观念更新与制度变革两方面对依法治国做了系统论证。此文开篇就提出:依法治国是潮流,是人心,是中国革命进入新时期的重要标志,所有共产党员,一切进步分子都应该做依法治国的促进派。这种潮流是历史的规律,社会进步的必然要求,一种时代的精神。这个观点的提出,引发了一场包括著名学者、政府官员之间不同声音的争论战。这场论战也是当代中国最早的法治启蒙事件之一。

(三) 首次在中央文件中使用"法治"一词

1979年参与起草《关于坚决保证刑法、刑事诉讼法切实实施的指示》文件，即"64号文件"。该文件由中央于1979年9月9日发布，提出了取消党委审批案件制度等内容，并首次在中央文件中使用了"法治"一词。

（四）发表《论我国罪犯的法律地位》

1979年10月31日，与另外一位同志在《人民日报》发表《论我国罪犯的法律地位》一文，该文提出"罪犯也是我国公民，也有公民资格"，"人身权利也是罪犯的一项重要权利"，"罪犯不仅享有公民的政治权利和人身权利，而且还应享有广泛的经济、文化与婚姻家庭等方面的权利"。该文发表后在学界、实务界乃至政界引起极大震动。肯定该文的人认为该文的发表表明"我国法学研究和法制建设的一个新的春天已经到来"；否定该文的人认为该文的政治立场有问题，胡乔木同志对李步云先生做了点名批评，全国检察长会议的一个文件也对该文做了批评。① 不过再回过头来看，该文事实上对往后人权思想的传播与人权保障的制度建设起了重要推动作用，李步云先生据此也被认为是我国罪犯人权保障倡首先言第一人。

（五）做"依法治国，建设社会主义法治国家"讲座

1998年8月29日，李步云先生在全国人民代表大会常务委员会法制讲座上做"依法治国，建设社会主义法治国家"的讲座。此后，他在全国各地省部级单位为领导人讲授"依法治国，建设社会主义法治国家"和"人权的基本理论与实践"近百次，为法治与人权理念在全国广大中高级干部中的传播做出了重要贡献。

（六）力主"法治"入宪

1998年12月22日，应邀参加了在人民大会堂举办的由李鹏委员长主持召开的修改宪法座谈会。此次会议学界有15位法学家出席，李步云先生与王家福先生、肖蔚云先生等学者的主张基本上得到了采纳。因此，在1999年3月"依法治国，建设社会主义法治国家"被正式写入我国宪法，这对实现"人权受法治保护"起了重要作用。

---

① 参见《为罪犯要人权被令自己批自己》，《新京报》2008年7月5日。转引自http://www.thebeijingnews.com/news/reform30/2008/07-05/021@104719.htm。

（七）力主"人权"入宪

2003 年 6 月，应邀参加了在人民大会堂由吴邦国委员长主持召开的有五位宪法学家出席的修改宪法座谈会。在会议上，李步云先生、徐显明先生等力主"人权"入宪。2004 年 3 月，中央采纳了李步云先生、徐显明先生等专家的建议，将"国家尊重和保障人权"正式写入我国宪法。

（八）主编新中国成立以来教育部第一本《人权法学》国家级规划教材

2005 年 2 月，主编的新中国成立以来教育部第一本国家级规划教材《人权法学》由高等教育出版社正式出版。该教材在学界被誉为人权法学教材中的"红皮书"，并在全国开设人权法学课程的高等学校被普遍采用。2008 年，与该教材配套的人权法学教学资料《人权案例选编》也由高等教育出版社正式出版。

（九）开设人权课程

2000 年以来，李步云先生分别在湖南大学、广州大学为法学专业学生开设人权法学课程。在广州大学不仅为法学专业学生同时也为全校学生开设"人权法学"选修课程。2012 年 10 月，在广州大学录制了全国第一个人权视频公开课——什么是人权。

（十）开展人权培训

2000 年以来，李步云先生在湖南、广东、江西等地先后主持人权培训 30 余期。例如，李步云先生主持的湖南省 160 余名公安局长与广东省 29 所监狱的监狱长参加的人权培训项目，于 2003 年与 2005 年分别在长沙与广州取得圆满成功。3000 余人参加过李步云先生主持的培训或研讨，其中有人大干部、政府官员、法官、检察官、律师、教师以及工会、妇联、残联的工作人员。这些活动在中国开创了面向社会开展人权教育的先河。

（十一）建议设立国家人权教育与培训基地

2010 年 6 月，李步云先生向中国人权研究会罗豪才会长建议设立国家人权教育与培训基地。该建议得到中央有关领导的支持。2011 年 7 月，教育部与中央对外宣传办公室联合下文，批准南开大学、中国政法大学、广州大学成立国家人权教育与培训基地。国家人权教育与培训基地的成立，标志着当代中国的人权研究与人权教育工作进入了一个新的历史时期。此前，李步云先生任主任的广州大学人权研究与教育中心于2007年成为全国第一个人权研究省级基地。

（十二）建构人权理论体系

自改革开放特别是1991年以来，李步云先生投入了相当多的精力从事人权理论研究，着力于中国特色社会主义人权理论体系的探索。在近三十年里先后发表了30余篇人权理论文章，形成了比较系统的人权理论体系。他的一些具有代表性的理论观点被学界普遍认同，并在国际上产生了积极影响，其极具个性特征的人权理论体系已经基本成形。该理论体系是对中国特色社会主义人权理论体系的有益探索。

当然，李步云先生人权领域丰富多彩的人生经历远不止于此。也许，他的下一个经历将为他的人权生涯书写新的传奇。①

三 李步云先生人权思想体系

李步云先生自20世纪70年代末尤其是1991年以来，对人权理论进行了深入与系统的理论探索并做出了独特的学术贡献。基于对当代人权精神的领悟与对我国长期以来人权理论体系研究匮乏局面的深刻体认，他意识到"建立起社会主义的人权理论体系，是摆在中国法学家面前的一项光荣而艰巨的任务"。② 在此历史使命感召下，李步云先生孜孜不倦，皓首穷经，在与各种人权思想辨伪与求真过程之中建构了一个具有法哲学气质的完整齐备的人权思想体系。该体系取精用弘、博大精深，其内容主要体现在《走向法治》《法理探索》《法理学》《人权法学》《论人权》五本著作之中。③ 其人权思想体系的理论精华主要包括以下十五个方面。

---

① 《人民日报》于2008年11月30日第14版曾列举了改革开放30年来人权30年30事，李步云先生与其中4件事有着密切的联系。
② 裴智勇：《李步云："敢开第一腔"的法学家》，《人民日报》2005年1月5日，第14版。
③ 《走向法治》与《法理探索》是两部论文集，主要收录了李步云先生近二十年来具有代表性的研究成果。其中，《走向法治》有"法治与人权"一栏，收录9篇关于人权研究的论文；《法理探索》设有"人权保障"一栏，收录11篇人权研究的论文。这两部论文集的20篇文章代表李步云先生在人权研究领域的主要观点。《法理学》是（转下页注）

1. 人权的概念

人权概念表达了人们对人权的基本看法。在李步云先生看来,"人权是人依其自然属性和社会本质所享有和应当享有的权利"。① 换言之,人权就是人在其所生活的社会,特别是国家中所应当享受并得到充分保障与实现的各种权益,这种权益是人依其本性所应当享有、客观存在且不以人的主观意志为转移的。对此概念的理解,必须清楚以下三点:首先,他认为应该将人权与人权概念区分开来,不可混为一谈。人权是一种客观存在的人权现象,而人权概念则是一种人权意识,二者属于不同范畴。广义的人权古代就有,以自由、平等、人道为基本原则与主要内容的人权是近代才有的。由此展开,他认为人权制度和人权理论是有区别的,是先有人权及其相应的有关制度,才有相应的人权理论。其次,他认为人权作为权利的最一般形式,其本身是一种权利,但并非所有的权利都是人权。人权与权利在本原、主体、客体、存在形式等方面均存有差异。区分此二者的差异有利于正确把握人权这一概念的内涵与外延,真正理解人权存在的意义与其所彰显的时代精神。最后,他认为应将人权同公民权或公民的基本权利予以区分,二者不是一个概念。居住在某一国家里的"外国人"应当享有他(或她)们所应当享有的人权;因灾害或战争而流落异国的难民,也应当享有居住国或国际社会给予的救助以及这些人应当享有的权利。世界上还有"无国籍人"生活或工作在某些国家,联合国还专门为这些人制定了一些人权文书。如果人权就是公民权,那么这些人就与人权无关。

2. 人权的主体

人权主体承载了人权的精神。李步云先生主张人权主体并非仅仅限于个人。社会群体,主要是一些弱势群体的人权主体地位应受到重视。如妇女、儿童、老人、残疾人、消费者,犯罪嫌疑人和罪犯,少数民族或种族等等的集体人权。此外,民族、一国人民以及全人类自 20 世纪 60 年代以

(接上页注③)李步云先生主编的中国社会科学院研究生院教材,该书第 19 章"法与人权"中阐述了法与人权的基本关系。《人权法学》是李步云先生主编的新中国成立以来第一本国家统编教材。该书第一编"人权一般原理"是李步云人权理论体系的首次系统化编排,并增加了前两部论文集与《法理学》没有体现的新近发展的一些理论观点。《论人权》是李步云人权思想的系统化、体系化归纳整理,是李步云先生人权观点的集中体现。《走向法治》与《法理探索》由湖南人民出版社分别于 1998 年、2003 年出版,《法理学》由经济科学出版社 2000 年出版,《人权法学》由高等教育出版社于 2005 年出版,《论人权》由社会科学文献出版社于 2010 年出版。

① 李步云:《法理探索》,湖南人民出版社,2003,第 169 页。

来也成为重要的人权主体。同时,他认为政府或国家不是人权主体,而仅仅是人权实现的义务主体。在人权主体关系上,他认为"个人人权是集体人权的基础,集体人权是个人人权的保障"。① 在人权主体权利保障上,他指出人权主体的权利保障具有历史局限性。例如,在奴隶制条件下,奴隶作为人应享有人权,应是人权的主体,但奴隶就不被当作权利的主体,所以主体便无相应的权利保障。但这并不意味奴隶及封建社会的农民就不是人权的主体,因为奴隶也有人的本性、人格、尊严与价值,不能因为在当时现实条件下他们不被当作权利主体就否认这些人应当享有其人权主体的地位。在人权主体的历史演变上,他认为主要有两个发展过程:其一,从古代的个体发展到近代以个人为主,同时又出现了国内集体人权,再发展到二战后人权保护进入国际领域,出现了国际集体人权。其二,个人作为人权的基本主体,经历了一个从非普遍性到普遍性的发展过程,这一个过程比前者更显艰难。

3. 人权的内容

人权内容体现了人权的具体内涵。在李步云先生看来,人权的内容也可被称为人权的客体,是指人可以和应当享有的权利。由此可知,在人权内容问题上,李步云先生实际上并没有对人权客体与人权内容加以区分。他深刻地指出,人权是一种权利,但并非所有的权利都是人权。根据三代人权的划分标准,他也认为人权内容主要包括三大类:一是人身人格权,如生命权,人身安全权,思想自由、信教自由、人身自由、人格尊严权,名誉权,隐私权,等等;二是政治权利,如选举权和被选举权、监督权、罢免权、知情权,集会自由、结社自由、罢工自由、言论自由、出版自由、请愿权、诉愿权、诉讼权,民族平等权、法律平等权;三是经济、社会、文化权利,如财产权、工作权、休息权、最低生活保障权,妇女权利、儿童权利、老人权利、残疾人权利、消费者权利,受教育权、科学研究自由、文学艺术活动自由等。同时,他认为在国际上集体人权的内容主要有:民族自决权、发展权、自然资源永久主权、和平权、环境权等等。② 在人权的保障上,他认为政治权利与经济、社会、文化权利应当并重,但在中国,现阶段应当首先解决对政治权利的忽视。在人权的位阶上,李步云先生认为生存权是首要人权,即"权利的行使归根到底也是为了实现和

---

① 李步云:《走向法治》,湖南人民出版社,1998,第 410~412 页。
② 李步云主编《法理学》,经济科学出版社,2000,第 458 页。

保障人的生存权这项首要人权到各项具体人权"。①

4. 人权的本原

人权本原是人权的正当性所在。李步云先生认为，人权的本原是人的社会属性和自然属性。关于社会属性，他指出是指人生活在各种人与人之间的社会关系中，人的利益与道德、人的思想与行为都不可能不受各种社会关系的性质与特点的影响与制约。关于自然属性，他认为是指人的天性、德性与理性。人的天性主要有三方面的内容，即生命、福利与自由。人的生命不受肆意剥夺，人身安全不受任意伤害；人的人身自由不受侵犯，思想自由不受禁锢；人的最低生活受保障，人有追求幸福的愿望，这些都是人类"与生俱来"的天性和本能。人的德性的主要内容是平等、博爱与正义。人是一种有伦理道德及其无限追求的高级动物，这是人区别于一般动物的一个根本点。人生性就有"仁爱心""同情心""怜悯心""恻隐心"，并在人与人之间相互依存、相互影响的关系和交往中逐渐养成平等、博爱、正义等为核心的一套伦理道德观念。人的理性的主要内容是理性（狭义的）、理念与理智。狭义的理性指人的理性认识能力，即人可以通过这种能力去认识和改造世界；理念即人类通过理性认识能力所共同创造与享有的"精神文明"的成果，人类正是运用这些"理论""理念"去进一步认识和改造世界；理智即人的克制自己的能力。人可以通过理智，克制自己不去做那些不合情和不合理的事情，不去谋取那些不正当和不合法的利益。这就是李步云先生关于人性的"三性九点论"。②

5. 人权的形态

人权的存在形态是人权的表现形式。人权的三种存在形态是李步云先生在人权研究领域极具代表性的理论观点。他认为，人权作为一种客观存在的社会关系，有三种相对具体的存在形态，即应有权利、法定权利和实有权利。将人权局限于任何单一存在形态都不足以揭示人权的本质，也不利于对人权实现途径的探索，反而有可能使人们对人权产生误解。因此他对三者予以了明确界定：人权从本来意义上讲是"应有权利"，即人按其本性所应当享有的权利；法定权利是"应有权利"的法律化、制度化；实有权利是指人在社会现实生活中真正实现的人权。他特别强调，应有权利是一种客观存在的现实社会关系，不同于一些学者所言的"道德权利"。

---

① 李步云主编《法理学》，经济科学出版社，2000，第471页。
② 李步云：《论人权的本原》，《政法论坛》2004年第2期。

由此推演，他认为法定权利、实有权利都是客观存在之物。关于三者关系，他认为三者之间不是平行关系，而是层次关系，三者内容的很大一部分是重叠的。随着人类文明的继续向前发展，它们之间的外延将进一步接近，彼此重叠的部分将日益扩大，但永远存在矛盾，应有权利将永远大于法定权利，法定权利将永远大于实有权利。正是这种矛盾，推动人权不断得到实现。①

6. 人权的本质

人权的本质体现了人权的价值诉求。李步云先生将人权的本质归结为利益与人道主义两个基本的方面，即他所称之的"利"与"义"。在《社会主义人权的基本理论与实践》一文中他就表明："离开'利益'讲人权是没有意义的，也不可能正确理解人权问题上经常存在的种种矛盾和斗争的实质。"② 这是李步云先生人权观的一个重要立场，离开此点便难以理解李步云先生人权理论体系的核心价值。同时，他认为人权又要受人们的一定道德观念的支持与认可。什么样的个人或群体应当享有什么样的人权，法律是否和应当如何确认和保护某项人权，由于人们的道德观念在某些方面存在差异，因而其看法与做法也往往不一致。因此他提出"支持和认可人权的伦理道德观念的核心是人道主义"的观点。此观点是李步云先生人权观的集中体现，是他对各种人权现象存在的本质认识。而且他也进一步指出"利"与"义"都是人类不可或缺的，"它们是构成人权的两个基本成分，是决定人权本质的两个重要因素，是推动人权进步的两个重要力量源泉"，③"是推动人权进步的两个重要轮子"。④

7. 人权的属性

人权的普遍性与特殊性反映了人权的应然与实然层面特征，是现今东西方在人权领域争论极大的问题。概括地讲，李步云先生认为在人权主体、人权客体、人权立法和人权保障机制上，既有普遍性，又有特殊性。人权的普遍性含义是人作为人，不论其种族、肤色、性别、语言、宗教、政见、财产、教育等状况如何，都应当享有他应当享有的权利；在一个国家里，在这个国家的任何历史时期，人人都毫无例外地应当享有生命权、

---

① 李步云：《论人权的三种存在形态》，《法学研究》1991 年第 4 期；李步云：《法理探索》，湖南人民出版社，2003，第 171 页。
② 李步云主编《法理学》，经济科学出版社，2000，第 406 页。
③ 李步云主编《法理学》，经济科学出版社，2000，第 459 页。
④ 李步云：《法理探索》，湖南人民出版社，2003，第 171 页。

人身安全权、人身自由权、思想自由权、人格尊严权、最低生活保障权等与生俱来的最基本的人权，这是人权普遍性的突出表现。人权的特殊性表现为，一个国家的不同时期里，人权制度的变化呈现出各自的特点，不同的人实际能够享有的权利在量与质上是有差别的。在现今的国际社会里，不同社会制度的国家，普遍承认和尊重"国际人权公约"所确认的保障一系列基本人权与自由的原则，共同签署某些国际人权公约，共同采取行动制止某些践踏人权的国际罪行，都是人权普遍性的反映。在尊重与维护人权共同标准的前提下，在尊重与维护国家主权原则的基础上，不同国家在人权观念、人权政策、人权制度上，可以采取一些符合自己国家具体国情的立场和做法，是人权特殊性的体现。

8. 人权与义务

人权制度建设要对权利与义务进行合理规范，不仅没有无权利的人权制度，也没有无义务的人权制度。李步云先生认为："人权具有权利和义务的不可分割性。实现人权在权利与义务上的高度统一，合理地、科学地处理人的权利和人的义务之间的相互关系，是先进人权制度的一个重要特点。"① 这种权利与义务的不可分割性与辩证统一关系，可以具体归结为以下三方面内容：（1）结构上的对应关系，即它们是体现与处理各种复杂社会关系的两种不可或缺的法律形式；（2）功能上的互补关系，即它们在相互依存、制约与互动中运行；（3）价值上的主次关系，即是以权利为本位的关系。因为"权利直接体现法律的价值目标"，所以在今天中国的具体历史条件下强调"权利本位"具有重大现实意义。权利与义务辩证统一的观点表明，从法律视角研究人权，不仅是主张人的权利，也指向人的义务，二者在人权理论上辩证统一，不可或缺。

9. 权利与权力

国家权力与公民权利有八点区别：（1）国家的职权与职责相对应，公民的权利和义务相对应。前者往往是统一的，表现在同一规则中，即授予某一机关或个人一定的职权，亦表示他们应承担一定的职责。后者往往是分离的，即权利就是权利，义务就是义务。一部分学者认为"劳动权"与"教育权"既是权利也是义务，即使此论点成立，那也只是某种个别例外。（2）职权不可以转让或放弃，否则就是违法与失职，故有所谓渎职罪；权利则有的可以转让或放弃，如财产赠予或放弃投票，但有的是不可以转让

---

① 李步云：《法理探索》，湖南人民出版社，2003，第251页。

的，如各种自由。（3）国家职权伴随着强制力，有关个人和组织必须服从；而权利在法律关系中彼此是处于平等地位。（4）职权的本质是权威，这是维持任何一种群体生活所必需的组织手段；权利的本质则是利益，当然含义十分宽泛。（5）职权在某种特定意义上可以反映与体现公共利益，但不能代表个人利益；权利则既可体现个人利益，也可体现国家的或集体的利益。（6）在职权与职责的对应关系中，职责是本位，所谓"责任政府"的概念由此产生；在权利与义务的对应关系中则权利是本位，这从人权的意义可以说明。（7）公民的权利产生国家权力，如公民行使选举权产生政府，而不是国家的权力产生公民的权利，权利（人权）是人应当所享有的，不取决于法律是否规定，不是任何国家或政党所恩赐。（8）国家权力是手段，它存在的意义就是为全体人民谋利益；公民权利是目的，它体现人类的人格、价值与尊严，任何社会组织及行为规范的存在，都是以实现人类的幸福为依归。[①]

10. 人权与主权

对人权与主权关系的不同认识能充分反映人们对人权理念与人权精神的认知程度。在人权与主权关系问题上，李步云先生主张要辩证对待。既不能笼统地说"人权无国界"，也不能说"人权有国界"，要具体问题具体分析。他认为对二者关系的正确提法应当是：人权是有国界的，又是没有国界的，在多数情况下人权是有国界的。当人权问题属于一国管辖的时候，人权是有国界的；当人权问题涉及国际管辖，即国际社会应当予以干预时，人权是没有国界的。[②] 因此他提出："我们既反对笼统地讲'人权高于主权'，也反对笼统地讲'主权高于人权'，因为这两种理论观念都不符合客观现实。"为突破意识形态对二者关系的笼罩与曲解，他解释说："维护国家主权和加强人权的国际保护，都是国际法的重要原则，两者是统一的，并不互相矛盾。"[③] 这种具有强烈思辨精神的理论观点集中体现了李步云先生人权基础理论体系的法哲学气质。

11. 人权与法律

对人权与法律关系的理解既反映了人们的人权理念，也表征了人们的法律精神。"保障人权是法的根本目的。"[④] 在李步云先生看来，这并不是

---

① 李步云主编《人权法学》，高等教育出版社，2005，第 18~19 页。
② 李步云：《走向法治》，湖南人民出版社，1998，第 444 页。
③ 李步云：《人权的国际保护与国家主权》，《法学研究》1995 第 4 期。
④ 李步云主编《法理学》，经济科学出版社，2000，第 470 页。

有意抬高人权的意义与人权在法中的地位。这一命题可以从如下几个方面得到证明：首先，从法存在的根据来看，人类社会之所以需要法，是因为人类社会中始终存在的各种主要社会矛盾的解决，各种复杂社会关系的调整，都要求有法这种人人都须遵守的行为规则，所有这些，归结起来，都是一个人权保障问题。其次，从法内容的实质看，法是通过权利和义务为其内容和形式来规范人们的行为和调整各种社会关系的。法律权利实际上就是人权，是人应有权利的法律化。再次，从法功能的意义看，法具有伦理性价值，它本身是社会正义的重要体现，是人类文明的重要标志。"不是人为国家和法律而存在，而是国家和法律为人而存在。"[①] 因此，人权先于法律存在，法律的根本目的在于保障人权。李步云先生对法的根本目的的体认，已经超越了新中国成立以来的传统法理念，顺应了法律与社会发展的要求。

12. 人权与社会主义

人权能否与社会主义兼容是中国特色社会主义人权理论研究者必须阐释的现实理论问题。李步云先生旗帜鲜明地指出，"社会主义要高举人权旗帜"，"社会主义应当是一种最讲人权的理论与制度。在一定意义上可以说，社会主义者应当是最彻底的人权主义者。因为，人人自由、人人平等、人人富裕，是社会主义的理想。而自由、平等与富裕正是人权所追求的基本价值"。[②] 而且他也认为，社会主义的人权理论与制度"绝不是凭空产生的，而只能是以往一切文明成果的继承和发展。对历史上的包括现今资本主义的人权理论与制度全盘否定、一笔抹杀，或者拒绝吸取与借鉴以往的一切文明成果，实际上是把自己置于全人类文明发展的大道之外，既不利于社会主义人权理论与制度的建设，也势必在全世界人民的心目中败坏社会主义的声誉"。[③] 显然，李步云先生关于人权与社会主义关系的观点，不仅仅是其在人权问题上的立场表达，更为重要的是深化与挖掘了社会主义的固有内涵，弘扬了社会主义的人权保障精神。

13. 人权的义务主体

与人权的主体一样，人权的义务主体亦是人权基本理论的重要范畴。人权的主体理论揭示了谁享有人权，而人权的义务主体理论则阐明谁对人权的实现负有义务。人权的主体理论在人权理论研究中具有重要地位，人

---

① 李步云主编《法理学》，经济科学出版社，2000，第470~471页。
② 李步云，杨松才：《执政为民必须依法治国》，《光明日报》2003年11月11日。
③ 李步云：《加强社会主义人权的保障》，《法学》1992第12期。

权的义务主体理论同样不容忽视。人权的义务主体对人权主体的人权实现具有主导作用,人权的义务主体是否履行人权义务将对人权主体的人权实现产生直接影响。因此,厘定人权义务主体对于区分人权义务、促进人权实现具有重要价值。李步云先生认为,人权的义务主体多种多样且层次分明,其中主要包括国家、国际组织、非政府组织、个人四类义务主体。① 国家是最主要的人权义务主体,其在立法、行政与司法等国家公共权力的运行领域均负有保障人权的义务。相对于国家而言,尽管国际组织没有那么直接与密切的关系,但其对人权保障的重要性是不可缺少与不可替代的,而且随着社会的发展与进步其重要性也日益增加。非政府组织是二战以后逐步兴起的人权义务主体,其在人权实现中具有独特的地位与作用。个人作为人权义务主体也逐步引起人们的重视。

14. 人权的实现

人权实现之道表达了人权理论研究者的治国理念。"人权的彻底实现以人的全面解放,人的全面自由发展,人的需要全面满足为标志。"② 李步云先生主张通过宪政实现人权。在他看来,"宪政是国家依据一部充分体现现代文明的宪法进行治理,以实现一系列民主原则与制度为主要内容,以厉行法治为基本保证,以实现最广泛的人权为目的的一种政治制度。根据这一定义,宪政这一概念,包含三个基本要素,即:民主、法治、人权。民主是宪政的基础,法治是宪政的重要条件,人权保障则是宪政的目的"。③ 李步云先生力主法治,认为只有实现他所主张的法治国家的十个标准才能充分实现人权。这十个标准是法制完备、主权在民、人权保障、权力制约、法律平等、法律至上、依法行政、司法独立、程序公正及党要守法。④ 其中,他认为党要守法在当代中国法治建设中具有特别的意义,是这十条之中最为重要的。关于人权实现,他特别指出,人权的实现是一个过程,受多种条件的决定与制约。这些条件主要包括四个方面:一是商品经济的发展状况;二是民主政治的发展程度;三是经济文化的发展水平;四是人权意识的发展水平。他认为这四个方面条件对人权实现具有决定作用,适用于不同社会制度的国家,具有普遍意义。⑤

---

① 李步云主编《人权法学》,高等教育出版社,2005,第82~87页。
② 李步云:《走向法治》,湖南人民出版社,1998,第415~416页。
③ 李步云:《走向法治》,湖南人民出版社,1998,第2页。
④ 李步云:《法理探索》,湖南人民出版社,2003,第9~13、18~25、570~573页。
⑤ 李步云:《走向法治》,湖南人民出版社,1998,第414~415页。

15. 人权教育

人权教育是人权实现的重要环节。李步云先生认为，各种形式的人权宣传与教育对于个人人权意识的形成具有重要作用。因此主张：（1）应将尊重和保障人权作为教育的根本目的；（2）应在理论与实践上开展多种形式的人权教育；（3）要求在国家与国际一级都采取措施，尊重和保障人权。而且，为践行此理念，先生先后参与组建了中国社会科学院人权研究中心、湖南大学人权研究与教育中心、广州大学人权研究与教育中心、东南大学人权与宪政研究所，并担任这些机构的主要负责人。更为重要的是，先生直接推动了国家人权教育与培训基地的建立，这对当代中国人权事业的发展而言是功德无量的贡献。

综上十五个方面所述，李步云先生视野开阔、思维缜密，创立了一个包括人权的概念、主体、内容、本原、存在形态、本质、性质以及人权与主权、人权与法律、人权与社会主义、人权的实现、人权教育等因素在内的人权思想体系。几乎在人权理论研究的每一视域，他都清晰地表达了自己的立场，阐述了自己的主张，提出了自己的观点，并且，这些理论观点相互印证、相互支撑、相互衔接，构成了一个内在统一与形式完整的理论范式。无疑，他以法学家的视角所阐明的人权思想体系不仅初步回答了什么是社会主义人权，而且也回答了怎样实现社会主义人权的问题。

四　李步云先生人权思想的问题意识

冰冻三尺，非一日之寒。李步云先生人权思想追根溯源，在于他对国家与社会问题的深刻忧思。从宏观架构分析，这一忧思主要体现在他证成人权时潜在的四个方面的问题意识。

首先，怎样从国家政治中证成人权？中国法学曾深受苏联法学的影响，"国家与法"构成了人们的习惯性思维。在国家形态下，法只是国家实现专政职能的工具，人权也不过是资产阶级的口号。自然法学与实证法学的主张没有土壤，自由与人权几乎销声匿迹，因为在当时的中国法学与人权不过是国家政治的附庸。因此，李步云先生将相当多的精力放在向国家政治争取法学与人权独立的努力之中。今日法学界有相对自由的环境与氛围，人权得到较大程度的保障，这与李步云先生及其同时代的站在时代

【主题研讨】

前沿的法学家们的努力是分不开的。① 因此,李步云先生基于这种问题意识所产生的社会使命决定了他不可能接受"国赋人权说",这也使得他更为坚定地从国家外寻找人权存在的根据。由此可判断,人与社会是李步云先生探求人权本原的基本方向。但李步云先生也没有陷入人的斗争或社会的斗争的泥潭里,而是从人的内在与社会的内在层面来研究人权的本原问题,由此,他果断地否定了"斗争得来说"。

其次,怎样从市场经济中证成人权?人权受制于经济条件,此观点就中国历史传统而言并不算新奇或创举,如早在公元前7世纪,法家鼻祖管仲已提出"仓廪实而知礼节,衣食足而知荣辱"的朴素唯物主义思想。孟子也讲"民之为道也,有恒产者有恒心,无恒产者无恒心"。但是在经济的兴衰交替过程中,人权状况一直并未获得实质性的突破。一定程度的物质文明不表示人权就获得了保障,也并不代表人类也就此步入了文明社会。李步云先生认为,并不能将人权不能实现简单地归于否定或强调经济条件,相反,他非常推崇市场经济对于人权实现的意义。他认为:"我们应当清醒地认识到,在中国实行市场经济已成为不可逆转的历史潮流。市场经济是一种建立在经济主体形式多样、行为自主、利益多元、尊重权利基础上平等地自由地进行交换的经济。它从根本上决定了在权利与义务的相互关系中应以'权利为本位'的理论与实践。我们从广阔的视野上还应看到,市场经济必将带来两大社会关系的五大思想观念的转变。这就是,实现'从身份到契约'的转变,极大地扩展个人、企事业单位和地方的自由度;实现'国家职能'的转变,由过去的'大国家小社会',变为'小国家大社会',扩大国家权力之外的社会活动空间及其自由度。同时,市场经济还必将逐步改变人们的旧观念,促进人们的自主意识、权利意识、自由思想、平等观念和民主思想的健康发展。所有这些,势必为整个社会尊重个人权利的理念与制度的形成和发展起基础性作用。"② 从这段论述里,我们可以看到李步云先生实际上把从市场经济中拯救人权的希望归于市场经济本身,即市场经济本身的良性与健康的发展。

---

① 2003年8月23日,在李步云七十寿辰的庆典大会上,著名法学家贺卫方教授这样既生动又深刻地评价李步云:"李老师这些法学家是教舞的人,他们要将舞伴——这个国家和社会——由一些不讲舞蹈规则的人变成严格按照舞蹈规则翩翩起舞的人。作为受过法学专业教育的学人,他要教会政府和更多的人们领会法律和政治的逻辑,他要循循善诱,不断地校正舞伴步法和舞姿上的缺陷。"参见张志铭等主编《书剑人生》,湖南人民出版社,2004,第87页。

② 李步云:《法理探索》,湖南人民出版社,2003,第257~258页。

再次，怎样从传统文化中证成人权？在李步云先生看来，人权是客观存在的，但人权观念则受一定的伦理道德观念支撑。而伦理道德观念是属于文化经验层面的东西，受一个国家的文化传统的影响。有什么样的文化传承，就会有什么样的道德观念。从历史来看，中国传统文化有一种重义轻利的精神，即强调维护封建正统"三纲五常"之道义，而轻视民众个体之权利，这是中国传统文化的要害所在。李步云先生深悟其理。因此，他认为人权首先就是讲利益，如他曾指出的："所谓人权，就是人生活在社会中，个人彼此之间、群体彼此之间以及个人、群体与社会之间（甚至包括国际社会）存在的利益相互矛盾和相互斗争中的一定的权利主体（包括个人、群体、民族、国家等等）在利益上的理想追求、合理分配和实际享有。离开利益讲人权是没有任何意义的。无论是在一国内还是国际间，个人问题上经常存在的种种矛盾与斗争，都同一定权利主体的利益有关。"① 但人权也必须讲道义，否则人权将丧失其充满价值判断的道德基础。因此他提出，"支持和认可人权的伦理道德观念的核心是人道主义"，② "什么样的人或群体应当或可以享有什么样的人权，法律或其他社会规范应当或能够对那些人权予以规定和保障，总是受人类普遍认同的某些伦理道德所支持和认可的，其核心是正义理念、人道主义、平等思想与自由观念"。③ 李步云先生的这种人权本质观，注定了他肯定将从人本身解释人权的正当性，从而跃出了传统文化负面价值的藩篱。

最后，怎样从人性中证成人权？李步云先生对各种人权本原的清理与批判，为他从人性中解放人权奠定了理论基础。李步云先生深信，人是宇宙中一切有意识的创造性活动的中心主体，人是一切社会文明的创造者，也应是一切社会文明成果的享有者，这是人的价值。人权存在的理由只能从人的价值与尊严来寻求，而不是其他。人之外的社会存在也只有在弘扬人权、保障人权的前提下才能获得存在的价值与意义，也正是在此层面而言它们对探索人权的本原具有积极的作用。因此，要不断地通过社会方方面面的努力，尽最大可能地释放人性、增进人权。从实践来看，李步云先生解放人性、增进人权的历程虽然充满艰辛，但其工作却是卓有成效的。总体而言，李步云先生的这种努力是从两个方面几乎同时展开的。一方面，他首先将人的注意力引导到人的身上，《坚持公民在法律上一律平等》

---

① 李步云：《法理学》，经济科学出版社，2000，第168~169页。
② 李步云：《走向法治》，湖南人民出版社，1998，第406页。
③ 李步云：《法理探索》，湖南人民出版社，2003，第171页。

便是这么一种努力。在把人的注意力成功地导向人的身上之后,他再把人的注意力引导到不同群体特别是弱势群体身上,《论我国罪犯的法律地位》便是这种尝试的代表之作。然后对人进行抽象的理性分析,分析人性的深刻价值,《论人权的本原》便是抽象的人性分析最集中的体现。另一方面,他为人性实现的外部空间进行探索,即力主法治。从1980年的《依法治国》到2003年《谱写宪政新篇章》均反映了这种持续不断的探索。"依法治国,建设社会主义法治国家"与"国家尊重和保重人权"相继入宪,标志着李步云先生的解放人性之路初见雏形。

这四大问题意识催生了李步云先生的人权思想。在他看来,人权不可能源于国家、市场经济或者文化传统,人权源于人本身。人仅仅因为具有人的资格便享有人权。国家、市场经济以及文化传统只有促进人权的实现时才富有积极意义,否则就会产生种种人权问题,并导致社会诸多问题的产生。所以,李步云先生将人权的本原归结为人的属性的两个方面,并以此为核心阐释他对人权问题的基本看法。这富有古典意味的人权本原思想无疑在当代中国人权研究当中极具特色,它既反映与吸收了古典人权理论的精髓,又充分展示了当代中国人权研究者的问题意识。

五 李步云先生人权思想的人权精神

问题之中见精神。李步云先生的人权思想既是对现实问题的回应,更是其内在的人权精神的体现,而且,这种人权精神也是他在对现实问题的经年思考当中自然养成的。

第一,平等的人权精神。

李步云先生的人权思想发端于符合历史需求的平等意识。他认为,人权源于人的自然属性与社会属性,而人的这些属性是不可以厚此薄彼的,这就注定人与人之间天然是平等的。因此,在政治国家里,怎样保障人与人之间的平等关系,尤其是弱势群体与社会其他成员之间的平等关系是一个非常现实的普遍性问题。在党的十一届三中全会以前,李步云先生结合几十年法制建设的经验教训,对五四宪法的平等原则重新进行了深入的思考,认为七五宪法和七八宪法将五四宪法所规定的"中华人民共和国公民在法律上一律平等"取消是错误的,并敏锐地意识到如果首先从这个重大的法制原则上突破,对推动法学界的思想解放,对促进尊重和保障人权将是非常有益的。1978年12月6日,李步云先生在《人民日报》上发表署名文章《坚持公民在法律上一律平等》，认为包括敌对分子甚至反革命罪犯在内的犯罪分子都属于公民的范畴，任何公民在适用法律上都应一律平等。1979年10月31日，他又在《人民日报》上发表《论我国罪犯的法律地位》，认为罪犯也是公民，并应享有人身、政治、经济、文化以及婚姻家庭等方面的权利。这两篇文章都突破了传统理论的条条框框，集中反映了李步云先生平等的人权精神，产生了广泛的社会影响。

第二，抵抗的人权精神。

李步云先生的人权思想便体现了人权内在的抵抗精神。他提出"把人权视为人作为人依其自身的自然属性和社会本质所应当享有的权利，否认人权是任何外界的恩赐，这就为一切被压迫人民和被压迫民族以及社会上的各种弱者，为争取和维护人权而斗争，提供了一种最强有力的思想武器"。① 这也是他之所以反对"斗争得来说"、"商赋人权说"、"国赋人权说"以及"生赋人权说"的精神所在。在李步云看来，"人权的实质是指权利对权力的对抗，所以政府首先就应被排除在人权的主体之外"。② 这种认识在某种意义上是与西方古典人权主体理论相符合的，因为古典人权理论也是将国家排除在人权的主体之外。所以，李步云先生在一些论述中非常注意区分国家与人权之间的关系问题。如在《论个人人权与集体人权》一文中，他特别指出："在国际范围内，一个国家的主权，它的安全与荣誉，它的独立权，是属于民族自决权、发展权等国际集体人权的概念与范畴；但在一国范围内，它就不属于人权的范畴。"③ 这里的逻辑就是，如果国家在一国范围内成了人权的主体，那么人权内在的抵抗精神就不复存在，人权也就失去其意义。

第三，和谐的人权精神。

人权是源自于人的人性、价值以及尊严而形成的权利，存在于和谐的社会关系之中。在李步云先生看来，这是因为："人人都要求生存、要求自由、要求过好的物质生活和精神生活，这是由人的生理和心理的自然属性所决定，是人的一种本能，人们始终把人权作为自己追求的根本目标，归根结底是为了满足自身的各种需要和利益。这是人权发展永不枯竭的动力。另一方面，人的本质是'一切社会关系的总和'。因为人不是孤立地生活在世界上。人和人之间，群体和群体之间，个人、群体与社会之间，

---

① 李步云：《走向法治》，湖南人民出版社，1998，第106页。
② 徐显明主编《人权研究》第3卷，山东人民出版社，2003，第168页。
③ 李步云：《走向法治》，湖南人民出版社，1998，第461页。

存在着各种错综复杂的社会关系。人就是生活在各种各样的关系之中。既然人不是脱离各种社会关系而孤立地存在，就必然存在着人与人之间的各种利益矛盾与冲突，需要有权利与义务这种形式加以调整，这样，也就产生了人权问题。"[1] 基于上述认识，应当有一种调节各种利益、各种冲突的价值追求，以保障与实现人权。这种追求便是人权的和谐精神，其和谐的状态正如《礼运·礼记篇》所云："大道之行也，天下为公，选贤与能，讲信修睦。故人不独亲其亲，不独子其子。是老有所终，壮有所用，幼有所长，鳏寡孤独废疾者皆有所养。男有业，女有归。货恶其弃于地也，不必藏于己。力恶其不出于身也，不必为己。是故谋闭而不兴，盗窃乱贼而不作，故外户而不闭，是谓大同。"

第四，宽恕的人权精神。

"宽恕"二字最能体现李步云先生的人权思想所承载的人权精神。这种宽恕的人权精神不仅洋溢在其论著当中，更体现在他的言谈举止的方方面面。传统所言的"己欲立而立人，己欲达而达人""己所不欲，勿施于人"在李步云先生身上得到了淋漓尽致的展现。这表现在李步云先生对人的高度尊重与关怀。例如，李步云先生对"文化大革命"严重践踏人权的历史进行了深刻反思，并将其原因归结为四点：指导思想的失误、民主与法制不健全、经济体制存在严重弊端以及人权意识十分薄弱。[2] 其实这四点一个关键性的原因就在于对人权的本原不甚了解，因为在将人权视为资产阶级口号的年代，人的人性基础就显得极端的脆弱，对人的尊重与关怀便不复存在。因此，践踏人权成为那个时代一种极为普遍的现象。所以，笔者认为，李步云先生宽恕的人权精神的第一要义在于国家要具有宽恕的品质，即治国之道宜宽不宜猛。只有在国家政治清明、治理得当以及权力运作规范的前提下，人权的人性基础才能得到有效的保障，人权也才能得以弘扬。宽恕的人权精神的第二要义可做"宽以待人"解，即人与人之间相处，要严于律己、宽以待人，尊重他人的权利。基于人与人之间的相互性，要充分地尊重和爱护他人，这不仅仅是对他人人权的敬重，也是善待自身人权的举止。

---

[1] 李步云：《走向法治》，湖南人民出版社，1998，第405页。
[2] 李步云：《走向法治》，湖南人民出版社，1998，第478~484页。

李步云先生宪政思想述评

聂资鲁　刘　拥[*]

金秋送爽，丹桂飘香。在李老师八十华诞这样一个特别喜庆的日子，作为他的学生，能有这样一个机会汇报近年来我和我的博士生刘拥同志共同学习李老师的宪政思想的心得体会，深感荣幸。

李老师在五十五年的法学研究生涯中，对于法治、人权、民主、宪政等方面进行了长期的理论探索，陆续发表了一系列高水平的著作和论文，形成了他自己的极富特色的宪政思想体系，对当代中国法治建设的影响无疑是巨大而持久的。李老师的宪政思想体系，博大精深。由于时间的关系，我在这里只就他的宪政思想从十三个方面做初步的概括。不对的地方，敬请批评指正。

一　对宪政基本要素理论的探索：从三要素到四要素的飞跃

早在20世纪90年代，李步云先生就认为，宪政就是国家依据一部充分体现现代文明的宪法进行治理，以实现一系列民主原则与制度为主要内容，以厉行法治为基本保证，以充分实现最广泛的人权为目的的一种政治制度。根据这一定义，他提出宪政的三要素说，认为宪政包含三个基本要素，即民主、法治、人权。对于三个要素的关系，他认为，民主是宪政的基础，法治是宪政的重要条件，人权保障是宪政的目的。

---

[*] 聂资鲁，法学博士后（李步云教授指导），湖南大学法学院教授；刘拥，湖南省人民检察院副处长，湖南大学法学院博士研究生。

（一）民主是宪政的基础

李步云先生认为，民主是宪政的基础，是宪政的第一要素，因此宪政首先必须是民主政治。他从宪政的产生基础、构建基础和运行基础三个方面进行了论证。

从宪政的产生基础看，宪政是近代资产阶级民主革命的结果。宪政制度是在反封建专制斗争的过程中所确定的一套由多数人决定政治事务的政治制度，它本身是对反君主专制过程中形成的民主原则、制度、规则和程序的确认，宪法和宪政只不过是民主革命的产物。

从宪政的构建基础看，宪政以人民主权为基础原则，宪政秩序和宪政关系均以人民主权原则为基础构建。从权源关系看，国家的一切权力属于人民，而不属于君主或某一集团；政府的权力是人民赋予的，而不是由君主、某一个人或某一执政集团赋予的。因此，政府超越宪法规定的权限，就是越权和非法。从权力运行关系来看，人民是国家的主人，而不是君主、某一个人或某利益集团；政府是人民的公仆，政府只是代表人民行使权力，而不是用来压迫人民的，因此政府必须经常地接受人民的监督。从国家权力设立的目的来看，政府的存在以及权力运行之终极目的是为全体人民谋幸福，而不是为某个人、组织（包括政府本身）、团体、政党和少数人谋私利。

从宪政的运行基础看，宪政制度必须以民主制度为基础来运行，如普选制度、代议制度、权力制衡、基层自治制度、民族区域自治制度、民主监督制度等。宪政就是利用普选制度等一系列民主形式和程序作为起始点而构建起来的。

（二）法治是宪政的重要条件

李步云先生认为，法治是宪政的重要条件，是宪政的第二要素，因此宪政必须建立在法治秩序之上。他从宪政的静态、动态、本质和保障四个角度分析了宪政的法治条件。

从静态角度来看，法治是宪政的标志。先生认为，树立宪法的权威是宪政的集中标志。宪政是"依宪而治"所确定的制度体系。宪法作为记载人民权利的政治宣言书，是这一制度体系的核心。宪政的基本特征就是用宪法这种根本大法的形式把已争得的民主体制确定下来，以便巩固这种民主体制，发展这种民主体制。法治的第一要义就是"依宪治国"，因此，维护法律特别是宪法的至上权威，是法治同时也是宪政制度建立的首要前提。宪政的前提条件必须是法治，宪法的至上权威唯有在奉法至上的法治条件下才能真正得到维护。

从动态的角度来看，宪政制度的运行是法治条件下宪法的动态实施过程。宪政是宪法的制度化和世俗化之后一种特定的政治状态，依宪而治形成的宪政就是一部体现民主、平等、自由精神，以尊重和保护人权为主旨的宪法的具体贯彻与实施过程，因此，宪政就是宪法的动态实施过程。可以说，宪政就是法治状态下宪法的制度化、世俗化过程。

从宪政的本质来看，宪政秩序从本质上讲是一种法治秩序。宪政是法律化的政治秩序和制度化的政治关系。它既包括宪法的制度化，又包括宪法在实施过程中形成的一种稳定的政治惯例和运行程式。这一秩序的建立是法治秩序最为重要的一个层面。一国宪政秩序的状况决定了一国法治秩序的状况，同时法治秩序中公民良好的法治意识、法律的完备、司法制度的有效运行等，又为宪政秩序的建立提供了可能。

从宪政的保障角度来看，宪政只有在法治环境下才有绝对的保障。宪政是在近代民主革命和法治秩序构建过程中确立起来的，它与专制、人治是完全对立的。宪政只有在法治环境下才有可靠的制度保障。没有完备的法律体系、健全的法律制度、公正的司法审判、有效的法律监督以及具有独立、平等、自由、民主等法律品格为代表的公民法治意识等法治要素，宪政就只能流于宪法条文式的宣示。因此，有宪法并不一定有宪政，而唯有在法治条件下才能保证宪法转换为宪政。

（三）人权保障是宪政的目的

李步云先生认为，人权保障是宪政的目的，是宪政的第三要素，宪政的本质是以保障人权为根本宗旨。这是因为：

宪政的确定过程是一个反君权、反封建专权而争人权的过程。现代宪政运动中所谓经济立宪、知识立宪，说到底均为人权立宪。可以说宪政发展史就是一部人权斗争史和维护史。

保障人权是宪法的根本准则。宪政的表征是人权的确认书，宪政只不过是确保人权的制度体系。维护和保障人权是宪政运动的内在动因，是宪政制度的出发点和最终归宿。宪法是记载和确认人权的最为重要、最有效力的法律形式，是人权由应然状态转化为法定状态的关键，而宪政则以特定制度机制的有效运行使人权由法定状态转化为实有状态。

宪政制度体系中的限权政府和权力制衡是保障人权所必需。防止国家权力异化，是保障人权最为有效的途径。宪政制度对国家权力的制衡配置，对政府权力界限和责任的设定，对国家权力行使的依据、程序的规制，其根本目的在于抑制国家权力的滥用，使国家机构肩负起保障人权的职责，以确保人权不因国家权力滥用和扩张而被侵犯。现代宪政中有关限权政府、责任政府的制度机制，无不以保障人权为基本目标。

人权的保障状况是衡量一国宪政制度优劣的根本标准。人类的解放是以人所处的平等、自由状态和所享有的权利的多少为判断标准，人权作为人类共同的事业具有普遍性。一国人权保障状况反映了一国宪政制度的运行现状，无疑直接影响其国际形象、国际地位以及与他国的关系。

宪政制度必须随人权保障事业发展而发展。宪政制度自早期人权立宪以来，历经政治立宪、经济立宪、社会立宪、方兴未艾的知识立宪等不同阶段，其基本的规律是宪法对人权保护的范围不断扩大、层次不断加深、措施更加有效。宪政作为保护人权的基本制度和手段，总是随着人权事业的发展而不断调整，宪法的修改和宪政制度的改革总是发端于现实社会中人权事业的需要。正是人权事业的不断发展才促使宪政制度不断走向完善而归于正义。

先生以民主、法治、人权三大要素来概括宪政，有利于从宪政视角全面审视和看待民主、法治和人权问题，并使之统一为一个制度整体，因而具有重要的理论价值和时代意义。第一，宪政的本质在于以制度的正义确保主体的平等、自由和利益。宪政制度负载的平等、自由价值，在以人权保障为目的、以民主政治为基础以及以法治为外在形式的三要素中，得到了充分的、完整的体现。第二，概括了宪政内部要素的相互关系和运行规律。民主是从主体层面、法治是从制度层面、人权则从价值层面分别表达了宪政的某一政治功能和社会功能。民主既为宪政制度界定了利益主体的本源，又为宪政运行设立了具体的运行范式；法治则为宪政制度的具体运行提供了具体方式、程序与制度秩序和环境；人权则锁定了宪政的职能和制度设计的目标。宪政的构建，是以人民主权为权源出发点，用民主制度和法治方式来切实保护和实现人权。因此，在宪政制度的运行中，往往是因为人权保障的需要，而在民主制度和程序的框架内，以法治形式为直接手段做出对现行制度的必要调整和修正，如此才有变法意义上的修宪和宪政制度的不断完善、发展。第三，体现了政治文明的主导价值。政治文明包括制度的正当性、制度的合理性和制度的稳定性等三个方面。其中制度的正当性是指制度的建立应以维护社会正义、保障利益分配公平、维护基本人权为根本宗旨；制度的合理性是指制度的设计应当符合时代的主流要求和政治本身的运行规律；制度的稳定性是指制度应在权威、一贯状态下保持高度的稳定且能有效地运行。它与宪政中的人权、民主、法治所表达的价值是一致的。宪政要素集中地概括了政治文明的内涵和反映了政治文明的本质，因此，可以说，宪政是现代政治文明的标志。第四，表达了宪政的时代特征。求民主、行法治、护人权，是当今世界的主流民意。全球性的民主、法治与人权仍然是我们这个时代各国人民共同面临的主要任务。宪政三要素从一定意义上反映了我们这个时代最需要的东西。

随着时代和理论的发展，李步云先生与时俱进，发展了三要素说，增加了一个要素，即"宪法至上"。在先生的眼里，宪法至上是宪政的保障。他认为，一部好的宪法必须体现三大现代原则：民主、法治、人权。这样的一部宪法必须得到最严格的遵守，有至高无上的权威，不是一纸空文，这样才是宪政。宪法的重要作用之一，是为各部门法的制定提供法律基础和依据，如果不明确或不坚持宪法具有最高的法律效力，而是允许任何法律、法令可以同宪法的原则精神或具体规定相抵触，就不能维护法制的统一，就有可能危及国家的根本制度。

先生在宪政三要素的基础上，增加了第四个要素，使宪政的顺利运行有了制度上的保障。这是一个大的飞跃，使先生的宪政基本要素理论日臻完善。

二 对工具性价值抑或目的性价值
——民主的价值属性的探索

李步云先生对民主具有十分深刻的认识，在他看来，民主的精髓，是"人民主权"原则。首先，国家的一切权力属于人民，政府的权力由人民所赋予，政府超越宪法所规定的权限，就是越权与非法。其次，人民是国家的主人，政府是人民的公仆，政府代表人民行使权力，政府要受人民的监督。最后，政府一切活动的目的，是为全体人民谋幸福，而不是为某个组织、团体、政党或少数人谋私利。

先生对民主的更深层次的理解在于民主的价值属性，即民主的价值是工具性价值还是目的性价值，工具性价值对应于民主只是作为一种手段，而目的性价值则将民主视为终极性目标。在很长一个时期里,有些学者和官员认为,民主仅仅是手段。这种片面认识给我国的民主与法治建设带来过很大负面影响。先生将民主的两种价值结合起来,对民主的价值属性进行了新的解读。他认为:民主不仅仅是手段,同时更是目的。长期以来,我国理论界有些人坚持认为民主和法治仅仅是手段,而不是目的,先生认为,这正是在过去一个很长时期里,轻视民主政治建设、以党的政策代替国家法律的思维逻辑的结果。因为,如果将民主与法治仅仅看作是手段和工具,那么我们就可以用它们,也可以不用它们。而如果承认民主和法治具有目的价值,则意味着我们不能随意替换它们。他认为民主作为手段,可以充分地反映人民的意愿和要求,可以更好地集中多数人的聪明和才智,可以更多地吸引广大群众的关心和参与,从而促进经济与文化等事业更快地发展。但是,民主同时也是目的。这有两层含义。首先,从民主是一个发展过程看,它的全部内容都是目的。其次,从终极的意义上看,民主中的部分内容也是目的。人权的充分享有,体现了人在物质生活和精神生活方面需要的全面满足,是人类最高的、最终的价值追求。如果将民主这个抽象的概念加以具体化,现代民主的主要内涵包括一个根本原则——主权在民,还有四个方面的内容,即公民的民主权利、国家权力的民主配置、国家权力与公民权利行使的民主程序,以及民主方法。其中,主权在民原则和公民的民主权利与自由是属于终极目的的范畴,而不是手段。因为人们生活在任何国家与社会中,都应当享有当家作主的地位,都应当享有种种政治权利与自由。政治权力的民主配置、民主程序和民主方法,都是为实现人民主权原则和公民的民主权利与自由服务的。民主与专制相对立,它体现人的尊严和价值,是人类社会文明的重要标志,是现代社会人们所共同为之奋斗的一个重要目标。先生认为,在理论上和实践上,都必须把民主作为手段与目的这两个方面结合起来,统一起来,不能否认或忽视其中的任何一个方面。不承认民主是目的,我们就难以理解我们党和国家为什么要把建设高度的社会主义民主作为新时期全国人民的总任务的内容之一,就会满足于我国社会主义民主现在的发展水平,就会放弃为实现高度民主的社会主义政治制度而斗争。不承认民主是手段,就会导致把民主看作抽象的东西,就会忽视高度民主的建设对物质文明和精神文明建设的支持和保证作用,就会否认发扬与发展民主应以能不能促进物质文明与精神文明建设作为检验自己正确与否的重要标准。

李步云先生对民主价值的独到见解,从理论上进一步深入阐明了民主的工具性价值和目的性价值的统一性，有力地说明了长期以来我国存在的一些破坏法治现象的根源，使我们深刻认识到，必须摒弃那种把民主仅仅看作是手段和工具的狭隘观念和错误认识，对我国民主与法治建设的发展与完善具有非常重大的指导意义。

三 对宪法的产生根据的探索："阶级力量"抑或"人民主权"

我国传统观点认为，法律是阶级力量对比的表现，是阶级斗争的产物。李步云先生对此进行了客观的分析。

民主是宪政的基础，民主的精髓是"人民主权"原则。先生将"人民主权"的特征概括为三点：一是国家的一切权力属于人民，政府的权力由人民所赋予，政府超越宪法所规定的权限，就是越权与非法；二是人民是国家的主人，政府是人民的公仆，政府代表人民行使权力，政府要受人民的监督；三是政府一切活动的目的，是为全体人民谋幸福，而不是为某个组织、团体、政党或少数人谋私利。他将民主的最基本的内容与制度概括为四项：第一，政府应由普选产生，这种选举应是自由的、公正的，要能真正反映出选民的意志；第二，被选出的国家权力机关，要能真正掌握和行使国家权力，不能大权旁落，而为其他并非普选产生的某个人或某一组织所取代；第三，国家权力结构应建立和完善分权与制衡机制，以防止权力不受监督而腐败；第四，人民应当充分地享有知情权、参政权、议政权和监督权，借以保证在代议制条件下国家权力仍然真正掌握在人民手里。

先生认为，古代没有现代意义上的体现民主、法治、人权的宪法。近代意义上的宪法产生的根据在于人民主权理论。立法权力是属于人民的，而且只能是人民。国家权力和公民权利这两大部分构成了所有近代宪法的主体。而宪法关于公民基本权利的规定，也就是人权在宪法上的体现。为了保障人权而产生宪法，而不是我们传统的说法即宪法是阶级力量对比的表现，是阶级斗争的产物。前者是近代宪法和现代宪法的一个重要特征，后者则仅指宪法产生的方法与途径，没有也不能回答宪法产生的缘由和根据，以及宪法的合理性所在。

法律的阶级性曾经深深地刻在人们的头脑中，以致将宪法的产生途径即阶级斗争当成了宪法的产生根源。实际上，"人民主权"才是宪法产生的根源。宪法的确立过程就是人权原则不断宪法化的过程，尊重和保障人权是当代世界政治发展的主题，保障人权已成为各国立宪的基本价值目标。通过鞭辟入里的分析，先生从产生基础和产生途径两个不同的维度，客观论证了宪法产生的根据，澄清了人们在这一问题上的模糊认识。

四 对权力制衡的多元路径——法治国家的重要标准的探索

权力制衡是李步云先生认为的法治国家的十条标准之一。在民主政治中，因人民拥有的全部权力并不由全体人民共同直接行使，所以各个具体权力必须由人民委托其信赖的组织或个人来行使，从这个意义上说，权力能够限制，也必须限制，能够分割，也必须分割。

权力制衡中的"衡"，先生认为，是指权力平衡，执政党与国家机构之间，政府与社会组织、企事业组织之间，领导个人与领导集体之间，中央与地方之间，应按分权与权力不可过分集中的原则，对权力做合理配置。"制"指权力制约，先生提出了权力制约的多元路径，认为权力制约有四个途径：一是以国家法律制约国家权力；二是以公民权利（如公民的参政权，议政权，检举、批评、罢免权，新闻、出版自由权，等等）制约国家权力；三是以国家权力制约国家权力（如立法、行政、司法权之间，公检法之间的权力制约以及检察、监察、审计等方面的监督）；四是以社会权力（如政党、社会团体、行业组织的权力）制约国家权力，来达到防止和消除越权与不按程序办事等权力滥用和权钱交易、假公济私、徇情枉法等权力腐败现象。

针对目前的状况，先生分析认为，当前建立权力制约体系仍然需要全面加强。他强调宪法监督制度的重要意义，认为建立以违宪审查为主要内容的宪法监督制度刻不容缓。这是中国宪法制度的一大缺失，是未来提高宪法权威、监督政府权力的关键所在。

进一步健全与完善权力制衡机制，是维护法律权威、保障法律切实实施的重要一环。李步云先生提出从四个途径完善权力制约，构建了比较完善的权力制衡机制，给我们以极大启发，也符合社会主义民主和法治建设的发展要求。

五　对司法独立三重属性的探索：
　　司法独立的宪政解读

李步云先生将"司法独立"列为法治国家的十条标准之一，视"司法独立"为现代法治概念的基本要素之一，是一个具有普遍性的法治原则。他认为"司法独立"具有三重属性，即民主、法治和人权，"司法独立"既是民主体制分权与制衡的产物和表现，又是法治的一个原则，同时是人权的一个内涵。

"司法独立"具有民主属性，在于它建立在"主权在民"的基础上。先生认为，在古代，无论是西方还是中国，国家的立法、行政和司法等各项权力，都高度集中于君主和地方长官一人之手，其理论基础是"主权在君"。既然"普天之下，莫非王土；率土之滨，莫非王臣"，"朕即国家"，为了实现君主一人的统治，国家权力高度集中就成为很自然的事情。随着封建主义生产关系的没落和资本主义生产关系和市场经济的兴起，"主权在民"理论应运而生。但是人民很难直接管理国家，而只能通过选举产生政府，由政府代表人民管理国家。为了防止被选举产生的政府权力腐败与异化，国家应当实行权力分立与权力制衡，于是在此基础上，司法独立具备了产生的社会条件和历史背景。

"司法独立"具有法治属性，在于它同时建立在分权理论的基础上，是权力分立与互相制衡的制度安排与设计。"权力制衡"是先生列举的法治国家的十条标准之一，也是法治的基本原则之一，因为只有实现司法独立，才能保证法律的公正与权威，维护法制的统一。先生认为，"司法独立"本身并非目的，其作用在于保证司法机关审理案件做到客观、公正、廉洁、高效，同时防止国家权力过分集中于某一机构或某一部分人之手而滥用权力，并对立法权特别是行政权起制衡作用，后者如司法机关对行政机关的司法审查。实现这一体制，除需建立内部与外部的有效监督机制、提高审判人员素质、完善科学的司法组织与程序外，杜绝来自外界的任何组织与个人的非法干扰是决定性条件。

"司法独立"具有人权属性，在于它的目的是保障人权。先生从司法独立与人权保障的密切关系上对此进行了说明，指出司法独立原则本身就是一项人权，当一个人受指控时，他享有由一个合法设立的独立的法庭进行审理的权利；同时司法独立是保障人权的一种重要手段。先生认为，人权作为宪政的基本要素，要求一个国家必须制定完备的确认和保障人权的法律。为了使人权能得到充分的实现，还必须有完备的司法保障体制，切实把保障人权作为司法工作的一项基本原则和根本的指导思想。在民主与法治的社会里，公民的人权一旦遭受侵犯和破坏，应当得到司法机关的救济。如果一个国家的法律真正体现人民的意志和利益，同时又有一个独立公正的司法机关能够维护法律的尊严，那么"人民主权"原则的实现就可以得到根本的保证。

司法独立建立在近代分权理论的基础上，其法治属性容易被人理解，但对司法独立产生的社会条件和历史背景有着全面理解的人并不多。先生以历史的眼光，从权力来源的角度，论证了"司法独立"与"主权在民"的关系，阐明了司法独立的民主属性。先生又从价值功能的视角，阐述了司法独立对于保障人权的目的功能，阐明了司法独立的人权属性。先生率先将民主、法治和人权作为"司法独立"的三重属性，与宪政的三要素即民主、法治和人权一一对应，深刻论证了宪政语境下"司法独立"的本质属性及其价值功能，加深了我们对"司法独立"的认识。

六 对违宪审查制度的探索：
民主、法治、人权的宪政保障

作为国家根本大法的宪法具有最高的法律效力，具有最高法律地位，其具体含义与要求，李步云先生认为包括以下两个方面：一是今后制定各项新的法律和其他法规，都必须以新宪法的原则精神和具体规定作为依据，否则就是无效的。不仅国务院制定的行政法规和省一级的立法机关制定的地方性法规，不得同宪法相抵触，就是全国人大常委会制定的法律和全国人大制定的各项基本法规，也不得与宪法相抵触。二是新宪法一旦通过实行，在新宪法颁布以前所实行的一切法律和其他法规，都必须符合宪法的精神，不能与新宪法的原则精神与具体规定相抵触。

如何维护宪法的最高法律地位，维护宪法至高无上的权威，是实现宪政的关键。要做到这一点，需要多方面的条件，但最根本的还是要有一套好的制度。建立与完善宪法监督制度，保障宪法的实施，就是这样的一种根本性制度。从很多国家的实践来看，这种制度的一个主要内容，就是对普通法律是否违宪进行审查，即建立违宪审查制度，在法治国家建设中具有里程碑意义。先生比较分析了一些国家违宪审查制度的程序、形式与相关机构的职权，提炼出共同的特点和基本发展趋势，这种趋势就是，需要有专门的机构负责宪法监督，这种机构要有独立性和很大的权威，要有完备的工作和诉讼程序。

如何建立具有中国特色的违宪审查制度，先生提倡在借鉴各国具体经验的基础上，立足本土，注重中国特色。先生提出，在我国建立违宪审查制度，必须从我国的具体国情出发。人民代表大会制度是我国的根本政治制度，立足于我国的政治体制来建立违宪审查制度是首先必须坚持的。民主与法治的健全与完善是一个长期的发展过程，不能想当然去追求那些所谓的"理想"模式。

基于以上考虑，先生提出了建立我国违宪审查专门机构的建议：在全国人民代表大会设立宪法监督委员会，它受全国人民代表大会领导，在人民代表大会闭会期间，受全国人民代表大会常务委员会领导。并提出了宪法监督委员会的组成方案和具体职责。先生的这一理论创新为今后我国违宪审查制度的建立奠定了理论基础。

没有违宪审查制度，这是中国宪法制度的一大缺失，是未来提高宪法权威、监督政府权力的关键所在。随着依法治国方略的不断推进，我国在制宪行宪方面已积累了相当多的经验，广大干部和群众的法治观念和宪法意识已有很大提高，政治体制改革和民主政治建设取得长足进展，这都为在我国建立违宪审查制度，提出了迫切要求和提供了现实条件。李步云先生呼吁建立我国的违宪审查制度，并提出了具体的制度构建方案，无疑将引起中央的高度重视并极大促进违宪审查制度在我国的构建步伐。

七 对公民权利凸显的探索：宪法结构形式的权利特色

宪法的结构是指一部成文宪法的内容如何进行组合、安排，以构成一个比较严谨的宪法文件。一般地说，宪法的内容决定宪法的形式。由于各个国家的历史特点、文化传统、风俗习惯，以及参与制定宪法的人各方面素养不同，宪法的结构形式又往往出现较大区别。

在分析了新中国成立以后颁布的三部宪法的整体结构后，李步云先生对于八二宪法把"公民的基本权利和义务"一章放在"国家机构"一章之前，很是赞同，认为这凸显了公民的权利，国家机构为人民服务的本质。先生指出，公民的基本民主自由权利，是社会主义民主的重要内容，而国家机关（包括立法机关、行政机关和司法机关）则是实现社会主义民主的具体形式和手段。就社会主义国家来说，人民是国家的主人，国家的一切权力属于人民，一切国家机关应该在人民的民主基础上产生，并为人民的民主服务。我们的国家机关应当为了人民的利益，为了实现人民当家作主并保障公民的各种政治、经济、文化和社会利益而设置。所以先规定公民有哪些民主自由权利及其他经济、文化和社会权利，再规定国家机构的组成、职权和活动原则，就比较合乎逻辑和顺理成章。公民的基本民主自由权利，首先是人民管理国家以及一切经济、文化和社会事务的权力，都是属国体方面的问题，而国家机构则属于政体的范畴。国体决定政体，政体反映国体并为它服务。先确认公民的基本权利和义务，后确定国家的组成和活动原则，就能在宪法结构形式上比较鲜明地体现出政体与国体相互关系的原则。

李步云先生赞同我国宪法把"公民的基本权利和义务"一章放在"国家机构"一章之前，充分显示了先生对公民权利的重视。先生亲身参与了八二宪法的制定，认为宪政的现代化转型，就是由专制向民主转变，由人治向法治转变，由人民无权，人权得不到充分保障，向人民权利得到充分保障转变。八二宪法整体结构的权利特色，充分接纳了先生的意见，也反映了我们的国家越来越重视保障公民个人的民主自由权利。

八　对公民、人民、罪犯等概念的探索：在政治与法律的场域中变换

在我国，"公民"是一个法律概念，而"人民"则是一个政治概念，其内涵和外延有明显区别。但八二宪法颁布之前，人们对"公民"和"人民"这两个概念一直不做区分，甚至将二者等同。公民概念不明，必将使不少公民的权利不能获得切实的保障。在当时的情况下，要突破思想理论禁区，承认犯罪分子和敌对分子有公民的身份，面临着巨大的政治风险。李步云先生正是在这样的背景下，第一个闯入理论禁区，以巨大的理论勇气和睿智提出并论证了公民的概念，准确界定了公民这个概念的内涵和外延。

先生第一次提出并界定了公民和人民的概念，指出公民和人民是两个不同的范畴，凡具有中华人民共和国国籍的人，都是中国公民。以公民权为逻辑起点，先生论证了公民包括人民的敌人和罪犯。先生认为，公民权

是一个内容十分广泛的概念，经济、文化、教育等方面的公民基本权利，都属于"公民权"这个范畴。说只有"政治权利"才是公民权，上述这些权利都不是公民权，是根本说不通的。根据我国刑法的规定，剥夺政治权利是剥夺下述权利：选举权和被选举权；宪法第45条规定的各种权利；担任国家机关职务的权利；担任企业单位和人民团体领导职务的权利。被剥夺的这些政治权利，虽然是公民权利极其重要的部分，但作为一个被剥夺政治权利的人，并不是全部公民权都被剥夺了。一个被剥夺政治权利的人，还享有经济、文化、教育等方面的权利。因此，我们不能在被剥夺的几项政治权利和全部公民权之间画等号，不能把"剥夺政治权利"理解为剥夺了全部公民权，剥夺了作为中华人民共和国公民的资格。先生指出，如果认为那些被剥夺了政治权利的人不再是我国的公民，那就难以确定这些人除了被剥夺的那几项政治权利之外，他们还享有哪些权利和应尽哪些义务。既然这些人不再是我国的公民，那么我国宪法和法律中关于公民的权利和义务的各项规定，对他们就不适用，对他们就没有约束力。如果这样，他们的权利就不受法律保护，他们的权利就可以被任意侵害。所以，即使是人民的敌人，即使是那些正在服刑的被剥夺了政治权利的罪犯，也还仍然是中华人民共和国的公民。

在我国，公民是一个法律概念，人民是一个政治概念，二者不论在内涵还是外延上都有明显区别。对这两个概念不做区分，严重影响对公民权利的保障，宪法也无法全面发挥调整社会关系的功能。要突破以往的思想理论禁区，赋予罪犯以公民身份，在当时可能面临巨大的政治上的风险。李步云先生在这样的情况下，第一个冲破理论禁区，以很大的勇气和智慧准确界定了公民的概念，填补了新中国宪法学中公民概念的理论空白，促进了思想的解放，促进了我国宪法学在新时期的发展，提高了人们的权利保障意识，也对八二宪法的修改产生了直接的影响，八二宪法对公民的界定就完全采纳了先生的观点。

九　对立法上的平等抑或实施法律的平等的探索：
　　　"平等"的精准表述

对于"平等"，五四宪法的提法是"公民在法律上一律平等"，八二宪法的提法是"公民在法律面前一律平等"，这两个提法意思是否相同，如果有区别，哪种提法更准确？

有一种观点认为,"公民在法律面前一律平等"也包括所有公民在立法上一律平等。李步云先生认为这种观点是难以成立的。因为,所谓立法上也人人平等,就应当包括这样两个方面的内容:一是所有公民都有权参与法律的制定;二是所制定出来的法律必须反映和体现所有公民的根本利益和愿望。而在社会主义制度下,这两条是根本做不到,也是不允许那样做的。首先,在我国,那些被剥夺了政治权利的人,无权参与法律的制定。其次,在我国,社会主义的法律只能反映和体现无产阶级和全体人民的根本利益和共同意志,而绝不能反映和体现极少数敌对分子的利益和意志。在这个问题上,人民和敌人是不可能平等的。

先生指出,正是基于以上两个基本事实,那种认为所有公民,包括那些被剥夺政治权利的公民,在立法上也一律平等的观点,在逻辑上是说不通的。与此相反,先生认为"公民在法律面前一律平等"是指的实施法律,包括司法、执法、守法,在逻辑上则是完全站得住的。"法律面前人人平等"的意思,并不是说法律内容没有阶级性,或者任何人都享有平等的立法权,而是说,当具有阶级性的法律被制定出来以后,它在实施过程中应当讲平等,即对所有的公民,包括那些被依法剥夺了政治权利的人,不论他们阶级出身、社会地位、政治历史以及民族、性别等有什么不同,都要一律平等地按照法律的规定办事,任何人也不例外;不能对某些人是一套法律、一种标准,对其他人又是另一套法律、另一种标准。只有坚持"法律面前人人平等"的原则,才能维护法律的统一和尊严,保证具有阶级性的法律得到切实实施。如司法机关适用法律,不论是对什么样的公民,即使是对那些被剥夺了政治权利的人,在适用法律上都一律平等,即在处理各种刑事或民事案件时,是把法律的同一尺度,平等地适用于所有公民身上,而没有任何例外。

如何理解"公民在法律面前一律平等",其与"公民在法律上一律平等"在内涵与外延上是否一致,这是长期被人们忽视的但确实非常重要的问题。李步云先生准确地界定了"公民在法律面前一律平等"的准确含义,指出该概念是指实施法律的平等,而不是立法上的平等,"法律面前人人平等"比"法律上一律平等"更准确,为我们准确区分了两种表述的区别。这一观点也被现行宪法采纳,现行宪法第33条第2款规定:"中华人民共和国公民在法律面前一律平等。"这一准确的表述,是先生对我国宪法制定和完善做出的又一贡献。

十　对发扬民主与保障人权的探索：
人民代表大会制度改革与完善的路径选择

　　人民代表大会制度是我国的根本政治制度，但人民代表大会制度在我国的政治日历上，可谓风风雨雨、历经曲折。八二宪法中对人民代表大会的地位、职权、机构、工作制度的具体规定，使人民代表大会制度作为我国根本政治制度有了切实的法律保障，也为近二十年来人民代表大会制度建设的顺利进行和取得非凡成就，奠定了法律基础。同时，人民代表大会制度的职能强化以及制度的健全，反过来又提高了宪法的权威。人民代表大会制度建设与中国宪法的完善因为其宪政的基础性和彼此的互动性，决定着未来中国政治体制改革的命运和法治建设的轨迹，因而从人民代表大会与宪法的互动关系来全面审视中国未来的政治走势具有重大的理论与实践意义。

　　为此，李步云先生提出了改革与完善人民代表大会制度的指导思想和具体路径。

　　在指导思想上，先生认为，民主是人民代表大会和中国宪法的立政基础，唯有切实的民主，才能确保人民代表大会制度的落实和宪法至上权威的维护。首先，以人民主权为原则。现代民主的精髓，在于"人民主权"原则。在人民代表大会制度建设和中国宪法权威的维护和完善过程中，必须树立以人为本和人民至上的理念，以人民主权为基本原则来定位人民代表大会制度的功能，并以之来指导我国宪法的完善和修改，使国家权力在人民代表大会与其他国家机关之间配置更为合理。其次，以权利保障为目的。应以先有权利后有权力，权力是手段，权利是目的，以国家权力保护公民权利为宪政逻辑来确保人民代表大会制度的到位。再次，以民主立法为原则，完善民主立法程序。国家立法权应相应地集中在国家权力机关（全国人民代表大会与地方各级人民代表大会）手中，宪法和依据宪法制定的《立法法》应当为立法设立完备的民主程序，立法工作也必须走群众路线，善于集中群众的智慧。

　　对于加强人民代表大会自身制度建设的具体的路径，先生提出了十二项措施：（1）完善选举制度，在候选人的提名、对候选人的介绍以及实行差额选举方面应进一步改进，保证选举人有充分的选择余地；（2）提高人大代表的综合素质，选择人大代表的标准应是政治素质和参政议政能力，不应把人大代表作为荣誉职位和待遇，可通过学习、考察等途径对现有人大代表的政治和法律素质进行提高；（3）逐步实现人大常委会委员的专职化；（4）充分发挥专门委员会的作用；（5）议事程序特别是立法程序必须进一步实现民主化、科学化和法制化；（6）加强和完善人大的监督制度；（7）适当延长人代会会议的会期；（8）提高人大工作的透明度；（9）完善人大内部执政党党员与非执政党人士的合作与相互监督；（10）切实贯彻民主集中制；（11）完善人大干部培训制度；（12）正确处理好执政党与国家权力机关的关系，要树立执政党不能凌驾于国家之上的观念和做法。

人民代表大会制度建设与中国宪法的完善因为其宪政的基础性和彼此的互动性，决定着未来中国政治体制改革的命运和法治建设的轨迹，人民代表大会制度是我们国家的根本政治制度，进一步加强和完善这一制度，对在我国建设社会主义法治国家，意义自然十分重大。李步云先生从人民代表大会与宪法的互动关系来全面审视中国未来的政治走势，并提出十二项措施加强人民代表大会自身制度建设，具有重大的理论与实践意义。

十一　对民主制度的内在要求——废除领导职务终身制的探索

终身制是同专制主义的政治制度联系在一起的。资产阶级革命摧毁了封建君主专制政体，建立起共和政体的民主制度，国家最高职务由选举产生并且限制任职时间，这是资产阶级革命的一项重大成就，是人类政治生活的一个重大进步。社会主义民主是建立在生产资料公有制的基础上。它是占人口绝大多数的人民大众真正当家作主、享有管理国家一切大事的权利。它在本质上要比资产阶级民主优越得多、进步得多，是人类发展史上最高类型的民主。这种民主要求实行最彻底、最完备的共和政体。为此，李步云先生认为，领导职务的终身制是和共和制政体完全背离的。

先生从以下几个方面概括了废除领导职务终身制的重大意义。

第一，废除领导职务终身制，有利于消除权力过分集中于个人，防止产生个人专断独行和个人迷信，避免民主集中制和集体领导原则遭受破坏。事实证明，产生个人专断独行和个人迷信的原因虽然很多，但是存在领导职务实际上的终身制，是一个极其重要的原因。因为，随着领导职务终身制而来的，必然是权力过分集中于个人，这正是产生个人迷信的重要条件。如果一个人长期或终身担任领导职务，就其本人来说，随着年事的增高，深入实际和接触群众会越来越少，这样就很容易使他忽视集体和群众的作用，而夸大自己个人的作用。就一般干部和群众来说，这种状况也容易使他们自觉或不自觉地过分夸大终身领导者的个人作用，把功劳都记到这一个或少数几个领导人身上。同时，在实行领导职务终身制的情况下，下级干部对自己的领导人很容易产生依附思想，对领导者经常是一味奉承不敢批评；而终身领导者也往往觉得自己完全可以不受干部和群众的任何监督。这样，随着终身领导人威望的不断增高，加给他的头衔就会越来越多，对他个人的宣传和颂扬也会越来越突出。这一切都不可避免地会产生个人迷信以及家长制、个人专断和个人凌驾于集体之上等现象，其结果必然是民主集中和集体领导原则遭到彻底破坏。

第二，废除领导职务终身制，可以防止干部队伍老化，使领导班子永远保持旺盛的活力，以提高领导工作的效率。领导人需要有充沛的精力和强健的体格。一个人长期或终身任职，年龄必然越来越高，由于受自然规律的限制，无论在体力上还是在精力上，都很难胜任这样繁重的工作。只有按照一定的任期，把那些年事已高的同志换下来，把那些革命和建设中经过锻炼和考验的、德才兼备、年富力强的同志及时换上去，才能使领导班子经常保持旺盛的生命力，才能担负起不断发展的社会主义建设事业的重任。

第三，废除领导职务终身制，既有利于挑选、培养、锻炼大批新人并充分发挥他们的作用，又有利于那些年事已高的老一代领导人在适当的岗位上更好地发挥其作用。社会主义革命和建设事业是人类历史上空前伟大的事业。为了领导好这一事业，人民需要有自己的杰出领导人。这种领导人，不应当只是一个或少数几个，而应当是一大批。而且社会主义制度也为这种领导人物的出现提供了条件和可能。社会主义时代应当是一个群星灿烂、人才辈出的时代。而事实证明，领导职务终身制必然会压抑新的一代领导人物的发现、培养和充分发挥他们的作用。"不在其位，不谋其政"，德才兼备的领导人，只有在一定岗位上才能得到考验、锻炼。

第四，先生驳斥了那种认为废除领导职务终身制，不利于保持国家方针政策的连续性和国家领导班子的稳定性的观点，指出废除领导职务终身制，反而有利于保持国家方针政策的连续性和领导班子的稳定性。只有建立起严格的制度，按照一定的民主程序，定期地更新领导层，才能保证这种连续性和稳定性。原因在于：首先，国家方针政策的正确与否，并不在于某个人在不在位，任职不任职，而在于制定出来的方针政策，是不是符合客观实际和充分反映全国广大人民的利益和愿望。正确的方针政策应当是集中全国人民群众智慧的结果，绝不是某个领导人个人意志的反映。限制领导人的任职时间有利于国家民主生活正常化，有利于维护民主集中制，因而也有利于国家方针政策的正确制定和正确执行，从而就能够保证方针政策的连续性和领导班子的稳定性。其次，使领导人的轮换制度化，就可以使年轻一代不断进入领导岗位，就可以按照一定的严格的民主程序，有秩序地解决好领导人的交接班问题。如果不是这样，而是一个长期或终身任职，新的一批或一代领导人的能力与威望培养和建立不起来，一旦老的领导人不能视事或不幸逝世，就容易发生事情的突变，影响国家政局的稳定，影响方针政策的连续性和领导班子的稳定性。

长期以来，由于种种原因，在人们的思想中形成了这样一种观念，一个干部只要当了什么"长"，职务就只能上升，不能下降，只能终身为官，不能削官为民，认为这是天经地义的。过去我们也讲能上能下，能官能民。实际上，这远远没有形成为一种制度、一种社会风尚。由于这种思想的影响，一些人就对废除终身制想不通。先生的积极建言，促进了"废除领导职务终身制"这一宪政制度的发展，八二宪法对领导人的任职时间做了限制，废除了领导职务终身制，实现了领导制度的民主化。这对促进整个国家领导制度的改革，必将产生巨大而意义深远的影响。

十二　对宪法权威的书面表达的探索：宪法条文的规范性

对于宪法条文的立法表述，先生认为必须注重条文的规范性，并将保持宪法条文的规范性作为维护宪法应有权威的一个重要条件。

先生指出，宪法虽然是国家的根本大法，但它也是一种法律。宪法规范是法律规范的一种，规范性应该是宪法的基本特性之一，宪法的具体条文应当具有规范性。以宪法是根本大法为理由，否认宪法的规范性，或者不重视宪法的规范性，这无疑是不正确的。

如何确保宪法条文的规范性，先生指出，为了使宪法规范臻于完备，在立宪过程中必须对规范的三个组成部分予以正确的规定。对宪法规范中的"假定"部分来说，重要的是保证它的显明性；对宪法规范中的"处理"部分来说，重要的是保证它的确定性；对宪法规范中的"制裁"部分来说，也需要做出明确、具体的规定。

对于宪法条文规范性的表现形式，先生认为，宪法条文必须明确、具体、严谨。宪法条文必须明确，是指它的内容应当做到概念清晰、界限分明；宪法条文必须具体，是指它的内容不能过于笼统、抽象，该原则的要原则一些，该具体的就要具体一些，否则，某些必不可少的重要内容就会遗漏，或使人们无所适从；宪法条文必须严谨，是指条文的内容要做到含义确切，逻辑严密。

对于宪法条文的语言形式，先生特别强调，宪法是要求人们严格执行与遵守的一种行为准则，因此所使用的名词、术语需要严谨、确切；必须使用科学的语言，而不应使用那些形象化的文学语言；应当使用法律术语，而不宜过多使用政治术语。

李步云先生的宪政思想，既注重宏观叙事，又注重细节研究。先生关于宪法条文规范性的思想，为立法技术的进步提供了重要的理论指导。

十三　对从政治思维到法律思维——"一国两制"对中国宪政理论的发展的探索

"一国两制"是邓小平理论的伟大创举，通过这种模式，中国成功恢复了对香港、澳门行使主权。先生认为，通过"一国两制"的实行，在国家性质上，国家主体部分实行社会主义，允许局部地区长期实行资本主义不变；在国体上，在共产党执政的国家里，允许局部地区以并不信仰马克思主义与社会主义的人实际掌握权力；在政体上，在单一制国家里，允许局部地区实行比联邦制还要充分的高度自治；在国家职能上，把加速发展生产力以保证国家的繁荣与人民的富裕作为国家的根本任务，作为解决一切国家问题的出发点；在民主问题上，团结所有爱国者，实行"港人治港""澳人治澳"，最大限度地扩大民主范围；在国家关系上，通过签订具有国际条约性质的中英、中葡"联合声明"的途径，以和平方式解决国际争端；在法的性质上，港澳实行的制度有力地否定了"法是统治阶级意志的体现"的旧观念；在法的体系上，中国将出现"一国、两法、两域、四区"的丰富多彩局面，突破了以往不同社会制度水火不能相容的旧思维；在法理上，容许持有不同意识形态和政治信仰的政治力量之间、人群之间的共存共荣，倡导当代道德主旋律——"宽容"精神；在法哲学上，为实事求是地研究一切问题提供了示范，向法学教条主义提出了严峻挑战。

对于"一国两制"，大部分理论家都是从政治的角度进行阐释。李步云先生独辟蹊径，眼光独特，从宪政理论的角度对"一国两制"进行了解读，从国家性质等方面分析了"一国两制"对中国宪政理论的发展，充分展示了法学大家深刻的洞察力和敏锐的思维。

总之，作为我国著名的法理学家和宪法学家，李步云先生不仅是宪政理论的探索者，也是中国社会主义法治化进程的亲历者与推动者，为中国"法治"、"人权"和"宪政"建设做出了巨大贡献。他在宪政理论等多方面的独到建树，在很大程度上可以说代表了当代中国法学所取得的最高成就。李步云先生发表的众多高质量的学术成果，有力地表明了他是当代中国最富有开拓精神和学术勇气的法学家之一。

制度和人是推动法治社会前行的双轮。在中国社会主义法治建设的征程中，那些参与并见证了法治建设每一个重大进步的人，那些与时代脉搏一起跳动并为法治建设做出贡献的人，必将赢得人们永远的尊敬。李老师就是这样一位杰出的代表。

最后，作为学生，再一次忠诚地祝愿李老师和师母福如东海，寿比南山！谢谢大家！

论李步云先生法哲学体系的理论起点及逻辑建构

蒋海松*

一 中国当代法哲学的开创者之一

李步云先生是当代中国著名法学家，是当代法治事业的重要推动者之一，在法理学、法哲学、宪法学、立法学等领域做出了诸多开创性贡献。诚如赵明先生所言："他在法理学、宪法学、立法学以及比较法学等方面的独到建树，在很大程度上可以说代表了当代中国法学所取得的最高成就，尤其是表征了人们对当代中国法律和法学之'问题'本身的自觉程度与洞识的深度。"① 对他在这些领域的成就，学界已有诸多专题性研究，但学界还很少专门从法哲学角度研究他的独特贡献。② 这与法哲学在中国的总体发展状况相关。长期以来法哲学尚未得到应有重视，有限的研究成果也多囊括在法理学之内。所谓的"法哲学"尚没有自觉到与法理学的实质区别，没有展现出其内在的规定性及独特的方法论。可以说法哲学在中国正处于起步阶段。而正是在此背景下，李步云先生之于中国当代法哲学的开创性贡献更值得我们深入体察。

李步云先生总结自己的治学经验，特别强调自己的法学研究主要受益于哲学，是用哲学的眼光来洞察法律和法学问题的。早在1979年全国

---

* 蒋海松，法学博士，湖南大学法学院教师。
① 赵明：《李步云先生与当代中国法哲学》，《现代法学》2003年第3期。
② 现有的研究成果以赵明先生最具代表性，详见赵明《李步云先生与当代中国法哲学》，《现代法学》2003年第3期。

法学规划会议上，李步云先生就发出建设中国法哲学的呼吁，并身体力行，撰写了《法律意识的本源》《法的应然与实然》《法的两重性和基本矛盾》《法哲学的研究对象和意义》等一大批法哲学论著，初步构建了自己的法哲学体系。① 在一次发言中，他深有感触地说道："我应该关起门来，找一个深山老林，待上三五年，也许我的书就能快一点出来。这也是我今天非常强烈的愿望。尽快收摊，可以不搞的事就不搞了，关起门来多做一点理论思维。"在他最新出版的《李步云学术精华：我的治学为人》的总序中他透漏："我的计划是在未来的几年内出版以下11本：《法理学》、《法哲学》、《论法治》、《论人权》、《论民主》、《论法理》、《论宪法》、《法治畅想曲》、《当代中国宪政概论》、《我的治学为人》、《我的法治梦》。《法理学》和《法哲学》是两本内容比较全面、系统的理论专著。"

李步云法哲学体系的基本框架来源于马克思思想体系，其基本理论资源是唯物论与辩证法。他并不把作为他法哲学体系思想来源的马克思思想体系当成现成的教条，而是当成一个开放的体系，当成与时俱进的源头活水。他多次引用恩格斯的名言："马克思的整个世界观不是教义，而是方法。它提供的不是现成的教条，而是进一步研究的出发点和供这种研究使用的方法。"② 李步云法哲学体系更多是马克思基本方法在法律哲学中的运用，这也展现了开放的马克思思想之于当下的生命力。

他这样界定法哲学的体系："它以法学为体，哲学为用，是唯物论和辩证法在法、法律制度和法律思想中的表现形态，即它的任务是研究法律现象和法律意识中的唯物论和辩证法问题。这样的视角、范畴和体系，在国际和国内都具有一定的探索性。"③ 他之前的法哲学体系大体上也是围绕着这些问题展开的。他把法哲学定位为法学和哲学的交叉学科。但是它更多的是法学的一个分支学科，所以被称为"法学为体，哲学为用"，即用哲学的方法去研究法律现象。

---

① 李步云：《法的应然与实然》，《法学研究》1997年第4期；李步云：《法哲学的研究对象和意义》，《中外法学》1992年第3期；李步云：《法的两重性和基本矛盾》，《中外法学》1992年第1期；李步云：《法律意识的本源》，《中国法学》1992年第1期；等等。当然，这些尚是一些论文，李步云先生有关法哲学的专著尚未完成。他也坦承："《法哲学》的构想已有多年，但仅仅发表过十多篇有关论文，系统性的一本专著一直未能完成。"李步云：《李步云学术精华：我的治学为人》，社会科学文献出版社，2010，前言。
② 《马克思恩格斯选集》第2版第4卷，人民出版社，1995，第742~743页。
③ 李步云：《李步云学术精华：我的治学为人》，社会科学文献出版社，2010，前言。

二 逻辑起点：法的两重性和基本矛盾

确立逻辑起点是构建思想体系的第一步，很大程度上也是最重要的一步，诚如一句谚语所云"开端意味着支配"。马克思的皇皇巨著《资本论》正是以商品这个逻辑起点进行演绎的。黑格尔的思想体系则建立在"精神"这一概念之上，而其法哲学体系则建立在"自由意志"这个概念之上。黑格尔指出："法的基地一般说来是精神的东西，它的确定的地位和出发点是意志。意志是自由的，所以自由就构成了法的实体和规定性。"① 但要理解这些基本出发点并不容易。黑格尔《精神哲学》开宗名义的第一句话便是："关于精神的知识是最具体的，因而是最高的和最难的。"②

作为唯物论和辩证法在法哲学中的运用，李步云先生将"法的两重性"作为其整个法哲学体系的逻辑起点。在国内学界，李步云先生第一个提出并详细论证了，"法的两重性"是法自身发展的内在根据和逻辑起点。这是国内法哲学发展的一个重要成果。

所谓"法的两重性"是指法的客观性与主观性。李步云先生在《法的两重性和基本矛盾》一文中认为：法既有物质性、客观性的一面，又有意识性、主观性的一面；法与现实社会之间的矛盾和法与法律意识之间的矛盾是法存在和发展的两对基本矛盾；从哲学上看，法并不属于"社会意识"的范畴，而属于"社会存在"的范畴。

在我国法学界，传统的观点认为法是属于社会意识的范畴。如万斌认为"法和法律意识作为社会意识的部分、方面而存在"。③ 但这种观点没有区分法和法律意识，只谈到了法的主观性，没有认识到法首先所应具有的客观性与物质性。尽管法学界也讲过法的"客观性"，"但是这种客观性仅是指法律是社会存在的反映，它应当与现实社会相适应，应当反映社会的现状与要求，应当体现客观规律。其前提是法是属于社会意识的范畴，而不承认法本身也是一种社会现象"，④ 是一种独立的社会存在。

所谓法的客观性具有多重含义。首先，法律被制定出来后就是一种客观存在。它所包含的内容、它的结构形式等在法律制定出来之后，就成为

---

① 〔德〕黑格尔：《法哲学原理》，范扬、张企泰译，商务印书馆，1961，导论，第10页。
② 〔德〕黑格尔：《精神哲学》，杨祖陶译，人民出版社，2006，第9页。
③ 万斌：《法理学》，浙江大学出版社，1988，第169、172页。
④ 李步云：《法的两重性和基本矛盾》，《中外法学》1992年第1期。

了一种客观的东西。尽管人们对它的认识与评价可能不同，但它却是客观存在的东西。其次，法律的基本依据也是一种客观存在。它所调整的社会关系是客观存在的。再次，法是人们社会活动的一种产物，不同于思维活动所产生的法律意识，而社会活动具有客观性。正如新黑格尔法学的代表人物之一伊林所指出的："具体地阅读和研究法律规范，其立足点在于承认每一个座位逻辑正确和行为规则的规范，都具有自己的客观内容，对它必须加以准确和完全相符的理解。"①

法律是一种意识，还是一种社会存在？这是一个根本理论问题，是一个哲学问题，甚至可以说是法哲学的起点问题。传统观点有经济基础和上层建筑之分，上层建筑是指建立在经济基础之上并与之相适应的政治、法律制度和社会意识形态等，经济基础决定上层建筑。但一些人将这种观点加以片面理解，认为法律也仅仅是受经济基础决定的社会意识，而不是社会存在。比如《哲学大辞典》认为："从社会存在与社会意识的关系来看，上层建筑，包括政治、法律制度，属于社会意识的领域。"②

这种观念其实混淆了法与法律意识，也混淆了社会存在与社会物质存在。"社会物质生活条件"这个定义是斯大林于1938年在《联共党史简明教程》的新发明，他认为，"社会物质生活条件是生产方式加人口、地理"。但其实，社会存在不等于社会物质存在。社会存在的第一个存在就是人自己，其次是家庭和民族这些社会现象。法律也是一种存在。"独立于人们社会意识之外的人类社会中的一切客观存在的社会现象都应属于社会存在。"③认为人们头脑中的法律观念和法律理论都来源于社会物质生活条件，这是不准确的。法律意识来源于法和法律制度以及它们的运作和发展变化的现实，我们的法律理论是法律现象（包括法律规则、法律制度及其运作）以及它的规律性的东西在我们头脑中的反映。概括来说，法律意识的来源是法律现实。

因此，法律绝对不是纯主观的东西，法的客观性和物质性才是第一性的。李步云明确提出："法既反映现实世界的各种社会关系及其规律，同时它本身又是独立于人们意识之外的一种社会存在。"这一重新定位具有理论和实践上巨大的意义，赵明先生提出："这个观点的意义是巨大的，

---

① 伊·亚·伊林：《法律意识的实质》，清华大学出版社，2005，第217、15页。
② 《哲学大辞典》（马克思主义哲学卷），上海辞书出版社，2001，第44页。
③ 李步云：《法理探索》，湖南人民出版社，2003，第495页。

它为当代中国法学理论的研究敞开了一个崭新的天地。"① 这从根本上驳倒了法律工具论，重新为法律的存在根基进行了哲学上的奠基。

法律工具论、法律虚无主义在我国流毒甚广。李步云先生曾专门概括了危害法律的五种主义：一是法学教条主义；二是法学经验主义，片面强调自身的国情；三是法律虚无主义；四是法律工具主义；五是法律实用主义，轻视法律的独立品格，把法律看成为政治服务的手段。这五大主义当然有其复杂的成因，却很少有人从哲学上认识到，对法律的定位不清正是其根本成因之一。法律既然只是一种意识，只具有相对性和主观性，是随时变化的，缺乏客观权威，这是法律工具论的哲学基础。李步云先生指出，由于我国法学界长期以来把法与法律意识混淆在一起，只是强调法的内容要符合现实社会生活的状况、规律与需求，既没有强调法是一个独立于法意识之外的客观存在，有它自己的特性与规律，也没有充分重视人的法律意识与人的其他素质对法制定与实施的重要作用，因而未能进一步提出与重视法的主体，即参与法制定与法实施的人的一系列与法有关的问题。这导致了法理学研究存在对法的形式即法自身的规律研究不够、尊重不够的偏向，而对法的主体的方方面面的研究严重缺失，甚至于是一片空白。②

伊林在《法律意识的实质》中也提出："人要了解法就必须贴近法，发现其中客观的、具有完整和确定的含义的给定内容，这一含义曾由先前的某个人（立法者）深思熟虑过并用言辞和句子表达出来，现在应该得到准确的解释和忠实的理解……制定法，作为具有各种独特特征的特殊客体，首先是以现成的、完整的和确定的形式出现在他面前的。"③ "法和法律具有自己确定的内容……首要的任务是查明和忠实理解法的这一客观内容"，④ 客观性是法律最首要的特征之一。

这在实践上的价值特别体现在政治文明这一概念中。传统观点只提物质文明和精神文明一起抓，是把民主制度和法律制度放在精神文明里。李步云先生在"十五大"之前，在讲"依法治国"时就提出"应该是三大文明一起抓"，即"物质文明、制度文明和精神文明"这三大文明一起抓。人们的民主思想和法律观念是人们头脑中的东西，这是精神文明的一部

---

① 赵明：《李步云先生与当代中国法哲学》，《现代法学》2003年第3期。
② 参见赵明《李步云先生与当代中国法哲学》，《现代法学》2003年第3期。
③ 伊·亚·伊林：《法律意识的实质》，清华大学出版社，2005，第217、11页。
④ 伊·亚·伊林：《法律意识的实质》，清华大学出版社，2005，第217、12页。

分，但民主制度和法律制度是社会生活中实际存在的，人们在这些制度中生活，受制度的约束，受它的规制。民主制度和法律制度不是精神文明里的东西，它不是精神文明的一部分，应该叫制度文明。后来到"十六大"时，党的最高文献正式将其概况为"政治文明"，提出要建设"物质文明、政治文明和精神文明"。

法律的二重性体现在，既具有客观性，也具有主观性。人对法律的需求具有主观性，是一种主观价值取向和选择。法属于"社会存在"的范畴，却也具有意识性的特征："相对于它所要调整和保护的各种社会关系与社会秩序即现实的客观世界来说，它又是一种具有强烈意识性的现象，是属于社会存在这个范畴中意识性很鲜明的一种特殊社会现象。由此存在法与社会存在、法与法律意识这样两对基本矛盾。"[1]

第一个矛盾是各种法律以及立法、司法和执法等一套法律制度必须符合社会生活的实际，符合它的精神，符合它的社会现实条件，符合它的需要和它的可能。立法工作者、法官和检察官等司法工作者、律师及其他法律工作者等必须把这对矛盾处理好。立法者所立的法和法官所做的判决都必须符合现实社会生活。

第二个矛盾是法律规则和法律制度与法律思想的矛盾，是人们头脑中的关于法的意识、概念、理论和观念与社会现实中存在的一些规则和制度的内容及其运作和发展变化的矛盾。这个矛盾由法学家们来解决。这就形成了法律自身发展的内在矛盾，这是两对基本矛盾。[2]

法律是主体的主观需求进入客观对象的过程，是主体的主观能动性对应于对象客观性的过程。主观性与客观性是法律的两种基本属性，甚至被认为主观的法律意识也具有客观性。如伊林在《法律意识的实质》中提出，"法需要法律意识是为了成为创造性的生活力量，而法律意识需要法是为了获得具体的基础和客观的正确性"。[3] 法律的主观性体现在人们主观作用于客观的对象。法律的客观性体现在法律必须反映和利用社会规律，法律应当是主观性与客观性的辩证统一。正是这种辩证统一性，决定着不同历史时期法律的不同性质和特点，推动着法律的不断发展变化。如有学者指出，"法律作为主观和客观相结合的结果，就是人们的认知能力和事

---

[1] 李步云：《法的两重性和基本矛盾》，《中外法学》1992年第1期。
[2] 李步云：《法律意识的本源》，《中国法学》1992年第1期。
[3] 伊·亚·伊林：《法律意识的实质》，清华大学出版社，2005，第217、27页。

物关系或法律文本的可认知之间通过两者的双向运动而得出的"。①

马克思将矛盾当作事物发展的根本动力,在黑格尔看来,精神发展的动力来自其内在矛盾。"那自身决定的真理有一种冲力去发展它自身。只有那有生命的和精神的事物,才有自身冲动,自身发展",② 这个冲力或冲动就是矛盾,"精神就是矛盾"。③ "凡有限之物都是自相矛盾的,并且由于自相矛盾而自己扬弃自己。"④ 法律的客观性与主观性这二重性所构成的矛盾不是法律的漏洞,恰恰是法律发展的动力之一。拉德布鲁赫也对矛盾在法哲学体系建构中的重要作用有清醒认识,他的法哲学体系就建立在正义、安定性与合目的性的三元论之上,他指出:"我们已经论述了这些矛盾,但我们没能解决它们。我们认识到,这些矛盾中并不缺少体系。哲学不应该剔除掉这些判断,而恰恰应当站在这些判断之前。它们不应当将生活变简单,而恰恰应当将它变复杂。一个哲学体系应该与教堂相同,在它里面,人们互相容忍,且又互相排斥。哲学好像是非常值得怀疑的,它认为世界不是理性为了某个目的而创造的,而是让世界完全融入到一个理性的系统中去!说到底,如果世界不是矛盾,生命不是判断,那么,存在似乎也是多余的了!"⑤

三 二重性矛盾的展开及法哲学体系建构

李步云先生将法哲学的研究对象确定为法、法律制度与法律思想中的唯物论与辩证法问题,并明确指出,这一研究对象的设定是针对相关领域严重存在的唯心论与形而上学的。据此,李步云先生给法哲学下了这样的定义:"法哲学是研究法律现象与法律意识中的哲学问题的一门科学。"所谓"哲学问题"就是一般"法理学"不得不涉及而又无法加以解决的基本问题,也即李步云先生所说的法的唯物论与认识论、法的辩证法与发展观

---

① 谢晖:《诠释法律不同趋向之意义和局限》,《金陵法律评论》2003 年第 2 期。
② Hegel, *Lectures on the Philosophy of Religion*, Vol I, Translated by E. B. Speris and J. Burdon Sanderson, KEGAN PAUl, TRENCH, TRÜBNER, & CO. LTD, London, 1895, p. 32.
③ 〔德〕黑格尔:《哲学史讲演录》(第四卷),贺麟、王太庆译,商务印书馆,1978,第 282 页。
④ 〔德〕黑格尔:《小逻辑》,贺麟译,商务印书馆,1980,第 177 页。
⑤ 拉德布鲁赫:《法哲学》,法律出版社,第 77 页。鲍姆加滕也同样指出了"世界的矛盾结构",见 echtsphilosophie,第 34 页,而且他信奉"矛盾哲学",见 Die Wissenschaft vom Recht,第 1 卷,1920,第 52 页及以后。

的问题。他的法哲学体系正是围绕法的唯物论与认识论、法的辩证法与发展观而构筑并加以逻辑展开的。

黑格尔根据精神的自我分裂及和解建构了法哲学体系,其《法哲学原理》描述了意志是从抽象自由(抽象法)到有限自由(道德)再到具体自由(伦理)的三位一体的正反合过程。① 而李步云先生的法哲学体系大体上是沿着法律的二重性这个基本矛盾而展开建构的。

李步云先生构想中的法哲学体系分上下两编。上编是法的唯物论和认识论,它至少包括七章:第一章是法的两重性和基本矛盾,第二章是法与社会存在,第三章是法与法律意识,第四章是法律事实的两重性,第五章是法律规则的两重性,第六章是法律推理的两重性,第七章是法的时空观。下编是法的辩证法和方法论,它可以包括十二章:第一章是法的内容与形式,第二章是法的本质与现象,第三章是法的整体与部分,第四章是法的共性与个性,第五章是法的应然与实然,第六章是法的权利与义务,第七章是法的秩序与自由,第八章是法的确定性与不确定性,第九章是法的独立性与普遍联系,第十章是法的稳定性与变动性,第十一章是法的扬弃与继承,第十二章是法的协调发展。当然这一体系并没建立,但可以预计,这将是中国法哲学第一个较为完整的体系建构。或许有学者触及了这些问题中的一个或者多个,但是尚没有学者将其融为一体并根据内在的逻辑推演出来。

可以看出,在李步云先生的法哲学体系中,通过对法的内容与形式、本质与现象、共性与个性、整体与部分、权利与义务、秩序与自由、应然与实然、确定性与非确定性等二重矛盾的阐释向人们展示了颇富意义的法的辩证法和法的发展观。

赵明先生对此评论道:"李步云站在形而上的思辨哲学的高度,深刻地洞察到了法哲学的内在矛盾性,以概念和抽象的方式清晰地揭示了法的应然与实然、理念与现实、精神与实证等各种分歧的内部关系;另一方面,他又通过对经验的法律现象的全面把握和理解,以高超的实践技艺,使法哲学获得了实质性的现实内容。"②

这一法哲学体系不但仅停留在抽象的思想层面,更要进入现实的法律世界。在这一体系的关照上,可以看出,宪法、民法、刑法等诸如此类法

---

① 参见〔德〕黑格尔《法哲学原理》,范扬、张企泰译,商务印书馆,1961,导论,第15~17页。
② 赵明:《李步云先生与当代中国法哲学》,《现代法学》2003年第3期。

的原则、规则、概念等，都具有客观性和主观性这两种属性。比如对宪法，李步云指出，我国现在命名为"宪法学""宪法原理"的许多教科书或专著，其基本的体系与内容不过是对中国宪法所做出的解释和说明，至多引用其他一些国家宪法的若干零星材料以做比较或佐证，如果讲求名副其实的话，这些书以"中国宪法的理论与实践"命名较为贴切。因为，真正意义上的"宪法学"，"就应当是从所有宪法现象中抽象出最一般的原理与原则来形成它的内容与体系"。而这就需要"法哲学"的引领。李步云先生正是在"法哲学"的视野下观照"宪政与中国"这个根本问题的。他勘察出，宪政的理论与实践，实际上是共性与个性的统一。具体地说，"在利益的追求和享有上，在道德价值的判断和取向上，全人类有着共同的、一致的方面，决定着宪政具有共性；在不同国家和民族之间，又存在着种种差异和矛盾，因而宪政又具有个性。民主、法治、人权的基本精神和主要原则，适用于世界上任何一个地方，是全人类共同要走的道路。但是，各国宪政的具体表现形式，实现宪政理想的具体步骤，则由于不同国家、不同民族在经济、政治、文化方面的历史传统与现实条件不同而有差别。否认或夸大宪政的共性或个性的任何一个方面，都是不正确的，有害的"。这一论断体现了李步云先生"法哲学"思维方式和洞察力。①

再比如对于众说纷纭的证据问题。有人说证据是主观的，也有人说证据是客观的。实际上，证据既有主观性，又有客观性。证据的客观性在于证据是客观存在的东西，是事实上存在的东西。但是，证据之所以成为证据，是经过侦查人员、检察人员和法官认定以后才能作为证据。在认定过程中，加入了警察、检察官和法官的主观判断，加入了他们自己的看法。李步云先生在其未来的《法哲学》中专门安排了一章《法的确定性与不确定性》，这是一个矛盾的统一体，法律事实、证据、法律规则、法律判决和法律推理等都具有法的确定性与不确定性。

人权问题也具有客观性与主观性这两重性。陈佑武先生在李步云先生的指导下，用二重性来研究人权问题，提出唯物辩证法是对人权现象与人权意识进行法哲学分析的基本方法。人权问题的客观性是指人权现象的客观性，人权问题的主观性是指人权意识的主观性，人权现象是人权意识存在的前提和基础，人权意识是人权现象在意识领域中的映像。人权现象具有客观性，但有些人权现象也具有主观性；人权意识具有主观性，但也具

---

① 赵明：《李步云先生与当代中国法哲学》，《现代法学》2003年第3期。

【主题研讨】

有一定的客观性。人权与人权概念、人权现象与人权意识中的核心问题，二者是辩证统一的。①

四 无用之大用：李步云先生法哲学体系的现实意义

李步云先生法哲学体系是当下中国第一个较为完整的法哲学体系，有其独特的研究对象，超越了一般法理学，又在辩证法的方法论指引下沿着法的二重性这一基本矛盾展开，重视内在的逻辑演绎及体系建构，更针对当下问题，能对法学研究包括部门法的发展做出引导。

在人们常见的印象中，法哲学只是高远的玄思，无关于现实。如同人类第一个哲学家泰勒斯因为仰望星空却跌落在现实的水坑中。但其实并非如此。庄子有言："人皆知有用之用，却不知无用之用也。"法哲学确实迥异于那些实用的部门法学或者实证对策，但正因为如此，才具有其无用之大用。黑格尔提出，逻辑与历史是一致的。其实法哲学也是如此。黑格尔在《法哲学原理》中将法哲学的研究范围定义为："法哲学这一门科学以法的理念，即法的概念及其现实化为对象。"② 法的理念必将获得现实化。法哲学的逻辑一旦回复到历史和经验之中，历史的精神方向便得以呈现，现实的法律生活便获具意义根基。法哲学虽然是以高度哲学化、极度抽象的形式出现，但其也蕴含了深厚的历史根基与现实意义。这在李步云先生的法哲学体系当中也得到体现，李步云先生被誉为当代最为重要的法学家之一，其法学成就与对中国法治的现实推动其实都离不开其法哲学素养。李步云先生曾经说过："法哲学是以其微观的无用，成其宏观的大用。"马克思说过："理论一经掌握群众，也会变成物质力量。"李步云先生的法哲学已经对中国法治事业产生了显著的推动作用，在未来必将继续发挥其前瞻性作用。

学问与人生是统一的。李步云先生的法哲学以马克思的唯物论和辩证法为指导，其精神实质更在于马克思所念兹在兹的"人的自由全面发展"，法律不过是自由实现的途径，"法典是人民自由的圣经"。如赵明先生的洞察，"李步云是在马克思主义经典作家的经典教养下成长起来的法学家，对马克思的哲学主张是有精湛了悟的。作为现代大思想家的马克思，在真

---

① 陈佑武：《人权问题的两重性：客观性与主观性》，《岳麓法律评论》2003年2期。
② 〔德〕黑格尔：《法哲学原理》，范扬、张企泰译，商务印书馆，1961，导论，第1页。

正'实践'的'感性'的意义上重新界定了人，也重新理解了法律和法理"，"李步云提出法哲学的呼吁，就是为了能够让中国法理学走出形而上学的虚假与迷惘，回到生活，回到实践，回到现实的人本身。李步云召唤法哲学是为了重新唤醒沉睡多年的法学的人文关怀和精神气质"。书斋里的李步云先生泼墨挥毫，构建自己的学术体系，更以笔为剑，斫向几千年以来的人治、专制传统。现实中的李步云先生，几十年如一日，或登台演讲，以讲台作战场，发狮子吼，做大悲音；或鞭策立法，从人权入宪到法制体系完善；或四处奔走，力图在中西南北中，各建一个人权研究中心，在大江南北，遍洒自由与人权的火种。在他身上，展现了一个现代法哲学家的睿智与担当，更展现了传统士大夫的传道护道的使命。因此在先生八十寿诞之际，不揣浅陋，作此小文，初步梳理先生的法哲学体系，更为表达对先生人格之敬仰。最后谨以一首藏头小诗，恭祝步云先生八十大寿，诗曰：

步月摘桂拓荒原，
云开见日法为先。
先忧后乐担道义，
生花彩笔绘宏篇。
八音迭奏颂师恩，
十步芳草育俊贤。
大哉孔圣今何在，
寿比南山更齐天！

会议综述

大师耄耋　犹胜青春

——"中国法治第一人"李步云教授学术思想研讨会暨 80 华诞志庆侧记

湖大教授李步云八十华诞　他最早提出依法治国

湘籍法学家李步云 80 华诞　他最早提出依法治国

李步云教授学术思想研讨会暨 80 华诞志庆圆满举行

湖南为最早提出依法治国的湖大教授李步云举办学术思想研讨会暨八十华诞志庆会

大师耄耋　犹胜青春*

——"中国法治第一人"李步云教授学术思想研讨会暨80华诞志庆侧记

记者　尹虹

　　李步云，法学泰斗，一代宗师，中国法治史上的标志性人物，力推"法治"、"人权"入宪的元老与先锋，中国社会科学院荣誉学部委员、湖南大学法学院名誉院长……虽已攀80高龄却步履轻盈。

　　9月21日清晨，城西湘麓山庄，寿眉浓黑、身板硬朗的李步云，面带恬淡而诚挚的笑意，矫健地在人群中穿行。人群中，既有省人大常委会副主任谢勇、省人民检察院检察长龚佳禾，也有从涟源老家赶来的面色黝黑的农村亲友，更多的是来自天南海北的徒子徒孙。他们会聚一起，参加湖南大学法学院专门为李步云举办的学术思想研讨会暨80华诞志庆。

　　面前这位经常穿行在中南海、为党和国家领导人讲授法治课程、积极影响中国法治建设进程的老人，不仅没有半点凌人盛气，反而有着超乎常人的谦和，乃至总是用嘉许仰视的目光与自己的80、90后学生交流；在起自北京大学法律系、投身法学研究创新的50多年里，李步云一直有着发展理论、推进实践的旺盛热情，在十一届三中全会以来中国依法治国方略准备、确立、完善的各个历史阶段，一直担当着开拓者与主将的职责，推动社会一步步向前。他在一个个历史节点抛出的远见卓识，对依法治国的当代中国而言，无疑是宝贵的精神财富：1978年12月6日，他在《人民日报》发表《坚持公民在法律上一律平等》，被公认为中国法学界突破思想理论禁区的第一篇文章；1999年1月、2003年6月，他两次参加中央领导

---

*　本文载《湖南日报》2012年9月23日，第2版。

主持的修宪座谈会，呼吁把法治和保障人权写进宪法，"依法治国"、"国家尊重和保障人权"因此正式入宪。

研讨会场，最高人民检察院检察长曹建明、最高人民法院副院长江必新等发来贺信。第九届全国政协副主席罗豪才等敬献的生日花篮摆了满满一个主席台。

整整一个上午，李步云一直端坐着，细细聆听，表情像个孩子单纯而生动。亲友代表、亲切地喊他"舅爷爷"的益阳市委常委、市委组织部部长彭爱华率几位晚辈将一副用安化黑茶打制的"寿"字屏风赠予他，他兴奋地将他们拢近身边，说"来，照个相"。在学术研讨中，他钟爱的青年法学专家蒋海松精辟晓畅地论述"李老师的法哲学思想"，毫不避讳地指出他的局限与"不到位之处"，他当即认真表态"我努力，我努力"……

答谢简明扼要，但足以让每个与会者终身难忘：步云先生称自己此生"物质上并不富有，却是超级精神富豪"，因为有痴爱的学术为伴，因为有丰盛的亲情、友情、同事情、师生情滋养，所以在并不平坦的人生、学术之路上，总是信心满怀。他很调皮地告诉大家"我现在的外号是'空中飞人'"、"我的生理年龄顶多四五十岁，一口气爬五楼都不会喘"……当他洪声宣布"以后的日子不仅不能'悠着点'，反而更要抓紧时间，争取在有生之年为我们伟大的国家、伟大的时代多做贡献"时，全场响起了经久不息的掌声。

湖大教授李步云八十华诞他最早提出依法治国[*]

记者 虢灿 见习记者 张明阳

华声在线9月21日讯：声音铿锵，言辞清晰，握手有力，这是八十高龄的湖南大学知名法学教授李步云给人的第一印象。今天上午，湘籍著名法学家李步云教授学术思想研讨会暨80华诞志庆会议在长沙召开。省人大常委会副主任谢勇、省检察院、省法院等领导亲临现场致辞。

李步云，湖南娄底人，中国社会科学院荣誉学部委员、湖南大学法学院名誉院长、湖南大学人权教育与研究中心主任。李步云先生在改革开放之初，最早提出依法治国，积极推动并促成人权入宪，致力于中国宪政问题研究，被誉为"敢开第一腔的法学家"。

本次会议的目的是在李步云教授80寿诞之际，政学两界共同回顾李步云教授的学术人生以及他对中国法治和人权事业的卓越贡献，研讨李教授在法治、人权以及宪政等方面的学术思想，展望未来中国法治进程。

会议由湖南大学法学院主办，省人大常委会副主任谢勇、省检察院、省法院等领导亲临现场致辞。最高人民检察院检察长曹建明、最高人民法院副院长江必新先生等发来贺电或贺信。

在会议的学术研讨阶段，四位专家学者分别阐述了李步云先生的法治、人权、宪政和法哲学思想。其后与会嘉宾踊跃发言，畅谈李步云先生的为人为学，赞扬其对中国法治和人权事业的杰出贡献，共同祝愿他生命

---

[*] 本文载华声在线，http://hunan.voc.com.cn/article/201209/201209211733213543.html。

与学术之树常青。

  本次会议的召开对于回顾和反思中国三十多年法治进程中的成就，理清前进中的困难，推进未来法治中国的建设，必将起到巨大的精神推动作用。

湘籍法学家李步云80华诞
他最早提出依法治国*

记者 赵晶 实习生 邓旺强

本报长沙讯：9月21日，湘籍著名法学家李步云教授学术思想研讨会暨80华诞志庆会议在长沙召开。

李步云，1933年生，湖南娄底人，中国社会科学院荣誉学部委员、湖南大学法学院名誉院长、湖南大学人权教育与研究中心主任。李步云先生在改革开放之初，最早提出依法治国的理论，积极推动并促成人权入宪，致力于中国宪政问题研究，被誉为"敢开第一腔的法学家"。在会议的学术研讨阶段，四位专家学者分别阐述了李步云先生的法治、人权、宪政和法哲学思想。湖南省人大常委会副主任谢勇、湖南省人民检察院检察长龚佳禾出席。

---

* 本文载《潇湘晨报》2012年9月22日，A4版。

李步云教授学术思想研讨会暨 80 华诞志庆圆满举行*

2012年9月21日上午,湘籍著名法学家李步云教授学术思想研讨会暨80华诞志庆会议在湖南长沙湘麓山庄酒店隆重召开。

本次会议由湖南大学法学院主办,参加会议的主要是来自湖南省人大等党政机关的领导、省内高校政法院系的负责人及专家学者、家乡娄底的领导和亲友,湖南大学及法学院的领导和师生代表、省内多家媒体等。

本次会议的目的是在李步云先生80寿诞之际,政学两界共同回顾李步云教授的学术人生以及他对中国法治和人权事业的卓越贡献,研讨李教授在法治、人权以及宪政等方面的学术思想,展望未来中国法治进程。

本次会议得到了有关部门和领导的高度关心和支持。最高人民检察院检察长曹建明,中共湖南省委书记、省人大常委会主任周强先生,最高人民法院副院长江必新先生,最高人民检察院副检察长孙谦先生等发来了贺电或贺信;第九届全国政协副主席罗豪才先生、湖南省委书记省人大常委会主任周强先生等敬献了花篮;湖南省人大副主任谢勇先生、湖南省人民检察院检察长龚佳禾先生、湖南大学党委书记刘克利先生等亲临致辞。

曹建明检察长在贺信中赞扬李老师:"几十年如一日,呕心沥血、皓首穷经,以巨大的理论勇气、严谨的科学精神,形成了一大批具有创造性的学术研究成果,并为我国法学教育、法学理论研究和司法实践领域培养了大批优秀人才",并指出:李老师"特别是作为最高人民检察院专家咨询委员会委员,在推进检察改革、解决检察工作重大理论和实践问题等方面建言献策,为发展和完善中国特色社会主义检察制度、推动检察工作科

---

* 本文载湖南大学校园网,http://law.hnu.cn/bbs/viewthread.php?tid=2507。

学发展发挥了积极的作用"。

周强书记在贺信中谈到"先生是我国著名的法理学家、宪法学家和人权研究的开拓者，学法研法已逾50年。""先生治学严谨，著作等身，呕心沥血培养人才，不遗余力提携晚学，桃李满天下，令我们钦佩景仰。""先生情系桑梓，关心关注家乡发展，对湖南的法学教育给予了大力支持，对推进法治湖南建设提出了很多重要意见建议。谨此深表感谢。"

江必新副院长在贺信中历数了李先生对我国法理学、宪法学、立法学、行为法学、比较法学的创立和发展做出了开创性的贡献，感叹先生"虽已八十高龄，还一如既往地从事着学术研究，关心法治和人权事业的发展，体现了老一辈法学家的爱国情怀和担当精神。""大师耄耋，犹胜青春。衷心祝愿先生鹤龄松寿，福如东海；祝愿先生学说薪火相传，发扬光大。"

孙谦副检察长的贺信强调李步云先生"是我国法学界非常著名的学者，是一位高尚的、有良心的法学家。"并祝先生"生命之树长青，学术之树长青！"

在会议的学术研讨阶段，四位专家学者分别阐述了李步云先生的法治、人权、宪政和法哲学思想。其后与会嘉宾踊跃发言，畅谈李步云先生的为人为学，赞扬其对中国法治和人权事业的杰出贡献，共同祝愿他生命与学术之树常青！

会议还宣布设立"李步云法学奖"，自明年起一年一度表彰为中国法学研究作出重要贡献的专家学者。

本次会议的召开对于回顾中国三十多年法治进程中的成就，理清前进中的困难，推进未来法治中国的建设，必将起到巨大的精神推动作用。

湖南为最早提出依法治国的湖大教授李步云举办学术思想研讨会暨八十华诞志庆会[*]

今天上午，湘籍著名法学家李步云教授学术思想研讨会暨80华诞志庆会议在长沙召开。省人大常委会副主任谢勇、省检察院、省法院等领导亲临现场致辞。

李步云，湖南娄底人，中国社会科学院荣誉学部委员、湖南大学法学院名誉院长、湖南大学人权教育与研究中心主任。李步云先生在改革开放之初，最早提出依法治国，积极推动并促成人权入宪，致力于中国宪政问题研究，被誉为"敢开第一腔的法学家"。

本次会议的目的是在李步云教授80寿诞之际，政学两界共同回顾李步云教授的学术人生以及他对中国法治和人权事业的卓越贡献，研讨李教授在法治、人权以及宪政等方面的学术思想，展望未来中国法治进程。

会议由湖南大学法学院主办，省人大常委会副主任谢勇、省检察院、省法院等领导亲临现场致辞。最高人民检察院检察长曹建明、最高人民法院副院长江必新先生等发来贺电或贺信。

在会议的学术研讨阶段，四位专家学者分别阐述了李步云先生的法治、人权、宪政和法哲学思想。其后与会嘉宾踊跃发言，畅谈李步云先生的为人为学，赞扬其对中国法治和人权事业的杰出贡献，共同祝愿他生命与学术之树常青。

本次会议的召开对于回顾和反思中国三十多年法治进程中的成就，理清前进中的困难，推进未来法治中国的建设，必将起到巨大的精神推动作用。

---

[*] 本文载湖南人联谊会网站 http：//www.hunaner.net/thread－390357－1－1.html。

【媒体评价】

李步云：曾向中央建议宪法加入"保障人权"字句

李步云：见证 82 宪法实施 30 周年

李步云：二十年改一字　从刀"制"到水"治"

李步云：宪政是自由的保障

李步云：权利优于权力　国家权力应为公民权利服务

李步云——为中国法学打造明珠皇冠的法学家

最早提出依法治国　李步云敢开第一腔

李步云：曾向中央建议宪法加入"保障人权"字句*

包丽敏

这是一位72岁的老人，脸上有了老年斑，已经谢顶，走起路来，身旁的后辈有时会忍不住想扶他一把。

可是，他却一年四季在北京、广州和长沙三地来回奔波，即使是一位熟稔的老友，也时常不知道他在哪里；他的联系方式，至少有6个，3处宅电和3个手机号码，他的一位学生说，要找到他，常常需要将几个号码拨个遍；他打电话来，常常噪音嘈杂，很可能正在北京到广州的路上，或者正在赶往长沙的机场。"我一直觉得自己并不老，也就三十多岁。"说这话时，李步云扬起两条又黑又粗的眉毛。尽管浓黑的眉毛中已夹杂少许花白，却根根如铁丝般硬直。

本该待在家中颐养天年，可近一年来他的行程反倒更匆忙。为此，朋友们打趣地说："他这是忙着四处'鼓吹'人权呀！"

他忽而飞到长沙——5年前，他被湖南大学法学院聘为名誉院长，从此开始了"人权教育"。他坚持每学期给法律专业本科生讲授《人权法学》。而此前，国内法律专业本科生通常只上《国际人权法》或《国际人权史》课程。

他忽而又飞到广州——在那里，他将《人权法》开到广州大学，听众是中文、新闻、外语、数学等不同专业的本科生。给非法律专业的学生讲授人权，他算开了国内先河。"不同专业归根到底都围绕人，都需要人文关怀。"他说。

---

* 本文载《中国青年报冰点周刊》，2005年6月8日。

他从一位哈佛学者处得知，哈佛大学与人权紧密相关的课程达261门。这个数字给了他某种刺激。"我得去弄清楚，这261门具体是些什么课。"

他的一位听众说："总是听说西方国家攻击我国没有人权，但什么是人权，我却答不出来。""什么是人权？不知道的人很多。"李步云说。于是，他四处去讲人权课。他给50多位高校教师讲人权法，跟他们探讨回到各自的学校里如何开设《人权法》课程。今年4月，他到上海浦东干部学院讲"中国的宪政之路"。"民主、法治、人权，加在一起就是宪政。"李步云说。紧接着，他到山东大学去讲人权，教室里"水泄不通，窗台上、地上都坐满了人"，李步云站着，上午一口气讲3小时，下午再讲3小时，第二天，接着又讲2小时。

从2001年始，他的"人权教育"听众，瞄准了国家公务员和社会组织。在湖南，他办了4期人权培训班，听众囊括了公、检、法、监狱、司法部门的负责人，以及"广义上的人权组织"，如残联、妇联、工会等。接着，他又给湖南省各县市160位公安局长作人权培训，并为此主编了一本内部教材《警察执法与人权保护》，讲解立案、侦查、强制措施等整个工作环节中如何保护人权。

为什么要给他们讲人权？"因为他们与人权最相关。保护人权，首先是国家的责任。人权，主要是公民与国家的关系问题。"李步云回答道。

但是"人权"这个字眼依旧有些敏感。2001年，李步云办第一期人权培训班，向有关部门请示，收到的回复是："经请示领导，我们建议最好不办"；湖南某市请李步云给党政干部讲课，李步云提出："这次咱们讲点新东西，讲人权。"对方听了便摇头；某中央机关组织培训班请李步云讲课，每次讲完课程表里排定的"依法治国"，总被要求加讲一堂人权课。但当李步云提议将人权课也排进课表时，对方却摆摆手。

李步云酝酿已久的一本《法哲学》理论著作，至今迟迟没能写完，但只要有讲课的机会，特别是讲人权，他一定不会错过。"人活在世界上的幸福，最终归结于人权的充分体现和保障，这是做人应有的价值。否则，人将不成其为人。"法学家李步云说。

他对这种"人的幸福"的追求，始于十一届三中全会召开前夕。

其时，他供职于中国社会科学院。《人民日报》于1978年12月刊登了他的《坚持公民在法律上一律平等》，这在当时的社会背景下，被形容为"石破天惊"，堪称"文革"后法学界突破思想理论禁区的第一篇文章。

此前，"中华人民共和国公民在法律上一律平等"，这一法条已在1957

年"反右"中被认为"没有阶级观点",一些强调法律平等原则的法学家也因言获罪,被打成"右派"。在其后的"七五宪法"和"七八宪法"中,这条原则均被取消。

看到这篇文章后,陕西农村的一位读者写信担忧道:"真担心你会被打成'右派'。"

李步云没被打成"右派"。并且,党中央机关刊物《红旗》杂志的编辑主动找上门来,约他就同一主题写一篇更全面详细的文章。"民主法治新的春天到来了!"李步云兴奋得三天三夜没有睡觉。

次年,李步云进一步拓展了这一论点,他与人合作在《人民日报》上发表了《论我国罪犯的法律地位》,提出罪犯也应有权利。"连罪犯权利的保障问题都已经提出来了!"时人为之一振。有消息称,一些监狱里的囚犯举着这篇文章要求自己应得的权利。

有人将李步云及他那一代法学家所进行的突破性工作称之为"拓荒"。事实上,要理解李步云的意义,首先要了解"法治"两字曾在中国长期被视为禁区,并被当做资产阶级口号多年遭到摒弃。

李步云走上这片"荒原",似乎有些偶然。这位老地下党员的儿子,从抗美援朝的战场上回来后,1957年决定考大学。一位业已考上华东政法大学的朋友来游说他报考法律系。"法律是干什么的?"李步云当时全然没有概念。

但这位朋友的一句话把他说动了:"马克思和列宁都是学法律的。"

这位追随领袖的年轻人,从此将"拓荒"的脚步伸进了"法治"的禁区。继1978年的"石破天惊"之作后,他又于1979年与两位合作者写下洋洋18000字的《论以法治国》,这是国内学者首次提出并系统论述这一问题。《光明日报》看中这篇力作,却又忐忑不安,在征求有关部门意见后,决定刊用,但提出要改标题。"理由是'以法治国'口号关系重大,中央尚无此提法"。最后,文章以《要实行社会主义法治》一题刊出。"我相信我是对的。"李步云说。老人翘着腿,坐在长沙家里的沙发上,用手轻抚着头发,沉浸在回忆中。因为这种自信,在那个年代受到压力,他"并不心慌"。民主、法治、人权,对李步云来说,"是一种信仰和追求"。因为这种追求,上世纪80年代,单位涨工资连看大门的都有,但李步云没有。

对此,李步云"并不在意"。他颇为自豪地说:"我这一生做了两件事:一是提倡依法治国,二是提倡人权,两者都被写进了宪法。"

上世纪80年代，法学界有些头面人物提出"人权是资产阶级口号"。有关方面也布置让李步云所在的社科院法学所写批判人权的文章。李步云表示，如果这篇文章的基调定为"社会主义也要讲人权"，便可以写，否则不参与。"最后我们就赖掉了。"李步云说着，挤了挤眼，狡黠地笑了。

1991年，社科院奉命成立人权研究中心，李步云任副主任。至此，中国法学界得以开始系统地研究"人权"。这个人权研究中心，给中共中央写的第一份研究报告便是《什么是人权》。

2004年，李步云参加中央领导人主持的修宪座谈会。会上，他提出应在宪法中加入"国家尊重和保障人权"字句。反对者称，一是宪法中已有"公民基本权利与义务"章节，二是世界上很多国家宪法中都没有写。李步云反驳道：这在中国很有必要，因为，一、1991年之前，主流学术界还把"人权"当做资产阶级口号来批判，现在各级领导中还有人把人权当做敏感问题；二、可以促进立法与司法；三、有利于彻底清除国际上的误解，提高我国的声誉。"未来，民主、法治、人权的方向是不可逆转的。但需要很多人去推动，我只是其中的一员。"李步云说。

17岁时，李步云在朝鲜战场上曾经准备"为保卫国家"而献身，他的左臂让弹片炸掉了一块骨头，至今无法伸展；如今，这位七旬"二级伤残"退伍军人为湖南大学法学院的毕业生写下这样的誓词："为建设现代法治国家而献身，是我们无上的荣光。"

去年，继湖南之后，李步云又在广州开辟了新的人权"根据地"，在那里设立了人权研究中心。他看中了这块"宝地"："改革开放的前沿，全国经济发展最快的地方"，"这个空间可以把人权做大"。"我想把人权做大。"这是老头儿的"雄心"：他要把在湖南开办的培训班，如法炮制搬到广东去。他要在这里带出一批搞人权研究和人权教育的人才，做出一批有影响的研究成果，办一份学术刊物，出一套人权丛书，建一个最好的人权网站和一个最好的资料库……

5月的夜风中，李步云站在湘江边的长堤上，对面便是他的湖南老乡毛泽东指点江山的橘子洲头。"民主、法治与人权是全人类的共同理想与追求，马克思主义的发展不能离开人类文明的大道。"李步云郑重地说道。

本月5日，他又匆匆飞往广州，那里正举办一期人权培训班。这次的听众，是广州市26所监狱的负责人。

【媒体评价】

李步云：见证 82 宪法实施 30 周年*

记者 李丽

人权入宪：从推开窗到打开门——纪念 82 宪法实施 30 周年

10月13日，在中国法学会为纪念 82 宪法实施 30 周年举行的论坛上，79 岁的李步云是最年长的主讲者，不过，这位已经谢顶、打着红底蓝花领带的先生不喜欢别人悄悄叫他"老头"，"我生理年龄四五十岁，心理上也就三十多岁"。

他与郭道晖、江平被尊称为中国的"法治三老"，"四五十岁"正是他们助推新中国法治事业加速前进的年纪。

那个时候的李步云在中国社会科学院法学所工作，担任法理学研究室副主任。在举世瞩目的十一届三中全会开幕之前 12 天，45 岁的李步云用一篇《坚持公民在法律上一律平等》的文章，为中国法学界突破理论禁区迈出了第一步。

"我的观点立得住脚。"李步云接受中国青年报记者采访时说，"我胆子大，不怕"。他当过兵，参加过抗美援朝战争，在那里 3 次与死神擦肩而过，左臂被炸伤，至今无法伸展。

接着，"胆大"的李步云又干了一件"捅马蜂窝"的事情。当他听同事说起"文革"期间，监狱里有的管教把饭撒在地上让服刑的犯人"舔干净"时，"非常生气"，《论我国罪犯的法律地位》就此出炉，刊登在 1979 年 11 月 27 日的《人民日报》上。

"罪犯也有权利"，李步云这篇呼吁保障人权的文章，在学界、政界和

---

* 本文载《中国青年报》2012 年 10 月 17 日。

司法界引起强烈反响，一些监狱犯人更是"举着报纸要权利"。

著名法学家许崇德回忆说，"'文革'使得民主和法制荡然无存"。当时，新中国的第一部宪法（1954年宪法）已被1975年宪法取代，"法律面前人人平等"的原则被取消；1978年宪法并没有完全消除它的影响，像"无产阶级专政下继续革命"这样的指导思想并没有改。

颁行新宪法已经势在必行

1980年9月，宪法修改委员会成立，副主任彭真专门向中央打报告，提出这次修宪要在1954年宪法的基础上进行，获得了中央的批准。

许崇德记得，当时思想氛围空前活跃。宪法要不要写序言、要不要法官终身制等重大问题，都被提了出来。

那个时候，李步云刚被借调到中央书记处研究室工作。他的第一个任务就是"起草叶剑英委员长在82宪法修改委员会第一次会议上的讲话稿，代表党中央给82宪法定调"。

李步云就此与宪法结缘，一天工作16个小时，也不回家，就住在中南海的办公室里。在1981年的一个半月里，他在《人民日报》连续发表了10篇文章，其中对宪法提出的修改建议，很多被采纳了。最让他满意的，是82宪法将"公民的基本权利和义务"前置，放在第三章"国家机构"之前。

在外行看来，这似乎只是一个小小的调整，但著名法治思想家郭道晖却将之称为"至今都闪耀着光辉"的一个进步。这种位置的变化别有深意，表明公民权利是本，是高于国家权力的，国家权力不得侵犯公民权利。

其中，从第37条开始，连续3条都是关于公民人身自由、住宅以及人格尊严不受侵犯的规定。

"这完全是'文革'的教训，特别是因一些老干部亲身受到侵害而定的。"郭道晖统计发现，82宪法对公民基本权利总共立了24条，比54宪法多出5条，比75宪法多出20条，比78宪法多出8条。

然而，写入根本大法的这些权利并没有让"人权"这个词在此后数十年里彻底"脱敏"。直到2001年，李步云在湖南办第一期人权培训班时，有关部门还是"建议最好不办"。

2003年6月13日上午，李步云参加了全国人大常委会委员长吴邦国主持召开的一个修宪座谈会。

"当时，先请一位老教授讲，他不敢讲，有人就说，李老师你讲吧。"李步云一讲就讲了4条意见，其中一条就是把"国家尊重和保障人权"写入宪法。

反对者认为，宪法中的第二章已经确认了公民的基本权利，很多国家的宪法也没有这么写。但是，李步云认为，这有利于消除大家"人权敏感"的顾虑，也能彻底消除国际社会对我们的误解。

时任中国政法大学校长的徐显明就亲历了一场"误解"。当时，他正在访问联合国人权高专办，一位官员问他："中国的宪法里为什么没有人权？"

"你错了。"徐显明回答说，中国宪法里公民有20多项权利，"比美国宪法里要多得多"，"如果你是说宪法里没有'Human Rights（人权）'这个概念，那你再等等看看"。

2004年3月14日，十届全国人大二次会议以赞成2863票、反对10票、弃权17票表决通过宪法修正案草案。其中，"国家尊重和保障人权"被认为是此次修宪的重大进步。

"我并不认为我是最优秀的，只是敢说话而已。"在10月13日的论坛上，李步云说，"我还会继续说下去。"

李步云：二十年改一字
从刀"制"到水"治"*

● 他写的《公民在法律上一律平等》是法学界思想解放开始的标志之一

● 他促成了党委审批案件这一制度的取消

● 他与人合写的《论以法治国》首次明确提出并系统论述了要在我国实行依法治国

本期口述人简介

李步云　1933年生，1949年11月参加解放军，后参加抗美援朝负伤回国。1957年考入北京大学法律系学习，1962年本科毕业，1965年北大法律系研究生毕业。1967年2月到中国社会科学院法学所工作至今。现为中国社会科学院荣誉学部委员，2004年起，任广州大学法学院名誉院长、博士生导师，广州大学人权研究中心主任。

著名法学家李步云与他的同行经过20年的努力终于让带水的"法治"取代了带刀的"法制"……

"清除精神污染"时，要求法学界主要批两个问题，一个是人权，一个是无罪推定。吴家璠是第一个在《人民日报》写文章要借鉴西方无罪推定的人，现在又叫他写文章来批无罪推定，这个文章怎么写？批人权问题的文章叫王家福、我和信春鹰三个人撰写。我说，我有个条件，不能再说

---

* 本文系南方网特邀李步云教授所做的口述讲座记录稿，南方网：http://news.dayoo.com/guangdong/zhuanti/40342/40359/200804/24/40359_3374209.htm。

人权是资产阶级口号，否则我就不参加了。在那个气候上这样的文章不好写，就有意拖掉了。

李步云进入法学的世界已经整整50年。在反右运动在全国泛滥开来的1957年，他考入北京大学法律系，师从著名法学家张友渔先生。抗美援朝的负伤，促使他完成了从军人到学者的转变。在他研究生毕业后的第二年，"文革"开始了。毛泽东主席所标榜的"无法无天"，差不多持续了整整十年。

"文革"结束后，法学、哲学和经济学在引领思想解放潮流上，贡献卓著。"皇帝的新衣"的故事，开始在各个领域上演，而李步云即是一个大声说出真相的孩子。"公民在法律上一律平等"，卑之无甚高论的常识性话语，彼时却有着石破天惊的力量，成为那个时代法学界思想解放的先声。

从自己的专业角度出发，李步云将改革开放三十年的发展概括为一条宪政的道路。"按我的理解，宪政包括法治、人权和民主三个要素。十一届三中全会以来，这三个方面都取得了很大的成就，是一个齐头并进的过程。其中首先发生突出转变的是法治，法治带动了人权，法治促进了民主。"在李步云看来，是十一届三中全会，而不是十五大，标志着中国进入了依法治国的新时代。

三十年来，李步云念兹在兹的始终是宪政。从呼唤法治到倡导人权，其个人关注点的转移中，亦可看出时代主题的变换。而民主，可能将是中国宪政道路接下来最重要的话语。

敏感的公民平等权

在当时，敌对势力是公民但不是人民，因此不能讲平等，《公民在法律上一律平等》发表后，有读者写信给我说"我很钦佩你，但是很担心你被打成右派"。

改革开放初期，法学界有两篇文章影响很大，都是《人民日报》发表的。1978年12月6日发表了我撰写的《公民在法律上一律平等》，稍晚又有乔伟的《独立审判，只服从法律》。这两篇文章标志着法学界的思想解放开始了。

写这篇文章和我个人的生活经历有关系，也和"文革"有关系。当时十一届三中全会即将召开，人心思法、人心思定、人心思治的情绪是很强烈的。大家开始突破理论禁区，以前不允许谈的问题现在可以讨论了。我想一个新的时代开始了，法学的春天到来了，就开始写《坚持公民在法律上人人平等》，从构思到写完不到半个月。写这篇文章时，压力是有的，但是心里很坦然。"文革"期间我看到的法律面前不平等的个案太多了。这是一个重大的理论问题，值得突破，而且相对来说好突破一点。不像司法独立，直到现在这四个字还有忌讳。法律平等问题在1954年的宪法中有表述，但是在1975年和1978年的宪法中被取消了。

文章发表后，国内国外反响比较大，我收到好多信件。其中一封陕西农村邮来的信，给我的印象很深。字迹很好，可能是个知识分子写的。他说"我很钦佩你，但是很担心你被打成右派"。因主张法律平等而被打成右派，并非没有先例。1957年"反右"运动，法学界抓了很多"右派"。当时最高法院刑事审判庭庭长贾潜主张"砖瓦论"，说我们可以把资产阶级法律废除，但是不能一点也不继承，就好像房子被推倒，砖和瓦还是可以用的，结果被打成"右派"。学者杨兆龙，也是因为法律的继承性和平等问题，受到批判。反革命和革命者怎么能平等呢？法律平等就是没有阶级性！

《红旗》杂志社主动请我用这个题目再写一篇文章，我对杂志社理论部的编辑说，这个题目你们要考虑，因为当时理论界和人大、政法部门中的主流看法是，"公民"和"人民"有严格区别，敌对势力是公民但不是人民，因此对他们不能讲平等，所以"公民在法律上一律平等"的说法就有点问题。而且十一届三中全会公报中用的是"人民在自己法律面前一律平等"。杂志社研究之后，还是决定和三中全会保持一致，使用"人民"这一概念。这篇文章名叫《人民在自己的法律面前一律平等》，比《人民日报》上的那篇长，是重写的。但《人民日报》上的那篇影响更大，外国的一个记者罗德里克发了通讯，说这是中国共产党在民主法制上采取新政策的一个信号，当时供中央领导人看的"大参考"登了他的通讯。

罪犯：我也是公民

《论我国罪犯的法律地位》发表以后，全国闹开了。监狱里边有人拿着《人民日报》说，"你看，我也是公民"。

我对人权问题的关注是从《坚持公民在法律面前人人平等》开始的，接下来我还写了《论我国罪犯的法律地位》。这篇文章的诞生有它的偶然因素。在一次民主与法制研讨会上，时任中国社科院副院长的邓力群做了主题发言，说"文革"期间他被关在小汤山的秦城监狱隔离审查，这个关押高级政治犯的监狱很有意思，它是公安部副部长杨奇清负责建造的，但是第一个被关进去的就是他自己。邓力群说完这个之后，又讲了一个故事，给我很大的震动。他说他当时亲眼看到监管人员为了惩罚被审查的人，故意把一碗饭倒在地上，要那个人趴在地上给舔了。

这太不像话了，我决定要给罪犯写一篇文章。我找了我的朋友徐炳。他此前在《光明日报》上就张志新事件发表了一篇关于言论自由的文章，有17个省的报纸转载了他的文章，他写这篇文章前征询过我的意见，就这样认识了。《论我国罪犯的法律地位》这篇文章，以我为主，是我俩共同起草的，刊登在1979年10月30日的《人民日报》上。

我在这篇文章中说，罪犯也是公民，他有很多权利，尽管剥夺了他很多自由，但他的财产、他的人格尊严、人身安全等都要受到保护。文章发表以后，全国闹开了。监狱里边有人拿着《人民日报》说，你看，我也是公民。我、《人民日报》、全国人大研究室，还有公安部劳改局，这四个地方都收到好几百封信，有反对的，也有支持的。该文引起很大的风波。胡乔木点名批评我，全国检察长会议也在一个文件上不点名地批评了两篇文章，说是自由化的代表。一篇是人民日报刊登的《政治问题是可以讨论的》，另一篇就是我的这篇《论我国罪犯的法律地位》。我私交很好的一个同学也在上海《解放日报》上发了一整版文章批评我这篇文章，不同意罪犯也是公民。

后来，公安部劳改局办公室主任李均仁跟我交换意见。他说："李老师你的文章写得好，很多事我们以前没有想到，确实对我们有很大的指导意义，希望你再写。"虽然前一篇文章已经被高层批了，但后来我又写了《再论我国罪犯的法律地位》，发表在1980年第3期的《法学杂志》上。那时学术界比较自由，虽然有批评，但还是可以发表。

为什么要写第二篇呢？第二篇有个核心的观点，就是罪犯被剥夺政治权利以后，不是所有的权利都被剥夺了。当时法学界很多人认为，一被剥夺了政治权利，所有的政治权利就都没有了。我说，这是不对的，只有四项政治权利没有了，其他政治权利是不能剥夺的，例如申诉、检举、控告、揭发……直到你执行枪决之前，你都可以喊冤申诉，这个权利是不能剥夺的。这也是政治权利。

后来清理精神污染，中国社科院各个所也要清理，法学所报了两篇文章，其中就有《论我国罪犯的法律地位》，还有一篇是姚壮写的，他在合资企业的中资比例问题上，和中央的想法不一样。这两篇文章上报后，主持会议讨论的中国社科院副院长张友渔保了我，他说："李步云这篇文章没有错，观点是对的，如果说有什么不足，顶多是说早了一点，现在我们这些老干部的权利还得不到保障呢，别说罪犯了。"

党委不再审批案件

1979年，我写过一篇文章陈述取消党委审批案件的9条理由，后来我参与起草的中央64号文件明确宣布取消党委审批案件的制度。

1979年，刑法、刑诉法等7部法律出台以后，胡耀邦说，党内有些规定和这些法律有矛盾，中央应该出台一个文件纠正以前的一些错误做法。中央书记处就叫中国社科院法学所推荐人，后来决定让我来搞，具体内容要我调查研究以后再定。我个人做了一些调查，起草了第一稿。

后来邓力群和我商量说，这个文件的起草太复杂了，涉及到好多问题，要我再推荐两个人，我就推荐了中国社科院法学所的王家福和刘海年，加上邓力群推荐的一个人，我们4个人起草，由邓力群主持、滕文生参加，一共讨论了8次，7次在中南海，最后一次在于浩成办公室，每次都是讨论完马上修改，第二天在中南海里面的印刷厂打印出新稿。我记得最后一次讨论前，邓力群告诉我说："政治局马上要开会讨论了，你们看看还有什么要改的？"我们又修改了几个字，由我写条子告诉邓力群。讨论过程中我们没有意见分歧。听说文件通过以后，最高法院党组全体鼓掌，这是从来没有过的事情。当时最高法院院长江华到处讲，"我认为这个文件是建国以来，甚至是建党以来，关于政法工作的第一个、最重要的、最深刻的、最好的文件，是我国社会主义法治建设新阶段的重要标志"。

这个文件名叫《中共中央关于坚决保证刑法、刑诉法切实实施的指示》，也叫"64号文件"，1979年9月9日颁布的。64号文件的突破有几个：官方文件中第一次使用"社会主义法治"一词，这是有意识地使用"治"而非"制"字，和我的观念有关系；此外，取消"公安六条"中的反革命罪和恶毒攻击罪，还宣布已摘帽的地富反坏右和公民享有一样的平等权利；此外，明确宣布取消党委审批案件的制度。

在建国后到1979年的30年时间里，判3－5年以上刑期的稍微严重些的案子，必须经当地党委讨论通过以后，检察院才能盖章批捕、法院才能判决。在接到64号文件起草任务之前，1979年3月6日，我就写过一篇2000字的文章登在《人民日报》内参上，陈述了取消党委审批案件的9条理由。不久以后，《人民日报》就用"大参考"把这篇文章报送中央政治局看了。我跟邓力群说这个内容应该写进文件，他说"你去调查一下"。

在最高法院，接待我的是研究室主任鲁明健和一个姓范的庭长，我说准备取消党委审批案件制度，征求他们的意见，他们说当然很同意，但是最好是由学者提出来，"由我们法院提，别人会说这是向党要权"。在最高检的党组扩大会议上，我提出取消党委审批案件制度，也获一致同意。在起草文件过程中，发生的一件事情也支持了取消党委审批案件的决定。大概是天津清河县，几十人开党委扩大会议时抱怨说，现在是秋收大忙的时候，事情很多，党委会还得一件件地审批案子，这个事情值得考虑。有位参会的新华社记者写了一个内参，胡耀邦和主管政法工作的彭真都批了，说要不要保留党委审批案件制度值得研究。当时我们在中南海起草64号文件，这个内参批件也印发给我们了。这就是64号文件起草的大致经过。

1998年8月29日李步云在全国人大常委会法律讲座前与当时的李鹏委员长交谈。李鹏是较早表示"人权不是资本主义的专利品，我们社会主义国家也讲人权"的中央领导之一。

为何是三点水的"治"？

1979年9月，我和王德祥、陈春龙撰写了《论以法治国》，法学界普遍认为，这是第一次明确提出要在我国实行依法治国，并从理论和时间上做了系统论述的文章。

1979年9月，我和王德祥、陈春龙撰写了《论以法治国》的一篇长文，从观念更新和制度变革两方面详细论述了要在我国实行以法治国的方针。当时中国社科院在北京举办了有全国500多学者参加的庆祝中华人民共和国成立三十周年大型研讨会。这篇文章就是为这次会议所撰写。我还在9月30日的分组讨论会上就此做了口头发言。法学界普遍认为，这是第一次明确提出要在我国实行依法治国，并从理论和时间上做了系统论述的文章，从此开始了"法治论"、"结合论"和"取消论"这三大派的激烈论争。"结合论"的观点是，"人治"和"法治"都有必要，两者应结合起来。"取消论"这一派则认为，"人治"与"法治"是西方的一种提法，不科学，有片面性，有副作用，"我们用"建设社会主义法制"就行了"。

1980年初，中国社科院法学所在北京市高级法院的一个小礼堂里，举办了全国第一次人治与法治专题讨论会，有将近四百人参加。当时安排了12个人发言。第一个发言的是董必武的秘书陶希晋，董必武八大的讲话就是他起草的。他很鲜明地说，我们要搞法治，不搞人治。

陶希晋的地位很高，他一定调，我很尊敬的一位主张"结合论"的老师，本来被安排了要发言，他却突然取消讲话。我怎么动员他也不讲了。我最后一个发言，批"结合论"，讲到半截的时候，会场中间就有人站起来，打断了我的话，说："老李，你们几个不正派，为什么把自己的观点硬塞进中央文件？"他是我的一个好朋友。我说：你不要误解，当然我们四个起草人的观点倾向于以法治国，但是这个文件在中南海前前后后进行了八次讨论，前后两个月征求过很多人的意见，再由政治局正式通过。不能说是把我们个人的观点硬塞进了中央的"64号文件"。

不过，当时包括负责中央政法工作的个别领导中，也有人反对"法治"这个提法。认为提"社会主义法制"就可以了。

1996年12月，由田纪云带队，全国人大在深圳召开了一个高级研讨班，参加这次会议的，除了各专门委员会的主要成员还有各省市的省人大主任和秘书长，共200余人。会议请我、厉以宁和吴家麟三个人做主题发言。吴家麟讲宪法，厉以宁讲经济改革，我讲依法治国。我是12月8日讲的，讲完以后就回北京了。第二天就有人告诉我，有个领导发言不同意"法治"的提法，说"有法可依，有法必依，执法必严，违法必究"这16个字已经很全面了，有动态的有静态的什么都有了，为什么一定要提三点水那个"治"？

1996年2月8日，王家福代表我们课题组在中南海为政治局讲法制课，用的还是原来定的题目：《关于实行依法治国，建设社会主义法制国家的理论和实践问题》。十五大召开前夕，我和王家福、刘海年商量，必须通过这次党代会把"法制国家"改为"法治国家"，为此给中央送了几份材料，其中一份就是江泽民1989年9月26日的一段话，即"我们绝不能以党代政，也绝不能以党代法，这也是新闻界讲的究竟是人治还是法治的问题，我想我们一定遵循法治的方针"。

三大派论争了近20年，一直到1997年十五大召开才基本结束。十五大报告起草时，还有人写信反对把刀"制"改为水"治"。但中央最后采纳了学者的建议，将"制"改为"治"。

在 1979 年以后的近 20 年里，我写了 20 多篇专题论文，全面阐述了以法治国的科学内涵、重大意义和法治国家的基本要求，并回答了"结合论"和"取消论"的种种质疑。后来我写过一篇文章回顾三大派论争这段历史，题目是《从法制到法治——二十年改一字》。关于法制与法治的区别，我将它概括为三条：首先，法制是法律制度的简称，法律制度是相对于一个国家的经济、政治、文化、军事等制度来说的，而法治从来都是相对于人治来说的，没有人治就无谓法治，相反亦然。其次，法律制度包括民法、刑法等一套法律规则以及这些规则怎么指定、怎样执行和遵守等制度；法治与人治则是两种对立的治国理念和原则，即国家的长治久安不应寄希望于一两个圣主贤君，而关键在是否有一个良好的法律和制度，这些良好的法律还应得到切实的遵守。再次，任何一个国家的任何一个时期，都有自己的法律制度，但不一定是实行法治。希特勒统治的德国和蒋介石统治的中国就是这样。

"法治"进入党的文献

1980 年，署名为人民日报特约评论员的《社会主义民主与法制的里程碑》总结了审判四人帮的经验，这是中央书记处代表中央写的，我写进了一段话：审判"充分体现了以法治国的精神"，这是在党的重要文献中第一次用"以法治国"这一概念。

1980 年 7 月，由于中共中央法律事务多起来了，中央书记处书记邓力群向中国社科院法学所要人，说需要一个懂法律的人才。法学所的领导跟我谈话，说决定把我借调到中央书记处。邓力群此前曾经领导我们起草过 64 号文件，对我比较熟悉，但是他有一个规矩，调人之前先得看一两篇文章，觉得行再调人。他看的就是 1979 我发表在《红旗》杂志上那篇关于法律平等的文章，看了之后说可以调我。我在中央书记处研究室政治组工作了一年多，是书记处研究室当时唯一懂法律的工作人员。

我在书记处研究室工作期间，开始审判林彪、四人帮反革命集团。这是很大一件事情，彭真提出来，要书记处代表中央写一篇文章，总结一下审判四人帮的经验。我具体负责这篇文章的撰写工作，写的过程中我提出最好再找一个人合作，邓力群同意了。于是我又邀请了王家福共同执笔。在起草过程中，腾文生参与了讨论，最后由林涧青和邓力群定稿。邓力群加了关于"四五运动"的一段话，说四五运动"以创造历史、推动社会前进的伟大力量，进一步为同年十月粉碎'四人帮'准备了思想基础和群众基础，为今年公开审判林彪、江青一伙创造了必要的前提条件"。

这篇文章名叫《社会主义民主与法制的里程碑》，发表于1980年11月22日，署名为人民日报特约评论员，文章总结了审判林彪四人帮反革命集团贯彻的五条原则：司法工作的独立、司法工作的民主、实事求是、革命人道主义以及法律面前人人平等原则。文章中还有一段话：审判"充分体现了以法治国的精神"。这是在党的重要文献中第一次用"以法治国"这一概念。当时我是有考虑的，我既然有这个权力，就有意识地把这个概念写进去了。

1981年，我给叶剑英起草的《在宪法修改委员会第一次会议上的讲话》中，说1982年宪法修改应当贯彻两条原则——司法独立和民主立法。

批判"人权"的闹剧

我们三人接受批人权的任务，我说，我有个条件，不能再说"人权是资产阶级"口号，否则我就不参加了，那个气候上的文章不好写，就有意拖掉了。

在论我国罪犯的法律地位后很长一段时间，我没有再写关于人权问题的文章。从那时候开始一直到1991年，舆论界都一致反对人权这个概念，说这是西方口号。上世纪70年代末，西单民主墙有张大字报，提出要请美国总统卡特到中国来关注我们的人权问题。这当然是很错误的。中央一位领导很生气，说我们要什么样的人权？是多数人的还是少数人的人权？我们是保护多数人的人权。后来要求中国社科院法学所的两个人来写批判那篇大字报的文章，题目就是《人权是资产阶级的口号》，在《北京日报》发表。文章发表后西方没有怎么注意，接下来北京大学有三个教授，在《求是》杂志也写了一篇文章，最后结论也是"人权是资产阶级口号"。西方不怎么看《北京日报》，但《求是》杂志和《人民日报》是必看的。这个事情就捅开了，西方说中国共产党、中国政府不讲人权。

1983年"清除精神污染"时，我曾到中南海开会。这个会议是发动大家清理精神污染，反对资产阶级自由化。当时要求法学界主要批两个问题，一个是人权，一个是无罪推定。我们所接受这个任务后分配给了几位同志。吴家璠是第一个在《人民日报》写文章要借鉴西方无罪推定的人，现在又叫他写文章来批无罪推定。他本来主张借鉴，现在又叫他来批，这个文章怎么写？

批人权问题的文章叫王家福、我和信春鹰三个人撰写。我们三个人开会，我说，我有个条件，不能再说"人权是资产阶级"口号，否则我就不参加了。应该讲，我们和资本主义的人权观点是有区别的，但我们社会主义也要讲人权。王家福说行，他同意。先由信春鹰写了两万多字初稿。后来这稿子和无罪推定的文章都没有发表。在那个气候上这样的文章不好写，就有意拖掉了。

1991年初，中央出了16个题目，后来又加了3个。这19个题目中包括：苏联是怎么发生变化的、西方的社会民主主义对中共和国际共运有什么影响、怎样看待民主、自由、人权问题，等等。中国社科院接受了一批任务，其中我、王家福和刘海年负责人权课题。我们先成立了一个课题组，到1992年又正式成立中国社会科学院人权研究中心，王家福任主任，我和刘海年、刘楠来是副主任。在人权研究中心举办的第一次会议上，有外交部等好几个部委派人参加，影响很大。接下来我们就写了一系列报告，给中央提建议，比如说：什么是人权、社会主义要高举人权旗帜、怎样区分人权问题和干涉内政的界限等等。那以后我们到过南亚和北美一些国家考察人权，前后给中央写了六十多份内部报告，对中央制定政策起了一定的影响。在这前后，李鹏和其他中央领导也开始讲，人权不是资本主义的专利品，我们社会主义国家也讲人权。

未成功的违宪审查

由孙志刚事件引发的收容遣送办法存废问题，我们准备搞第一个违宪审查案例。由全国人大宣布它违宪，很有好处。后来是国务院主动废除了。

人权入宪前，全国开了6个座谈会，其中一个座谈会有5位宪法学家参加，我、张庆福、许崇德、韩大元和徐显明。吴邦国主持会议，许崇德年纪最大，先叫许崇德讲，他不讲。后来点了我。我没有发言稿，讲了四个观点。

我主张人权入宪，徐显明稍后在发言中也讲了这个问题。当时就有人反对，说为什么一定要写人权？全世界那么多国家，也只是一部分国家把人权写进了宪法，我们的宪法已经把公民的权利写得很详细了，没有必要把人权再写进宪法。后来中央还是采纳了学者的建议。

2004年宪法修改后，中央电视台做了一期50分钟的专题，节目总结这次修宪的精神，我应邀在其中讲了几个问题，包括人权入宪。我讲这样几个理由，第一，12年以前，我们还说人权是资产阶级口号，现在很多干部不敢谈人权，写进宪法以后有利于进一步解放思想；第二，写进宪法有利于给人权以制度上的保障，促进制度革新；第三，有利于在国际上提高地位，提高我们的发言权；第四，人权是人人应当享有的权利，不限于宪法规定的权利，法律不规定公民不一定没有，人应当享有的权利范围要广，把人权这个总的概念写进宪法比较科学，有它的特殊意义。把人权写进宪法的主张后来被采纳了。

我提的另一个建议是关于由孙志刚事件引发的收容遣送办法存废问题。此前和法学家王利明聊天的时候，他说，你要参加的话把这个事好好提一提。信春鹰也跟我这么说。我在会上说，现在有三个公民写信，要取消《收容遣送办法》。这个问题既然现在提出来了，就必须回答人家，不回答还不行，因为它是违反《立法法》的，看来不取消不行了。我们能不能搞新中国五十多年来第一个违宪审查的案例？由全国人大宣布它违宪，很有好处。后来，不是全国人大宣布它违宪，而是温家宝总理主持国务院常务会议，主动将它废除了。

我还提议建立违宪审查制度。当时就有一位参与者反对说，"谁违宪？违了什么宪？怎么处理？我们党说了算。"另一位负责同志说，"李教授，你主张成立宪法监督委员会，这个委员谁来当？"很难啊。我觉得，问题主要是在于一些同志担心，这个委员会权力太大了，难是难在这个地方，一直不敢采纳也是怕这个，什么违宪都可以提，提出后又得受理，还得回答人家，怕到时很被动。

我提的第四个建议是修改《宪法》第126条。把"人民法院依照法律规定独立行使审判权，不受行政机关、社会团体和个人的干涉"，改成1954年宪法的提法，"人民法院独立进行审判，只服从法律。"或者将"不受行政机关"改为"不受任何机关"干涉。干涉是个贬义词。对司法工作，党要领导，人大要监督，但也不能干涉。

这后两个提议都没有被采纳。看来还得有个过程。但我相信，那只是早晚的事情。

在中国法治三十年进程中，我做过一点点贡献，但也有局限。在《坚持公民在法律上一律平等》里，我批判资产阶级法律平等的虚伪性，在为叶剑英起草的关于宪法修改的讲话中，也表示要严厉打击新兴资产阶级。

之所以这样写,一方面是一种策略,另一方面是自己的认识问题,我觉得两个方面原因都有。我的文章必须从历史角度来看。任何东西都有个历史过程,超越这个阶段是不行的,所以有人说我像6点钟报晓的金鸡,分寸和火候掌握得比较好。到现在为止,我还没有哪个观点被认为是过于离经叛道的。

(编辑:下毒)

李步云：宪政是自由的保障*

记者 杜 珂

　　市场经济不可逆转，改革开放不可逆转。如果大方向不走错，中国前途光明。

　　"必须看到，宪政是自由、平等、富裕的制度保障。""如果在言论自由、宗教信仰上缺乏宽容，就很难实现社会和谐"。

　　2011年11月20日，法学家、中国社会科学院荣誉学部委员李步云在"蔡定剑先生逝世周年纪念会"上如此强调。

　　在他看来，必须客观评估中国宪政的进展，必须对法治进程抱有忧患意识。宪政学者只有对现实有清醒的估计，勇于建言，才能推动中国的进步。

　　李步云说，中国改革开放30年，最重要的经验就是为个人和自由"松绑"，公民自由度大为扩大，促进了经济发展和社会进步。"今后中国更应在扩大自由度上有所作为，而不是放弃既往的成功经验，加强控制，收缩自由，尤其是在司法和言论领域"。

　　他在讲话中引述恩格斯的话指出，社会主义是个人自由、社会上一切自由的条件的共同体。"发展生产、以公有制为主体，都不是目的，而是手段。人的自由全面发展才是目的。"

　　李步云指出，权利平等是中国共产党革命的源头，人人富裕，也是社会追求的目标。要实现自由、平等、富裕，必须推行宪政。只有宪政才是自由的制度保障。

---

　　* 本文系根据李步云教授在"蔡定剑先生逝世周年纪念会"上的发言稿整理而成，财新网：http://china.caixin.com/2011-11-22/100330304.html。

他认为，中国决策者提倡以人为本，建设和谐社会。民本是相对于官本位而言的，社会和谐的基础是宽容。"如果言论、宗教上没有宽容，就谈不上和谐"。依法治国，保障人权，宪法至上就是宪政。

李步云警告，当前，民主、法治、人权、自由、民主博爱的观念已成为国人共识。市场经济不可逆转，改革开放不可逆转。年青一代更有知识，历史包袱也少。如果大方向不走错，中国前途光明。

李步云：权利优于权力
国家权力应为公民权利服务[*]

胡永平

中国网 11 月 3 日讯：今天上午，第二届北京人权论坛会议进入分组讨论阶段，来自世界各地的专家学者，就人权问题展开更直接、更开放的近距离对话。广州大学人权研究中心主任、中国社会科学院荣誉学部委员李步云发言说，在过去很长时间里，我们不少人受封建主义历史传统观念的影响，把法律仅仅看成是一种工具，权利观念长期以来都非常淡薄。人类社会的各种主义、政策、法律和制度以及一切其他设施，归根到底，都是为了实现和满足人的需要与幸福。然而要享受权利就必须对社会、对他人尽相应的义务，否则大家的权利都会享受不到。正确认识和处理这个问题，在我们的立法和司法里都是很有现实意义。

他说，我们的法理学过去受西方一位学者的影响，把所有的法律都归结于"权利和义务"这对基本范畴，把权力看作是权利的一部分。实际上，在私法领域，法律主要是调整自然人和法人之间的权利与义务的关系。在公法领域，法律则主要是规范国家机构及其工作人员的职权和职责。我们的法理学从来没有这样一章，专门研究国家的职权和职责这对基本范畴。很多国家工作人员对权力与权利的区别也不甚了解，甚至有些重要文件还多次出现过概念混淆。因此，他认为很有必要对此予以深入研究和广为宣传。

他认为，公民的权利优于国家权力。他指出，国家权力和公民权利有以下八点区别：（1）国家的职权与职责相对应，在法律上两者是统一的；

---

[*] 本文载中国网新闻中心，http://www.china.com.cn/news/txt/2009-11/03/content_18821079.htm。

公民的权利与义务相对应，两者是分离的。（2）国家权力不能转让或放弃，否则就是违法或失职；公民的权利则可转让或放弃。（3）国家权力伴随着强制力，有关个人或组织必须服从；公民的权利在法律关系中则彼此处于平等的地位。(4）国家权力的本质属于社会"权威"这一范畴，不能将其归结为是一种利益；公民权利的本质则是利益。（5）职权与职责，职责是本位的，法律赋予某一国家工作人员以权力，首先意味着这是一种责任；公民的权利与义务，则应以权利为本位。（6）对国家，法不授权不得为；对公民，法不禁止即自由。（7）是公民的权利产生国家的权力，而不是国家的权力产生公民的权利。（8）国家权力是手段，公民权利是目的，国家权力是为实现公民权利服务的。

他说，清楚了解与深刻认识以上八点区别，对于正确树立公民权利观特别是国家权力观，是至关重要的。

李步云——为中国法学打造明珠皇冠的法学家[*]

潇 风 周 杏

> 我很庆幸自己能够生活在这个伟大的国度和时代里，在改革开放和民族振兴的历史征途中也留下了自己的一行思想足印……我是中国人民的儿子，也是世界人民的儿子。在人类历史的长河中，在地球广袤的土地上，我不过是滚滚长江的一朵浪花，不过是巍巍泰山的一棵小草。现在和未来的一些日子里，我把自己这些微小的学术研究成果作为薄礼，敬献给养育了我的祖国和人民，敬献给曾经关心和帮助过我的同事、朋友、亲人和国际友人。
>
> ——《李步云学术精华》丛书"总序"

如果法治可称之为法学的皇冠，那么人权就应当是皇冠上的明珠。在中国的法学界，有这么一个人，他几十年如一日，埋头于法学研究，虔诚执着地为中国的法学打造着一顶镶有明珠的皇冠，对中国的法治和人权进行了长期的理论探索，为中国新时代的法治和人权建设作出了独特的理论贡献，他就是被称为"中国人权之父"、"中国法治第一人"的李步云。

"我这辈子主要就做了两件事，第一是研究人权；第二是研究法治。"才一见面，亲切和蔼的李步云先生就先给自己的人生做了一个概括。

李步云，1933年出生于湖南娄底，1949年参加中国人民解放军，1950年赴朝参战，1952年负伤回国，荣立二等功。1957年从江苏太仓县考入北京大学法律系，毕业后又顺利考取研究生，师从法学泰斗张友渔先生研究

---

[*] 本文载湖南在线民生频道，http：//ms.hnol.net/article.asp？articleid=66159。

法理。1967年进入中国社会科学院法学研究所工作至今。

李步云先生曾担任中国社会科学院法学研究所研究员，法理学研究室主任，所学术委员会委员，《法学研究》杂志主编，社科院人权研究中心副主任，研究生院博士生导师。

2000年10月起任湖南大学法学院名誉院长，湖南大学法治与人权研究中心主任。兼任广州大学法学院名誉院长，"国家人权教育与培训基地"主任、上海金融与法律研究院院长；最高人民检察院专家咨询委员会委员，中宣部、司法部"国家中高级干部学法讲师团"讲师，国家行政学院等十余所大学的教授。

从1957年进北大法律系，到现在学习和研究法律，李先生已经在法学这条路上跋涉了五十多年。大半个世纪的执着，使李先生一步步成为中国最优秀的法学家之一，在中国法理学界、宪法学界和人权研究领域享有崇高的声誉。特别是近三十年来，他参与和推动了国家法治的很多重要进程，贡献卓著，为海内外法治同道所景仰。

"中国人权之父"

2012年6月11日，中国发布《国家人权行动计划（2012～2015）》，这是我国第二个以人权为主题的国家规划，也是全世界为数不多的关于人权的国家规划，这是我国在人权上的一大亮点。

而提到这些年中国在人权方面取得的进展，就不能不说到李步云了。

1978年，《人民日报》上发表了李步云撰写的《坚持公民在法律上一律平等》一文，"这是我法治的第一篇文章，也是我人权的第一篇文章。"李步云说。文章发表后，在国内外引起很大的反响，美联社罗德里克曾撰文在国际范围内进行报道，并认为该文是一个重大的标志，表示中国在民主法制方面的政策将有重大转变。李步云也收到了很多信件，有支持他的，也有反对他的，其中有一封来自陕西农村的信，写道："我很钦佩你，但是很担心你被打成右派。"

正是有这么多人的关心和支持，使李步云毫无惧色地坚定地行走在人权这条路上。1979年，李步云又写了一篇关注人权的文章《论我国罪犯的法律地位》，发表在1979年10月30日《人民日报》。这篇文章是从当时中国社科院副院长邓力群讲的一个故事中受到启发的。邓力群"文革"期间曾被关在小汤山的秦城监狱隔离审查，他亲眼看到监管人员为了惩罚被审查的人，故意把一碗饭倒在地上，要那个人趴在地上给舔了。

李步云听了这个故事感到很气愤："毛主席都说过要把犯人当人看，他们这样对待这些还并未定罪的人是很不人道的。"这就是写作《论我国罪犯的法律地位》的初衷。在文中，主要讲了两个观点：（1）罪犯也是公民；（2）罪犯虽然没有人身自由，但他的人格尊严和人身安全等等方面的权利都应受保护。

文章发表后，全国都闹开了。很多人在监狱里拿着《人民日报》说："看，我也是公民，我也有权利，你们为什么不保护我？"这篇文章引起了很大的风波，李步云本人受到了某中央领导的点名批评，全国检察长会议也在一文件上不点名地批评了这篇文章，说它是自由化的代表作。

后来"清理精神污染"，中国社科院各个所也要清理，法学所上报了两篇文章，其中就有《论我国罪犯的法律地位》。文章上报后，主持会议讨论的中国社科院副院长张友渔为他开脱："李步云的这篇文章没有错，观点是对的，如果说有什么不足，顶多就是说早了一点。"所幸那时的学术界也还是比较自由，虽然间或有批评，但一些文章依然可以发表，不同的观点之间也可以进行交流。得益于较宽松的思想环境，李步云才没有因为该文受到更大的牵连。

1991年，在国内动乱和东欧剧变的背景下，中央开始逐渐意识到人权的重要性。为加强人权研究，1992年正式成立了中国社会科学院人权研究中心，这是我国最早的人权研究机构。王家福担任主任，李步云、刘海年、刘楠来是副主任。为了推进我国人权问题的改善，加强中央对人权问题的重视，从1990年开始，王家福、李步云、刘海年等人权研究中心成员不断到南亚和北美的一些国家考察人权，陆续给中央写了六十多份报告，对中央制定政策起了一定的影响。在这前后，李鹏和其他中央领导也开始讲：人权不是资产阶级的专利品，我们社会主义也要讲人权。这对中国来说是一个重大的转变，从此李步云开始系统地研究人权问题，并形成了自己的人权理论体系，其中很多建议被政府采纳，多数观点得到了学界认同。

2004年，中央召开修改宪法会议，李步云在会上提出把"尊重和保障人权"写进宪法，遭到了一些人的反对："现在世界上那么多国家的宪法，并不是所有国家都把人权写进去的，我们为什么就一定要写？"面对他人的质疑，李步云和徐显明等法学家在会议上进行了详细有理的论证，会议最后接纳了他们的建议，"国家尊重和保障人权"正式被写入宪法。

推进人权教育是李步云近几年花大量心血所专注的事。2002年，李步云与丹麦人权研究所合作，在湖南办培训班开展人权教育，受训学员都是法官、检察官、律师、人大干部等。这次培训班接连办了四期，学员们踊跃报名，收到了很好的效果，这也是全国最早的对国家公务员所开展的人权培训。此后，李步云联合丹麦又在湖南开办了警察培训班，全省160多名市、县公安局长学习人权一星期，2011年，李步云和瑞典人权研究所合作，又对六省市的警察开展为期3年的人权培训。在人权问题上警察所承受的压力最大，对警察普及人权知识，很有必要。这些培训都收到了很好的效果。

"在人权方面，我主要做了三件事。"逻辑思维很强的李步云先生说起话来都是有条有理的。"第一，我写了很多关于人权的文章，形成了系统的人权理论体系，第二，利用各种机会，提出改善人权状况的建议，很多都被政府采纳，第三，积极推动人权教育，尤其是对大学生的人权教育和在职干部的人权培训，均收到了很好的效果。"

"中国法治第一人"

中国改革开放之后就已提出要健全社会主义"法制"，但直到1999年九届全国人大二次会议上，才将建设"法治国家"写进了宪法。一字之差，却争议了二十年。由此不难想见这两个字之间的差异。作为一名最早提出"依法治国"的法学家，李步云先生为"法治"的改变做出了举足轻重的贡献。

1979年，李步云和王德祥、陈春龙合作撰写了《论以法治国》，这篇文章被公认为是最早明确提出我国不能再搞人治，必须搞法治，并对实行"以法治国"从历史背景、理论依据、观念变革、制度保障等方面作了全面而系统论证的第一篇文章。当时中国社科院在北京举办了有全国500多学者参加的庆祝中华人民共和国成立三十周年大型研讨会，这篇文章就是为这次会议所撰写。

这篇文章随后将题目换成《要实行社会主义法治》在《光明日报》上发表。该文引起了空前的反响。虽然那时十一届三中全会已经召开，思想重新得到解放，但在那个时代，敢于公开和"法制"叫板，这需要极大的勇气，正如中国政法大学终身教授江平评价李步云道："我最敬佩他两点：第一点，他的勇气，包括学术上的勇气；另外，我敬佩他的骨气。"

此后，我国法学界进行了一场关于"人治与法治"问题的大讨论，并形成了三种完全对立的观点：一，主张反对人治，提倡法治；二，"人治"和"法治"都有必要，两者应结合起来；三，"人治"和"法治"是西方的一种提法，不科学，有片面性，有副作用，我们国家只用"社会主义法制"就行了。

1980年初，社科院在北京还特意召开了一次法治与人治问题专题讨论会，有近400人参加，安排了12个人发言。在发言中，李步云批驳了"人治与法治结合"的观点，遭到了很多人的反对，但李步云始终坚信自己的观点是正确的。"我从没怀疑过这点。"李步云自信地对我们说。

此后的近20年里，李步云写了30多篇专题论文，全面阐述了依法治国的科学内涵、重大意义和法治国家的基本要求，并回答了学界政界对于"法治"和"人治"的种种质疑。

1979年他利用参与起草"中共中央六十四号文件"，在中央文件中首次写入"社会主义法治"概念；1980年负责撰写人民日报"特约评论员"文章《社会主义民主与法制的里程碑——评审判林彪、江青反革命集团》，第一次在中央重要文献中写进"以法治国"方针。

在李步云等法学家的坚持和努力下，1996年3月，"依法治国、建设社会主义法治国家"被全国人大八届四次会议确定为治国的根本方针和奋斗目标。1997年，党的十五大进一步将依法治国确定为治国方略。1999年3月，依法治国被写入了我国宪法。至此，中国终于实现了从"法制"到"法治"的实质性转变。

依法治国写进宪法后，李步云并没有就此停下对法治的宣传和研究，而是通过自身在法学界的影响，不断到省部级党政机关和各高等学校作关于依法治国的学术报告，还参加各类研讨会，推进法治观念的普及。2008年5月7日，李步云在济南市为山东省、市、县、乡干部的27万人作"依法治国"的讲座，人数之多、影响之大，在国内均是空前的。

在今天，李步云可谓著作等身。现已出版著作30多部，发表论文200多篇，其中在公认权威刊物发表79篇，包括《中国社会科学》3篇、《法学研究》19篇、《中国法学》11篇、《求是》杂志6篇、《人民日报》（理论版、学术版）25篇、《光明日报》（理论版）9篇，《新华文摘》全文转载6篇。能在权威刊物发表如此多的论文，在法学界很少见。

对于李步云的人品、学识与贡献，国家和社会给予了充分的肯定：
1. 1992年起享受国务院"有突出贡献专家"政府特殊津贴；

2. 2001年获中宣部、司法部"全国三五普法先进个人"称号；

3. 2002年获教育部、国务院学位委员会"全国优秀博士论文指导教师"称号；

4. 2004年获湖南大学首届十大"师德标兵"称号；

5. 2006年8月获中国社会科学院"荣誉学部委员"称号；

6. 2008年5月在南方都市报等单位主办的评选活动中，入选"中国改革开放30年风云人物200名"；

7. 2008年11月在中国经济体制改革研究会等单位主办的评选活动中，入选"中国改革开放30年120名社会人物"；

8. 2008年12月获中政委、中宣部等四单位颁发的"双百活动最佳宣讲奖"；

9. 2009年7月获中国国际经济技术合作促进会等单位授予的"建国60周年共和国建设100名功勋人物"称号；

10. 2009年8月被评选为"当代中国法学名家"。

李步云是一个真实的人，待人宽容、谦虚、真诚。他铭记着每一个帮助过他的人，每一个在他生命中留下印记的人。在他的专著《我的治学为人》一书中他写道："虽然我在各种交往中花去了不少时间，但我得到的更多，其中最主要的就是'友情'。我不会忘记我在北京医院住院时我的学生日夜轮流在我身边看护的那些日日夜夜；不会忘记已有80高龄的杨景凡、林向荣两位老教授十点多钟还冒雨登山陪我观看重庆夜景的那个晚上；不会忘记春节晚会钟声一过就会接到朱阳明将军和公丕祥教授等等友人从电话里传来的祝福声；……我一生物质财富不多，但精神上却很富有。"

就是这么一个感情丰富的人，在自己的耄耋之年，依然不停下报效祖国报效家乡的脚步，在北京、广州、湖南三地来回奔跑，毫无怨言。其精力之旺盛，对学术之热忱，让年轻的我辈们都自愧不如。我们衷心祝愿李步云先生健康长寿，继续铸造法学的那尊完美的镶有明珠的皇冠，为中国的法治和人权事业做出更大的贡献！

最早提出依法治国
李步云敢开第一腔*

记者 高园

　　李步云，在中国法学界是个响当当的人物，这不仅因为他是曾经三次为中央政治局讲授法制课的课题组成员，曾到50多个省部级单位给领导人讲法制课，还因为他在我国最早提出了法治和人权的思想，并推动二者写入宪法，因此被人誉为"敢开第一腔"的法学家。

　　5月7日，"百名法学家，百场报告会"活动来到山东，李步云作了首场报告。5月8日，李步云教授接受了记者的专访。

给政治局讲课，三做智囊起草讲稿

　　提起李步云，很多人会提到李步云曾三次给中央政治局领导讲课，而且充满好奇。李步云说，其实不是他亲自讲，但他是课题组的成员，参与准备了讲稿。

　　李步云说，给中央政治局领导讲课，是一项重大任务，不是哪个人单独完成的，一般要组成一个五六人的课题组，而且，一般会找两个人牵头，准备两个预备稿。

　　他参与的第一次给政治局讲课的主题是"市场经济建设的法制问题"，第二次是"依法治国建设社会主义法制国家"，第三次是"一国两制和香港基本法"。

---

* 本文载《齐鲁晚报》2008年5月12日。

讲依法治国那次让他记忆犹新。当时是1995年冬天，中央政治局决定1996年春要讲法制课。司法部出了几个题目，中央领导选定"关于实行依法治国，建设社会主义法制国家的理论与实践问题"这个题目。司法部最终找到李步云。李步云说，可能是因为他最早提出了依法治国的理论，并就此写了大量文章。

早在1979年，李步云就第一次明确提出我国应实行依法治国的方针，并拉开了法治论、结合论、取消论三大派的论战，这场论战持续了20年。被选中后，李步云用了十几天准备好讲稿。随后，他在司法部领导和中央机关有关人员面前进行了试讲。他说，当时他建议把题目改为"依法治国，建设社会主义法治国家"，一是原来的题目太长，二是"法制"要改为"法治"。后来，司法部还是决定由社科院法学所的王家福来讲这次课，但李步云仍是主要成员。虽然不能亲自为领导人讲课很遗憾，他还是积极参与到第二稿的起草中。

李步云亲自为全国人大常委会的领导讲过课。那是在1998年，讲的仍是依法治国。

令他高兴的是，这次他坚持的将"法制"改为"法治"得到了领导人认可。李步云说，有些主张取消法治论的人就认为，法制和法治是一回事。但"法制"是指法律制度，人治、专制时也有法制。而"法治"则是一种治国方略，与人治是根本对立的。

到50多个省部级单位为领导讲过课

除了给中央领导讲课，他还到50多个省部级单位为领导人讲法制课。

李步云说，现在，我们国家领导人学法已形成制度，中央政治局每年两次，全国人大常委会的法制课是两个月一次。像这样领导人组织专家定期去上课，在全世界是少有的。他说，中央领导人定期学法，表明了我们对依法治国的高度重视，也表明我们的领导人谦虚、谨慎，不耻下问。"这些年，领导层对知识分子的意见越来越重视，这点我感触很深。"而且，中央领导带头学法，会带动地方领导一级一级也学法，进而推动全民学法。这对提高全民法治理念起了很大作用。

他说，各级领导对依法治国很认可，都在思考这个问题，也对这个问题感兴趣，所以每次讲课，他连着讲3个小时，大家都能聚精会神地听。"官员们思想是开放的，但他们同时认识到，法治的实现有个过程，他们同时是了解现实的。"

他曾因提出"罪犯也是公民"招致批评

2004年,"保障人权"写入我国宪法,让李步云颇感欣慰,因为人权也是他最早提出来的。

早在1979年,他就发表文章说"罪犯也是公民,也有很多权利",在全国引起很大震动。

"我的观点招致很多批评,但我很坦然,我知道我的观点是对的,是立得住的,顶多是说早了点。"

最早提出法治和人权,他被人誉为是"敢开第一腔"的法学家。是什么让他有勇气在那个年代言别人所不敢言?李步云说,这可能与他的人生经历和性格有关。他自言是个"故事很多"的人,16岁参军,17岁就上朝鲜战场,18岁负伤,一生经历过风风雨雨、出生入死。他在实践中摸爬滚打,所以一直关注现实问题。"我只是性格比较敏锐,敢讲话,但又懂得掌握分寸,让中央能接受我的意见。"

现在的他,正致力于在全国开展人权教育。他说,希望一生中能在中国的东西南北中参与创建五个人权研究所。现在,北有社科院人权研究中心,中有湖南大学法治人权研究中心,南有广州大学人权研究中心,东有东南大学宪政与人权研究所,只差西边了,未来,他想在西边也建一个人权研究所。

【专题研究】

为了"人的自由与解放"
　　——李步云人权思想研究

导　论

第一章　李步云人权思想的法哲学基础

第二章　李步云人权基本理论

第三章　李步云的具体人权观

第四章　李步云的人权实现思想

结论

参考文献

李步云著作年谱

为了"人的自由与解放"*

——李步云人权思想研究

傅子沛

摘要：十一届三中全会以来，被学界称为"中国人权研究第一人"的李步云，系统研究了人权问题，使中国人权取得长足发展。他以马克思主义为指导进行人权研究。他的人权研究经历了一个不断完善的过程，可以分为"为人权解禁开路""确立人权基本理论""完善人权实现思想"三个阶段。李步云把人权定义为人依其自然属性和社会属性所享有和应当享有的权利，与权利、公民权、主权大不相同。人权源自人性，即人是自然属性与社会属性的统一体。人权不仅包括个体人权，还包括集体人权。他指出人权有应有权利、法定权利和实有权利三种存在形态，这三者存在层层递进的动态关系。李步云还强调无论任何时代与社会，人权都呈现出普遍性与特殊性、政治性与超政治性。但人权以权利为载体，应是权利与义务的辩证统一体。李步云立足于中国国情，特别是中国的人权实践，指出要有效实现人权有赖于市场经济、民主法治、和谐社会与人权文化的不断发展和完善。他的人权思想随着我国人权事业的发展而不断完善，并将继续指引我国的人权事业。

关键词：李步云　人权　应有权利

---

* 本文系苏州大学法学院法学理论专业 2010 届硕士学位研究生傅子沛同学的毕业论文，指导教师为著名法学家周永坤教授；见苏州：[苏州大学法学院硕士学位论文]，2013 – 04。

导 论

一 李步云人权思想的研究意义

在共和国的前三十年里,违反人权的事情时有发生,人权的理论研究成为学术"禁区"。改革开放以来,我国的人权事业发生了历史性剧变,人权理论从无到有,由封闭走向开放,如今我国的人权法学家终于能与世界对话。因此,笔者认为研究李步云人权思想有两个方面的意义:一是理论意义,二是实践意义。

首先,研究李步云人权思想能够向世人揭示我国人权理论建设摆脱困境的历程进程,并让世人知道以李步云教授为代表的老一辈人权学者为我国人权事业所付出的心血。李步云人权思想是中国社会主义人权理论的重要组成部分,是改革开放以来我国人权理论建设所取得成就的典型代表之一。研究李步云人权思想对于拓宽人权思想的研究领域、深化人权理念、推动我国人权理论的发展具有十分重要的理论意义。李步云人权思想是马克思主义人权理论的中国化,是马克思主义人权观的进一步升华。研究李步云人权思想能够纠正对马克思主义人权观的认识偏差,帮助人们认识真正的马克思主义人权观。

其次,研究李步云人权思想有利于提高社会大众的权利意识尤其是人权意识,促进人的个性解放,追求自由与平等。研究李步云人权思想能够使党政机关更好地做到以人为本,尊重与保障人权。研究李步云人权思想对推动中国人权事业继续向前发展、构建法治社会、建设宪政中国都具有十分重要的现实意义。

二 李步云人权思想的研究现状

李步云人权思想作为一个崭新的课题，国内外的研究十分有限。根据笔者所掌握的资料尤其是中文资料，大部分学者对李步云人权思想的研究模式可以分为两种：一是大纲式研究，二是局部研究。

首先，对李步云人权思想进行大纲式研究的论著很少，主要有邓成明教授在2003年的李步云教授七十华诞上所做的《关于李步云先生人权思想的发言》、杨松才和陈佑武于2007年合著的《李步云人权理论体系论纲》一文。

其次，局部深入研究李步云人权思想的文献较前者丰富，但仍十分有限。其中大部分文章只涉及"李步云人权思想的法哲学基础"和"李步云人权基本理论"两个主题。谈及"李步云人权思想的法哲学基础"的文章，目前国内只有一篇，那就是武汉大学赵明2003年撰写的《李步云与当代中国法哲学》。真正以"李步云人权的基本理论"为研究对象的著述可以分成两大部分：其一，研究"人权的本原"问题的论文有陈佑武于2006年发表的《人权本原的"人性"论——简论李步云先生的人权本原观》、福建三明学院郑丽珍于2009年发表的《人权的本源研究述评》。其二，关注"人权的存在形态"的论文有陈佑武于2003年发表的《人权的存在形态及实现途径——论李步云先生的人权三种存在形态理论》、福州师范大学邱玉2007年撰写的《对人权存在形态三分法的质疑》、福州师范大学苏晓纯于2008年发表的《对人权存在形态"三分说"的再认识》、莫纪宏于2011年发表的《论人权的非道德性》。当然，为了研究李步云人权思想，我们必须提及李步云教授的宪政思想尤其是人权与民主、法治的关系。目前国内研究李步云宪政思想的文章有且只有东南大学解瑞卿于2009年发表的《李步云宪政思想引读》。

通过以上的梳理，我们可以看到国内学者对李步云人权思想的研究仍十分有限，虽然邓成明与陈佑武两位先生已经对李步云教授的人权思想做了初步研究，但是始终没有人全面深入系统地研究李步云人权思想。只有全面深入系统地研究李步云人权思想才能明白李教授人权思想的时代意义以及它对中国人权发展的意义，才能了解中国人权学者为中国人权事业的发展所做出的巨大贡献，才能认识到中国目前所取得的人权成就实属不易。

三 研究方法

（一）文献解读法

文献解读法。本文的写作始终以历史唯物主义为指导，以李步云教授的专著、论文集以及其他学者的评价为研究载体，依照文献解读的常规路径，揭示李步云人权思想发生发展的历史过程、法哲学基础等。

（二）知识社会学的方法

知识社会学的方法。本文采用知识社会学的方法研究李步云人权思想的形成过程以及他对前人思想特别是马克思主义的继承；探寻李步云人权思想与其他思想的相互依赖关系；探讨李步云人权思想的真实性和可信性；确定李步云人权思想对中国人权事业的指导意义；结合中国与世界的人权实践，深化对李步云人权思想的认识。

四 李步云人权思想分期

"先生的所有著述时代感都非常强，不了解作品写作、发表时的时代背景，就不可能真正了解作品的意义，不可能真正评价先生为这个变化的时代所做出的实际贡献。"① 李步云人权思想依其演进的特点大致可分为三个时期。

（一）20世纪70年代中期至80年代末：为人权解禁开路

新中国成立后的最初几年，我国学术气氛还是比较宽松的。学术界一直贯彻毛主席主张的"百花齐放""百家争鸣"的学术研讨方针。但是，极少数右派分子攻击新生的无产阶级政权，鼓吹资本主义的"自由"与"平等"，以及东西方两大阵营的对抗，使得部分领导人错误估计国内矛盾，这使原本正常的学术讨论变成了政治斗争。在这一时期，"自由""民主""平等"成为"禁区"，谁提自由、平等，谁就有可能被扣上右派的帽子。事实上，真正的右派分子只是沧海一粟。根据中共十一届三中全会后复查统计，全国共划分右派分子552877人。复查核实改正错划（并未

---

① 李步云：《我的治学为人》，社会科学文献出版社，2010，第78页。

【专题研究】

平反真正"右派")右派 533222 人,占总人数的 97%。但学界对该人数统计的认识并未统一。至 1986 年,约剩下 5000 余名右派。消息人士称,至 20 世纪 90 年代中期,只剩下不到 1000 名"右派"。其中中央级"右派"只剩 5 人。① "十年浩劫"使人权被毁坏殆尽。直到 1978 年 12 月的十一届三中全会召开,党中央果断摒弃了"以阶级斗争为纲"的思想路线,彻底否定了"两个凡是"的方针,重新确立了解放思想、实事求是的思想路线,把国家的重心转移到经济建设上来,同时结束了在徘徊中举步维艰的局面。自此,在思想、政治、组织等领域出现了拨乱反正的新局面。

20 世纪 70 年代中期至 80 年代末是"文革"结束后中国人权建设的起步阶段。起初,"自由""平等""人权"仍是思想禁区,几乎没人敢谈。也正在此时,李步云教授敢为天下先,于 1978 年在《人民日报》上发表了《坚持公民在法律上一律平等》一文,突破了这一思想禁区。从此,人们不再一听"自由""平等""人权"就谈虎色变。在 70 年代末,法学界甚至进行了第一次人权大讨论。② 可见,此文影响之大。所以,法学界称赞他为"敢开第一腔"的法学家。③

李教授在《坚持公民在法律上一律平等》一文中,阐述了在法律上人人平等的思想。他认为,这里的公民不仅包括人民,也包括"敌人"尤其罪犯。换句话说,凡具有中华人民共和国国籍的人在法律面前一律平等。没有人能超越于宪法法律之上。同时,他指出这里的平等仅指法律适用上的平等,尤其是在司法上的平等。因为人民在立法上是不可能同敌人讲平等的。相反,法律适用应该保障"敌人"的合法权利。为了进一步阐明"法律面前人人平等"的重要性尤其是"罪犯的法律地位",李教授相继发表了《论罪犯的法律地位》与《再论我国罪犯的法律地位》两篇文章。他

---

① 参见维基百科:http://zh.wikipedia.org/zh-cn/%E5%8F%8D%E5%8F%B3#.E5.8F.B3.E6.B4.BE.E7.9A.84.E6.A0.87.E5.87.86,访问日期:2012 年 7 月 21 日。
② 在讨论中,有学者认为,人权是资产阶级的口号和意识形态,在社会主义条件下再提出"尊重人权""争人权"的口号,实际上是向党和政府"示威",是意味着要倒退到资本主义社会去。许多学者不同意这种观点,认为人权是一个历史的范畴,不应将它武断地归结为资产阶级的口号;对人权要做历史的、具体的分析,不能一概否定。无产阶级也可以而且应当使用人权的口号。这一次人权讨论涉及人权的产生与历史发展、人权与公民权的区别与联系、马克思主义对人权的态度等重大理论问题。讨论的焦点是在社会主义条件下是否承认和使用人权的口号。而当时学界的主流思想认为"'人权'从来就是资产阶级的口号",那些主张无产阶级应该争人权的学者被批判为"无产阶级专政的敌人"。参见晨钟《国内报刊关于"人权"问题的讨论综述》,《社会科学》1979 年第 3 期。
③ 李步云:《我的治学为人》,社会科学文献出版社,2010,第 58 页。

再次重申罪犯作为公民与人民在法律面前具有平等的地位，从理论上阐述了罪犯的公民地位，首次提出应保障罪犯的合法权利。周永坤教授也说道："如果说罪犯有我国国籍而不是我国公民显然就不合逻辑。李老师提出这一命题是另有深意的，这就是提倡保护罪犯的权利。"① 有人认为罪犯一旦被定罪就不应有权利与义务，李教授明确指出罪犯具有中华人民共和国国籍，是中国公民，享有宪法与法律规定的权利。例如，他指出人身自由被剥夺的罪犯的其他合法权利不因其人身受限制而予以剥夺。当时某机关文件曾点名批评该文只提保护罪犯的权利，没有讲与他们进行斗争。甚至有学者撰文，认为罪犯不是公民。法学研究所以这篇文章有"自由化"倾向，将其上报给中国社会科学院。由于李步云教授的老师、法学泰斗张友渔先生的鼎力相助，才使其转危为安。事实上，我国后来的《监狱法》还是采纳了李教授的意见。在新宪法修改前后，即1981年底，李教授为了替数以万计的"地富反坏右"以及罪犯的法律人格正名，发表了《什么是公民》一文，再次重申凡具有中华人民共和国国籍的人都是中国公民，驳斥了"罪犯被剥夺了政治权利就不是中国公民"的观点。他的这一观点被八二宪法第33条采纳。

接着，李教授于1981年先后发表了《社会主义制度下法律与自由的相互关系》与《法律与自由》，以阶级分析方法，巧妙运用逻辑论证了社会主义的中国是讲自由的。他举例说，资本主义社会的自由只是表面的、形式上的，社会主义制度的先进性与优越性，要求社会主义的中国更应该讲自由。

除上文所述以外，在这一时期，李教授在人权方面的成就还表现在：一是他与王家福和刘海年两位先生共同起草了"64号文件"，就是《中共中央关于坚决保证刑法、刑事诉讼法切实实施的指示》，促成了党委审批案件制度的废除，部分实现了审判权的独立。② 二是八二宪法采纳了他所提倡的两大原则、三条建议。为此，他先后发表近10篇文章。两大原则：第

---

① 周永坤：《我的精神导师》，载李步云《我的治学为人》，社会科学文献出版社，2010。
② 党委审批案件制度指的是法院审判员负责审理，判决由党委集体讨论决定，但实质上往往由政法委书记决定。这种"审"、"判"分离的体制使审判往往流于形式，而最终的判决往往由一人独断。可以说，新中国成立后的前三十年，我国的司法权根本没有独立。"64号文件"不仅取消了党委审批案件的制度，还做出了其他一些保障人权的规定，如废除"文革"中的"恶毒攻击"罪和为已被摘帽的曾是"地、富、反、坏"分子的人正名，规定他们都属于人民的范围，应享有民主权利。前最高人民法院院长江华先生，曾高度赞誉该文件："我认为这个文件是建国以来甚至建党以来关于政法工作的第一个最重要的最深刻的最好的文件，是我国法律建设新阶段的重要标志。"参见金延锋、刘建平、张维主编《江华传》，中共党史出版社，2007，第412页。

一个原则是民主立法，第二个原则是司法独立。司法独立原则既是一项民主原则，又是一项人权原则。八二宪法恢复了五四宪法的司法独立原则。他指出，八二宪法的司法独立原则还是需要进一步完善的。但这在那个时代是历史性的转变。三条建议分别为：第一，宪法应明确规定"凡具有中华人民共和国国籍的人都是中华人民共和国公民"。第二，恢复法律面前人人平等原则。第三，调整宪法结构，即"公民的基本权利和义务"放在"国家机构"之前，意在体现国家的一切权力属于人民，人民是国家的主人。国家机构存在的价值、目的和意义在于保障公民的各种权益。

（二）20世纪90年代初至2004年：确立人权基本理论

1988年前后，国内展开了第二次人权讨论，这主要是为了纪念《世界人权宣言》通过40周年、法国大革命胜利及《人权与公民权宣言》发表200周年。但是这次探讨基本停留在第一次人权讨论的水准上，社会主义能否使用人权口号仍是讨论的焦点，并没有实质性的突破。

1989年下半年以后特别是90年代以来，全国各地又出现人权大讨论并由此引发了"人权热"现象。在这次人权讨论期间，国际社会发生了巨大变化——苏联解体、东欧剧变，冷战的时代就此结束，国内发生学潮运动。西方国家常以人权敲打中国。这也使得这次人权问题的讨论，变成既是学术问题的研究，也是政治问题的探讨。[①] 这一时期我国关于人权问题的探讨肯定了社会主义重视人权这一观点，涉及的范围有：人权的概念、人权的产生与发展、马克思主义的人权观、西方的人权观和人权状况、社会主义中国的人权保障、人权与法制、国家主权与人权的国际保护。在讨论中，多数学者就一些问题达成了一致意见，例如，人权和公民权是两个完全不同的概念，人权是一种应有权利，人权是普遍性与阶级性的统一。但是有争议的问题仍不少，如关于人权的本原，学者们莫衷一是。虽然多数学者认可人权应为社会主义的口号，但是仍有部分学者大肆批判人权或者把人权作为同外国做斗争的工具。[②]

在这次讨论之后，李步云教授相继发表了一系列文章，阐述了其人权思想的基本理论，为其人权理论的最终建立奠定了初步基础。这主要表现

[①] 李林、朱晓青：《十一届三中全会以来人权问题讨论概要》，载中国社会科学院法学研究所编《当代人权》，中国社会科学出版社，1992。

[②] 参见李林《把人权理论研究引向深入——中国社会科学院法学研究所人权理论研讨会综述》，《中国法学》1991年第5期。

在：第一，他区分了人权与其近似的概念，如权利、公民权以及主权，从而进一步明确了人权的含义。第二，他以各种论文和著作的形式，相继阐述了人权的构成要素，即人权由人权主体、人权的内容（人权客体）、义务主体构成。第三，他初步阐释了"本性来源说"，即人权源自人的本性，以平息学术界关于人权本原问题的争论。第四，他使"三阶论"体系化并成为学界的通说。该学说认为，人权有应有权利、法定权利、实有权利三种存在形态。这三者之间存在层层递进的关系，应有权利是基础和标准，实有权利是人权的最终目标，法定权利与实有权利的距离可以用作判断一国的人权状况标准。第五，他明晰了人权的三大属性：人权的普遍性和特殊性问题、人权的政治性与超政治性问题、人权是权利与义务的辩证统一（详见第二章）。

接着，在2004年的第四次修宪时，曾有学者认为我国宪法已经对公民的基本权利做了详细规定，没必要再把"人权原则"写入宪法。李教授与徐显明教授等学者竭力要求"人权原则"入宪。李教授指出"人权入宪"有四个方面的理由：（1）"人权入宪"有助于消除人们的误解和顾虑；（2）"人权入宪"有益于从各方面尊重与保障人权；（3）"人权入宪"能够使我国与国际接轨，有利于提高我国的国际地位与声望；（4）作为应有权利的人权，是法定权利的基础，并不以宪法法律是否规定为转移。在他与徐显明教授等学者的坚持下，经中央决定，"国家尊重和保障人权"于2004年写入宪法，这使得我国的人权结构趋于完善，人权体系由封闭走向开放，也标志着我国初步建立了社会主义人权体系。

（三）2004年至今：完善人权实现思想

通过分析李步云教授的相关著述，我们总结影响人权实现的因素有两大方面：一是主观性因素，即人权的实现受到人权构成要素的影响。主观性因素包括主体性因素、人权的内在界限、义务主体多元性等。二是客观性条件，也即人权实现的社会条件。这里的社会条件包括市场经济、民主政治、法治国家、和谐社会、人权文化等。

其实，李教授并未系统阐述过影响人权的主观性因素，而只是在论证其人权基本理论时，附带性地提到。例如，他在《社会主义人权的基本理论与实践》《人的权利与义务的辩证统一》等文章中提到过人权的内在界限。相反，李教授对人权实现的社会条件进行了系统化论述。虽然人权实现的社会条件由五个要素组成，但是李教授论述"民主政治""法治国家"

的时间跨度较长。关于这两个要素，他在每一个时期都发表了相关的论文或论著。例如，他在1978年撰写的《论以法治国》一文中，首次提出"法治国家"。在其后的二十多年里，他更是发表了大量文章对"法治国家"进一步理论化、系统化。然而，有关人权实现的其他三个社会条件大都是在"人权入宪"后提出的，他在2005年出版的《人权法学》一书中进一步指出，市场经济是现代人权的经济基础，这必将带来社会关系的两大变化：一是由"身份"向"契约"转变；二是由"大国家、小社会"向"小国家、大社会"转变。接着，他在2006年发表的《和谐社会论纲》中指出，人权是和谐社会的思想与道德基础，和谐社会是人权充分实现的背景环境，和谐社会或市民社会是人权实现条件的应有之义。在2010年付梓的《法的人本主义》一文中，李教授解释了人权实现的第五个社会条件，即人权文化（以人为本）。该文指出，"以人为本"是保障人权与法制的根基，是实现社会公平正义、建设社会主义法治国家的根本保障。至此，李教授的人权实现理论得以最终形成。

第一章　李步云人权思想的法哲学基础

　　虽然李教授的法哲学著作并未明确提过"人权",但是他的法哲学思想无不透露出对"人"的阐释。因此,研究李教授的人权思想必须回到他的法哲学思想。

　　自20世纪70年代末80年代初以来,通过研究中国的具体国情,李步云教授逐步建立起自己的法哲学体系。他认为,法哲学是研究法律现象与法律意识中的哲学问题的一门科学。① 法哲学属于法学的分支而非哲学的范畴。这是由其研究对象(法、法律制度与法律思想中的唯物论与辩证法问题)决定的,法哲学并非是将哲学原理简单地套用到法学上。相反,法哲学在内容上是法学的,形式上则是哲学的。② 法哲学与法理学是并列的两个学科,都属于理论法学的范畴,为其他法学分支提供理论基础。李教授在《关于法哲学的几个问题》中将其所认为的法哲学的初步框架展现出来:法哲学应由上下两篇——四大部分即法的唯物论与认识论、法的辩证法与方法论组成。③ 国内学者赵明指出,法的双重性是法的唯物论的基本观点,是李步云法哲学思想的逻辑起点,决定了法的辩证法与认识论的发展方向;同时,他指出李教授的"法的基本矛盾"推动着法律不断向前发展;在法的认识论上,他指出李教授的"法的应然与实然"揭示了法学研究应从孟德斯鸠所说的"事物法的本质"出发——也就是应根据客观事实,摆脱先验的、主观臆断,从规律出发把握事物的本质。这三个思想共

---

① 李步云:《法理探索》,湖南人民出版社,2003,第467页。
② 李步云:《法理探索》,湖南人民出版社,2003,第470页。
③ 参见李步云《关于法哲学的几个问题》,《中国社会科学院研究生院学报》2006年第2期。

同构成了李步云人权思想的法哲学基础。

一 法的双重性与法的基本矛盾

围绕法的唯物论与辩证法，李步云教授的法哲学思想得以建立并逻辑性地展开。他认为，"研究人权法的根本方法应当是唯物论与辩证法"，[①]法的唯物论与法的辩证法通过法的双重性与法的基本矛盾表现出来。

首先，法的双重性即法是客观性与主观性的统一。一方面，法的客观性包含两方面的内容：一是法的内容是客观的。法是人们对各种社会关系及其规律认识的反映。二是法的形式是客观的，即法及其制度独立存在于社会意识之外。法的客观性还体现在法与法律意识的联系上。法是人们的一种社会活动，无论是在古代还是近现代的民主社会，立法、执法活动都是社会行为，属于社会存在的范畴，而法律意识属于思想领域。法作为一种社会存在具有确定性，而由于认识主体自身的因素，法律意识突显不确定性。比如，法律一旦制定，除了外力能使其发生变动，否则它将保持原样继续存在下去。"法与法律意识"又是历史唯物主义的"社会存在与社会意识"在法哲学中的具体体现。在法与法律意识何为本原的问题上，有学者认为"法律意识是第一性的，法是第二性的，即先有法律意识，后有法律"。[②]李教授认为，立法的依据在内容上应当是"社会关系与社会秩序的实际状况、需求和客观规律"，而在形式上须符合"法律自身的性质、特点及其规律性"，[③]尽管法律意识对法具有指导作用，但是从发生学的角度，应是先有法律，后有法律意识，这样才契合历史唯物主义。

另一方面，法作为一种特殊的社会存在有其自身的独特性，即法具有主观性与意识性。所谓法的主观性，是指法作为特殊的社会存在是社会意识的产物，体现了国家意志性，即法律是由国家制定或认可的。这使得法律具备形式的统一性、来源的权威性、效力的普遍性。法的主观性还表现在法是由立法者制定的。在立法过程中，立法者必然要受到两大因素的影响：一为立法者本身所代表的被代表者的利益，即一定阶级、阶层甚至政治集团的利益等。二是立法者本身个人的主观因素的影响。例如，基本利益的分配与要求的愿望、伦理观念、经济政治思想、狭义上的法律意识。

[①] 参见李步云《人权法学》，高等教育出版社，2005，第5页。
[②] 参见孙国华主编《法学基础理论》，中国人民大学出版社，1987，第297页。
[③] 李步云：《走向法治》，湖南人民出版社，1998，第734页。

从应然的角度，法的双重性应是协调统一的，即法的主观性应与客观性相符，而法的主观性应更好地促进法的客观性的实现。但由于诸种因素的影响，法的主观性只能近似于客观性。

其次，在法的辩证法方面，法的双重性决定法的基本矛盾即法与社会、法与法律意识之间的矛盾。在法与社会存在的关系上，社会处于主动地位，而法陷于被动。法的客观性要求法的内容应反映各种社会关系及其规律。法应随着社会关系的不断变化而变化。社会关系的性质还决定着法自身的性质，不同历史阶段的法呈现不同的性质特点。因此，李教授认为法学的研究对象应是社会、法、人，而不应像传统法学那样把三者割裂开来。在法与法律意识的矛盾上，法与法律意识相互影响、相互制约。法律意识对法具有指导作用主要表现在立法、司法过程中。而这个过程具有如下的特点：法律意识对法的指导作用表现为法律意识本质是人脑对法现象的感知，而立法、司法过程只是法通过法律意识的再现；不同主体的法律意识存在差异，而不论个体法律意识还是群体法律意识；法律意识属于社会意识的范畴，依赖于社会存在而存在，但社会意识并不必然与社会存在相一致，法律意识也不尽然与现实世界包括法现象相同一；法律意识作为社会意识具有相对独立性，或滞后或超前于社会存在；唯物辩证法指出世界是普遍联系的，社会意识之间相互影响，法律意识也必然受到其他社会意识的影响。

同时，法的基本矛盾又是法律自身发展的动力，社会与法的矛盾起主要、决定性的作用，其中法与法律意识的矛盾也充当着重要角色。这两对基本矛盾还通过对法的内容与形式、本质与现象、共性与个性、整体与部分、权利与义务、秩序与自由、应然与实然、确定性与非确定性，以及法的普遍联系与相对独立、法的稳定性与变动性、法的量变与质变、法的继承与扬弃等方面的阐释，向人们展示了颇富意义的法的辩证法和法的发展观。[①]

笔者认为，李教授的法的唯物论与辩证法较他之前的传统观点更具有优越性：其一，"法的客观性"不同于以往法学界所认定的法的"客观性"。[②] 他们所认为的法的客观性仅指法所反映的社会关系是客观的，而在这一层面上，法被视为社会意识。李教授吸收了前者的合理成分，即法是

---

① 陈佑武：《人权的原理与保障》，湖南人民出版社，2008，第128页。
② 参见杨海坤《论社会主义法的本质属性》，《新疆社会科学》1985年第6期。

社会关系的反映,一旦产生,便成为独立于主观世界的客观实在。其二,不像有学者所主张的——"法律关系是思想关系、意志关系"那样。① 相反,"法的主观性"决定了法律关系具有主观性,法律关系本身又是社会关系的法律化、规范化,因而具有客观性的一面。其三,法的双重性避免了某种法实用主义的泛滥,即忽视法作为一种社会存在的客观规律性,而把法作为恣意的工具。其四,法的双重性既肯定了法的客观性又强调法具有主观性的一面,无论是法的制定还是法的实施都涉及行为的主观性因素,也正因为这样,确保了法律的前瞻性,而不像有些学者在这个问题上陷入了机械唯物主义。其五,在法的辩证法层面,我国传统法学未能区分法与法律意识,"只是着重强调法的内容要符合现实社会生活的状况、规律与需求,而未强调法是一个独立于法意识之外的客观存在,有它自己的特性与规律"。② 相反,李教授注重法律意识与人的其他素质在静态法和动态法中所起的重要作用。

二 法的应然与实然

(一) 具体内容

法的唯物论与辩证法作为李步云人权思想的法哲学基础之一,处于主导地位。"法的唯物论与辩证法"决定了"法的应然与实然",后者对李步云人权思想的建立发挥着举足轻重的作用。

李步云教授认为,实际上,法的实然与应然既相互适应又不完全适应。换句话说,"法的实然与应然既是可分又是不可分的;既是一致的,又是不一致的。这是由法的双重性所决定的"。③ 接着,他指出法的应然状态即"法律应当是什么"体现在三个领域:法的内容、法的形式、法的精神。

首先,在法的内容上,法律是对社会关系的反映,社会关系的存在和发展有其自身的规律,法律必须反映并体现这些规律。他举例说,无论是自然界还是人类社会,无论物质还是意识,都须遵守事物间相互竞争、相互制约的规律。为充分而有效地使这两个规律发挥作用,以达到优胜劣汰,保障与

---

① 北大法律系主编《法学基础理论》,北京大学出版社,1984,第373页。
② 李步云:《法的双重性与基本矛盾》,《中外法学》1992年第1期。
③ 李步云:《走向法治》,湖南人民出版社,1998,第718页。

促进事物的存在与发展，立法者应设置相应的竞争与制约机制。与人类社会相对的自然界也有其自身的规律，法律只确认、规范、调整社会关系，但并不直接调整人与自然的关系，或者说人与自然的关系实质上是通过人与人的关系表现出来的，因而，法律也应尊重自然界的规律。

其次，法的形式也有一个"应当是什么"的问题。这是由法的双重性所决定的，尤其是法的客观性。法的客观性通过法的内容与形式等方面表现出来。矛盾的普遍性与特殊性原理使得法与其他社会现象的相互关系以及运动规律，同法与其他社会现象自身的运动规律，是共性与个性的关系。李教授指出，法律有其自身的特性、特有范畴。不论是在宏观还是微观上，法律都有自己的特定结构与逻辑。从形式上说，法作为一种特殊的存在，有其自身的性质与特点，必须符合法的形式的规定性与特殊性。他举例说，法不是立法者的主观臆断。无论执政党的政策或它联合其他国家机构制定并公布的规范性文件，未依法定程序不得成为法律。同样地，违背程序正义的判决应不具法律效力。

最后，法的精神也应体现"事物法的本质"。对此，法的精神应符合两大要求：一是以正义为核心的伦理道德，二是以人权保障为核心的法的价值。[①] 李教授认为，法律的主要任务在于保障人权。人权以权利为基础。权利本质上表现为利益关系。自由与平等、秩序与效率，作为法律价值，都直接或间接地与利益有关系。因此，法律的精神可以归结为"利益"与"正义"。这二者既是人对生存以及生活得更好的要求，又是处理人与人之间关系的准则。"利益"与"正义"是法律存在的目的，从根本上推动了法律由低级向高级进化。不同的人具有不同的社会地位、文化背景、正义观，这就决定了法的精神具有两重性。法的精神具有两重性，即保障人权的道德要求以及追求正义的价值取向具有永恒性与时代性。法的精神自始至终贯穿于法的内容与法的形式。因此，法的内容应符合一定的道德要求和价值取向；法的形式应体现正义与平等；法的双重性还表现其受事物存在所应符合的规律的制约。

（二）学说评析

"应然与实然"问题又叫作"休谟问题"，但是休谟对此并未有系统的阐释。李步云教授就这一问题的法哲学阐释，笔者有如此看法：

---

① 李步云：《走向法治》，湖南人民出版社，1998，第721页。

首先，李教授继承了马克思关于"法的应然与实然"的学说。马克思认为不应当把法的应然与实然割裂并对立开来。制定法应与"事物的法的本质"（法的应然）相符，而不是让"事物的法的本质"迁就制定法。所谓"事物的法的本质"，是指"法所调整的各种客观的社会关系的必然性和规律性"。① 这就要求立法应当尊重客观事实，遵守客观规律，摒弃主观恣意。

其次，李教授发展了马克思关于"法的应然与实然"的学说，主要是指他进一步完善了马克思有关"法的应然"的理论。马克思对"法律应当是什么"的回答主要有以下几个方面的内容。第一，在法的内容上，马克思认为"真正的法律"是对必然（规律）的、事物本质的反映，应当符合事物的本来之理。法律是对既存社会关系的抽象表达，而社会关系集中表现为权利义务的辩证统一——自由，也就是说法律的内容即自由。自由在于认识必然（规律）并利用必然改造客观世界。人类只有自由地认识必然，才可将事物的应有之义在法律层面表达出来。没有自由地认识必然，法律只能是不自由的法。这种法并不真正表达必然，也不体现自由。正因为如此，立法者"不是在创造法律，不是在发明法律，而仅仅是在表述法律，他用有意识的实在法把精神关系的内在规律表现出来"。② 第二，关于法的形式应当符合法的应然状态的问题，马克思也表达了其自身的独特观点。他指出，"法律是肯定的、明确的、普遍的规范，在这些规范中自由获得了一种与个人无关的、理论的、不取决于个别人的任性的存在"。③ 在这里，马克思表达了他对形式法治的理解：法是"普遍的"，对不特定人具有普遍的效力；规范是"明确的"，即法律文本必须明确具体，不能含糊其辞；法是"肯定的"，即法要求官方行为与法律相一致，以及要求法律是可预测的；法律不是个别人的任性的存在，确保了法律的可遵守性；作为"理论的存在"的法律必须具有稳定性而不是随个别人的"任性"而朝令夕改。第三，马克思认为法的精神特别是法的价值在于对自由的追求。法律是现实全人类自由解放的工具，必须始终自觉地服从和服务于自由，而不是成为阶级压迫的工具。马克思指出，"自由确实是人的本质，就连自由的反对者在反对自由的现实的同时也实现着自由"。④ 正如马克思主义所批判的那样，统治阶级的法律不可能承认广大人民的自由，阶级社会的法律不过是施行阶级统治的工具。在资产阶级革命

---

① 李步云：《走向法治》，湖南人民出版社，1998，第715页。
② 《马克思恩格斯全集》第1卷，人民出版社，1995，第347页。
③ 《马克思恩格斯全集》第1卷，人民出版社，1995，第176页。
④ 《马克思恩格斯全集》第1卷，人民出版社，1995，第167页。

后，欧美资本主义各国虽然以法律的形式规定了人民的许多自由，事实上却设置了大量限制。对此，马克思主义表示深恶痛绝。因此，马克思主义指出唯有真正保障自由的法律才是真正的法律。

最后，李教授吸收了自然法理论中有关"法的应然与实然"的科学合理的成分。自然法学说认为，法的应然或应诉诸上帝的理性，或源自人类理性。例如，斯多葛学派主张无论何人都受制于习惯法与自然法。自然法源自上帝的理性，是永恒不变的。自然法的效力高于习惯法。自格劳秀斯发表了《战争与和平法》一书之后，古典自然法学家逐渐摆脱上帝理性的束缚，他们不再从上帝那里寻求理论基础，而是转向人本身，即人类理性。不论是古希腊罗马的哲学先贤还是古典自然法学家，在这一问题上，都无法摆脱先验主义哲学的窠臼。相反，李教授从唯物主义认识论出发，认为法应符合"事物的法的本质"。另一方面，李教授批判了实证法学者将法的应然与实然根本对立开来。实证主义者，认为"应当"只是一种主观价值判断，每个人都有其自身的认识，没有客观标准，因而他们把法的应然状态与实然状态割裂开并对立起来。这种论断是正义相对主义和不可知论的表现。在法的应然与实然问题上，虽然新分析法学的创始哈特较奥斯丁有较大的妥协，即认为法的实然事实上往往与法的应然相符，但是这二者之间没有必然联系。作为实证主义者，哈特的立场并没有发生实质性改变。

综上，如果没有李教授的法哲学为其人权思想提供理论基础，李步云人权思想将成为无本之木，无源之水。陈佑武先生也指出李教授的法哲学为李步云人权思想提供了方法论。因此，笔者认为李教授的法哲学思想同李教授的人权思想具有如下联系：

从宏观的角度看，李教授在人权研究上始终坚持法的唯物论与辩证法。一方面，在人权的理论研究上，他指出学术界深受"五个主义"的毒害，[①]

[①] "五个主义"的危害：一是法学教条主义，即把马克思主义经典作家的言论奉为至理名言，不假思索就照单全收。例如，在1978年之前，国内学者大书特书法具有阶级性，然而那只是马克思主义所揭示的资本主义社会法的阶级性的简单套用。法的阶级性必须以存在阶级对立为前提，社会主义社会都不存在阶级，那在社会主义社会，谈法的阶级性就显得很滑稽。二是法律经验主义。其基本特征就是否定理论对实践的指导意义，片面强调本国的实践经验，否定法的历史继承性。三为法律虚无主义。其实质是强调人治否定法治，把国家的兴亡完全由少数领导人决定。四是法律工具主义。认为即使需要一些法律，也仅仅把它看作是少数人治理多数人的手段，漠视法律的伦理性价值，否定法律保障人权、约束权力的功能。五是法学实用主义。这种思想否定学术宽容，对理论研究设置"禁区"。在这种思想的高压下，学者不能对现行国家政策、制度以及领导人的言论进行批判指正，而且只能说对，不能否定，否则就动辄"抓辫子、扣帽子、打棍子"。

倡导理论研究应坚持法的唯物论与辩证法，而在人权研究上，更需要坚持"法的双重性"与"法的基本矛盾"。另一方面，法的辩证法特别是"法的基本矛盾"推动着李教授的人权思想不断向前发展，这使得李教授的人权体系成为一个开放型、发展型、指导型、实践型的思想体系。

从微观的角度看，李教授的法哲学思想为其人权理论提供了思想基础。在法的唯物论与辩证法方面，他以"法的双重性"与"法的基本矛盾"阐释了人权的基本理论。例如，在人权的存在形态问题上，他充分运用"法的双重性"与"法的基本矛盾"，提出了人权的三种存在形态，即应有权利、法定权利、实有权利。应有权利作为一种社会关系是客观存在的。由于立法者等主观因素的影响，法定权利具有一定的主观性。根据"法的双重性"，法定权利是社会关系在法律上的反映，仍具有客观性的一面。"法的双重性"使得权利的法定化过程必然受主客观因素的影响，在具体的立法实践中，立法者的主观意愿影响着权利法定化。然而，在法的实现过程中，"法的基本矛盾"即法与社会、法与法律意识的矛盾使得"实有权利"往往与"法定权利"存在差距。同时，他以"法的双重性"阐释了人权与人权意识决定与被决定的关系，人权意识在人权的实现上具有能动的反作用。在法的认识论上，他强调应尊重人权的"事物法的本质"（法的应然）。例如，他在表述人权本原问题时，即明确指出人权来源于人的本性，即人是自然属性与社会属性的统一体，二者都是人权发展不可或缺的条件。在看待人权的普遍性与特殊性、政治性与超政治性问题上，应处理好"法的应然与实然"。从应然层面，人权本应是普遍的与超政治性的，现实中的各种因素使得"实然"不必然与"应然"完全相符。也就是说不应以"实有人权"的特殊性、政治性否定普遍的、超政治性的人权，"事物的法的本质"应作为人权的追求目标。再如，他指出人权实现需要法治，而所谓法治就是良法之治。不论形式法治还是实质法治皆应符合法治的必然性要求。

第二章　李步云人权基本理论

本章所要回答的是李步云人权思想的基本理论问题,即"人权是什么"。这涉及本章的五个内容:一是人权的定义。二是人权的本原,即人为何应当享有人权?三是人权的构成要素,即人权主体、人权内容、义务主体等内容。四是人权的存在形态。五是人权的属性,它涉及一些更深层次的人权问题,如人权的普遍性与特殊性、人权的政治性与超政治性等。

一　人权的定义

"所谓人权,是人依其自然属性和社会属性所享有和应当享有的权利。"[①] 李步云教授从广义和狭义两个维度区分了人权,广义上的人权指自人类社会存在以来就有的人权。他把资本主义社会以前的人权分成两个阶段:第一个阶段是原始社会的人权。这时期,人们享有十分有限的权利。第二个阶段是奴隶社会与封建社会的人权。在这一时期,权利与义务是相分离的。人们能够实际享有的人权较原始社会多。由于私有制与阶级对立,法定权利也不过是统治阶级的特权。

狭义上的人权,被划为三个阶段:第一个阶段是指资产阶级革命时期以及这一革命在全世界取得全面胜利以后一个很长时期里的人权,即第一代人权。这一时期的人权崇尚个人自由,提倡个人积极参与国家政权,具体表现为古典市民权与参政权。美国的《独立宣言》与法国的《人权宣言》确立了第一代人权。第二个阶段的人权被称为第二代人权,它随着社会主义运动的兴起而出现,是对古典自由主义的修正。"古典自由主义者

---

① 李步云:《论人权》,社会科学文献出版社,2010,第3页。

害怕通过对原则上的社会经济平等的集体决策而丧失个人自由。"① 其内容是以生存权和国家对经济自由的限制为中心的社会权。苏俄的《被剥夺劳动人民权利宣言》与一战后的德国的《魏玛宪法》为标志性文件。第三个发展阶段指的是第三代人权，它是从二战以后争取民族独立、人民解放的反对殖民主义的运动中产生并发展起来的，例如民族自决权、发展权、环境权。第三代人权理论带有集体（共同）性质，超越了之前以西欧社会为中心而形成的传统的"个人的人权"概念，是典型的集体人权。

为了进一步明确人权的含义，李教授把人权与权利、公民权甚至主权进行比较，以辨明人权与其他三者的联系，从而进一步深化人权的含义。

（一）人权与权利

李步云教授认为人权与权利存在如下联系：（1）人权本质上是权利，以权利为载体，但并非所有的权利都是人权。（2）从历史的角度看，人类对事物的认识是一个循序渐进的过程，而权利无疑是对该过程的反映，借助权利人们能够加深对人权的认识，因为现代人权理论以权利为依托而构建与完善。

同时，他也强调人权与权利存在一定的区别：（1）本原不同。人权源自人的本性，即人的自然属性与社会属性。而权利的本原则呈现多样性。不同性质的权利有不同的来源。他举例说，道德权利源自道德原理或者伦理说教，习俗权利源自习惯与民俗等。（2）主体不同。他认为，个人是主要的人权主体，即马克思所说的"有感觉的、有个性的、直接存在的人"，"从事实际活动的人"，"可以通过经验观察到的发展过程中的人"。② 人权的本质是以权利对抗权力，所以代表公权力的政府就不能成为人权主体。同时，人权主体还包括特殊的社会群体，例如妇女、儿童、老人、残疾人、消费者、犯罪嫌疑人和罪犯、少数民族或种族等。权利主体不仅仅指自然人，甚至包括法人等。例如，我国《民法通则》规定民事权利主体包括自然人、法人、其他组织等。（3）客体不同。李步云教授认为所谓人权内容（人权客体），是指人应当能够享有的权利。人权的客体是一个多层次、内涵丰富与广泛的概念。③ 它包括政治权利、经济文化社会权利、民

---

① 〔美〕D. 福赛希：《人权的政治哲学》，沈宗灵译，载沈宗灵、黄枬森主编《西方人权学说》（下），四川人民出版社，1994。
② 张文显：《论人权的主体与主体的人权》，《中国法学》1991年第5期。
③ 李步云：《论人权》，社会科学文献出版社，2010，第69页。

族自决权、发展权、环境权,等等。人权既是抽象的法律关系,又是具体的法律关系。具体人权表现为法定权利。由于来源的不同,并非所有的权利都是人权。权利是否属于人权要视情况而定。(4) 存在形式不同。人权的存在形态有应有权利、法定权利、实有权利。"虽然人权的客体是权利,但不能认为权利的存在形态就是人权的存在形态","因为权利的存在形态实际上以权利的载体为依据"。①

(二) 人权与公民权

在 20 世纪 80 年代中期,有学者主张"什么是人权?简言之,人权就是人民的权利,或者叫公民的基本权利"。② 李步云教授指出,人权不同于公民权(公民的基本权利),不能把二者等同。

首先,主体不同。只要是一个活生生的人,不管其是否具有一国国籍,他(她)都应当享有人权。只有具有一国国籍的人才可享有公民权,或者说公民权具有属人主义效力。他认为人权问题首先存于社会生活而后成为法律问题,公民的基本权利大都是人的政治权利与自由在法律上的表现。③ 所以,人权的主体更广,不仅包括一国公民,还包括外国人、无国籍人、甚至难民等等。例如,日本通过批准《难民条约》,不仅难民的地位,而且长期以来悬而未决的在日韩国和朝鲜人等定居外国人的法律地位也得到了改善。④ 日本法律甚至规定在日韩国人和朝鲜人享有选举议员的权利。其次,内容不同。他认为,人权的存在形态有应有权利、法定权利、实有权利,而法定权利包括公民权。换句话说,只要是公民权就是人权,但人权不一定是"公民的基本权利"。最后,人权更具有原则性,公民权是人权的法定化。作为应有权利的人权是法定权利的基础,法定权利应与应有权利相符。法定权利不能完全穷尽应有权利,对于那些宪法没有规定的人权,可以通过权利推定的方式推导出来。

(三) 人权与主权

自 19 世纪中叶人权保护进入国际领域以后,人权的国际保护与国家主

---

① 李步云:《论人权》,社会科学文献出版社,2010,第 69 页。
② 乔伟:《论人权》,《文史哲》1989 年第 6 期。
③ 参见李步云《论人权》,社会科学文献出版社,2010,第 67 页。
④ 〔日〕大沼保昭:《人权、国家与文明》,王志安译,三联书店,2003,第 279 页。

权的关系，就一直是国际法领域中一个具有重要理论意义与实践意义的问题。① 人权的国际保护与国家主权的关系，在国际法上存有争议。西方有学者认为，"人权高于主权"，"人权无国界"。李步云教授指出，不可以片面认为人权高于主权，或者说人权是主权的附庸。他结合历史与现实，解释了人权与主权的辩证关系：人权高于主权，又不高于主权。首先，从发生学的角度看，国家主权即一国国家权力，人权则以权利为载体。而国家的一切权力来自人民的权利，所以主权源自人权。在价值层面上，国家主权对外代表全体人民的利益，是一国人权在国际法上得以实现的工具。在一国国内，主权的目的在于保障人权的实现。但是主权作为权力，有容易异化的一面，而以权利抑制权力，能够有效防止权力滥用的侵害。其次，从国际人权实践看，人权在一般情况下属于一国管辖范围，由各国自主管理，他国不得干涉。当人权属于一国管辖范围内，主权高于人权。当人权超出一国管辖范围，人权高于主权。

二　人权的本原

人权的本原即人权产生的基础与根据，或源自人的本性，或为国家与法律赋予，或者基于其他原因。② 明确人权的本原是正确把握人权的主体、人权的存在形态、人权的属性与人权的实现等问题的必要条件。

（一）"本性来源说"

在20世纪80年代，人权的本原问题才开始成为学术界讨论的对象。作为人权基础的"自然权利说"（天赋人权），因其理想与现实的差距而被认为具有虚伪性。为了探寻马克思主义的人权本原理论，有学者相继提出商赋人权论、生赋人权论等，这些理论主要是从人权实现方式的物质制约性来探讨人权的本原，换句话说，这些理论都只是从人的社会属性来说明人权的本原。90年代后半期至21世纪初，学者才完全突破这种研究的局限，把人权的本原定位于人，即从人的本性追寻人的本原。李步云教授的"本性来源说"也就是在这一时期逐步形成的。该学说最早见于《论人权的三种存在形态》（《法学研究》1991年第4期）。《论人权的本原》（《政

---

① 张志铭等主编《书剑人生》，湖南人民出版社，2004，第158页。
② 参见郑丽珍《人权的本源研究评述》，《哲学动态》2009年第12期。

法论坛》2004年第2期）将该学说进一步系统化。该说认为人权源自人的本性，即自然属性与社会属性的统一。

首先，人的社会属性体现在人生活在各种社会关系之中。亚里士多德也曾说"人是天生过政治生活的动物"，也就是说，"人的本质并不是单个人所固有的抽象物，实际上，它是一切社会关系的总和"。① 人是社会中的人，人不可能脱离社会而存在。各种利益矛盾与冲突只存在于社会关系中，需要权利与义务的调整。社会关系是人权存在的前提。人权的社会属性要求人权是互利的关系。人权的这种互利性要求反对把人当成工具，不仅在道德上应把人视为自己的同伴，更要求超越道德从法律上尊重人权，以使人权进入不得侵和不可侵的法律的领地。李教授认为人的社会属性对人权的意义在于：一方面，由于人权以权利为载体，而权利本身就是一种社会关系，若没有社会关系，人权便没有存在的意义。另一方面，无论是人权、人权思想、人权制度还是人权客体以及人权的实际享有都具有物质制约性。

其次，自然属性即人们通常所说的"人性"。自然属性包括天性、德性、理性。李教授认为，人性的第一个基本要素是天性。天性主要包括安全、自由、幸福。追求安全、自由、幸福，是人的本能，是与生俱来的。作为高级动物的人，不仅有着本能的求生欲望，要求能够活下去，而且要求活得好，过得自由自在，在物质生活和精神生活方面都不断地得到满足。② 马斯洛也认为人对需要的追求是一种层层递进的逻辑体。人的需要有安全的需要、归属和爱的需要、尊重的需要、自我实现的需要、对认识和理解的欲望的需要、对美的需要，这是一个从低级到高级的递进演变过程。李教授指出，以平等、博爱与正义为核心的德性是自然属性的第二个基本构成要素。平等、博爱、正义作为道德基本准则源自人性和人类固有的价值与尊严。他还认为，无论是东方还是西方都是以"性善论"为主导。自然属性的第三个基本要素是理性。理性由三个部分构成：一是理性认识能力，即人们认识世界与改造世界的能力。人们能够充分发挥主观能动性，认识事物的本质，把握事物运动变化的规律，以使主观意志符合客观要求。二为理念，即人们通过理性认识能力感知与认识世界。三是自我约束、自我克制的能力。

---

① 《马克思恩格斯全集》第3卷，人民出版社，1995，第5页。
② 方立新、夏立安编著《人权法导论》，浙江大学出版社，2007，第9页。

"本性来源说"强调要把人的社会属性与自然属性作为统一体来把握。其主要理由在于：首先，这个物质的世界本身就是矛盾的统一体，矛盾是事物发展的动力，内因是事物发展的依据，外因是事物发展的条件，外因通过内因作用于事物本身。人的自然属性是推动人权发展的内因，而人的社会属性是人权发展的外因。二者都是人权发展不可或缺的条件，但人的自然属性起着根本性的作用。其次，世界上的任何事物，都是共性与个性、抽象与具体的对立统一。由于人既是抽象的人，又是具体的人，人与人之间虽存在差异，但人有理性认识能力，能感知并认识这种共性的存在。在此基础之上的人权既可以是抽象的，又可以是具体的。[①] 最后，人的自然属性与社会属性的统一是马克思主义的基本观点。

（二）"本性来源说"的成因

"本性来源说"把人的自然属性和社会属性与人权联系起来，这也是李步云教授把马克思主义与中国的实际问题联系起来的结果。"本性来源说"有以下几个方面的成因：

1. 吸收了"自然权利论"的合理成分

李步云教授认为，自然权利论只承认了人的自然属性，否定了人的社会属性。自然权利论认为人权是永恒不变的，它无法说明不同历史阶段的人权的不同性质与状况。虽然自然权利论具有片面性和不科学性，但它肯定了人的自然属性，仍具有一定的正确性与科学性。"对自然权利论的推崇与肯定把李步云教授与他同时代的大多数学者区别开来，这也使得人们开始重新审视自然权利论。"[②] 他研究了自然法理论的发展过程，批判地继承了自然法学说在不同历史阶段的合理性成分。例如，他继承并进一步发展了霍布斯自然法理论中的合理成分。霍布斯认为，人性中存在追逐利益、希望安全与进行侵犯三种基本要素。李教授将人的这种"天性"加以发展，提出了人的"天性"就是"人的生命不受肆意剥夺；人的人身安全不受任意伤害；人的人身自由不受侵犯，思想自由不受禁锢；人的最低生活得到保障，人有追求幸福的愿望……"。[③]

2. 批判了国内观点的片面性

马克思主义从历史唯物主义出发，认为人权是由人的本质所决定的，

---

① 陈佑武：《人权的原理与保障》，湖南人民出版社，2008，第121页。
② 陈佑武：《人权的原理与保障》，湖南人民出版社，2008，第122页。
③ 李步云：《论人权》，社会科学文献出版社，2010，第87页。

人权是一定社会关系的反映,因而人权的内容及其实现程度必然要受到其所处的社会条件的制约。由于误解了马克思主义,我国理论界对人权本原问题的理解存在差异,其中主要有"斗争得来说""商赋人权说""国赋人权说""生赋人权说"等学说。

持"斗争得来说"的学者认为,"人民掌握了国家主权,才能获得人权,人权是经过革命、经过夺取政权争来的"。[①]李教授认为该观点实质混淆了"人权的本原"和"人权的实现方式",把"斗争是人权的实现方式"当成了"人权的本原"。因为斗争有两种含义:一方面,斗争是人权的实现方式。只要存在人类,便存在人权,这是由人的本性决定的。耶林也提到"斗争与和平——和平是法权的目标,斗争为其手段,两者经由法权的概念和谐一致地得出,且与之分开"。[②]"斗争来源说"强调的"斗争"是人权的一种实现形式与方法,而不是人权的本原。另一方面,斗争本身就属于人权的范畴。斗争权是人们对政治专制、人身依附、阶级特权、政治压迫、剥削与宗教精神禁锢进行反抗的权利。美国宪法就明确规定了人们有反抗独裁专制的权利,所以美国至今没有出台禁枪令,因为那是人们争取自由的权利。

有的学者认为,人权是国家赋予的,即国赋人权。[③]但是,国家存在的目的在于保障人权,而权力只有掌握在人民手中,才能确保国家真正保障人权。国家保障人权是一项不可放弃、不可转让的义务。马克思也说过,"国家放弃自己的义务毕竟不仅是一种疏忽,而是一种罪行"。[④]因此,李教授不能由"国家应保障人权"得出"人权是国家赋予的"。"商赋人权说"从近代人权发展的历史考察,主张人权是商品经济发展的历史产物,因而人权内容的扩张与人权的实现依赖于经济的发展。李教授认为该学说有一定的合理性,从狭义上讲,人权是在商品经济发展到一定阶段后才出现的,但从广义上讲,人权作为人应当享有的权利,是与人类社会共始终的。

有学者认为,"人权不是天赋的,而是社会历史的产物,是社会一定生产方式的产物,是社会一定经济关系在制度上、政治上和法律上的表

[①] 张光博:《关于宪法学涉及的几个理论问题》,《人民之友》2000年第12期。
[②] 〔德〕冯·耶林:《为权利而斗争》,郑永流译,法律出版社,2007,第1页。
[③] 参见张光博《关于宪法学涉及的几个理论问题》,《人民之友》2000年第12期。
[④] 《马克思恩格斯全集》第1卷,人民出版社,1995,第277页。

现"。① 李教授指出，这种"生赋人权说"肯定了"原始人权"的存在，即人权普遍存在于人类社会的各个历史阶段。社会经济结构作为人权存在与发展的外在条件，对不同历史阶段的人权有着重要影响。"不少人权是历史条件形成的，但其内在根据仍是人的自然属性即人性。"② 换句话说，部分人权的出现受一定经济条件影响，但它们存在的内在根据仍是人的自然属性；部分人权是天生的，但其具体内容具有历史性，随着社会条件的发展而发生变化。

3. 继承并发展马克思主义的人权本原学说

"李步云教授是在马克思主义经典作家的经典教养下成长起来的法学家，对马克思的哲学主张有精湛了解。"③ 马克思主义是李步云人权思想的理论基础。研究李教授的人权思想必须回归马克思主义，只有了解马克思主义，才能进一步理解李教授的人权思想。马克思、恩格斯两位导师曾指出："作为市民社会成员的人是本来的人，这是和 citoyen［公民］不同的 homme［人］，因为他是有感觉的、有个性的、直接存在的人，而政治人只是抽象的、人为的人，寓言的人、法人。只有利己主义的个人才是现实的人，只有抽象 citoyen［公民］才是真正的人。"④ "我们首先应当确定一切人类生存的第一个前提也就是一切历史的第一个前提，这个前提就是："人们为了能够'创造历史'，必须能够生活。但是为了生活，首先就需要衣、食、住以及其他东西。因此，第一个历史活动就是生产满足这些需要的资料，即生产物质生活本身"，而人又是"一切社会关系的总和"。⑤ 这就是说，人的自然属性是人类一切社会活动的出发点，人类首要的社会活动就是为了保障人类的物质性存在，满足人类的物质需求，这就要求在社会中体现人的自然属性。在人权本原的问题上，马克思主义虽然多次强调社会属性的重要性，但从未忽视人的自然属性。相反，马克思与恩格斯多次提及自然属性并强调其意义。有的国内学者却误解了马克思主义，认为马克思主义只强调人的社会属性的一面。⑥ 相反，李教授的"本性来源说"以马克思主义人权本原理论为基础，吸收了"自然权利论"等学说的合理成分。

---

① 叶立煊、李似珍：《人权论》，福建人民出版社，1991，第225页。
② 李步云：《论人权》，社会科学文献出版社，2010，第84页。
③ 赵明：《李步云与当代中国法哲学》，《现代法学》2003年第3期。
④ 陈佑武：《人权的原理与保障》，湖南人民出版社，2008，第309页。
⑤ 李步云：《论人权》，社会科学文献出版社，2010，第95页。
⑥ 参见孙国华主编《人权：走向自由的标尺》，山东人民出版社，1993，第5、9、10页。

关于人权的本原问题，国内学者莫衷一是。从历史的角度来看，李步云教授的"本性来源说"第一次较为系统地回答了人权的本原问题，而且纠正了国内学者的错误看法。这不仅为一切被压迫人民和民族以及社会上的各种弱者争取与维护人权的斗争提供了理论支持，也为中国当代人权理论的发展指明了方向，以此思想为核心的人权理论体系将形成为中国当代人权研究的"人性论"派别。①

三　人权的构成要素

人权的构成要素由人权主体、人权的内容（人权客体）、义务主体构成。李教授对义务主体的阐述，笔者将另做介绍。

（一）人权主体

1. 个体（个人）

李步云教授认为人权主体包括个体（个人）和集体，这里的个人即有生命的自然人，无论何人都应当平等地享有人权。他认为，个人有且只是自然人，这里的个人不包括法人；个人应是抽象与具体的统一体。整个世界是共性与个性、抽象与具体的统一体。人权作为一种应有权利是各种权利关系的高度抽象，作为应有权利主体的人是抽象意义上的人，而应有权利转化成具体的权利关系时，人又是具体的人；依据"本性来源说"，个人应是普遍的、无差别的个人。

在论述人权主体问题时，李教授还探讨了有关外国人是否为国内法上的人权主体问题。关于外国人是否为国内法上的人权主体存在着两种学说，即"消极说"和"积极说"。②"消极说"认为人权主体仅为本国国民，其实"消极说"所表达的权利并非人权，而只是一国国民、臣民或公民的基本权利，它将公民权等同于人权。"积极说"则肯定外国人同本国人同为国内法的人权主体。人权属于社会存在的范畴，在国家未产生以前，人权早已存在。人权作为人之为人应当有的权利，其主体具有普遍性，无所谓本国人、外国人、无国籍人之分。李教授赞同"积极说"。他强调不能把人权同公民权混淆，不能以公民权替代人权，人权转变为公民

---

① 陈佑武：《人权的原理与保障》，湖南人民出版社，2008，第137页。
② 〔日〕浦部法穗：《基本人权总论》，武树臣译，载沈宗灵、黄枬森主编《西方人权学说》（下），四川人民出版社，1994。

权受到一定的社会经济文化的影响,该过程具有历史性。①

同样,笔者也认为国内法仅承认公民权有极大危害:一方面,这将从国内法上免除了国家对外国人、无国籍人的保护义务。一国对外国人、无国籍人予以救助的义务仅仅是出于人道主义关怀,没有法律拘束力。某些国家会以公民权为借口,歧视、压迫、排斥外国人、无国籍人。但该国可能需要承担国际法上的责任。另一方面,国内法只承认公民权,将使人无法从国家的束缚中解放出来。换句话说,个人被公民权牢牢地禁锢在一国领土范围内,无法从一国迁徙到另一国,即使能迁徙到外国,权利也无保障,除非成为该国公民。

2. 集体

国内外学者关于人权主体的论争精彩纷呈,形成了三种主要理论观点:第一种观点只承认个体人权。例如,有国内学者认为仅仅存在个体人权,根本不存在集体人权,引进集体人权是毫无必要的。② 杰克·唐纳利也强调,"只有个人才拥有人权,存在集体权利但没有集体人权,许多所谓的集体人权是由作为集体成员的个人享有的"。③ 第二种观点把人权分为个人人权、类人权和集体人权三大类;④ 第三种观点认为依据人权主体的不同可以划分为个人人权与集体人权,李步云教授持此说。

李教授认为,同个人人权相对应的集体人权,由国内集体人权与国际集体人权构成。前者的权利主体为在一国领土范围内的特殊群体,例如妇女、儿童、残疾人、少数民族、罪犯等。后者的权利主体包括民族、一国人民、全人类。他从国内集体人权和国际集体人权两个维度论证了集体人权的正当性:

一方面,国内集体人权的主体为某些特殊群体,该集体的成员不但享有个体人权,而且享有因其成员身份而拥有的特殊权利。法律的强制性使国内集体人权具有权威性,并且国内集体人权主体组成了一些具有自治性或半官方性的组织。

另一方面,国际集体人权作为集体人权也具有正当性。首先,国际集体人权的内容具有普遍性。以内容为划分标准,国际集体人权可以分为两

---

① 参见李步云《论人权》,社会科学文献出版社,2010,第68页。
② 参见张文显《论人权的主体与主体的人权》,《中国法学》1991年第5期。
③ 〔美〕杰克·唐纳利:《普遍人权的理论与实践》,王浦劬等译,中国社会科学出版社,2001,第176页。
④ 关令华:《人权保障法学研究》,人民法院出版社,2006,第133页。

类，一类以经济内容为主，如发展权、环境权；另一类以政治内容为主，如民族自决权、和平权。其次，李教授还指出国际集体人权是抽象与具体的统一，其人权主体也具有普遍性，并非有些学者所认为的国际集体人权只是部分国家或某些人的愿望、要求、主张。他以发展权为例，驳斥了"国际集体人权仅仅是抽象的而非具体的权利"的观点。1995年李步云教授去伦敦大学亚非学院做人权演讲，其间他同曹培教授一道，会见了英国著名人权学者希金斯。在交谈中，希金斯教授认为人权主体只有个人，并无"集体人权"之说。李教授举了"发展权"已被写进《维也纳宣言和行动纲领》这一例子。她回答说，"那是他们的事"。接着，李教授又以"民族自决权"为例，她默认了。最后，国际社会已建立保障国际集体人权的相关机制，绝大多数国家逐步承认并认可了国际集体人权的存在。

个体人权与集体人权的相互关系是：一方面，前者是后者的基础。个人组成了集体，集体目的都是为了个人。从另一视角，集体人权也是个体人权。实现集体人权需要集体成员的努力与付出。另一方面，后者是前者的保障。集体人权是个体人权实现的形式之一，集体人权是促进和保障个体人权的基本条件，"民族、国家与国家集团作为国际集体人权的主体，有利于运用其地位与作用保障人权的实现"。[①]

同时，笔者认为缘于以下几个理由，既不能过分强调集体人权，也不能把个体人权推崇到极致。

首先，集体人权可能成为侵害个人人权的工具。谨防利用集体人权否定个体人权，"个人权利必须给予优先考虑"。[②] 从国际集体人权的角度，一些发展中国家宣称为了国家的发展，可以暂停国民的政治权利与自由，这其实是假借集体人权，进行专制统治。过分强调集体人权有崇尚民族伟大的危险，民族歧视、种族压迫，直到把一个民族或种族从肉体上消灭掉。[③] 前南斯拉夫解体后，塞族的行径发人深省。从国内集体人权的角度，集体人权是否保障个体人权要区分情况：若这种伙伴式关系为非正式的和临时的，在这种情况下，不易保证个人人权；"当这种结合是一种稳定、大规模、正式的结构时，例如工会组织，它把注意力从需求转向保证每个

---

① 参见李步云《论人权》，社会科学文献出版社，2010，第49~50页。
② 〔奥〕曼弗雷德·诺瓦克：《国际人权制度导论》，柳华文译，北京大学出版社，2010，第5页。
③ 〔美〕科斯塔斯·杜兹纳：《人权的终结》，郭春发译，江苏人民出版社，2002，第257页。

成员的参与权"。①

其次，个体人权并不总是优于集体人权。②"只有在特定条件下，在有限的时间内，为了有限的目的，在非此不可的程度上，可以牺牲人权。"③这就是说，牺牲个体人权只能是在十分紧急而且没有其他办法可供选择的情况下进行。个体人权的牺牲只能是出于集体人权的目的，而不能为了其他利益，也不能为了其他利益假借集体人权的名义，牺牲个体人权。个体人权的牺牲应有一定的限度，即实现集体人权使个体人权所受到的损害应在最低限度，应完全排除牺牲生命。生命权是其他人权的基础，否定了生命权就否定了人本身。人没有了生命，那谈人权将无任何价值。

（二）人权内容（人权客体）

李步云教授认为所谓人权内容（人权客体），是指人应当能够享有的权利。主要包括三个基本的方面：人身人格权利，政治权利与自由，经济、文化和社会权利。④ 在此，他主要关注"权利二分法"的合理性与人权的优先性问题。

1．"权利二分法"

所谓"权利二分法"即以义务相对人的行为方式为根据把权利划分为"积极权利"与"消极权利"。⑤"消极权利"要求排除国家与社会的干预、妨害。相反，"积极权利"要求国家和社会为权利的实现提供必要的条件。大部分学者并未明显区分"社会权和自由权"与"积极权利和消极权利"，而是将二者等同视之。⑥ 李教授指出，人权是积极权利与消极权利的统一体，不宜使用"权利二分法"划分人权。与前者相比较，笔者认为李教授的观点更有其合理性。

首先，"权利二分法"容易造成"一方面权利具有优先地位，否定甚至压迫另一方面权利的政治上危险的主张"。⑦ 人权作为人之为人而应有的

---

① 〔英〕P. 斯坦、J. 香德:《个人自由》，王晨光译，载沈宗灵、黄枬森主编《西方人权学说》（下），四川人民出版社，1994。
② 〔加〕约翰·汉弗莱:《国际人权法》，庞森等译，世界知识出版社，1992，第14~15页。
③ 〔美〕路易斯·亨金:《权利的时代》，信春鹰译，知识出版社，1997，第5页。
④ 李步云:《宪法比较研究》，法律出版社，1998，第443页。
⑤ 参见龚向和《作为人权的社会权》，人民出版社，2007，第43页。
⑥ 参见李步云《人权法学》，高等教育出版社，2005，第57页。
⑦ 〔美〕杰克·唐纳利:《普遍人权的理论与实践》，王浦劬等译，中国社会科学出版社，2001，第30页。

权利,不应有优先、等级问题,正如约翰·弗莱纳所说的,这两类权利一样重要。强调人权的优先问题,其本质是不尊重人权,是对人自身的否定。人权都是普遍的,无所谓孰优孰劣。由于背景环境的不同,某一方面的权利应当优先实现。

其次,无论社会权还是自由权应是积极权利与消极权利的统一体。自由权并不都是消极权利,例如,言论自由除需排除政府的妨害外,还要政府积极排除他人的妨碍以及为保障言论自由的顺利实现构建相关基础设施。同理,社会权也可以是消极权利。杰克·唐纳利谈到,某一权利或是相对积极抑或是相对消极,一般由特定的社会历史条件所决定。区分自由权和社会权的关键不是国家义务要么积极要么消极,而是看两种义务在两种情形下的地位与作用。社会权要求国家履行义务以积极作为为主,不作为为辅,相反,自由权要求国家通常不要予以干预,但在特定情况下要求国家的积极作为。

最后,不采用"权利二分法",有助于抑制东西方的分歧。消极权利源于欧美的自由主义传统。其关注的重点是保障公民面对国家非法侵犯时的消极性的防御权利,而非西方国家主张积极权利要求国家积极干预以保障积极权利的优先实现。

2. 人权的优先性

这里的"人权优先性"应理解为人权的优先实现而不是把人权分为三六九等。李步云教授认为,"人权内容是相互依存、相互促进的,不应认为政治权利高于和优于经济权利,反之亦然"。① 也就是说在社会主义条件下,这些权利应等同视之,不能厚此薄彼。无独有偶,杰克·唐纳利也认为,今天,几乎所有的西方资产阶级政府都是经济和社会权利的强有力的保护者,在第三世界和社会主义国家,经济和社会权利长期以来至少被认为是与公民和政治权利相等的。② 由于诸因素的影响,社会主义建设遇到种种挫折,曾一度视政治权利与自由为洪水猛兽。不论何种人权都应受到同等的尊重,但是有些人权仍需优先实现。由于国情的不同,哪些权利应优先实现,应视国情而定,如有学者根据我国国情认为"生存权是首要的人权"。③ 哪怕国情不同,仍有一些人权应优先保障,按照米尔恩的说法即最低限度的人权。

---

① 李步云:《宪法比较研究》,法律出版社,1998,第 444 页。
② 〔美〕杰克·唐纳利:《普遍人权的理论与实践》,王浦劬等译,中国社会科学出版社,2001,第 30 页。
③ 董云虎:《生存权是中国人权首要的人权》,《科学社会主义》1991 年第 5 期。

四　人权的存在形态

（一）"三阶论"

关于人权的存在形态理论有"一元论""两分法""三阶论"，还有"四分法"。① "三阶论"主张，人权的存在形态是一个动态的过程，人权就此可分为应有权利、法定权利、实有权利。根据罗玉中等先生的初步考证，在国内，文正邦先生首次提出"三阶论"。② 其后，李步云教授做了更为明确详尽的划分和阐述（他的《论人权的三种存在形态》一文由林来梵教授翻译成日文，刊载于《立命馆法学》总第230期，在国外产生了突出影响）。据笔者考证，虽有人质疑"三阶论"，但未能从根本上与之对话。③ "三阶论"现已成为学术界的通说，并为国内学者的理论研究提供了一个研究模型。

首先，"三阶论"主张应有权利源自人的本性即自然属性与社会属性的统一。由于社会政治、经济、文化发展水平等因素的影响，应有权利的发展（应指人权内容的发展）呈现出历史性色彩。应有权利是一种权利义务关系，而权利义务关系的实质是社会关系，则应有权利属于社会关系。因此，应有权利的客观性主要有两方面的含义：一方面，在国家、法律产生以前，应有权利已然存在。哪怕是在法律产生以后，没有法定化之前，应有权利也是客观存在的，由其他社会规范调整。另一方面，在法定化

---

① "一元论"受实证主义法学的影响主张人权即为法定权利，反对自然法学的天赋人权论。其中边沁认为自然权利是一种荒谬，实在的法律产生实在的权利。主张"二分法"的观点有：法国的《人权与公民权利宣言》深受自然法学说的影响区分人权与公民权，它称先于国家且自存的权利为人权，而那些依赖于国家而产生并存在的人权则为公民权。由于《人权宣言》深受自然法的影响，所以公民权应与人权相符。黑格尔认为实在之事物应符合应为之事物，实有权利应当受到应有权利的限制，以实现应有权利为目标。美国学者杜兹纳认为人权同时具有制度的和主观的两个方面。我国学者罗隆基认为人权包括应然权利和民权（法定人权），二者为互斥关系。持"三阶论"的学者即认为人权的存在形态有三个阶段：吕世伦认为人权有"应有权利（或习惯权利）、法定权利、实有权利"，他把应有权利与习惯权利等同。夏勇认为人权经历了从抽象人权到具体人权的过程。日本著名学者佐藤幸治也认为人权存在三个形态，即背景权利、法的权利、具体权利，这是一个发展的过程。张文显教授持"四分法"，他认为人权的存在形态主要有四种，即应有权利、法规权利、习惯权利及现实权利。

② 罗玉中、万其刚、刘松山：《人权与法制》，北京大学出版社，2001，第22页。

③ 参见苏晓纯《对人权存在形态"三分说"的再认识》，《法制与社会》2008年第28期；邱玉《对人权存在形态三分法的质疑》，《广西政法管理干部学院学报》2007年第6期。

后，应有权利仍是客观的。按照上文提到的法的双重性理论即"法的主观性"决定了法律关系具有主观性，但法律关系本身又是社会关系的法律化、规范化，法律关系具有客观性。因此，法定化的应有权利即为法律关系，具有客观性。

其次，"应有权利"上升为"法定权利"，是法律对人的基本价值与尊严的维护。在这里，法律的价值表现为两个方面：一方面，法律的工具性价值表现为法律是实现人权的工具，法律的国家强制性等特征能够保障人权的实现。另一方面，法律的伦理性价值要求法律是正义的化身，人权是法律的价值追求。李教授说道："哪里没有法律，哪里就没有人权；哪里的法律遭到践踏，哪里的人权就化为乌有。"[①] 洛克也说道："哪里没有法律，哪里就没有自由。"

接着，权利的法定化是一个过程，受主客观因素的影响。而在具体的立法实践中，权利的法定化又取决于立法者的自身意愿。

再次，李教授认为受一国法制观念、人权意识、民主法治化与经济文化等因素的影响，"实有权利"与"法定权利"存在差距。换句话说，判定一国人权好坏与否的标准为"法定权利"与"实有权利"之间的距离。权利的法定化并不是实际享有应有权利的必需途径。现实中的一些人权在尚未被法律确认前，我们已然享有。他举例说，在五四宪法颁布之前，人们的生命权不因没有宪法法律而无保障。

最后，他还认为，人权三种存在形态之间，存在两条转化路径。在《论人权的三种存在形态》一文中，李教授只提及"应有权利"→"法定权利"→"实有权利"这一转化路径。但他在《我的治学"八字经"》一文中（该文于 2009 年发表）对这一理论进行了丰富，指出人权还有另一条转化路径，即"应有权利"→"实有权利"。也就是说，即使权利没有法定化，通过各种国家的方针政策、社会规则的认可与保障，应有权利仍能够转化为实有权利。人权的存在形态之间存在层层递进、相互转化的动态进程。后者的范围总是小于前者，若后者的范围越来越接近前者，则一国的人权状况将越来越乐观，特别是第二个阶段。[②]

（二）"三阶论"的认识

关于人权的存在形态问题，学术界有不同的看法，主要聚焦在习惯权

---

① 李步云：《论人权》，社会科学文献出版社，2010，第 62 页。
② 参见李步云主编《人权法学》，高等教育出版社，2005，第 20~27 页。

利的认定与道德权利的地位问题上。虽然李步云教授提及过法定权利的异化问题，笔者认为有必要对此进一步深化。

1. 习惯权利

习惯权利问题主要涉及：习惯权利能否成为一个独立的存在形态？我们应如何对待习惯权利？

经笔者考证，国内学者关于习惯权利的理论大都源自对马克思的《关于林木盗窃法的辩论》的理解。关于"习惯权利能否成为一个独立的存在形态"存在三种不同的看法：第一种观点认为习惯权利是一种独立的存在形态，是一种历史性权利，具有不平等性、不确定性、不安全性；[①] 第二种观点认为习惯权利部分为制定法所确认，部分与制定法相左；[②] 第三种观点并未明示习惯权利是否为独立的存在形态，但应区分合理的、合乎正义的习惯权利与不合理的、不合乎正义的习惯权利。[③]

马克思在《关于林木盗窃法的辩论》一文中，主张贫民享有到森林拾枯树枝的习惯权利，并阐述了关于法律权利和习惯权利的思想。他说，"然而，贵族的这些习惯法是同合理的法的概念相抵触的习惯，而贫民的习惯法则是同实在法的习惯相抵触的法"。[④] 在阶级社会里，不可能存在普遍的习惯权利，有的只是贵族与贫民各自拥有的习惯权利，只有贵族的习惯权利才能为法律所反映。因此，马克思愤怒道："当特权者不满足于制定法而诉诸自己的习惯法时，他们所要求的并不是法的人类内容，而是法的动物形式，这种形式现在已丧失其现实性，变成了纯粹的动物假面具。"[⑤] 从马克思的批判中，我们可以知道他所期待的习惯权利应当是合乎"本能的法的意识"的习惯权利，而贵族的习惯权利违背了"合理的法的概念"。依笔者理解，这里的"合理的法的概念"与"本能的法的意识"指的是同一概念即"事物法的本质"，也就是说马克思所期待的习惯权利应当是合乎"事物法的本质"的权利，即作为人权基础的应有权利。因此，马克思并未把习惯权利作为一个独立的存在形态，并指出习惯权利有两种表现形式：一为应有权利范畴的习惯权利，二为法定化的习惯权利，

---

① 沈宗灵：《论人权的主体与主体的人权》，《中国法学》1991年第5期。
② 林喆：《权利之辩》，《政治与法律》1989年第3期；公丕祥：《再论法与法律的区别》，《江苏社会科学》1989年第1期。
③ 郭道晖：《论权利推定》，《中国社会科学》1991年第4期。
④ 《马克思恩格斯全集》第1卷，人民出版社，1995，第250页。
⑤ 《马克思恩格斯全集》第1卷，人民出版社，1995，第249页。

法定化的习惯权利具有阶级性与历史性。

综上，我们可以看到第一种观点并未正确把握马克思关于习惯权利的两层含义，仅仅把习惯权利等同于法定化的习惯权利。第二种观点误解了马克思关于"真正的法"的理论。在马克思看来，符合"事物法的本质"的法才是"真正的法"。习惯权利法定化应符合"事物法的本质"，只有"真正的法"所规定的习惯权利才是正当合理的。第三种观点指出了习惯权利存在正义与不正义的问题，但未指出习惯权利是否为一个独立的存在形态，且未指出其与法定权利的关系。相反，李步云教授的论述同马克思在《关于林木盗窃法的辩论》一文的分析是一致的。他认为，应有权利借助各种规则，如法律、社团纲领、政党党章、乡规民约、习惯等形式表现出来。而应有权利在没有被法定化之前是以其他形式实存于现实生活中，其中包括习惯权利。习惯权利如法定权利一样，也要以应有权利为标准。①

由于习惯权利的范围不一定与应有权利相符，笔者认为习惯权利要成为应有权利必须符合一定的价值原则：(1) 普遍性原则。任何一种权利要求都需与所有社会成员有一种普遍性联系，使大多数的主体都可以进入共同体的主体角色。(2) 合理原则。习惯权利的内容应该是社会所认同的、健康正当的需求。(3) 正义原则。正义像普罗米修斯的脸一样难以定义，但它作为应有权利的价值原则应包含两层含义："其一，一种具有进步性的权利要求应被看作符合正义的。进步性体现人类普适性价值的那些要求……其二，是指一种权利要求必须符合人类的共同利益。"②

2. 道德权利

有学者把人权等同于道德意义上的权利，③ 相反，笔者认为李步云教授所持的作为应有权利的人权不同于道德权利。首先，道德权利具有主观性，仅存在于人们的内心信念和社会舆论中。④ 相反，应有权利具有客观性，实存于社会生活之中而不论该社会是否有法律确认权利。例如，新中国成立初期，人们的生活缺乏法律法规的保障，仅有部分政策法规作为依据，但是并不意味着那时的人们没有人权。因为应有权利具有客观性，即使没有法定化，也可以通过其他形式表现出来。其次，道德权利无法全面

---

① 参见李步云《论人权》，社会科学文献出版社，2010，第59页。
② 程燎原、王人博：《赢得神圣——权利及其救济通论》，山东人民出版社，1993，第323~326页。
③ 刘升平、夏勇主编《人权与世界》，人民法院出版社，1996，第2页。
④ 陈佑武：《人权的原理与保障》，湖南人民出版社，2008，第97页。

反映人的本性，充其量只能反映人的自然属性。相反，应有权利是对人的本性即自然属性与社会属性相统一的反映。人是自然界的人更是社会中的人，人无法脱离社会关系而单独存在。最后，道德具有主观性。不同人的道德观存在着不一致性，李教授认为只有在人们的共同生活中才能对这种差异性达成共识，这就要求人必须是社会中的人，而应有权利恰好符合人们的这种需求，相反，道德权利只承认的自然属性，无法达到上述要求。

3. 法定权利的异化

应有权利与法定权利的最佳关系是：应有权利为法定权利的价值基础，法定权利与应有权利相符。李步云教授指出权利在法定化过程中会出现异化：其一，本应加以确认的权利，法律并未予以确认。例如，美国1787年宪法最初并未规定公民的权利，而是通过《人权法案》对宪法加以修正。其二，法律公开否定部分人的应有权利，以法律的形式宣扬歧视、不平等。例如，前南非种族主义政权就曾经这样做过。

笔者认为这种异化的原因有三：其一，立法者对应有权利的自然属性与社会属性的认识不足。一种法定权利制度和体系能否真正反映应有权利的客观要求，取决于立法者能否正确认识到应有权利的性质，并把这种认识转化成自身的价值选择。其二，应有权利法定化的过程是一个立法过程，而立法过程的本质又是利益博弈的过程，因此某一部法律的通过往往是立法者互相妥协的结果，这就不可避免在应有权利的法定化过程中，由于来自立法者自身利益的影响而使该过程异化。其三，权利法定化内含深刻的矛盾：国家的统治与个体相对独立自主的矛盾。它体现着法律关系主体与国家的关系，这本质上是权利与权力的关系。李教授指出法律的核心作用是解决权利与权力这两个问题。① 从人民主权原则出发，一个国家或社会的权力权利总量是恒定的，而权力的运行需遵循"法无明文规定即为禁止"的原则，宪法法律对权利的保障愈广，则公权力的范围将愈小。但是出于权力的野心，立法者将把本应法定化的应有权利未予规定或对其施加限制。

五 人权的属性

人权的属性是人权理论的重要内容。有学者认为，人权的属性包括普

---

① 李步云：《论法治》，社会科学文献出版社，2008，第241页。

遍性与特殊性、绝对性与相对性、道德性与法律性、历史性与政治性、文化性与母体性、观念性与制度性；有学者认为，人权的属性包括人权的社会性和阶级性、历史性和具体性、普遍性和特殊性、多样性和相对性；还有学者认为人权的属性包括普遍性与特殊性、绝对性与相对性、人的权利与人的义务。① 人权的属性问题，在李步云教授的相关著述中有不同的提法，参考以上观点。笔者认为李教授的"人权的属性"应有三个方面的内容：普遍性与特殊性、政治性与超政治性、权利与义务的辩证统一。

（一）普遍性与特殊性

1. 人权的普遍性

在1993年之前，我们的政府，我们的主要领导人，很少谈人权的普遍性。当西方大讲普遍性时，我们只讲特殊性。例如，1991年，李步云教授在江泽民同志要求中国社科院写的一本书中提及"人权的普遍性"，就遭到有关领导的斥责。1993年，我国同意了《维也纳宣言及行动纲领》，这是我国政府第一次正式、明确地对外承认人权的普遍性。

李教授认为，人权的普遍性即人权无国别之分，任何人不论何时何地都应当普遍地享有人权，人权的普遍性立基于人的尊严与价值以及全人类的共同利益与道德。② 他认为人权的普遍性表现为：（1）人权客体是普遍的，即存在一个任何国家都须尊重与遵守的普遍性标准。比如，《世界人权宣言》、《公民权利和政治权利国际公约》、《经济、社会、文化权利国际公约》以及联合国通过的一系列国际文件就为人权提供了一个普遍性标准。（2）人权主体是普遍的，即任何人都是人权主体。人权主体的普遍性是"本性来源说"的必然要求。（3）人权的义务主体是普遍的，即尊重与保障人权是任何国家理所应当、不可推卸的责任。人权的义务主体有国家、国际组织、非政府组织、个人，其中，国家是主要的人权义务主体。个人既是人权的权利主体，又是人权的义务主体。人权的实现不仅要求相关义务主体履行义务，还要求充分发挥个人的作用。

就历史上是否存在普遍性的人权，学界存有争议。有学者主张人权主

---

① 高连升：《当代人权理论》，军事出版社，2004，第151~182页；杨成铭主编《人权法学》，中国方正出版社，2004，第55~68页。

② 参见李步云《论人权》，社会科学文献出版社，2010，第124~125页。

体经历过从"有限人权到普遍人权"的过程,① 徐显明教授也认为历史上不曾存在普遍性的人权,因为那时的权利主体并不具有普遍性,或者说那时的人权只是部分人的特权,即使权利主体接近普遍也不能认为存在普遍的人权主体。

经比较发现,前两种观点并未从应然与实然、理想与现实的维度把握人权主体的普遍性问题。相反,李教授从应然与实然、理想与现实两个层面把握人权主体的普遍性问题,使其论述更具有合理性。

人权主体的普遍性应从两个层面进行探讨,第一个层面是事实层面,第二个层面是价值层面。②

第一,从事实层面上看,李教授只承认"法定权利"或"实有权利"的权利主体具有历史性,也就是说,"法定权利"或"实有权利"的权利主体经历了从有限到普遍的过程。人权主体的历史性有两层含义:一方面,法定权利经历了从特权到普遍权利的演变过程。例如,古希腊罗马以法律的形式确立奴隶制,明确人权不过是部分人的特权。在资产阶级胜利后,统治者以法律形式承认人权主体的普遍性。另一方面,实有权利经历了从无到有的过程。以美国为例,根据《独立宣言》所规定的"人人生而平等",无论白人黑人还是男人女人都应平等地享有权利。实际上,只有白色皮肤的男人才享有选举权,直到1920年新宪法修正案的通过,女人才享有同男子一样的选举权。李教授认为,人权主体具有历史性是由于受到社会物质生活条件的影响与制约,历史上的人权主体经历了一个从非普遍性到普遍性的发展过程。③

第二,在价值层面上,李教授所谓的人权主体的普遍性指的是人权作为一种应有权利,其权利主体是普遍的。人之存于世界,不论客观环境如何,都应享有人权。原始社会无阶级之分,无所谓"你的,我的"。每个人既是权利主体又是义务主体。个体的生存有赖于群体,离开了群体,个体的生存将无法得到保障。因此,人们都自愿为了群体而努力,群体也要求个体为之存续而努力。在奴隶社会,法律公开否定奴隶的人格,他们无权利也不负义务。他们只不过是"会说话的工具"——权利的客体。我们说奴隶不享有权利,只是说他不具有法定权利。应有权利是法定权利的基

---

① 〔瑞士〕胜雅律:《从有限人权到普遍人权》,载沈宗灵、黄枬森主编《西方人权学说》(下),四川人民出版社,1994。
② 〔英〕艾森特:《人权与国际关系》,凌迪等译,知识出版社,1998,第51页。
③ 参见李步云《论人权》,社会科学文献出版社,2010,第45页。

础，法定权利不一定与应有权利相符，法律也不都确认权利，有时甚至否认权利。即便如此，奴隶仍是应有权利的主体，他们有反抗统治者的权利。从这个意义上，人权就是对抗权。否则，"斯巴达克""太阳国"等奴隶起义的正义性将遭到质疑。同理，在封建社会、资本主义社会，应有权利主体也是普遍的。

2. 人权的特殊性

李步云教授认为人权的特殊性表现在：一方面，一国在不同的历史时期存在不同的人权制度；另一方面，不同的人实际享有的人权存在数量、质量上的差异。他认为人权的特殊性的理论依据有以下几个方面：首先，在人权问题上，发展中国家与发达国家存在制度上与观念上的差异，这主要受一国经济、文化发展水平的影响。其次，由于社会制度的不同，世界各国在人权观念及制度上存在差异。再次，由于各国宗教信仰的不同，应允许各国在不违背人权普遍性原则的前提下，做出适合本国的宗教政策。最后，人权受一国独特历史文化传统的影响。他举例说，西方重视个人，强调自由，在这种思想的指引下，第一代人权以自由权为主要内容；东方注重整体，宣扬平等，以社会权为核心的第二代人权在这种思想的驱动下产生。

3. 人权普遍性与特殊性的关系

虽然人权既有普遍性的一面也有特殊性的一面，但是李教授认为人权是普遍性与特殊性的统一。既不能因强调人权的普遍性而否认人权的特殊性，也不能因过分主张人权的特殊性而否认人权的普遍性。在认识和实践上，人权的普遍性与特殊性的具体外延并非固定不变，而是变化发展的。总的趋势是：人权特殊性的适用范围将逐渐减少，人权普遍性的适用领域渐渐增大。李教授坚定站在唯物辩证法的立场，对人权的普遍性与特殊性及其相互关系进行了科学分析，积极推动了中国与国际社会的人权对话与合作。

笔者认同李教授有关"人权是普遍性与特殊性的统一"的观点，还认为人权的普遍性与特殊性不仅是国际问题，而且涉及一国国内问题。这里的"国内问题"指的是在一国内部，由于地域差异、民族多样性，乃至历史文化等因素的影响，人权也呈现普遍性与特殊性的统一。

第一，物质的世界是普遍性与特殊性相统一的世界，不论哪个国家，哪个社会，乃至个人都是共性与个性的统一体，换个角度，人权的特殊性是人权普遍性在现实中的异化。可以说，人权的普遍性是从应然角度对人权所做的要求,而人权的特殊性则是人权在实际运作过程中受制于外力而彰显出的畸变,不论这种变化如何,它都必须从属于人权的普遍性。

第二,在一国国内,受区域、政治、经济、文化发展水平等因素的影响,人权也应呈现一定的差异。一方面,受上述因素的影响,东西部、南北方呈现不同的经济发展水平,民主法治化进程处在不同的发展阶段,人权内容地区差异性很大。另一方面,受民族多样性的影响,不同民族的历史文化传统各有不同,一国在坚持人权普遍性的基础上,应认识到文化相对性问题,灵活处理各民族的人权问题。

第三,人权的特殊性也是维护一国国内和平稳定的需要。由于一国国内同样存在种族、民族、性别、年龄、政治、经济、历史文化发展水平等差异,人权的特殊性强调要尊重这种差异性。如果无视这种差异性,部分人的人权将可能被否定。从另一个角度看,一国国内占优势地位的人往往容易以民主政治为掩饰无故否定少数人或处于劣势地位的人的权利,主张人权的特殊性能够满足一国国内人口数量居于少数或不占统治地位的人们的权利诉求,减少这种形式民主所带来的实质的不平等和不人道。就如伍德罗·威尔逊总统在巴黎和会上所说的:"没有任何事情能像在某些情况下对少数人群体的待遇一样最可能妨碍世界的和平。"①

(二) 政治性与超政治性

"人权的普遍性与特殊性"和"人权的超政治性与政治性"是一般与特殊、共性与个性的关系。由于我国特殊的国情,同时为了说明李步云人权思想的独特性,笔者认为有必要单独阐述"人权的超政治性与政治性"。

人权是否具有政治性?由于政治性主要指阶级性,要回答人权是否具有政治性,只需回答人权是否有阶级性即可。在20世纪80年代末90年代初,国内学者曾就此问题展开了一场持续多年的论战。② 就这个问题,国内曾存在两种根本对立的观点:部分学者认为人权有阶级性而不具有超阶级性;③ 另一种观点认为人权既有阶级性,又是超阶级和超意识形态的。通过比较,笔者发现当时的国内学者主张人权具有阶级性的原因大致有以

---

① 〔加〕约翰·汉弗莱:《国际人权法》,庞森等译,世界知识出版社,1992,第44页。
② 经文献检索,有关阶级性的文章最早发表于1979年,而在1991年与1992年发表的探讨人权阶级性问题的文章达40篇之多。人权阶级性问题正好也是我国第三次人权大讨论的争论问题之一,所以研究"人权的政治性与超政治性问题"须以这次大探讨为背景。
③ 参见关令华《人权保障法学研究》,人民法院出版社,2006,第190~192页。

下几个方面：

首先，从历史的维度出发，资本主义人权观是有阶级性的。一方面，提出人权问题的目的就带着阶级性。例如，洛克的"自然权利说"、卢梭的"天赋人权论"，都是为确立资产阶级统治、发展私有制服务的。另一方面，首倡人权的西方国家表里不一，主要资本主义国家在国内高呼人权，希望建立人权秩序，但在国际上却干着践踏人权的勾当。英美法等国先后历经争取人权的斗争，取得一系列人权成就，例如法国将《人权与公民权利宣言》作为其宪法的序言。但是，为了资本原始积累，这些西方国家进行着惨无人道的奴隶贸易，它们的侵略和掠夺活动，严重摧残和践踏了殖民地半殖民地人民的基本人权。

其次，我国的百年屈辱史证明人权有阶级性。鸦片战争以来的近百年里，我国一直遭受列强的欺凌与压迫。在那个"弱国无外交"的时代，我国的人权遭到列强的践踏。"从1840年到1949年的110年间，英、法、日、美、俄等帝国主义列强，先后对中国发动过大小数百次侵略战争……帝国主义者在历次侵略战争中，大规模地屠杀中国人民……"[①] 中国人民长期遭受帝国主义、封建主义、官僚资本主义三座大山的压迫，没有自由与平等，人权得不到保障。直到新中国成立后，中国人才真正站起来，成为国家的主人。

接着，人权的阶级性是反对外国势力在人权问题上搞双重标准，进行国际斗争的需要。一方面，温斯顿·丘吉尔的"铁幕演说"拉开了冷战的序幕，在冷战过程中，以美国为首的西方势力除进行局部战争如朝鲜战争、越南战争、出兵格林纳达外，还试图通过"和平演变"等策略西化以苏联为首的社会主义阵营，人权的阶级性就此成为两大阵营斗争的工具。另一方面，八九学潮后，西方国家指责中国的人权问题，再加上苏联解体、东欧剧变所带来的社会动荡，人权的阶级性问题，更成为我国回击外国势力在人权问题上对中国搞双重标准的武器。

再次，资本主义人权宣扬人权具有超阶级性是虚伪的。[②] 资产阶级人权的超阶级性主要表现在：资本主义社会以法定权利的形式宣告了人权的超阶级性，即以法律的形式规定了任何人的自由与平等。例如，美国《独立宣言》最早公开承认人权的超阶级性。一国人权状况的衡量标准，即为

---

① 吴海燕：《略论人权的普遍性与阶级性》，《求实》1992年第2期。
② 参见杨庚《关于人权的本质》，《北京师范学院学报》1992年第2期。

法定权利与实有权利之间的距离,只有实现的人权才有真正意义。虽然资本主义社会的法律让人们对人权产生极大的憧憬,但法定权利转化为实有权利却又是另一问题,即这一转化过程受到阶级性的影响,法定权利成为部分人的特权。当人权成为特权时,那它不再是人权,因为它已背离人权的普遍性。这一理想与现实的矛盾、形式与实质的差距的直接原因是作为应有权利的人权在阶级社会的异化,而根本原因是人的社会属性。也由于这个矛盾、差距,部分学者认为资本主义人权是虚伪的、欺骗人的。

最后,曲解了马克思主义,仅引用马克思主义经典著作的只字片语来证明人权的阶级性。笔者认为马克思主义是站在批判的立场指责资本主义人权观的阶级性。我们不能仅依据他对资本主义人权观的批判就认为马克思主义只主张人权的阶级性,而否认人权的超阶级性。我们必须站在马克思主义批判的立场来理解马克思主义,理解其批判背后的本意。

在人权的阶级性问题上,李步云教授采用的是阶级性的上位概念——政治性。他认为,所谓人权的政治性是指人权作为社会存在同政治存在有着某种必然联系,人权的存在与实现、人权的性质必然受到政治因素的影响。政治性包含阶级性,但政治性不一定是阶级性。尽管如此,他的论述主要还是围绕阶级性问题展开,所以笔者认为在此没有必要区分阶级性与政治性。

李步云教授与前面学者的不同在于,他从实然与应然两个维度论证了人权的政治性与超政治性,指出在应然层面上,作为应有权利的人权是超政治性的,但是,应有权利转化为实有权利时出现了异化,呈现政治性。

首先,他认为马克思主义强烈批判人权的政治性,主张人权的超政治性,这纠正了部分学者所主张的"马克思主义只承认人权的阶级性"的认识性错误。马克思主义经典著作写道:"平等地剥削劳动力,是资本的首要人权。""被宣布为最主要的人权之一的是资产阶级所有权。"[1] 但是,这只是马克思主义对阶级社会人权状况的强烈批判。马克思主义对阶级社会人权现状的批判与它期望的人权是两个完全不同的问题。我们不能就此认定马克思主义不承认人权的超政治性。相反,恩格斯说道:"一切人,作为人来说,都有某些共同点,在这些共同点所及的范围之内,他们是平等的,这样的观念自然是非常古老的。"[2] 马克思主义对阶级社会人权状况的

---

[1] 《马克思恩格斯全集》第23卷,人民出版社,1995,第324页;《马克思恩格斯全集》第20卷,人民出版社,1995,第20页。

[2] 《马克思恩格斯全集》第3卷,人民出版社,1995,第443页。

批判反映了马克思、恩格斯对人权的极大期待与阶级社会人权现状之间的落差。从他们露骨的批判，我们可以看到他们所期待的人权是超政治性的。他们越是痛陈阶级社会人权的政治性，越暴露出他们所期待的人权应当是超政治性的。这也印证了休谟关于"是与应当"的二分法。由于理想与现实、应然与实然的距离，我们对人权的追求将是一个不断靠近应有权利的过程，同样也是人权制度不断完善与充分实现的过程。

其次，由于理想与现实、形式与实质的差异，国内学者强烈批判资本主义人权观的超阶级性的虚伪性，因此他们得出人权是有阶级性的。相反，李步云教授从应然与实然两个层面论证了人权的超政治性与政治性，从应然与实然的角度看，人权的历史发展，是一个人权理想与人权现实的矛盾运动过程，这个过程也是人权作为一种应有权利，不断向实有权利转化的过程。

从实然层面上，人权的政治性是指作为应有权利的人权发生异化。李教授认为作为应有权利的人权在向实有权利转化的过程中出现了异化。他以阶级社会为例说，作为应有权利的权利本应是人类的理想，由于统治者的个人私利而成为阶级统治的工具。可以说，人权的政治性是作为应有权利的人权在实现的过程中，受到人的社会属性的影响，在法定权利或实有权利层面表现出的政治性。但是，按照人权的应有之义，人权不应是政治性的。夏勇教授也认为人权实际运用中会存在偏颇和异化，这主要指不适当地偏向人权的某一方面，使人权口号为狭隘的阶级利益、种族利益和政府利益服务。①

接着，从应然层面上，作为应有权利的人权是超政治性的，这是由人的自然属性所决定的。这表现在：（1）人权主体是超政治性的，这是由人的本性尤其是人的自然属性决定的，它要求人权应当是人之为人所应当享有的权利，不论性别、种族、出身、信仰等。（2）人权的部分内容是超政治性的。为何不是人权的全部内容是超政治性的？这是由人权内容的历史性决定的，即"每个人可以享有什么权利，都要受到当时当地经济、政治、文化条件的影响与制约，都要由一定历史时代物质文明、精神文明与制度文明的发展程度所决定"。② 宫泽俊一也认为随着时代的发展，人权的

---

① 夏勇：《人权概念起源——权利的历史哲学》（修正版），中国政法大学出版社，2001，第181页。
② 李步云：《论人权》，社会科学文献出版社，2010，第46页。

内容由自由权经参政权扩大到社会权。①

李教授所持的"人权的政治性与超政治性"观点已为国内多数学者所认同,但长期以来,仍有少数学者只承认人权的政治性,否定人权具有超政治性的一面。就此问题,曾有主管人权事务的领导对他提到"这是帮倒忙"。

(三) 权利与义务的辩证统一

李步云教授认为法律上的权利义务关系是辩证统一的,权利与义务的统一性由人权的社会属性决定。本质上,权利是利益的享有,而义务则是利益的负担。在社会关系中,一方享有权利是另一方负有义务的前提,义务主体须尊重并不得侵犯对方的权利。他认为法律上权利与义务的辩证统一关系,主要有几个方面:

首先,权利与义务存在结构上的对应关系。一方的权利是另一方的义务,渡边洋三也说"只有以相互对立的人际关系为前提才会产生权利"。②在抽象法律关系中,权利义务是完全统一的;在具体法律关系中,权利义务之间应是对等的,但也存在不对等的情况。一般情况下,权利义务应是不可分离的,但也存在权利义务相分离的情况。

其次,权利义务存在功能上的互补关系。权利与义务相互依存,"权利直接体现法律的价值目标","义务则保障法律与法律价值目标的实现"。③

最后,在价值取向上,他主张"权利本位论"。所谓权利本位是指权利在权利义务关系这一矛盾统一体中处于主要地位。"权利本位论"要求法律在应然或实然上以权利为本位或主导。渡边洋三也强调规则是为保护弱者的利益而制定的。如果没有规则,那么人类社会将与动物界一样成为弱肉强食的世界。④

鉴于理论发展的连贯性,笔者认为有必要说明李教授所主张的"权利本位论"。自1986年以来,国内学者开展了一场关于"权利本位"的学术大讨论并出现了三种不同观点,即"义务重心论"、"权利本位论"和

---

① 参见杜钢建《外国人权思想论》,法律出版社,2008,第289页。
② 〔日〕渡边洋三:《日本国宪法的精神》,魏晓阳译,译林出版社,2009,第10页。
③ 李步云:《论人权》,社会科学文献出版社,2010,第145页。
④ 〔日〕渡边洋三:《日本国宪法的精神》,魏晓阳译,译林出版社,2009,第8页。

"权利义务并重论"。① 李教授所持的"权利本位论"最早出现在《论法制改革》一文中(《法学研究》1989年第2期)。他的"权利本位论"与相同立场的学者的观点大体相近,加之篇幅有限,笔者仅论述他新近主张的"个人—社会权利本位论"较"权利本位论"的进步性。

首先,"个人—社会权利本位论"继承了资本主义的"权利本位论"。资本主义的"权利本位论"强调权利在整个法律体系中的核心地位。上文已分析了资本主义人权观体现形式的、表面的超政治性。由于应有权利在向实有权利转化的过程中出现异化呈现阶级性,在现实中资本主义的"权利本位论"并不表现权利本位,只是资产阶级的特权本位。相反,"个人—社会权利本位论"既强调形式的权利本位,又注重现实的权利本位。

其次,"个人—社会权利本位"把个人权利与社会权利统一起来,修正了"权利本位"过于强调个人权利而忽视公共利益的极端倾向。"权利本位论"由法与权利自身的本性或本质决定。法律存在的目的在于保障人的权利,而权利以利益为基础,也就是说法律的重心在于个人的利益。由于过分强调、突出与渲染"权利本位",在处理个人与社会的关系时,人们就有可能为了个人利益不惜损害公共利益。就此,部分学者认为"权利本位论"应对八九风波负上一定责任。② "个人—社会权利本位"缓和了二者的矛盾。

再次,"个人—社会权利本位"要求权利既包括自由,也包括利益。主张"权利本位论"的学者从两个层面理解权利的含义:一为自由,二为利益。由于权利含义的不同,使得"权利本位论"有不同的意义。若权利为利益,则是在结果正义的层面上强调权利本位,这导致为实现结果正义,而限制个人能力的发挥。如果权利等于自由,则"权利本位论"近似罗尔斯主张的自由原则。然而,"个人—社会权利本位"既强调权利主体

---

① 关于"权利本位论"的代表作还有:张文显:《权利本位之语义和意义分析》,《中国法学》1990年第4期,邱本:《现代法学应是权利本位的人学》,《长白论丛》1995年第6期;郑成良:《权利本位说》,《政治与法律》1989年第4期;葛洪义:《法律·权利·权利本位》,《社会科学》1991年第3期;孙笑侠:《"权利本位说"的基本方法与理念》,《中国法学》1993年第3期。主张"权利义务本位论"的文章有:封曰贤:《关于权利义务不可分离的几个问题》,《法学论丛》1988年第3期。持"义务本位论"的文章有:张恒山:《论法以义务为重心——兼评"权利本位说"》,《中国法学》1990年第5期;张步云:《法律以权利或义务为本位的历史评析》,《政法论坛》1990年第6期;北岳:《"义务重心"与"权利本位"辨析》,《中外法学》1992年第3期;乔伟:《评"权利本位说"》,《求是》1990年第13期。

② 张步云:《法律以权利或以义务为本位的历史评析》,《政法论坛》1990年第6期。

普遍地享有权利，也注重通过社会权利缩短人与人之间的差距，实现矫正正义。

最后，在价值取向上，"权利本位论"追求自由，提倡个性解放，而"个人—社会权利本位"兼顾自由与平等。自由资本主义时代强调个人权利本位，在短短数百年里取得了人类以前任何时代都无法达到的巨大成就，但是过分强调权利本位也带来了一系列社会问题，诸如贫富分化严重。随着市场经济的逐步深入，无论东方国家还是西方世界，也不论社会主义国家还是福利社会都注重人的平等，"个人—社会权利本位"将是未来世界的发展趋势。

程燎原教授曾引用李教授在《现代法的精神论纲》一文中的观点及其论证，评价他为"个人—社会权利本位论"所做的辩护，是最强有力的。[①]

[①] 参见程燎原《从法制到法治》，法制出版社，1999，第171页。

第三章　李步云的具体人权观

李步云教授对具体人权的研究起步较早。他主要专注建构人权的基本理论，比较少研究具体人权。为了不重复上文已经提到的一些具体人权，例如公民的权利、罪犯的权利，下文仅论述他已经较为系统说明的自由权、平等权①以及其他四种具体人权（知情权、生存权、工作权、发展权）。

一　自由权

十一届三中全会以后，全国上下出现了一场自由化的思潮。在思想理论界，少数人散播否定四项基本原则的理论，有人要求在政治上实现绝对的自由等；在文艺界，有人提倡没有任何限制的"创作自由"等。②

那时有人还认为法律与自由是彼此对立，互不相容的。为驳斥之，李教授从五个方面论证法律与自由的辩证统一关系：（1）法律是人民共同意志的体现，法律与人民的意志自由是辩证统一的。在处理个人意志与共同意志的关系时，他认为当个人意志与现有共同意志一致时，应保障个人意志。相反，若个人意志有悖于共同意志，则应维护共同意志。（2）他站在唯物主义的立场，认为人们能够利用法律来改造世界，社会主义法律是对客观规律的反映，所以自由不能与法律相背离。自由既是目的也是手段。在无产阶级革命前，自由是人们努力奋斗的目标。无产阶级革命胜利后，

---

① 此处的自由权不同于"权利二分法"中的自由权，后者是一种权利的划分标准，不是具体的人权；此处的平等，从国家的角度而言是一项法律原则，而对公民、法人或者其他组织而言，却是一项要求国家机关及其工作人员予以同等对待的平等权。

② 参见李洪钧等主编《民主自由人权的历史与现实》，辽宁大学出版社，1991，第461~466页。

自由是人们建设社会主义的手段。（3）法律与自由的高度统一的本质是权利与义务的一致性。他以阶级分析的方法，论述社会主义的法律是权利与义务相统一的，社会主义的法律与自由是相互依存、相互存进的关系。一方面，法律对人们享有广泛的自由与权利的保障有助于人们自觉守法；另一方面，人们的自觉守法反过来推动法制的发展、加快经济建设的步伐。（4）从广义上说，法律与自由同属于政治的范畴，法律是自由得以有效保障的手段。（5）充分保障公民的政治权利与自由，是健全社会主义法制的必要条件。他从广义和狭义的角度分析了民主与自由的关系。广义上，社会主义民主是最根本的政治自由，没有社会主义民主就没有社会主义法律。狭义上，言论自由能够有效保证国家机关获取信息，保障立法和司法活动的科学性。学术自由有助于法制建设的发展。

在这场思潮中，针对有人提出言论自由就是言论不受任何限制，包括法律，李教授提出了一些反驳意见：（1）正如马克思所说，"对于法律来说，除了我的行为以外，我是根本不存在，我根本不是法律的对象"。[①] 法律只调整行为，纯粹的、尚未以行为形式表达出来的思想并非法律的评价对象。倘若思想以言语或文字的形式客观化则成为社会行为就要受法律的评价。（2）罪与非罪的标准具有相对性与绝对性，从可知论的角度而言，我们还是能够正确把握言论出入人罪的标准的。形式法治要求法律明确且具体。面对纷繁复杂的社会，法律作为社会关系的调整器，只是相对具体与明确。（3）为了保障人民的自由和维护社会主义制度，可以限制反革命言论。（4）哲学上的自由与政治自由（包括言论自由）的关系，是一般与个别的关系，一般寓于个别之中，并通过个别表现出来，个别需要有一般作指导……人们享有政治自由的目的，归根到底，是为了能够更好地认识世界和改造世界。[②]

在当时，关于言论自由是否具有阶级性，也是个争论不休的问题。有人认为言论自由具有超阶级性，无须区分姓资或姓社，不论是在对己有利的还是对己不利的言论上，资产阶级在对待言论上是相当开明的。李教授认为经济基础决定上层建筑，而上层建筑服务于经济基础。在阶级社会里，为了维护统治，在经济上、政治上占主导地位的统治阶级是不允许被统治阶级利用政治自由威胁其统治的，因此，统治者与被统治者根本不可

[①]《马克思恩格斯全集》第1卷，人民出版社，1995，第121页。
[②] 参见李步云《法制·民主·自由》，四川人民出版社，1985，第265~270页。

能平等地享有自由。较资本主义,社会主义社会对人们享有普遍的言论自由予以充分的物质支持和政治保障。但公民的言论自由还受到政治经济文化发展水平、政治权利法律化与制度化水平等因素的制约。

二 平等权

在今天,"平等"或被视为一项权利而被主张,或作为一项法律原则规定在宪法、法律之中。但是在那个"法律面前人人平等""无罪推定"等被视为思想禁区的年代,有人可能会因此而一不小心被扣上"右派"的帽子,可谓是"谈虎色变"。1978年底,《人民日报》刊登了李步云教授撰写的《坚持公民在法律上一律平等》一文,该文被视为突破思想理论禁区的第一篇文章。[①]但是,该文在《红旗》杂志上发表时,却被改为《人民在自己的法律面前一律平等》。就此事,郭道晖指出,把"公民"改为"人民",表面理由是应当同党的十一届三中全会的提法一致(这也证明三中全会公报有局限性),实则反映了当时人们还是将政治上"分清两类不同性质的矛盾"的原则,简单地套用于法律上,认为"罪犯"就不是"公民",更不要说敌人了。这是宪法观念的蒙昧。[②]

这篇文章的发表在国内外产生了巨大反响。1978年底《北京周报》用五种外文向国外刊登报道了该文;在国内,李教授还收到许多人的来信,其中就有人害怕他被划为右派。同时,这篇文章还使国外的专家学者看到了当时中国思想界的变革。美国记者约翰·罗德里克评价说,如果《人民日报》的许诺得到实现,这些阶层的千百万人的命运会有明显的好转。东德学者闵策尔甚至用德语翻译该文发表。

学界关于法律平等到底是一项法定权利,还是一项法律原则,主要有三种学说:第一种学说主张平等权是一种基本权利,但还是偏向于平等权是一种原则性(原理性)权利;第二种观点主张平等是一项基本的法律原则,平等原则是各种人权的基准;第三种观点认为平等既是一项法律原则又是一项基本权利。换句话说,平等对国家而言是以原则视之,而对个人

[①] 我国五四宪法曾规定"中华人民共和国公民在法律上一律平等",作为社会主义法制的一项基本原则。但是,在1957年"反右"时,这一原则被说成是"没有阶级观点",一些主张和强调法律平等原则的同志被打成右派。由于这个原因,在七五宪法和七八宪法中,这一法制原则都被取消。

[②] 郭道晖:《法的时代挑战》,湖南人民出版社,2003,第68页。

而言又是一项权利。① 笔者认为李教授所主张的"法律面前人人平等"既是一种法律原则又是一项公民的基本权利。因为法律原则要求国家机关及其工作人员在司法、行政执法过程中，对任何组织或个人只能适用相同的宪法法律，禁止任何特权和歧视。从国家的角度而言，该要求是一项法律原则，而对公民、法人或者其他组织而言却是一项要求国家机关及其工作人员予以同等对待的平等权。

李教授认为，法律平等是指任何组织或个人，在宪法法律面前一律平等，不允许任何人在宪法法律之上。法律平等只涵盖法律适用平等（法律适用平等包括司法、执法、守法、法律监督），不包括立法平等（法律上的平等）。这是由我国的国体决定的，国家的一切权力属于人民，宪法法律反映了无产阶级的意志，具有阶级性。敌人属于被专政的对象，在立法上，统治阶级不能和敌人讲平等。法律本身的阶级性与法律适用的平等性是两个不同的问题，二者互不矛盾，法律适用平等（公民在法律面前人人平等）有利于保障阶级性的法律得到贯彻落实，这里的公民包括敌人。

李教授指出法律适用平等具有以下三个特点：（1）法律平等与经济上平等一致；（2）法律平等以充分的物质基础为保障；（3）法律平等内容具有广泛性。例如，法律平等因具体的法律关系的不同而表现出不同的内容和形式。他把法律适用上的平等分为分配平等与程序平等。分配平等要求在全社会范围内公平地分配财富。在诉讼活动中双方地位和法律适用平等，即为程序平等。法律适用平等不仅具有十分重要的伦理价值，还是维护法律权威与尊严的重要条件。在当下依法治国的实践中，我国需要着重解决的问题：一是坚决克服特权思想，对弱势群体提供保障，保护法律上处于不利地位的人；二是必须确保两造的诉讼地位的平等；三是坚决抵制司法腐败。②

恩格斯说，"一切人，作为人来说，都具有些共同点，在这些共同点所及的范围内，他们是平等的，这样的观念自然是非常古老的"，"无产阶级平等要求的实际内容都是消灭阶级的要求"。在应然的意义上，人与人之间应当是平等的，而这种平等是无阶级之分的，人与人之间的平等不仅只是表面的、形式上的平等，还包括实质的、真正意义上的平等。但是"平等的观念，无论以资产阶级的形式出现，还是以无产阶级的形式出现，

---

① 参见徐显明主编《人权法原理》，中国政法大学出版社，2008，第227~229页。
② 参见李步云《论法治》，社会科学文献出版社，2008，第270、36、97、253页。

本身是一种历史的产物"。①李步云先生的平等观是他所处的那个时代的产物，我们不能以现在的眼光来批评他的观点的局限性，这样有失公允。相反，我们不得不佩服他那种敢为天下先的勇气，"敢于打破这种坚硬的化石，敢于面对在我们中国当时环境下的一些禁锢，敢于冲破，这是多么大的勇气，这是多么无畏的精神，这不次于在战场上向敌人冲杀"。②

三 其他具体人权

（一）知情权

2001年12月15日至17日在湖南大学召开了"全国信息公开研讨会"。与会者就信息公开问题展开了广泛的讨论，并就某些问题达成共识。李步云教授在《关于信息公开的几个理论》一文中介绍了有关信息公开的个人观点。李教授在介绍信息公开制度的同时，也表达了他对知情权的一些看法。

李教授认为，知情权一般指公民享有知悉信息的权利与获得信息的自由，信息自由包括获取信息自由和传播信息自由两个方面，知情权属于获取信息自由的范畴。③我们希望拥有知情权，不只因为它是一项自由和权利，也因为知情权的内容必须具有真实性，就如功利主义所认为的人是趋利避害的动物，没有人会希望自己期待得到的信息欠缺真实性。日本学者渡边洋三也认为知情权即为"真实接近权"。④

李教授指出，知情权是一项不可剥夺的权利，要求排除国家、社会的妨碍；同时知情权的实现需要国家机关积极作为即为知情权的实现提供辅助条件。换句话说，知情权既是一项"消极权利"，也是一项"积极权利"，这体现了李步云人权思想的系统性、前后一致性。日本学者户松秀

---

① 《马克思恩格斯选集》第3卷，人民出版社，1995，第444、448页。
② 张志铭等主编《书剑人生》，湖南人民出版社，2004，第64页。
③ 李步云：《论人权》，社会科学文献出版社，2010，第280页。
④ 国内有学者把"知情权"称为"知的权利"；国外学者把知情权称为"真实接近权"；《世界人权宣言》第19条、《公民权利和政治权利国际公约》第19条则把知情权归入表达自由。《世界人权宣言》第19条规定："人人有权主张和发表意见的自由；此项权利包括持有主张而不受干涉的自由，和通过任何媒介和不论国界寻求、接受和传递信息和思想的自由。"《公民权利和政治权利国际公约》第19条规定："人人有发表意见的权利；此项权利包括寻求、接受和传递各种消息和思想的自由，而不论国界，也不论口头的、书写的、印刷的、采取艺术形式的或通过他所选择的任何其他媒介。"

典也认为:"知的权利,被认为不仅在消极方面,系指不受他人妨碍地自由知悉,且具有要求持有资讯的主体,公开或提供资讯的积极性质。"① 李教授认为知情权的权利主体主要为个人,是否包括群体,学界尚未有定论;知情权的义务主体主要为国家机关,但也包括社会团体、企事业单位和个人。例如,国务院于 2007 年颁布的《政府信息公开条例》第 13 条规定:"除本条例第九条、第十条、第十一条、第十二条规定的行政机关主动公开的政府信息外,公民、法人或者其他组织还可以根据自身生产、生活、科研等特殊需要,向国务院部门、地方各级人民政府及县级以上地方人民政府部门申请获取相关政府信息。"

结合李教授对信息公开价值的研究,笔者认为强调知情权的意义在于:(1)知情权是个人自我实现的需要。人们只有通过与外界的信息交流,方可获知外界对自己的评价。例如,市场经济即为信息经济,它要求市场主体在经济活动过程中,需迅速获取信息,方可为应对变动的市场及时做出决策。(2)知情权是人民主权原则的应有之义。从人民主权原则出发,一切国家权力以权利为基础,国家权力需服务权利。我们国家一再强调国家机关及其工作人员是人民的公仆,那主人想知道仆人是否尽心尽责,难道不是理所当然的事情?(3)知情权是以权利制约权力,预防腐败的需要。阿克顿勋爵指出"权力导致腐败,绝对权力导致绝对腐败"。孟德斯鸠也提到"一切不受约束的权力必然腐败"。权力若不受限制,它将如洪水猛兽,腐败将不可避免。以知情权监督国家机关特别是行政机关,必然要求政府信息公开。只有阳光下的政府才是不易腐朽的。(4)知情权既是对权力的监督,又保证了权力机关决策的科学性。

(二) 生存权

什么是生存权?生存权是指"在一定社会关系中和历史条件下,人们应当享有的维持正常生活所必须的基本条件的权利"。② 生存权的主体既包括个人也包括群体、民族、国家在内的集体。换句话说,生存权既是个人人权也是集体人权。

自 1991 年《中国的人权状况》白皮书提出生存权与发展权是首要人权后,学界也持近似观点:董云虎教授指出自鸦片战争至共和国成立这一

---

① 〔日〕阿部照哉等:《宪法(下)——基本人权篇》,周宗宪译,中国政法大学出版社,2006,第 156 页。
② 张晓玲主编《人权理论问题》,中共中央党校出版社,2006,第 180 页。

百多年里，生存权乃是中国人民奋斗不止的目标，甚至在社会主义建设时期，生存权仍是我国人民的首要人权。李步云教授也认为生存权应为首要人权。徐显明教授认为根据我国宪法，生存权作为"首要人权"缺乏宪法依据，但生存权作为"首要人权"反映了时代的要求，生存权本位是大势所趋。陈佑武先生认为人权之间不存在优先性问题，但想在实践上使各种人权需求齐头并进，其困难程度难以想象。由于各国人权发展阶段的不同，各国的人权发展会有不同的选择。同一个国家在不同的时期也会有不同的人权建设重点。①

为什么生存权应为首要人权，就李教授所提到的理由，笔者归结有以下两点：首先，经济基础决定上层建筑，只有物质需求优先得到满足，人们才能从事政治文化生活。邓小平提过，物质文明和精神文明两手都要抓，两手都要硬。管仲也倡导"仓廪实而知礼节，衣食足而知荣辱"。罗斯福总统则在其"四大自由"中明确要求免于匮乏的自由，也就是保证每个国家的居民过上健康、和平生活的经济基础。② 其次，李教授指出从我国国情出发，民生问题是目前我国最大且亟待解决的人权问题。相当一部分人的温饱问题、三农问题（本质上就是农民问题）、东西部日渐拉大的差距等民生问题亟待解决。

李教授认为生存权是首要的人权，这是否与他主张的"人权之间无等级"的观点相左。笔者认为此二者并不矛盾。首先，就词义上说，"首要"本身就有"以极大重要性、意义或影响为特征的"，或者说这里的"首要"一词为优先之意。"首要的人权"意味着，在人权体系里，某种人权与其他人权地位平等，有时出于某些原因如国情需要优先实现该人权。其次，"人权之间无等级"并不排斥在现实层面上优先保障某些人权。当然这种优先性由客观因素决定，当环境不再要求时，该优先性应自然解除。

（三）工作权

工作权即为我国宪法规定的劳动权。李步云教授认为工作权有以下几层含义：（1）工作权是一项基本人权。我国宪法第二章明确规定劳动权与

---

① 董云虎：《生存权是中国人民的首要人权》，《科学社会主义》1991年第5期；徐显明：《人权的体系与分类》，《中国社会科学》2000年第6期；参见陈佑武《人权的原理与保障》，湖南人民出版社，2008，第25页。

② 〔美〕富兰克林·罗斯福：《四大自由》，何海波译，载何海波编《人权二十讲》，天津人民出版社，2008。

【专题研究】

受教育权既是公民的基本权利也是公民的基本义务。劳动权作为一项权利,其目的在于满足人维系生命的要求。(2)工作权是一项系统性权利,但不包括结社自由、罢工权与社会保障权。他指出为避免工作权成为一个大口袋,而这三种权利又具有相对独立性,没有必要将其归入工作权。工作权有狭义与广义之分,狭义的工作权仅指获得就业保障的权利,而李教授所研究的是广义上的工作权。笔者认为广义上的工作权可以分为四种类型:第一,与就业有关的权利;第二,由就业派生的权利;第三,非歧视和平等就业;第四,辅助性权利,诸如结社自由、罢工权、社会保障权。①《世界人权宣言》也有类似的规定。②(3)工作权既是一项积极权利又是一项消极权利。作为一项积极权利,劳动者可以要求政府为权利的实现创造各种就业环境,如大兴经济、创造就业机会。当出现劳资纠纷时,劳动者有权获取国家的法律支持如免费的法律援助。作为一项消极权利,劳动者有权要求国家不得妨碍权利的实现,比如劳动者有自主择业的自由,政府不得强迫他们从事不愿意的或不适宜的职业。(4)从"失业"与"就业"的角度讲,工作权的主体特指城镇人口和从事非农业生产者。③

李教授倡议国家应加紧立法保障公民的劳动权,使公民的劳动权有法可依;国家应为下岗失业工人的再就业创造各种再就业工程;国家应为劳动者提供良好的工作条件——开办各种职业学校和职业培训机构,为劳动者提供各种职业技能培训的机会,建立健全休息休假制度,改善工作环境,保障劳动者的人身财产安全,完善"五险一金"制度等;国家需大力推行劳动合同制度,提高用人单位的自主性,增强劳动者的积极性与创造性,以促进市场经济的发展;国家应建立并完善劳动争议解决机制。在挪威奥斯陆召开的《经济、社会、文化权利国际公约》国家研讨会上,李教授在参会的论文中提出了上述建议。自他提出这些意见至今已过去十几年,我国在劳动者维权方面取得了不少成就,随着《劳动争议调解仲裁法》《劳动合同法》《促进就业法》《社会保险法》等劳动法律法规的相继

---

① 张晓玲主编《人权理论问题》,中共中央党校出版社,2006,第144页。
② 《世界人权宣言》第23条规定:(1)人人有权工作、自由选择职业、享受公正和合适的工作条件并享受免于失业的保障。(2)人人有同工同酬的权利,不受任何歧视。(3)每一个工作的人,有权享受公正和合适的报酬,保障使他本人和家属有一个符合人的尊严的生活条件,必要时并辅以其他方式的社会保障。(4)人人有为维护其利益而组织和参加工会的权利。第24条:"人人有享受休息和闲暇的权利,包括工作时间有合理限制和定期给薪休假的权利。"
③ 参见李步云《论人权》,社会科学文献出版社,2010,第298页。

出台，我国劳动法部门正逐步完善起来。

（四）发展权

发展权的产生与民族自决权紧密联系着，它属于国际集体人权的范畴。李步云教授指出，"发展权就是一种'发展机会均等权'，其本质仍是平等权，主要内容是'发展'，也就是在发展问题上的平等权"，[①] 如对经济、政治、文化、社会发展成果的平等享有权与参与权。他从狭义和广义两个角度对发展权进行了解释：从狭义上看，发展权即发展中国家的"发展机会均等权"，属于国际集体人权的范畴；广义的发展权指的是任何人不分国别，皆有平等参与发展、平等享有发展成果的权利。他认为广义发展权已经囊括了部分学者所主张的"区域发展权"，即一国国内的特定地方应享有与其他地区平等的发展机会和从国家或其他兄弟地区获得援助的权利，[②] 如我国实行的西部大开发、中部崛起、对口援建计划等发展战略对此就有所体现。

李教授得出上述定义有以下几个层面的依据：（1）从内容和结构上对《发展权利宣言》进行文本分析，认为《发展权利宣言》前15个自然段在于阐释发展权的具体内涵等内容，而在最后一段即第16段才给出了较为明确的定义。（2）"发展"不同于"发展权"，二者是完全不同的概念，发展属于哲学范畴，发展权则为法律上的概念。广义发展权具有多元化的权利主体，包括个人、群体、国家。狭义发展权的主体仅指发展中国家。任何国家、国家组织都是发展权的义务承担者，其中发达国家是主要的义务承担者。它们承担的更多的是国家间的援助义务。然而，发展中国家实现发展的关键在于自身的努力。（3）不能为囊括各种权利而随意扩大发展权的外延，以免使发展权丧失独立存在的意义。（4）发展权由卡巴·穆巴依于1972年在法国斯特拉斯堡首次提出，并经一系列国际会议、国际文件最终得到确认，现在主要是在国际上使用，因为各国国内对具体人权做了另外的规定，所以发展权很少出现在一国国内。（5）大多数发展中国家的民主、法治与人权的发展水平相对较低，有部分国家甚至非常落后，因此，《发展权利宣言》丰富了发展权的内涵。虽然这在理论与实践上具有十分

[①] 李玉生、季金华：《21世纪的亚洲与法律发展——第三届亚洲法哲学大会综述》，《学习与探索》2001年第1期。

[②] 徐显明主编《人权法原理》，中国政法大学出版社，2008，第278页。

重要的现实意义,但不能把发展权视为无所不包的大口袋。①

在第四届中国和挪威人权对话会议上,身为中国代表团发展权小组组长的李教授,在与外国学者的对话中再次阐明了上述观点,得到了与会人士的广泛认同。前副外长王光亚同志也肯定了这次会议的成功。当时的条法司负责人还说:"李教授把这个复杂问题说清楚了。"

---

① 参见李步云《论人权》,社会科学文献出版社,2010,第293页。

第四章　李步云的人权实现思想

李步云教授认为人权有三种存在形态：应有权利、法定权利、实有权利。人权实现即为应有权利转化为法定权利，法定权利转化为实有权利的过程，还包括笔者推断的应有权利能够直接转化为实有权利而无须经过法定权利这一情形。在任何国家任何时期，人权的实现必然受到各种主客观条件的影响。笔者认为李教授有关影响人权实现的因素的观点可以归结为两大方面：一是主观性因素，即人权的实现受到来自人权构成要素的影响。主观性因素由主体性因素、人权的内在界限、义务主体多元性构成。二是客观性条件，也即人权实现的社会条件。在大多数情况下，权利的行使是有赖于某种物质资料条件的，在那个意义上说，权利的有效实现是有赖于社会条件的。[①] 这里的社会条件包括市场经济、民主政治、法治国家、和谐社会、人权文化。

一　人权实现的制约因素

影响人权实现的主观性因素由主体性因素、人权的内在界限、义务主体多元化组成。

1. 主体性因素

主体性因素主要有两大方面的内容：其一是主体的愿望与要求不同。李步云教授认为人的自然属性是人权产生的内因。自然属性促使人们向往过好的生活，这既包括物质生活也包括精神生活。他又指出人是个性与共

---

① 〔美〕科斯塔夫·杜兹纳：《人权的终结》，郭春发译，江苏人民出版社，2002，第247页。

性、具体与抽象的对立统一体。由于这种差异性，不同的人对世界的愿望和要求会有不同的企盼。所以，考虑人权问题最重要的不是那个人的国籍，而是他的实际生活状况。① 其二是特殊群体的存在。他认为人权主体既包括个人，也包括某些特殊群体，例如妇女、儿童、少数民族或种族、消费者、失业者，甚至还包括犯罪嫌疑人和罪犯。特殊群体的成员可以以个体身份成为人权主体。但是当他们以群体出现作为人权主体时，其目的仍是为了个体的人权。受政治、经济、文化、生理等因素的影响，这类人往往容易沦为弱势群体，无法顺利实现其权利，其生存与发展甚至受到威胁。在这个意义上说，人权实质上是弱者的权利。

2. 人权的内在界限

所谓人权的内在界限是指人权在涉及外部关系时所遵循的规律与其效力所能达到的极限及其实现时的自律规则。② 虽然李步云教授并没有系统阐述过人权的内在界限，但是有关人权的内在界限的论述分散在他的文章之中。我们可以通过《社会主义人权的基本理论与实践》《人的权利与义务的辩证统一》等文章较为系统地了解他对人权内在界限的说明。

首先，李教授认为在抽象法律关系中，某一主体享有某一权利意味着其他主体须承担不得侵犯该权利的义务，③ 换句话说，权利与权利之间的冲突不仅不会促进实现人权，反而是人权有效实现的一大障碍。人人都想要有无限的绝对自由，那等于没有自由，因此权利必须受到限制。为实现权利，应尽力不侵犯或少侵犯他人的权利，并尽可能让法律保护不同的权利。我国宪法第 51 条也规定："中华人民共和国公民在行使自由和权利的时候，不得损害国家的、社会的、集体的利益和其他公民的合法的自由和权利。"洛克也提到"法律的目的不是废除或限制自由，而是保护和扩大自由"。④

其次，他认为人权是一种社会关系，是人与人之间的利益关系与道德关系，而这种利益关系必须合乎正义，因此人权的实现要受到以正义为核心的社会伦理道德观念的制约。换句话说，人的社会属性决定了人不可能脱离社会而单独存在，人权脱离了社会关系就不称其为人权，只有在社会

---

① 〔日〕浦部法穗：《基本人权总论》，武树臣译，载沈宗灵、黄枬森主编《西方人权学说》（下），四川人民出版社，1994。
② 徐显明主编《人权法原理》，中国政法大学出版社，2008，第 145 页。
③ 李步云：《论人权》，社会科学文献出版社，2010，第 144 页。
④ 〔英〕洛克：《政府论》（下），叶启芳、瞿菊农译，商务印书馆，1996，第 36 页。

关系中才能够得到实现。

再次，人权内容的特殊性使得人权在实现方式方法上有很大的差异。由于受各国经济、政治、文化、宗教等多种因素的影响，人权在普遍性的前提下表现出特殊性。人权的特殊性表现在人权客体上，即人权的内容既有共同标准，又有不同标准。

最后，他还认为人权内容的历史性影响人权的具体实现。部分应有权利如生命权、自由权、人身安全权，是人生而有之的；有的权利主要是很多政治的以及经济、社会、文化的权利，则随着社会物质文明与精神文明的逐步发展而不断扩大范围、丰富内容。马克思也说："权利决不能超出社会的经济结构以及由经济结构所制约的社会的文化发展。"①

3. 义务主体多元化

李步云教授认为人权的义务主体包括国家、个人、国际组织与非政府组织。国家是人权最主要的义务主体。国家存在的目的只是"为了人民的和平、安全和公众福利"。② 他认为国家权力容易腐败变质、异化，将给公民权利带来威胁：首先，国家权力过于重视公共利益而忽视个人权利，或者假借公益之名行侵犯个人权利之实。其次，国家怠于行使权力妨碍权利的实现，即应履行义务而不履行。例如自由权要求政府履行不妨碍自由行使权利的义务，政府却阻碍公民正常行使自由权。又如，社会权要求国家应积极保障权利的实现，然而政府却应为而不为。因此他认为规范权力、保障人权应成为宪法的两大主要内容。

二 人权实现的社会条件

（一）市场经济

李步云教授指出市场经济是现代人权的经济基础。我国长期实行计划经济，在这种经济体制下，权力高度集中，强调集体利益忽视个人权利，否定价值规律与自由竞争。相反，市场经济要求经营主体自主参与经济活动；市场经济奉行利益至上，强调个人的权利意识；市场经济要求人员、生产资料的自由流动以实现资源的优化配置；市场经济又是契约经济，要求缔约双方具有平等的地位；市场经济又要求政府必须民主决策。因此，他认为市场经济必将带来社会关系的两大变化：一是由"身份"向"契

---

① 《马克思恩格斯选集》第 3 卷，人民出版社，1995，第 305 页。
② 〔英〕洛克：《政府论》（下），叶启芳、瞿菊农译，商务印书馆，1996，第 80 页。

约"的转变；二是由"大国家、小社会"向"小国家、大社会"的转变。社会关系的两大变化，为人权的充分实现创造了必要的社会条件。同时，他还指出，市场经济必然引发人们五大观念（主体意识、权利意识、自由思想、平等思想与民主观念）的变化。这五大观念的变化是养成与提升人权观念的必要条件。

（二）民主政治

民主政治是现代人权的政治基础。现代民主包括一个核心，四个内容。一个核心指的是人民主权是现代民主的基础理论和根本原则。四个内容，即民主包括公民的民主权利、国家权力的民主配置、政治运作的民主程序和政治生活的民主方法。

第一，李教授指出民主既是人权的奋斗目标，也是人权实现的手段。这有两个层面的意义：一方面，从民主发展的历程上看，无论是旧民主主义革命还是新民主主义革命，甚至在新中国时期，民主政治始终是中国人民浴血奋斗的目标。从终极意义上看，民主的部分内容包括人民主权原则与公民的民主权利，其中人民主权为民主政治的基础理论与原则，公民的民主权利属于人权的范畴。公民能否真正地、充分地享有民主权利，是政府能否全心全意为人民服务的根本保证。所以，无论如何，这二者自始至终都应是中国人民奋斗的目标。另一方面，民主作为一种制度，在新中国成立后，是保障人权顺利实现的手段。①"政治权力的民主配置、民主程序和民主方法，都是为实现人民主权原则和公民的民主权利而服务的。"②

第二，李教授认为国家权力的民主配置是工具性手段，其目的在于更好地保障公民的民主权利。我国宪法明确规定国家的一切权力属于人民。国家权力源自人民，是权利实现的手段。若没有分权制衡，权力必然走向腐败。孟德斯鸠也认为，"一切有权力的人都容易滥用权力，这是万古不易的一条经验"，"从事物的性质来说，要防止滥用权力就必须以权力制约权力"。③ 权力制衡是尊重人权、民主国家的必然要求。为了做到权力制衡，李教授认为应以公权力制约公权力，以社会权力制衡国家权力，以公民权利监督国家权力。而后者是防止权力异化的关键。

第三，他还认为政治运作的民主程序的科学性、有效性程度影响着决策、立法、司法、执法的民主化水平，政治生活的民主方法能够集思广

---

① 参见李步云《我的治学为人》，社会科学文献出版社，2010，第139~140页。
② 解锐卿：《李步云宪政思想引读》，《河北法学》2009年第10期。
③ 〔法〕孟德斯鸠：《论法的精神》（上），张雁深译，商务印书馆，1961，第154页。

益，让人们充分表达其意见、建议和要求。

（三）法治国家

为改"法制"为"法治"，李步云教授辛苦二十年只为改一字。以李步云教授为代表的老一辈法学家共同推动"依法治国，建设社会主义法治国家"入宪。为此，学术界曾开展了一场有关"人治与法治"的大讨论，并因此形成了"三大派"。① 李教授严厉抵制"结合论"与"取消论"，力挺"法治论"。在这个过程中，既有官方人士的拦阻，又有学术权威的桎梏，但是他一直秉着良心为改"法制"为"法治"而积极奔走。据罗耀培回忆，在1980年6月11日北京市市委党校召开的一次座谈会上，李教授的一位大学老师指出法治是资产阶级的概念。他当即反驳道，民主不也是资产阶级曾经用过的概念，为什么民主我们还要用呢？驳得对方哑口无言。② 这正如亚里士多德所说的"我爱我师，但我更爱真理"。

李教授认为人权与法治是相互依存、相辅相成的：一方面，人权是宪政发展的结果。他认为宪政包含三个基本要素，即民主、法治、人权。其中，宪政以民主为基石，法治是宪政的重要条件，宪政的目的在于保障人权。从宪政的角度，人们为规范权力、保障人权而制定宪法。另一方面，中国社会主义建设的历史教训证明唯有民主法治才能真正做到保障人权。③

法治有形式法治与实质法治之分。形式法治对法并无善恶要求，它本身并不必然带来善的结果，例如，第二次世界大战和在此期间纳粹对犹太人的大屠杀的恐怖表明，民主政体和国家的法律与宪法传统不可阻止大规模的种种暴行。④ 法治的伦理性价值要求规范权力、保障人权。仅依靠形式法治，无法确保人权得到保障，更需要实质法治。李教授说："实质法治就是法律还要好，必须要有民主，要有人权。如果法律不好，那就越多越坏。我们今天讲良法，核心是要符合人类的正义和公平。"⑤ 我们甚至

---

① "三大派"论战主要是指20世纪80年代初我国理论界关于要不要法治问题的大争论，即力主法治的"法治论"、主张法治与人治相结合的"结合论"和坚持取消法治的"取消论"之间的论争。"三大派"论争正式形成于1979年10月上旬由中国社会科学院法学研究所主办、约600人参加的研讨会上。李步云教授因在该会上发言力主法治而被称为"法治论"的首倡者和主要代表人物。为反映当时的讨论情况，群众出版社从全国各大报刊上选编了公开发表的有关文章，出版了《法治与人治问题讨论集》。

② 张志铭等主编《书剑人生》，湖南人民出版社，2004，第66页。

③ 参见李步云主编《人权法学》，高等教育出版社，2005，第97页。

④ 〔美〕科斯塔夫·杜兹纳：《人权与帝国》，辛亨复译，江苏人民出版社，2010，导言第7页。

⑤ 李步云：《我的治学为人》，社会科学文献出版社，2010，第108页。

【专题研究】

可以认为李教授所认为的法治即亚里士多德所倡导的良法之治。良法必须符合真、善、美三个要求。① 良法的前两个标准属于实质法治的范畴，"美"为形式法治的具体要求。而良法之治在中国国情下表现为十条法治标准。② 其中有瑞典专家曾问道，这十条法治标准的前九条同他们强调的一样，为何中国要强调"党要守法"。他指出，共产党是执政党，它只是国家的一部分，其本身不可能也无法高于宪法与法律。

（四）和谐社会

李步云教授认为和谐社会或市民社会是人权实现条件的应有之义，人权是和谐社会的思想与道德基础，和谐社会是人权充分实现的背景环境。结合他在《和谐社会与法治》一文中有关和谐社会的论述，笔者认为和谐社会作为人权实现的客观性条件有以下几个方面的理由：首先，在和谐社会中，同一、统一、和谐、协调是人权实现的动力。矛盾是事物发展的动力，而对立与统一、斗争与和谐均为事物发展的动力。其次，"和谐社会是一个发展的概念和历史的范畴"。无论何种社会形态，人权皆应是社会追求的目标。恩格斯说："真正的自由和真正的平等只有在共产主义制度下才能实现；而这样的制度是正义所要求的。"③ 这就是说共产主义社会只是我们追求人权的手段，唯有在共产主义社会——这个人类最高的社会形态，真正的人权才能得以最终实现。共产主义作为人类社会的最高形态都以人权为奋斗目标，那么和谐社会只是社会主义发展的一个阶段，难道不应该以人权为奋斗目标？因此，人权应是和谐社会的价值追求，社会的和谐是人权实现的手段。人是和谐社会的中心主体，是它的构建者，也是它的受益者。因而人的幸福应是构建和谐社会的根本目的和最终归宿。④ 最后，"个人与社会的和谐，利益与道德的统一，自由与平等的协调，是世界未来的发展方向"。人权没有保障的社会不可能是和谐的社会，人权没有实现的社会只能是充满斗争与矛盾的社会。唯有人权真正实现，才可能带来社会的和谐。⑤

---

① 李步云、赵迅：《什么是良法》，《法学研究》2005 年第 6 期。
② 十条法治标准：法制完备；主权在民；人权保障；权力制衡；法律平等；法律至上；依法行政；司法独立；程序正当；党要守法。
③ 转引自陈佑武《人权的原理与保障》，湖南人民出版社，2008，第 321 页。
④ 参见李步云《论法治》，社会科学文献出版社，2008，第 444~453 页。
⑤ 李步云：《论法治》，社会科学文献出版社，2008，第 484 页。

（五）人权文化——以人为本

人权具有客观性，但人权观念具有主观性以一定的伦理道德观念为支撑。而伦理道德观念是属于文化经验层面的东西，受一国的文化传统的影响。① 李步云教授认为我国历史上就有人本、民本思想，现在的"以人为本"思想只不过是对人类历史上的人本主义思想（包括马克思主义的人本思想）的继承与发展，"以人为本"是人权保障和法制的根基，是实现社会公平正义、建设社会主义法治国家的根本保证。有学者也说到"人如何理解人权思想，决定了他们怎样去实现人权理想"。②

李教授认为"以人为本"的内涵具有以下十个方面：（1）"以人为本"重视人的价值。他以处理危急事件时应优先保证生命为例。（2）人是目的，不是手段。虽然"人是目的，不是手段"由康德首先提出，但仍是马克思主义的重要观点。理论往往与现实脱节。"文革"时就有人不被当作人看，他们成了弄权者阴谋手段下的牺牲品。（3）"以人为本"强调人是发展的主体。人既是发展的享有者，又是发展的参与者。（4）"以人为本"要求人的发展是全面的发展。他指出经济社会发展以人的全面发展为核心，人的全面发展是社会发展的必要条件。（5）"以人为本"崇尚与彰显人性，反对各种非人道的行为。（6）"以人为本"要求坚持人的独立自主。他说到十一届三中全会以来，无论企事业单位的自主性，还是个人的自由度都显著提高，但社会主义市场经济不断深入要求继续提高企业的自主性与人的自由度。（7）"以人为本"要求尊重人的首创精神，一切社会实践活动应对人的首创精神予以充分重视。③（8）"以人为本"要求个人—社会权利本位。个人—社会权利本位是市场经济的必然要求。（9）"以人为本"要求权力服务权利，权利与义务相对，权责相统一。这纠正了我们以往有关权力权利关系的看法。（10）"以人为本"尊重和保障人权。他提到人权以权利为载体。而权利以利益为构成要素，所以尊重和保障人权先要保障人的利益。

---

① 陈佑武：《人权的原理与保障》，湖南人民出版社，2008，第 131 页。
② 常健：《人权的理想·悖论·现实》，四川人民出版社，1992，第 131 页。
③ 李步云：《法的人本主义》，《法学家》2010 年第 1 期。

结　论

在中国这片宪政文明贫瘠的土地上，李步云教授坚定地以马克思主义为指导，继承并发展了马克思主义的人权思想。可以说，他是十一届三中全会以来，系统研究人权问题、对人权研究居功甚伟的中国法学家之一，是"中国人权研究的第一人"。徐显明教授盛赞道："步云先生是最早摘到权利哲学和人权，这颗法学王冠上明珠的人。"[①] 诚如美国学者皮文睿所言，李步云教授为"当代中国优秀的权利倡导者、重要的法学理论家"。[②] 日本著名宪法学家铃木敬夫先生更把李步云教授与郭道晖教授并列为中国人权理论的"旗手"。

由于各种原因，我国的人权体系始终未能建立。基于此，李步云教授认识到建立属于中国的社会主义人权体系的紧迫性，也清楚地明白这将是一份十分艰巨而光荣的使命。经过三十多年的努力，他建立了系统的人权理论体系，为其他学者的研究奠定了理论基础。李步云教授推动着我国人权事业不断向前发展：我国的人权事业由自我封闭逐步走向开放，从与外国对抗逐步走向对话合作；我国的人权事业由唯整体利益向注重保护人的权利转变，从义务本位向个人—社会权利本位转变。"路漫漫其修远兮，吾将上下而求索"，在未来的人权建设中，我国仍须坚持"尊重和保障人权"，不断深化理论研究与实践探索。

[①] 参见李步云《我的治学为人》，社会科学文献出版社，2010，第259页。
[②] 〔美〕皮文睿：《论权利与利益及中国权利之旨趣》，张明杰译，载夏勇编《公法》第1卷，法律出版社，1999。

参考文献

著作类

1. 张志铭等主编《书剑人生》，湖南人民出版社，2004。
2. 陈佑武：《人权的原理与保障》，湖南人民出版社，2008。
3. 沈宗灵、黄枬森主编《西方人权学说》（下），四川人民出版社，1994。
4. 中国社会科学院法学研究所编《当代人权》，中国社会科学出版社，1992。
5. 孙国华主编《法学基础理论》，中国人民大学出版社，1987。
6. 孙国华主编《人权：走向自由的标尺》，山东人民出版社，1993。
7. 北大法律系主编《法学基础理论》，北京大学出版社，1984。
8. 白桂梅主编《人权法学》，北京大学出版社，2011。
9. 方立新、夏立安编著《人权法导论》，浙江大学出版社，2007。
10. 叶立煊、李似珍：《人权论》，福建人民出版社，1991。
11. 关令华：《人权保障法学研究》，人民法院出版社，2006。
12. 蓝潮永、关令华：《人权与法治》，厦门大学出版社，2008。
13. 龚向和：《作为人权的社会权》，人民出版社，2007。
14. 罗玉中、万其刚、刘松山：《人权与法制》，北京大学出版社，2001。
15. 夏勇：《人权概念起源——权利的历史哲学》（修正版），中国政法大学出版社，2001。
16. 杜钢建：《外国人权思想论》，法律出版社，2008。
17. 罗玉中、万其刚、刘松山：《人权与法制》，北京大学出版社，2001。
18. 程燎原、王人博：《赢得神圣——权利及其救济通论》，山东人民出版社，1993。

19. 刘升平、夏勇主编《人权与世界》，人民法院出版社，1996。
20. 李洪钧等主编《民主自由人权的历史与现实》，辽宁大学出版社，1991。
21. 郭道晖：《法的时代挑战》，湖南人民出版社，2003。
22. 徐显明主编《人权法原理》，中国政法大学出版社，2008。
23. 张晓玲主编《人权理论问题》，中共中央党校出版社，2006。
24. 何海波编《人权二十讲》，天津人民出版社，2008。
25. 常健：《人权的理想·悖论·现实》，四川人民出版社，1992。
26. 〔日〕大沼保昭：《人权、国家与文明》，王志安译，三联书店，2003。
27. 〔日〕渡边洋三：《日本国宪法的精神》，魏晓阳译，译林出版社，2009。
28. 〔日〕阿部照哉等：《宪法（下）——基本人权篇》，周宗宪译，中国政法大学出版社，2006。
29. 〔德〕冯·耶林：《为权利而斗争》，郑永流译，法律出版社，2007。
30. 〔美〕杰克·唐纳利：《普遍人权的理论与实践》，王浦劬等译，中国社会科学出版社，2001。
31. 〔美〕科斯塔斯·杜兹纳：《人权的终结》，郭春发译，江苏人民出版社，2002。
32. 〔美〕科斯塔夫·杜兹纳：《人权与帝国》，辛亨复译，江苏人民出版社，2010。
33. 〔美〕路易斯·亨金：《权利的时代》，信春鹰译，知识出版社，1997。
34. 〔美〕曼弗雷德·诺瓦克：《国际人权制度导论》，柳华文译，北京大学出版社，2010。
35. 〔加〕约翰·汉弗莱：《国际人权法》，庞森等译，世界知识出版社，1992。
36. 〔英〕艾森特：《人权与国际关系》，凌迪等译，知识出版社，1998。
37. 〔英〕洛克：《政府论》（下），叶启芳、瞿菊农译，商务印书馆，1996。
38. 〔法〕孟德斯鸠：《论法的精神》（上），张雁深译，商务印书馆，1961。
39. 《马克思恩格斯全集》第1卷，人民出版社，1995。
40. 《马克思恩格斯全集》第3卷，人民出版社，1995。
41. 《马克思恩格斯全集》第23卷，人民出版社，1995。

42.《马克思恩格斯全集》第 20 卷，人民出版社，1995。

论文类

1. 李步云：《法的双重性与基本矛盾》，《中外法学》1992 年第 1 期。
2. 李步云、赵迅：《什么是良法》，《法学研究》2005 年第 6 期。
3. 李步云：《法的人本主义》，《法学家》2010 年第 1 期。
4. 解锐卿：《李步云宪政思想引读》，《河北法学》2009 年第 10 期。
5. 赵明：《李步云与当代中国法哲学》，《现代法学》2003 年第 3 期。
6. 晨钟：《国内报刊关于"人权"问题的讨论综述》，《社会科学》1979 年第 3 期。
7. 李林：《把人权理论研究引向深入——中国社会科学院法学研究所人权理论研讨会综述》，《中国法学》1991 年第 5 期。
8. 杨海坤：《论社会主义法的本质属性》，《新疆社会科学》1985 年第 6 期。
9. 张文显：《论人权的主体与主体的人权》，《中国法学》1991 年第 5 期。
10. 郑丽珍：《人权的本源研究述评》，《哲学动态》2009 年第 12 期。
11. 张光博：《关于宪法学涉及的几个理论问题》，《法学杂志》2000 年第 4 期。
12. 董云虎：《生存权是中国人民的首要人权》，《科学社会主义》1991 年第 5 期。
13. 吴海燕：《略论人权的普遍性与阶级性》，《求实》1992 年第 2 期。
14. 杨庚：《关于人权的本质》，《北京师范学院学报》1992 年第 2 期。
15. 李玉生、季金华：《21 世纪的亚洲与法律发展——第三届亚洲法哲学大会综述》，《学习与探索》2001 年第 1 期。

李步云著作年谱

1. 周新铭、李步云、王礼明：《学点宪法知识》，法律出版社，1982。
2. 李步云：《新宪法简论》，法律出版社，1984。
3. 李步云、刘瀚：《建设高度民主的社会主义政治制度》，红旗出版社，1984。
4. 吴大英、李步云、刘瀚等：《社会主义法制基础知识》，甘肃人民出版社，1984。
5. 李步云：《法制·民主·自由》，四川人民出版社，1985。
6. 李步云、徐炳：《权利与义务》，人民出版社，1986。
7. 李步云参编《中国社会主义法律基本理论》，法律出版社，1987。
8. 李步云：《中国法学——过去、现在与未来》，南京大学出版社，1988。
9. 李步云主编《宪法比较研究文集》（一），南京大学出版社，1992。
10. 李步云主编《宪法比较研究文集》（二），中国民主法制出版社，1993。
11. 李步云主编《宪法比较研究文集》（三），山东人民出版社，1993。
12. 李步云参编《中国特色的社会主义经济、政治、文化》，社会科学文献出版社，1993。
13. 李步云参编《中国人权建设》，四川人民出版社，1994。
14. 刘海年、李步云、李林：《依法治国，建设社会主义法治国家》，中国法制出版社，1995。
15. 李步云参编《当代人权理论与实践》，吉林大学出版社，1996。
16. 李步云主编《立法法研究》，湖南人民出版社，1997。
17. 李步云、汪永清主编《中国立法的基本理论和制度》，中国法制出版社，1997。

18. 李步云参编《中国人权百科全书》，大百科全书出版社，1998。
19. 李步云：《宪法比较研究》，法律出版社，1998。
20. 李步云：《走向法治》，湖南人民出版社，1998。
21. 郭道晖、李步云、郝铁川：《中国当代法学争鸣实录》，湖南人民出版社，1998。
22. 李步云主编《中国特色社会主义法制通论》，社会科学文献出版社，1999。
23. 李步云参编《法学专题讲座》，国家行政学院出版社，1999。
24. 张文显、李步云主编《法理学论丛》（一），法律出版社，1999。
25. 张文显、李步云主编《法理学论丛》（二），法律出版社，2000。
26. 李步云主编《法理学》，经济科学出版社，2000。
27. 李步云、江平主编《WTO与中国法制建设》，中国方正出版社，2000。
28. 张文显、李步云主编《法理学论丛》（三），法律出版社，2000。
29. 李步云主编《信息公开制度研究》，湖南大学出版社，2002。
30. 李步云主编《地方人大代表制度研究》，湖南大学出版社，2002。
31. 李步云主编《网络经济与法律论坛》第1卷，中国检察出版社，2002。
32. 李步云：《法理探索》，湖南人民出版社，2003。
33. 李步云主编《人权法学》，高等教育出版社，2005。
34. 李步云：《宪政与中国》（英文版），法律出版社，2006。
35. 李步云、龚向和等：《人权法的若干理论问题》，湖南人民出版社，2007。
36. 李步云：《法苑春秋》，中国法制出版社，2007。
37. 李步云、孙世彦主编《人权案例选编》，高等教育出版社，2008。
38. 李步云：《论法治》，社会科学文献出版社，2008。
39. 李步云：《论人权》，社会科学文献出版社，2010。
40. 李步云：《我的治学为人》，社会科学文献出版社，2010。

图书在版编目（CIP）数据

为圆华夏宪治梦：李步云教授学术思想研讨会暨八十华诞志庆/肖海军，刘士平主编.—北京：社会科学文献出版社，2013.8
 ISBN 978-7-5097-4933-3

Ⅰ.①为… Ⅱ.①肖… ②刘… Ⅲ.①李步云-法学-思想评论-文集 Ⅳ.①D90-53

中国版本图书馆 CIP 数据核字（2013）第 179953 号

为圆华夏宪治梦
——李步云教授学术思想研讨会暨八十华诞志庆

主　　编 / 肖海军　刘士平

出 版 人 / 谢寿光
出 版 者 / 社会科学文献出版社
地　　址 / 北京市西城区北三环中路甲 29 号院 3 号楼华龙大厦
邮政编码 / 100029

责任部门 / 社会政法分社（010）59367156　　责任编辑 / 芮素平
电子信箱 / shekebu@ssap.cn　　责任校对 / 白桂华　白秀君
项目统筹 / 刘骁军　　责任印制 / 岳　阳
经　　销 / 社会科学文献出版社市场营销中心（010）59367081　59367089
读者服务 / 读者服务中心（010）59367028

印　　装 / 北京鹏润伟业印刷有限公司
开　　本 / 787mm×1092mm　1/16　　印　张 / 29.5
版　　次 / 2013 年 8 月第 1 版　　彩插印张 / 1.25
印　　次 / 2013 年 8 月第 1 次印刷　　字　数 / 501 千字
书　　号 / ISBN 978-7-5097-4933-3
定　　价 / 98.00 元

本书如有破损、缺页、装订错误，请与本社读者服务中心联系更换
▲ 版权所有 翻印必究